KB214899

존 스토트의 기독교 강요

존 스토트의 기독교 강요

복음주의 거장이 정리한 기독교의 핵심 주제들

존 스토트 지음
티모시 더들리–스미스 편집
정옥배 옮김

John Stott

비전북

존 스토트는 학생이었던 1945년 1월에 처음으로 글을 발표한 이후로
오십 년 넘게 글을 쓰고 출간하는 일을 해 왔다. 1945년 이전까지는 학
교 잡지에 글을 쓰는 것이 전부였지만, 이후로 그의 저술은 서른 권은
족히 넘는 책들과 수백 개의 소책자와 글들, 논집에 실린 장 등을 포함
해 엄청나게 늘어났다. 그의 저술이 번역 출간된 역사를 자세히 추적하
기 위해서는 엄청난 노력이 필요할 것이다. 《기독교의 기본 진리》(*Basic
Christianity*, 생명의말씀사) 하나만 하더라도 이미 오십여 개 언어로 번역되
었으며, 현재 스물두 개 언어로 번역되고 있는 중이다.

스토트가 쓴 책들을 많은 이들이 찾고 읽는 이유를 알기는 어렵지 않
다. 다음 인용문에서 두 번째 단어인 '서신서들'이라는 단어를 '저술들'
이라는 단어로 바꾸어 보라. 그러면 존 스토트가 틴데일 주석에서 요한
서신서들의 저자와 그 연구자들에 대해 묘사한 것을 스토트 자신과 그
의 독자들에게 적용할 수 있을 것이다.

— 　요한(존)의 서신서들을 연구하는 사람들 중 그 글에서 가장 유익을 얻
　　을 수 있는 사람은 저자처럼 신학적·윤리적 관심사가 결합된 사람들
　　이다. 요한(존)은 무엇보다도 한 무리의 지역 교회들을 돌보도록 위탁

받았으며, 그 교인들이 기독교적으로 생각하고 살아가는 법을 배우도록 간절히 돕고 싶어 한 목회자였기 때문이다. 기독교적 사고의 기초에는 반드시 예수님의 독특한 신인격에 대한 올바른 이해가 있어야 하며, 기독교적 삶의 기초에는 의와 사랑이 투명하고 온전하게 보존되어 있어야 한다.

런던 연구소에서든 순회강연이나 저술들에서든, '기독교적 사고'의 필요성은 존 스토트의 가르치는 사역에서 되풀이되는 주제다. 그래서 해리 블레마이어스(Harry Blamires)의 탁월한 책 《그리스도인은 어떻게 사고해야 하는가》(The Christian Mind)에서 착안하여, 이 선집의 제목이 "기독교적으로 사고하기"(Thinking Christianly)가 될 수도 있었을 것이다. 실제 제목이 된 "Authentic Christianity"(진정한 기독교)는 스토트의 저서인 《진정한 예수》(The Authentic Jesus)와 《기독교의 기본 진리》(Basic Christianity)에서 핵심 단어를 하나씩 따서 결합한 것이다. 그리고 이 제목은 기독교란 참으로 성경적일 때만 진정한 것이라는 명제를 역설한다. 심지어 본서와 같은 모음집을 포함해 존 스토트가 쓴 글들을 읽으면, 누구라도 스토트의 관심사가 계시된 믿음을 가르치고 해설하는 일, 권위 있고 영원한 성경을 현대 세계에 맞게 해석하는 일임을 깨닫지 않을 수 없을 것이다.

이 책에 대한 착상은 클라이드 킬비(Clyde Kilby)의 C. S. 루이스(Lewis) 선집 《깨어 있는 지성》(A Mind Awake)에서 비롯되었다. 킬비와 마찬가지로, 나는 존 스토트의 생각을 더 잘 나타낼 수 있도록 일정한 제목들 아래 인용문을 순서대로 배열했다. 하지만 이 책은 조직신학 책이 아니며 심지어 존 스토트의 사상과 가르침에 대한 완전하고 균형 잡힌 해설도 아님을 분명히 하고자 한다. 내가 인용한 발췌문은 다양한 시기와 환경에서 종종 매우 다른 독자들에게 전달했던 내용에서 뽑아 낸 것이다. 나는 각 장에 적절한 모든 주제의 내용을 포함시키는 데는 전혀 관심이 없었다. 그리고 모든 단서, 혹은 균형을 잡아 주는 모든 논증을 포함시켜야 한다고 생각하지도 않았다. 그런 것들을 보고 싶고 저자를 제대로 이해하기 원한다면 원작들을 참고하기 바란다. (사소한 예외는 있겠지만) 존 스토트가 쓴 모든 글을 읽거나 재독하는 데 있어 나의 유일한 판단 기준은, 강렬하거나 교훈적이거나 (무엇보다) **생각을 불러일으키는** 글들을 선별해 내는 것이었다. 만일 이 책의 어떤 내용이 독자의 의견과 일치하지 않는다면, 그 본문을 전후 문맥 안에서 충분히 읽어 볼 것을 권하며, 그전까지는 존 스토트에게 책임을 묻지 말기 바란다.

다른 작가들(예를 들어, 조지 맥도날드)의 선집을 편집하기도 했던 루이스는, 1941년 〈영문학 리뷰〉(*Review of English Studies*)에 새로 출간된 《옥스퍼드 기독교 시 선집》(*Oxford Book of Christian Verse*)에 대한 글을 쓰면서 다음과 같은 적절한 말을 남겼다.

— 본문 비평을 예외로 하고, 선집을 편찬하는 것처럼 노력과 그에 대한 보상이 균형을 이루지 않는 학문 활동은 아마도 없을 것이다. 편집자는 롤(Rolle)에서 루스 피터(Ruth Pitter)에 이르는 우리의 신성한 시인들을 전부, 혹은 거의 전부 통독하는 상당한 노력을 기울여야 한다. 마치 조사관처럼 비판적 능력을 철저히 쏟아부으면서 작업이 채 끝나기도 전에 녹초가 되어 버리고, 사본과 교정에서 완전한 정확성(결코 달성

될 수 없는)을 추구하는 이들의 노력은 상당하다. 반면 돌아오는 보상은, 그렇게 최종적으로 정선된 글이 비평가들의 비판을 받는 것이다. 이들은 그 주제에 대해 편집자의 백 분의 일만큼도 생각해 보지 않았고, 아마도 편집자가 심각하게 숙고한 후 폐기해야 했던 내용들을 큰 고민 없이 당연하게 받아들일 사람들이다. 그리고 나는 나 자신이 바로 그런 비평가들 중 한 사람임을 알게 된다.

당신도 바로 그런 독자일 수 있을 것이다. 하지만 이 책을 생각 없이 뒤적이던 사람이 서가에 꽂힌 존 스토트의 책들을 다시 찾아 읽고 나아가 더 많은 책을 구비하게 된다면, 이 책은 소임을 다한 것이다.

몇 가지를 더 설명할 필요가 있다. 예를 들어, 전체 신학 영역에서 특정 진리나 교리가 차지하는 중요성은 이 책에서 할애된 지면의 길이와 아무런 상관이 없다. 나는 존 스토트의 주 저서인 《그리스도의 십자가》(*The Cross of Christ*, 아마도 그가 쓴 최고의 책일 것이다)를 충분히 다루었고, 성육신이나 부활에 대한 내용은 좀 더 다양한 저술에서 가져왔다. 다시 말하지만, 이 발췌문들 중 일부는 간결한 것을 좋아하는 독자들에게 다소 길게 느껴질지도 모른다. 이는 존 스토트의 은사와 관심사가 독자에게 좋은 경구보다는 합리적으로 잘 뒷받침된 해설과 분석을 제공하는 데 있기 때문이다(물론 이 책에도 기억할 만한 경구들이 나올 것이다). 그래서 이 책의 내용은 어느 정도 저자가 자주 혹은 상세히 다룬 주제들(예를 들어 성경, 설교, 복음과 사회적 책임 등)로 구성되어 있으며, BST(The Bible Speaks Today) 성경 강해 시리즈 같은 가장 가치 있고 영속적인 저술은 암시적으로만 드러날 것이다. 왜냐하면 대체로 그런 내용들은 전체 맥락 안에서 상세하게, 그것이 해설하는 성경 본문과 함께 읽어야 하기 때문이다. 존 스토트는 또한 다양한 작가들, 그중에서 특히 현대 세계의 세속적 평론가들의 글을 재미있게 인용하는 특징이 있는데, 그런 재능도 이 책에는 대체로 나타나 있지 않다. 나는 존 스토트의 인용 능력(아무리 탁월하다 해도)보다는 그의 원래 저술들을 보여 주고자 했다. 월터 드 라 메어(Walter de la Mare)의 《날개 달린 마차》(Winged Chariot)는 시간의 본질을 고찰한 책인데, 사실상 대부분이 목적에 맞게 스스로 생각해 낸 내용이었지만 광범위한 출처에서 온 인용문 같은 것들로 책이 장식되어 있다. 이 선집에는 존 스토트가 사용한 인용문이 많이 나와 있지 않으며, 책 말미의 자료 목록이 이곳의 모든 글은 존 스토트가 직접 쓴 것이라는 사실을 충분히 보증해 주기를 바란다!

12부로 나눈 이 분류가 때로는 임의적으로 보이기도 할 것이다. 많은 발췌문들이 여러 다른 주제 안에 포함될 수 있는 것들이다. 그래서 때로 내용의 요점이 적절하고 중요한 경우, 그리고 존 스토트의 저술에서 한 번 이상 나오는 경우에 서로 다른 장에 약간 다른 표현으로 등장하게 될 것이다. 이것은 '잠자리에 누워 책을 읽는 사람'에게는 그리 손해 보는 일이 아닐 것이며, 특정한 목적으로 이 책을 참조하는 사람들에게도 유익하다. 사실 이 선집이 정확하게 어떤 독자층을 의도해서 만들어졌는지를 설명하기는 어렵다. 나는 일반 독자들에게 자명하게 느껴지지 않는 항목들을 선정하려 애썼지만, 우리는 모두 서로 다른 배경과 이해의 수준에서 출발한다는 사실을 기억해야 한다. 그리고 불가피하게 일상생활의 제자도보다는 신학 연구와 더 많이 관련된 특정한 주제들이 많이 언급되었다. 어떤 내용이 너무 자명해서 반복해서 읽을 만한 가치가 없어 보인다면, 다시 한 번 루이스의 말에 귀 기울이면 좋을 것이다. 그는 1939년 돔 비드 그리피스(Dom Bede Griffiths)에게 글을 쓰면서 다음과 같이 말했고, 이 내용이 2년 후에 나온 《스크루테이프의 편지》(*The Screwtape Letters*, 홍성사)에 또 등장한다.

> ── 삶이란 너무나 오래되고 단순한 진리들을 깨달아 가는 과정인데, 이 진리들을 진술해 버리면 진부한 이야기로 들릴 것입니다. 그런 경험이 없는 사람들에게 그것이 다르게 들릴 수 없습니다. 바로 그 때문에 그런 진리들에 대한 진정한 가르침은 불가능하며, 각 세대는 처음부터 시작하는 것입니다.…

그럼에도 불구하고 나는 이 책이 어떤 사람에게는 그런 진리들을 배우는 데 도움이 되기를 감히 소망한다. 우리는 모두 이미 오래전에 익혔다고 맹목적으로 믿는 기본적인 영적 생활의 원리들을 때때로 상기할 필요가 있다. 주어진 발췌문이 당신에게 아무것도 말해 주지 않는다면 계속 읽으라!

인용문들은 개정판이 나온 경우 외에는 초판에서 가져왔다. 신성을 나타내는 대명사에 대문자를 사용하는 것과 같은 문제에서는 표기법을 표준화했지만, 성경 인용문은 출간 시점에 따라 다양한 역본을 사용했다. 마찬가지로, 이 발췌문들은 오십 년이 넘는 기간에 쓰인 저술들을 인용한 것이기 때문에 남녀 포괄 용어 같은 문제들에서 용법에 상당한 차이가 있다. 그리고 이러한 차이점들은 원문에 충실하게 그냥 두었다. 발췌문의 출처는 출판 연도에 근거해 생략된 형태로 썼으며, 책 말미에 나오는 출처 목록에서 확인할 수 있다. 예를 들어, 발췌문 1번의 '1971a:11'은 출처 목록의 1971년 란의 a항 즉 Basic Christianity라는 책을 참고하라는 뜻이다. 끝부분의 숫자 11은 인용된 페이지를 나타낸다.

각주는 최소한으로 줄였으며, 본문 이해를 위해 꼭 필요한 경우가 아니라면 참고 성경 구절도 일반적으로 생략했다. 관심 있는 독자를 위해 참고 구절을 밝힌 주된 이유는, 그의 사고가 엄청나리만큼 성경에 의존하고 또 성경의 지지를 받고 있다는 점이 모든 책에 나타나 있기 때문이다.

이것은 대중적인 책이기에, 내용이 변경되었음을 나타내는 괄호 등을 쓰지 않고 발췌문의 정확한 형태를 소폭으로 조정하기도 했다. 그런 조정이 이루어진 경우는, 대체로 앞선 논증이나 발췌문이 위치한 특정 전후 문맥에 대한 언급을 삭제할 필요가 있는 경우다. 하지만 쉽게 읽을 수 있도록 의도한 그러한 편집이 원본을 잘못 전달하지 않도록 꼼꼼하게 주의를 기울였다. 존 스토트의 더 많은 저술을 알고 싶다면 이 선집과 동시에 간행된 나의 책《존 스토트 저술 총람》(John R. W. Stott: A Comprehensive Bibliography)을 참고하면 좋을 것이다.

이 선집이 나올 수 있게 해 준 존 스토트, 그의 인용문을 사용하도록 허락한 여러 출판사들, 이 책을 출간한 IVP(그리고 아주 상세한 편집 작업을 해 준 조 브램웰)에 깊은 감사를 전한다. 부디 이 책이 새로운 독자들에게 여기 인용된 책과 글들을 소개하는 데 기여하기를 바란다.

티모시 더들리-스미스

1부
살아 계신 하나님

01

유일하시고 영원하신 하나님

001. 태초에

당신은 결코 하나님을 기습할 수 없다. 결코 하나님을 앞지를 수 없다. 하나님은 언제나 맨 먼저 행동하신다. 하나님은 언제나 '태초에' 거기 계신다. 사람이 존재하기 전에 하나님이 행동하셨고, 인간이 스스로 분발하여 하나님을 찾기 전에 하나님이 인간을 찾으셨다. 우리는 성경에서 인간이 하나님을 더듬어 찾는 모습을 발견할 수 없다. 그저 하나님이 손을 뻗어 인간에게 나아가시는 모습을 볼 뿐이다. (1971a:11)

002. 하나님에 대한 비전

우리에게 필요한 비전은 하나님 그분에 대한 비전이다. 그분은 성경 계시 전체의 하나님, 만물을 공정하고 선하게 만드시고 남자와 여자가 하나님의 형상을 지니고 그분이 만드신 세상을 다스리게 하신 창조의 하나님이다. 그리고 인간의 반역에도 불구하고 자신을 위해 한 백성을 불러 내신 은혜의 언약의 하나님, 억압을 미워하고 억압 받는 자들을 사랑하시는 긍휼과 정의의 하나님이다. 스스로 연약하고 작고 제한되고 취약하게 되어 우리 고통과 소외에 동참하신 성육신의 하나님, 부활과 승천과 오순절의 하나님, 그래서 우주적 권세와 권능을 지니신 하나님이다. 또한 그분의 교회에 영원토록 헌신하시고 그들을 세상에 보내어 살고 섬기고 고난당하고 죽게 하신 교회 혹은 하나님 나라 공동체의 하나님, 하나의 계획을 따라 그리고 하나의 결론을 향해 일하시는 역사의 하나님, 언젠가 만물을 새롭게 하실 종말(eschaton)의 하나님이다.

여기에는 어떤 비관주의도 무관심도 들어설 여지가 없다. 오직 예배와 기대하는 믿음, 증언과 섬김을 통한 실제적 순종만 있을 뿐이다. 왜냐하면 일단 우리 하나님의 영광과 그분이 주신 사명의 위대함을 보고 나면, 우리는 오직 '나는 하늘의 비전에 불순종하지 않았다'는 응답만을 할 수밖에 없기 때문이다. [1978c:182]

003. 주권적이고 부단하고 목적이 있는 활동

전능하신 하나님의 주권적이고 부단하고 목적이 있는 활동이야말로 성경 전체의 지배적인 주제일 것이다. 눈과 귀와 입과 손은 있지만 보지도 듣지도 말하지도 행동하지도 못하는 우상들과는 대조적으로, 우리 하나님은 살아 계시며 부단히 활동하시는 분이다.

성경은 이 점을 극적이고 비유적인 방식으로 의심의 여지없이 분명하게 보여 준다. 모든 생물체의 생명이 하나님의 손 안에 있다. 천둥은 하나님의 음성이며, 번개는 하나님의 불이다. 하나님은 빛을 비추고 비를 내리신다. 하나님은 공중의 새를 먹이시며 들의 백합화를 입히신다. 하나님은 구름을 자신의 병거로, 바람을 자신의 전령으로 삼으신다. 하나님은 풀을 자라게 하신다. 나무는 풍족한 물을 공급 받는다. 하나님은 사납게 몰아치는 폭풍우를 잠잠케 하신다. 하나님은 또한 사람들과 열방의 일을 인도하신다. 앗수르와 바빌론, 이집트, 페르시아, 그리스, 로마 같은 강력한 제국들이 하나님의 지배와 통제 아래 있었다. 그분은 아브라함을 우르에서 부르셨다. 이스라엘을 이집트에서 구해 내셨으며, 광야를 지나도록 그들을 이끄셨고, 약속의 땅에 그들을 정착시키셨다. 하나님은 이스라엘에게 사사와 왕, 제사장, 예언자를 주셨다. 그리고 마침내 자신의 독생자를 세상에 보내셔서, 살고 가르치고 죽고 다시 살아나게 하셨다. (1991d:59)

004. 하나님의 합리성

모든 과학적 연구는, 우주란 이해할 수 있고 심지어 의미 있는 체계이며, 연구자의 지성과 연구되는 자료들 사이에 근본적으로 상응하는 점이 있으며, 그 상응점은 바로 합리성이라는 확신에 근거한다. 따라서 "명백한 불합리성에 직면한 과학자는 그것을 최종적인 것으로 받아들이지 않는다.…그는 사실들이 서로 관련을 맺을 수 있는 어떤 합리적인 방식을 찾기 위해 분투한다.…세상의 궁극적 합리성에 대한 이러한 열렬한 믿음이 없다면, 과학은 비틀거리고 침체되며 죽어 버리고 말 것이다…."[1] 그러므로 과학 혁명의 선구자들이 그리스도인들이었다는 것은 우연이 아니다. 그들은 이성적인 하나님이 그분의 합리성을 세상과 그들 자신에게 새겨 놓았다고 믿었다. (1992b:115)

---

1 Lesslie Newbigin, *Foolishness to the Greeks*(SPCK, 1986), p. 70.《헬라인에게는 미련한 것이요》(IVP).

005. 동요하지 않는 주권

"하늘에 계신 이가 웃으심이여. 주께서 그들을 비웃으시리로다"(시 2:4). 우리는 이러한 신인동형론에 기분이 상할 필요가 전혀 없다. 하나님의 '웃음'과 '경멸'은 하나님의 동요하지 않는 주권을 나타내는 고도로 극적이고 비유적인 표현이다. 그러므로 그 주권에 대한 인간의 모든 폭력적 저항은 우스꽝스러울 만큼 무기력하다. (1966b:65)

006. 지나치게 종교적인 하나님?

우리 하나님은 너무 작다. 왜냐하면 그 하나님은 너무 종교적이기 때문이다. 우리가 상상하는 하나님은 종교—종교적 건물(교회와 예배당), 종교적 활동(예배와 의식), 종교 서적(성경과 기도서)—에만 관심이 있는 분이다. 물론 하나님은 이러한 것들에 관심을 가지신다. 하지만 그러한 것들이 삶 전체와 관련되어 있다는 조건에서만 그렇다. 구약 예언자들과 예수님의 가르침에 따르면, 하나님은 '종교'에 매우 비판적이시다. 그 '종교'라는 것이 실제 삶과, 사랑의 섬김과, 마음에서 우러난 도덕적 순종과 분리된 종교적 예식들을 의미한다면 말이다. (1990a:15)

007. 완전한 하나님

아레오바고 연설은 바울의 메시지에 담긴 포괄성을 보여 준다. 그는 창조주, 유지자, 통치자, 아버지, 심판자로서의 완전한 하나님을 선포했다. 그는 자연과 역사 전체를 포괄하고, 창조로부터 만물의 완성에 이르는 전 시간을 다루었다. 만물의 처음과 끝이 되는 분으로서뿐 아니라, 우리를 존재하게 하셨고 우리에게 책임을 요구하는 분으로서 하나님의 위대함을 강조했다. 또한 그는 인간들이 이미 자연 계시 혹은 일반 계시에 의해 이런 것들을 알고 있으며, 그렇기 때문에 무지와 우상숭배는 변명의 여지가 없다고 주장했다. 그래서 너무 늦기 전에 회개할 것을 엄숙하게 요청한 것이다. (1990b:290)

008. 단일성과 삼위일체

하나님은 한 분인 동시에 세 분이시다. 하나님은 **한 분 하나님**이시고, **성부, 성자, 성령**이시다. 하나님의 단일성에는 의문의 여지가 있을 수 없다. 그리스도인은 모든 유대인이나 이슬람교도들과 마찬가지로 강력하게 이 점을 단언한다. "우리 하나님 여호와는 오직 유일한 여호와이시니"(신 6:4). 하나님은 "나는 여호와라. 나 외에 다른 이가 없나니 나밖에 신이 없느니라"(사 45:5)고 말씀하신다. 신성의 단일성은 모든 복음 전도에서 기초가 된다. '오직 한 하나님만 계시기' 때문에, 하나님은 모든 인류에게 전적 충성을 요구하시며 또한 그러한 충성을 받을 자격이 있으시다. 하지만 이 한 분 하나님은 자신을 세 단계로 계시하심으로써(먼저 이스라엘의 하나님으로, 그다음에 성육신하신 주님으로, 그리고 성령님으로) 자신이 영원토록 이러한 세 가지 인격적 존재 양태로 존재하심을 보여 주신다. 그래서 부활하신 예수님은 우리에게, 회심자들에게 "아버지와 아들과 성령의 이름[단수 형태임을 주목하라]으로 세례를 베풀라"고 명하셨다(마 28:19). (1975d:5)

009. 삼위일체적 성경

성경에 대한 기독교적 이해는 본질적으로 삼위일체적이다. 성경은 하나님으로부터 오며, 그리스도를 중심으로 하고, 성령이 주신 영감으로 쓰인 책이다. 그러므로 성경에 대한 가장 적합한 정의 역시 삼위일체적이다. 곧 "성경은 성령을 통해 성부께서 하시는 성자에 대한 증언이다." (1982b:36)

010. 그리스도 중심의 믿음

기독교의 믿음은 삼위일체적 믿음이다. 우리는 하나님을 창조주, 유지자, 아버지로 믿는다. 또한 우리는 성령님을 예언자들과 사도들을 통해 말씀하셨으며 하나님의 백성을 성화시키시는 진리의 영으로 믿는다. 하지만 무엇보다도 우리의 증언은 예수 그리스도, 곧 성부의 아들이자 성령을 주시는 분께 집중되어 있다. 즉 사람의 몸에 잉태되어 나시고 고난받고 십자가에 못 박히셨으며, 죽고 묻히시고 죽은 자 가운데 계시다가 다시 살아나셨으며, 하늘에 오르셨고 다스리시며, 심판하기 위해 다시 오실 그분에 대한 것이다. 사도신경에 나타나는 불균형은 기독교 신앙의 그리스도 중심적 특성을 분명히 보여 준다. 사도신경은 성령의 사역에 대해서는 세 절만 언급하지만, 성자에 대해서는 열세 절에 걸쳐 언급하고 있다. (1985:9)

011. 하나님은 빛이시다

하나님의 본질에 대한 진술 중 **하나님은 빛이시라**는 것보다 더 포괄적인 것은 없다. 빛이 비추는 성질을 지니는 것과 마찬가지로, 하나님의 본성은 자신을 계시하는 것이다. 그리고 그 계시는 완전히 순결하고 말할 수 없이 장엄하다. 하나님은 모든 면에서 무한히 완전하시며 초월적이시고 "지극히 존귀하며 영원히 거하시며 거룩하다 이름하는 이"(사 57:15)시지만, 그럼에도 알려지기를 바라시며 스스로를 계시하신 인격적 존재다. (1988g:75)

012. 하나님이 언제나 알려지지는 않는 이유

빛이 비추는 본질을 가진 것처럼, 자신을 계시하는 것은 하나님의 본성이다. 하나님이 지혜롭고 영리한 자들에게 자신을 숨기시는 것은 사실이지만, 그 이유는 그들이 교만하고 하나님 알기를 원치 않기 때문이다. 하나님은 '어린아이들' 즉 하나님의 자기 계시를 받을 만큼 충분히 겸손한 사람들에게 자신을 계시하신다. 사람들이 하나님을 알지 못하는 주된 이유는 하나님이 그들로부터 자신을 숨기시기 때문이 아니라 그들이 하나님으로부터 숨기 때문이다. (1982a:93)

013. 하나님의 자기 일관성

성경은 몇 가지 방식으로 하나님의 자기 일관성에 주의를 집중시키는데, 특히 그분이 죄인을 심판하셔야만 하는 것은 자신에게 진실되기 위함임을 강조하는 것도 하나의 방식이다. (1986a:124)

014. 하나님을 추구함

우리는 무관심, 교만, 편견, 죄를 물리치고 결과와 상관없이 하나님을 추구해야 한다. 하나님을 추구하는 데 방해가 되는 이 모든 것 중에서 가장 극복하기 어려운 것은 마지막 두 가지, 지적 편견과 도덕적 완고함이다. 둘은 모두 두려움의 표현이며, 두려움은 진리의 가장 큰 적이다.

두려움은 하나님을 추구하고자 하는 우리의 마음을 마비시켜 버린다. 우리는 하나님을 발견하고 예수 그리스도를 영접하는 일이 매우 불편한 경험이 될 것임을 안다. 그 일은 우리의 인생관을 다시 생각하게 하고, 삶의 방식을 재조정하는 것을 포함할 것이다. 그리고 우리를 주저하게 만드는 것은 지적인 비겁함과 도덕적인 비겁함의 결합이다. 우리는 구하지 않기 때문에 발견하지 못하고, 발견하고 싶지 않기 때문에 구하지 않는다. 그리고 우리는 발견하지 않기 위한 가장 확실한 길은 구하지 않는 것이라는 사실을 잘 안다. (1971a:18)

02

창조주이며 아버지이신 하나님

015. 창조주 하나님

창조주 하나님은 자신이 만든 창조 세계의 주님이시다. 하나님은 보좌
에서 물러나지 않으셨다. 하나님은 자신이 만드신 것을 다스리신다. 어
떤 그리스도인도 자연에 대해 기계론적 견해를 가질 수 없다. 우주는 불
변의 법칙들에 의해 운행되는 기계가 아니며, 하나님은 자기가 만든 법
칙에 종속되는 분이 아니다. 하나님은 자신이 만드신 우주 안에서 살아
계시며 활동하고 계신다. (1988e:101)

016. 하나님의 불변성

자연 법칙은 하나님의 행동을 대신하는 것이 아니라, 하나님의 행동에
주의를 돌리게 하는 유용한 방법이다. 소위 자연 법칙은 과학자들이 관
찰한 일률성을 단순히 묘사할 뿐이다. 그리고 그리스도인들은 이러한
일률성을 하나님의 불변성 때문으로 여긴다. 더 나아가 어떤 과정을 과
학적으로 설명할 수 있다는 것은 하나님을 완전히 설명할 수 있다는 뜻
이 결코 아니다. 그것은 (천문학자 케플러의 유명한 말을 빌리면) "하나님을 따
라 하나님의 생각을 사고하는 것"이며, 하나님이 역사하는 방식을 이해
하기 시작하는 것이다. (1970b:59)

017. 창조의 말씀

하나님은 **자신의 주권적인 뜻**에 의해 만물을 창조하셨다. 내가 창조의 **양식**, 곧 만물이 생겨나도록 하기 위해 하나님이 사용하신 수단에 대해 교리적으로 말하고자 하는 것은 이것뿐이다. 그리스도인들은 여전히 창조와 진화에 대해 서로 다른 견해를 가지고 있다. 하지만 모든 그리스도인은, 하나님이 사용하신 정확한 양식이 무엇이든 만물이 하나님 뜻의 권능에 의해 생겨났다는 데 동의해야 한다. 창세기 1장에서 반복되는 가장 중요한 말 중 하나는 '하나님이 이르시되'이다. "하나님이 이르시되 빛이 있으라 하시니 빛이 있었고." **"하나님이 이르시되**…궁창이 있어…나뉘라 하시고…그대로 되니라." 이 창조의 말씀은 하나님 뜻의 표현이었으며, 요한계시록에는 하늘의 천군 천사가 부분적으로 이런 이유 때문에 하나님께 경배 드리는 모습이 나온다. "주께서 만물을 지으신지라. 만물이 주의 뜻대로 있었고 또 지으심을 받았나이다." (1962a:9)

018. 창조와 청지기직

살아 계신 성경의 하나님은 창조와 구속의 하나님이시며, 우리의 완전한 행복에 관심을 가지신다. 달리 말하면, 오래전부터 신학자들은 하나님이 두 권의 책을 쓰셨는데 하나는 '자연'이라는 책이며 또 하나는 자신을 계시한 수단인 '성경'이라는 책이라고 말해 왔다. 게다가 하나님은 이 두 책을 연구해 볼 수 있도록 우리에게 주셨다. 자연 질서에 대한 연구는 '과학'이며, 성경 계시에 대한 연구는 '신학'이다.…

　창조와 청지기직에 대한 이런 교리를 가진 그리스도인들은, 환경에 책임을 지는 환경 운동의 선두에 서야 한다. 하나님이 세상을 만드셨는가? 하나님이 세상을 유지하고 계시는가? 세상의 자원을 관리하도록 우리에게 맡기셨는가? 자신의 창조 세계에 대한 하나님의 관심은 우리도 동일한 관심을 갖도록 고취시키기에 충분하다. (1993b:ix)

019. 틈새의 하나님

성경적 그리스도인의 하나님은 때로 '틈새의 하나님'(the God of the gaps) 이라고 불린다. 왜냐하면 우리는 우리 지식의 공백을 메울 수 없을 때만 하나님을 의지하게 되어 있기 때문이다. 어떤 사람들은 과학적 발견이 꾸준히 이 틈새(간격)의 수를 줄여 가고 있으므로 하나님이 밀려나고 있다고 주장한다. 언젠가는 그 간격이 남지 않을 것이며, 그때가 되면 우리는 하나님 없이도 지낼 수 있을 것이다. 지금같이 '신의 죽음'(the death of God)이라는 신학이 유행하기 오래전에 이미 이러한 개념이 표현된 적이 있다. 1865년 리지(Liège)의 세속주의자 연맹에서 채택한 선언문에는 이런 말이 나온다. "과학은 신을 불필요하게 만들었다."

간격은 메워졌으며 이제 우리는 하나님 없이 지낼 수 있게 되었다는 이러한 확신에 찬 주장은, 적어도 두 개의 간격은 언제나 그렇듯 넓게 벌어져 있으며 인간의 재간으로는 결코 메울 수 없다는 점에서 거짓이다. 첫 번째 간격은 인간의 죄와 그 죄에 대한 하나님의 심판으로 생겨난 하나님과 인간 사이의 큰 간격이며, 두 번째는 현재 모습의 인간과 하나님이 의도하신 인간 사이의 간격이다. 과학 기술은 이 간격을 메울 수 없으며, 세속 교육이 우리에게 스스로 다리를 놓도록 가르칠 수도 없다. 오직 하나님만이 이 긴 거리를 건널 수 있고, 그리스도 안에서 주도권을 쥐시고 양쪽을 연결하셨다. (1967e:44)

020. 창조주, 왕, 아버지

그리스도나 사도들 중 그 누구도 하나님이 인류의 아버지라는 교리를 가르치지 않았다. 하나님은 진실로 만물을 생겨나게 하신 우주적 창조주이시며, 자신이 만드신 모든 것을 다스리고 유지하시는 우주적 왕이시다. 하지만 하나님은 오직 우리 주 예수 그리스도의 아버지, 그리고 그리스도를 통해 그분의 가족으로 입양하신 사람들의 아버지시다. 우리가 하나님의 아들이 되려면, "믿음으로 말미암아[through faith] 그리스도 예수 안에"(갈 3:26) 있어야 한다. 이것은 "그리스도를 믿는 믿음에 의해"(by faith in Jesus Christ, AV)라는 익숙한 문구보다 더 나은 번역이다. 우리가 그리스도 안에 있는 것은 믿음으로 말미암는 것이며, 그리스도 안에 있음으로 말미암아 하나님의 아들이 된다. (1968c:99)

021. 잠재적인 아버지 되심

우리는 하나님의 보편적 아버지 되심과 인간의 보편적 인류애라는 말을 많이 듣는데, 그것은 실제가 아니라 잠재적으로 그렇다는 것이다. 모든 사람이 예수 그리스도께 복종하고 거듭날 때까지는 그렇게 되지 않을 것이다. (1991d:60)

022. 언약의 하나님

두 언약을 이해하지 않고 성경을 이해하기란 불가능하다. 성경은 옛 '언약'과 새 '언약'을 의미하는 두 개의 책, 신약과 구약으로 나뉘어 있다. 언약이란 하나님과 인간 사이의 엄숙한 계약이며, 이것을 통해 하나님은 그들을 자기 백성으로 삼고 그들의 하나님이 되겠다고 약속하신다.

하나님은 모세를 통해 옛 언약을 세우셨으며, 그리스도를 통해 새 언약을 세우시고 그리스도의 피로 그 언약을 확증하셨다. 옛(모세) 언약은 율법에 기초하고 있었다. 하지만 새(그리스도) 언약은 아브라함을 통해 예시되었으며, 예레미야를 통해 예언된 것처럼 약속에 기초한다. 율법에서 하나님은 인간에게 책임을 지우고 "…할지니라. …하지 말지니라"고 말씀하셨지만, 약속에서는 하나님이 직접 책임을 지고 "내가…하리라. 내가…하리라"고 말씀하신다. (1968c:124)

023. 질투하시는 하나님?

여호와는 "질투라 이름하는 질투의 하나님"(출 34:14)이라고 기록되어 있다. 질투는 경쟁자들에게 분개하는 것이며, 그 질투의 선악 여부는 그 경쟁자들이 그것을 누릴 자격이 있느냐에 좌우된다. 미모나 지성 혹은 스포츠 영역에서 우리를 위협할 우려가 있는 어떤 사람을 질투하는 것은 죄다. 왜냐하면 우리는 그런 영역에서 재능을 독점할 권리를 주장할 수 없기 때문이다. 반면에 만약 부부 관계에 제삼자가 끼어든다면 그 자리에서 밀려난 상처받은 사람의 질투는 정당한 것이다. 왜냐하면 그 침입자는 거기에 들어올 권리가 없기 때문이다. 하나님도 마찬가지다. 그분은 "나는 여호와니 이는 내 이름이라. 나는 내 영광을 다른 자에게, 내 찬송을 우상에게 주지 아니하리라"(사 42:8)고 말씀하신다. 우리의 창조주이며 구속주이신 하나님은 우리의 독점적 충성을 받을 권리가 있고, 만일 우리가 그러한 충성을 다른 어떤 사람 또는 다른 어떤 것에 바칠 때 '질투하신다.' (1990b:278)

존 스토트의 기독교 강요
Authentic Christianity

024. 하나님, 그리고 인간의 곤경

과학 기술의 세계에서 '성년이 된 인간'은 여전히 죄 가운데 있으며, 심판 아래 있고, 욕정의 노예이고, 자신을 구원하기에 무력한 존재다.

오늘날 사람들이 종종 주장하는 것과 반대로, 많은 사람들이 여전히 이러한 인간적 곤경을 알고 있다. 제2차 세계대전 때 제국 구축함 HMS 이클립스의 항해사로 근무한 해군 중위였던 내 친구 이야기를 예로 들어 보자. 그는 자신이 네 가지 현실에서 도피할 수 없었다고 말한다. 첫째, 그는 죄로부터 벗어나려고 단단히 결심했지만 되풀이되는 실패로 굴욕감만 느낄 뿐이었다. 둘째, 그는 자신이 하나님의 율법을 어겼음을 알았다. 만일 엄중한 처벌이 수반되는 '왕의 규정과 해군 본부의 지시'가 지극히 존중된다면, 하나님은 적어도 왕이나 해군 본부만큼은 정의로운 분일 것이라는 생각이 엄습하곤 했다. 셋째, 혼자 보초를 서면서 죽음이 매우 가까이 와 있을 수도 있다는 달갑지 않은 사실을 기억했을 때, 하나님께 자신의 삶을 설명해야 한다는 책임감도 고조되었다. 넷째로, 경외감을 불러일으키는 창조 세계의 광경을 볼 때 그의 죄의식과 궁핍함에 대한 의식이 고조되었다. "만일 나와 관계있는 하나님이 이처럼 저항할 수 없는 힘으로 우리를 아래위로 흔들어 대는 대서양의 광대한 파도를 만드셨다면, 내가 저항하고 죄를 지은 그분은 얼마나 위대한 분인가? 밤에 보초를 서며 바라본 별들의 고요함과 영원함 역시 말로 표현할 수 없는 이 권능의 하나님에 대해 말해 주었네." (1967e:45)

03

의와 사랑

025. 하나님의 의

'하나님의 의'는 그분의 신적 속성(우리 하나님은 의로운 하나님이다), 활동(그분은 우리를 구하기 위해 오신다), 성취(그분은 우리에게 의로운 지위를 주신다)로 생각할 수 있다. 이 세 가지는 모두 참이며, 다양한 학자들이 때로는 세 요소를 비교하며 각각의 견해를 주장해 왔다. 나는 왜 우리가 이 세 가지 가운데 하나를 택해야 하고, 셋을 결합하면 안 되는지 의아하다.… 그것은 동시에 하나의 특성이자 하나의 행동이고 하나의 선물이다. [1994:63]

026. 하나님의 거룩함과 인간의 죄성

하나님이 거룩하시다는 사실은 성경적 종교의 기초다. 따라서 죄가 하나님의 거룩과 양립할 수 없다는 것은 당연한 결론이다. 그의 눈은 "정결하시므로 악을 차마 보지 못하시며 패역을 차마 보지 못하신다." 죄가 우리와 그분을 분리시켜서 그의 얼굴이 우리로부터 감추어졌고, 그분은 우리의 기도를 듣기를 거부하신다(합 1:13; 사 59:1 이하). [1986a:102]

027. 하나님과의 교제

하나님의 자기 계시는 윤리적인 것이며, 의 없이는 하나님과 교제를 나눌 수 없다. (1988g:47)

028. 일관된 전능함

어떤 사람에게는 하나님이 '할 수 없는' 일이 있다는 생각이 아주 낯설다. 하나님은 어떤 것이든 다 하실 수 있지 않은가? 하나님께는 모든 것이 가능하지 않은가? 하나님은 전능하지 않으신가? 그렇다. 하지만 우리는 하나님의 전능함을 잘 이해해야 한다. 하나님은 자신의 권능을 임의로 휘두르며 모든 일에 절대 권력을 행사하는 전제적 폭군이 아니다. 하나님의 전능함은 자신이 하기로 선택하는 모든 것을 행하시는 자유와 권능이다. 하지만 하나님은 오직 선을 행하기로 선택하시고, 자신의 성품과 뜻의 완전함을 따라서만 일하기로 선택하신다. 그분은 자신과 일치하는 모든 것을 하실 수 있다. (하나님이 하시고자 하지 않기 때문에) 하실 수 없는 단 한 가지는, 자신에 대한 부인 혹은 자신과 반대되는 행동이다. 그러므로 하나님은 영원토록 그분 자신으로 계시고, 자비와 정의의 하나님으로 계신다. 자신의 약속(축복이든 심판이든)을 지키시고, 우리가 그리스도와 함께 죽으면 생명을 주시고 우리가 견디면 하나님 나라를 주신다. 그러나 그분은 스스로 자신을 부인할 수 없기에, 경고하신 대로 우리가 하나님을 부인하면 우리를 부인하신다. (1973b:64)

029. 사랑의 증거

하나님이 우리를 사랑하신다는 사실을 믿기 위한 객관적 근거는 역사적인 것이다. 그것은 하나님의 아들이 십자가에서 죽으신 것과 관련되어 있다. "우리가 아직 죄인 되었을 때에 그리스도께서 우리를 위하여 죽으심으로 하나님께서 우리에 대한 자기의 사랑을 확증하셨느니라"(롬 5:8). 하나님의 사랑을 믿기 위한 주관적 증거는 경험적인 것이다. 그것은 역사가 아니라 경험 속에 있다. 그것은 그리스도의 죽음과 관계된 것이 아니라, 우리 안에 계신 성령의 선물과 관계되어 있다. [1966c:22]

030. 사랑과 진노

인간은 하나님의 사랑의 대상이자 진노의 대상이다. 불순종한 인간을 정죄하신 하나님은 이미 어떻게 인간을 의롭게 하실지를 계획해 놓으셨다. 로마서 첫 장의 세 구절이 이것을 요약해 준다. "복음은…구원을 주시는 하나님의 능력이 됨이라.…복음에는 하나님의 의가 나타나서 [즉 죄인들을 하나님 자신과 올바른 관계에 놓으시는 하나님의 방식]…하나님의 진노가…모든 경건하지 않음과 불의에 대하여 하늘로부터 나타나나니"(롬 1:16-18). 정확하게 어떻게 죄에 대한 하나님의 진노가 하늘로부터 나타나는지는 설명되어 있지 않다. 바울은 아마도 하나님이 강퍅한 상태에 내버려두신 그들 안에서 일어나는 끔찍한 도덕적 타락의 과정을 언급하는 듯하며, 이 과정은 로마서 1장 마지막 부분에 묘사되어 있다. 하지만 하나님의 진노가 인간과 사회의 부패에서 드러난다면, 죄에 대한 하나님의 치유책은 복음에서 나타난다. 따라서 하나님의 계시에는 두 가지가 있다. 하나님의 의(혹은 구원의 도)는 복음 안에 계시되어 있고, 모든 불의에 대한 하나님의 진노는 하늘로부터 계시된다. 그러므로 성경의 하나님은 사랑과 진노의 하나님, 자비와 심판의 하나님이다. 그리고 모든 시대 전 세계 사람들의 삶의 특징인 불안과 쾌락 추구, 도피주의는 하나님으로부터 소외되어 있음을 나타내는 징후다. (1967e:42)

031. 하나님의 성품

하나님의 진노는 하나님의 사랑과 상반되는 것이 아니다. 에베소서 2:3-4은 다음과 같이 두드러진 대조를 보여 준다. "우리도…본질상 진노의 자녀이었더니 긍휼이 풍성하신 하나님이 우리를 사랑하신 그 큰 사랑을 인하여…." 이처럼 바울은 전혀 당황하거나 이상하게 느끼지 않고 하나님의 진노에서 하나님의 긍휼과 사랑으로 넘어간다. 바울이 마음속으로 그것들을 한데 결합할 수 있었던 것은, 그것들이 하나님의 성품 안에서 결합되어 있다고 믿었기 때문이다. (1979e:75)

032. 심판하시는 분, 사랑하시는 분

하나님이 자신과 상충하는 것처럼 보인다 해도, 실제로 하나님은 결코 그런 분이 아니다. 그는 '평화의 하나님'이며, 혼란이 아니라 내적인 평정의 하나님이다. 사실 우리는 행악자를 징벌해야 하는 심판자와, 그들을 용서할 길을 발견해야 하는 사랑하는 자로서 하나님 상을 마음속에 동시에 간직하기가 무척 어렵다. 하지만 하나님은 둘 모두이며, 동시에 그러하다. (1986a:131)

033. 하나님의 진노

하나님의 진노는 제멋대로거나 변덕스러운 것이 아니다. 그것은 이방 신들의 예측할 수 없는 격노나 개인적 복수심과 전혀 다르다. 그것은 모든 악에 대한 하나님의 변함없고 통제되어 있으며 거룩한 적대감이다.
(1988g:88)

034. 심판으로부터의 구원

하나님의 진노는 (어떤 학자들이 주장하려 했던 것처럼) 인과관계라는 비인격적 과정도, 성급하고 임의적인 혹은 복수심으로 화를 터뜨리는 행동이 아니다. 하나님의 진노는 협상 불가능한 악에 대한 거룩하고 타협하지 않는 적대감이다. 언젠가 하나님의 심판이 임할 것이다. 그리고 예수님은 바로 이런 끔찍한 사건으로부터 우리를 구해 주실 것이다. (1991c:42)

035. 기독교적 화목

물론 하나님의 진노는 인간의 진노와 다르며, 그리스도의 화목(propitiation) 역시 이교의 화목과 다르다. 일단 모든 부적절한 요소들, 즉 복수심에 불타는 신의 독단적 진노가 인간의 하찮은 제물로 회유된다는 개념을 모두 제거하고 나면, 사랑의 하나님이 죄에 대한 거룩한 진노를 달래기 위해 자신의 사랑하는 아들을 보내셨다고 하는 기독교적 화목의 개념이 남는다. (1975c:103)

036. 화목과 십자가

우리는 십자가와 관련해서 '화목'이라는 단어 사용을 꺼려서는 안 된다. 하나님과 관련해서 '진노'라는 단어를 빼 버려서는 안 되는 것과 마찬가지다. 오히려 화목이라는 기독교 교리는 이교나 정령 신앙의 미신 개념과 전혀 다르다는 사실을 보임으로써 이 말을 교정하고 회복하도록 애써야 한다. 기독교에서 화목이 필요한 이유, 그것의 창시자 및 본질은 전적으로 다르다.

첫째로, 왜 화목이 필요한가?(화목의 필요) 이교도의 대답은 신들이 일시적 기분에 잘 사로잡히고 변덕이 심하기 때문이라는 것이다. 그리스도인의 대답은 악에 대해 하나님의 거룩한 분노가 임하기 때문이라는 것이다. 하나님의 분노는 무절제하거나 예측할 수 없거나 통제할 수 없는 것이 아니다. 그 분노는 오직 악 때문에 생겨난다.

둘째로, 누가 화목하는 일에 착수하는가?(화목의 창시자) 이교도의 대답은 '우리가 한다'는 것이다. 그들이 신들의 기분을 상하게 했기에 그들이 신들을 달래야 한다. 이와 대조적으로, 그리스도인의 대답은 우리가 하나님의 의로운 분노를 진정시킬 수 없다는 것이다. 우리에게는 그렇게 할 수 있는 능력이 전혀 없다. 하지만 하나님은 그분의 넘치는 사랑으로 우리를 위해 우리 스스로는 결코 할 수 없었던 일을 하셨다. **하나님이 그분을**(즉, 예수님을) 화목 제물로 **주신** 것이다. 요한도 이와 비슷하게 썼다. "하나님이 우리를 사랑하사 우리 죄를 속하기 위하여 화목 제물[*hilasmos*]로 그 아들을 보내셨음이라"(요일 4:10). 그 사랑, 계획, 목적, 주도권, 행동, 선물은 모두 하나님의 것이었다.

셋째로, 그 화목은 무엇을 이루었는가? 화목제사란 무엇인가?(화목의 본질) 이교도는 그들이 향기와 음식과 짐승, 심지어 인간 제물로 신들을 매수해야 한다고 대답한다. 그러나 구약의 제사 제도는 전적으로 달랐다. 그들은 하나님 자신이 구속을 위해 백성들에게 희생 제물을 '주셨다'는 점을 인식했기 때문이다(예를 들어, 레 17:11). 그리고 이것은 기독교의 화목에서 의심의 여지 없는 분명한 사실이다. 하나님은 자신의 아들을 주셔서 우리를 위해 죽게 하셨고, 아들을 주심으로써 자신을 주셨다 (롬 5:8; 8:32).

　요컨대, 화목에 대한 이교적 견해와 기독교적 견해의 차이는 아무리 강조해도 지나치지 않을 것이다. 이교도의 관점에서 보면, 인간은 자신의 하찮은 제물로 그들이 섬기는 심술궂은 신들을 달래려 애쓴다. 그러나 기독교 계시에 따르면, 하나님이 위대한 사랑으로 그분의 소중한 아들을 주는 행위를 통해 자신의 거룩한 진노를 거두셨다. 그 아들은 우리 대신 죄를 지고 우리 대신 죽으셨다. 이처럼 하나님은 그분 자신으로부터 우리를 구원하기 위해 자신을 주셨다. (1994:114)

**2부
주 예수 그리스도**

04

말씀이 육신이 되다

037. 나사렛 예수

하나님을 믿는 것이 어렵게 여겨진다면, 그분의 실존과 존재에 대한 철학적 질문들을 탐색하는 데서 시작할 것이 아니라 나사렛 예수로부터 시작하라고 강력하게 권하고 싶다. 대부분의 사람들은 예수 그리스도에 대해 생각하고 말할 때 좀 더 견고한 근거 위에 있다고 느낀다. 있는 그대로의 하나님에 대한 개념은 우리의 이해를 초월하는 것이다. 하지만 나사렛 예수에 대해 생각할 때 우리는 한 역사적 인물을 다루고 있는 것이다. 게다가 우리는 이것이 하나님의 목적이었다고 믿는다. 하나님은 그 존재가 무한하시며, 우리의 이해를 전적으로 초월하는 분이시다. 그 때문에 하나님은 주도권을 가지고 스스로 자신을 계시하셨으며, 그렇지 않았다면 우리는 결코 하나님을 온전히 알지 못할 것이다. 하나님의 자기 계시의 절정은 하나님의 아들이 인간의 육신을 입고 오신 것이다. 하나님은 우리가 하나님을 통해 예수님께 접근하는 것이 아니라 예수 그리스도를 통해 하나님께 접근하도록 하신다. 그러므로 하나님을 믿을 수 없다면 예수님에 대해 이야기하는 네 복음서를 읽기를 권하고 싶다. 너무나 많은 지성인들이 어린 시절 학교에 다닌 이래로 복음서를 읽어 본 적이 없다는 것은 놀라운 일이다. 예수님에 대한 이야기를 다시 읽어 본다면, 그리고 솔직하고 겸손한 추구자로서 그 이야기를 읽는다면, 예수 그리스도는 당신에게 자신을 계시할 수 있고 그럼으로써 하나님 아버지를 생생하게 제시할 수 있다. (1962c)

038. 하나님의 지혜

우리는 지혜를 추구할 때 구약 혹은 지혜서에만 머물러 있을 수 없다. 우리는 거기서 더 나아가 예수 그리스도 안에서 성취된 지혜에까지 이르러야 한다. 예수 그리스도는 우리에게 지혜가 되셨으며, 예수님 안에서 모든 지혜와 지식의 보물을 찾을 수 있기 때문이다. 특히, 교만한 자에게 어리석어 보이는 바로 그 십자가가 하나님의 지혜이며 능력이다. 예수님의 죽음과 부활이 주는 두 가지 주된 복은 하나님을 아는 지식과 악에서 구원받는 것이기 때문이다. 그래서 우리는 출발점으로 다시 돌아왔다. 여호와를 경외함이 곧 지혜이며, 악을 떠나는 것이 지식이다. (1988c:26)

039. 하나님의 중보자

우리는 하나님을 우리가 고안한 어떤 개념적 틀 안에 집어넣을 수 없으며 만일 그렇게 하는 데 성공했다고 여길지라도 그 상자 안에 있는 것은 하나님이 아니라는 사실을 본능적으로 안다. 우리의 작은 마음은 하나님을 담는 것은 고사하고 그분을 이해할 수조차 없다. "이는 내 생각이 너희의 생각과 다르며 내 길은 너희의 길과 다름이니라. 여호와의 말씀이니라. 이는 하늘이 땅보다 높음같이 내 길은 너희의 길보다 높으며 내 생각은 너희의 생각보다 높음이니라"(사 55:8-9).

황홀한 순간이나 고통의 순간, 아름답거나 경이로운 순간, 선하거나 사랑스러운 순간에 하나님이 지나가시는 것을 순식간에 언뜻 본다 해도, 우리는 그 너머 실재의 충만함을 완전히 알지 못해 애를 태운다. 하지만 이렇게 언뜻 보는 경험들 자체도 '중보'의 한 형태다. 그것들은 하늘과 땅의 영광을 통해, 자연의 얽히고설킨 구조를 통해, 고귀함과 타락이 결합된 복잡다단한 인간적 상황을 통해, 그리고 그에 대한 우리의 온갖 반응을 통해 하나님을 선포하기 때문이다. 하지만 이러한 '중보자'들은 여전히 불만족스럽다. 그것들이 가리키는 것이 우리가 잴 수 없는 높이와 측량할 수 없는 깊이이기 때문이다. 그래서 우리는 동시에 좀 더 구체적이고 좀 더 인격적이며 진정으로 인간적인 중보자를 필요로 한다. 우리가 보거나 느끼거나 생각하거나 어렴풋이 알아챈 실재가 아무리 풍성하다 해도, 예수 그리스도가 없다면 하나님은 여전히 무한히 멀리 계시는 분이기 때문이다. 저 멀리 계시는 분이 단 한 번 인격적으로 우리 가운데 오셨다. 영원하신 하나님의 말씀이 실제로 인간이 되어 우리 가운데 사셨다. 그제야 비로소 인간의 눈은 인간의 형태를 입은 참된 '영광', 궁극적인 인격적 실재의 광휘, "아버지의 독생자의 영광"(요 1:14)을 보았다. (1991b:10)

040. 하나님의 자기 계시

예수님과 그리스도, 역사적인 것과 영원한 것을 구분하기란 불가능하다. 그분은 하나님이시며 또한 인간이신 한 분이다. 보이지 않고 만질 수 없는 것에 대한 역사적 계시를 강조하는 일은 오늘날에도 여전히 필요하다. 특히 경험주의적 방법으로 훈련받은 과학자, 복음서에 있는 많은 것들을 '신화'로 여기는 급진주의자(하지만 성육신을 부정하지 않고서 그것을 '비신화화' 할 수는 없다), 그리스도 안에 나타난 하나님의 객관적 자기 계시는 소홀히 하면서 자신의 주관적인 종교 경험에 몰두하는 신비주의자들에게 이런 강조가 필요하다. (1988g:66)

041. 진정한 예수

우리는 어떤 예수에 대해 이야기하는가? 심지어 바울도 당시 교사들이 그가 전파하지 않은 '다른 예수'를 선포할 가능성이 있음을 인식했다(고후 11:4). 게다가 오늘날에는 많은 예수들이 있다. 불트만 신화의 예수, 혁명적 선동자 예수, 실패한 슈퍼스타 예수, 서커스단의 광대 예수 등이 있다. 이러한 인간적 재해석에 대항해서 우리는 진정한 예수, 성경에 기록된 역사의 예수를 긴급하게 회복하고 복위시킬 필요가 있다. (1975c:48)

042. 크리스마스 송가

"아침 기도"(Venite) 대신에 부활절 송가를 부르면 부활절 아침 예배를 장엄하게 시작할 수 있을 것이다. 특히 그것을 17세기에 펠럼 험프리(Pelham Humfrey)가 지은 승리에 찬 장엄한 성가에 맞춰 부르면 더욱 그러할 것이다. 기도서에 적어도 주요 절기에 대해서는 다른 계절별 변주곡들이 있었으면 좋겠다. 그래서 크리스마스에 쓸 만한 것을 하나 과감히 제안해 보겠다.…

      크리스마스 송가

1. 보라 처녀가 잉태하여 아들을 낳을 것이요, 그 이름을 임마누엘이라 하리라. (사 7:14)

2. 이름을 예수라 하라. 이는 그가 자기 백성을 그들의 죄에서 구원할 자이심이라. (마 1:21)

3. 때가 차매, 하나님이 그 아들을 보내사 여자에게서 나게 하시고 율법 아래에 나게 하신 것은

4. 율법 아래에 있는 자들을 속량하시고 우리로 아들의 명분을 얻게 하려 하심이라. (갈 4:4-5)

5. 말씀이 육신이 되어 우리 가운데 거하시매 우리가 그의 영광을 보니, 아버지의 독생자의 영광이요 은혜와 진리가 충만하더라.

6. 본래 하나님을 본 사람이 없으되 아버지 품 속에 있는 독생하신 하나님이 나타내셨느니라. (요 1:14, 18)

7. 이는 한 아기가 우리에게 났고 한 아들을 우리에게 주신 바 되었는데 그의 어깨에는 정사를 메었고

8. 그의 이름은 기묘자라, 모사라, 전능하신 하나님이라, 영존하시는 아버지라, 평강의 왕이라 할 것임이라.

9. 그 정사와 평강의 더함이 무궁하며 또 다윗의 왕좌와 그의 나라에 군림하여

10. 그 나라를 굳게 세우고, 지금 이후로 영원히 정의와 공의로 그것을 보존하실 것이라. (사 9:6-7)

[1966b:25]

043. 궁극적 질문

진정한 문제는 언어학적인 것(성육신이라는 단어가 신화적인가, 비유적인가, 문자적인가)도, 문화적인 것(성경적인 혹은 칼케돈적인 표현들이 그 당시의 개념들을 얼마나 많이 반영하는가)도 아니다. 궁극적 문제는 의미론과 문화, 신학 모두에 문외한인 보통 사람들에게도 아주 명백하다. 그것은 예수님이 경배를 받아야 하는가 아니면 단지 흠모의 대상일 뿐인가 하는 것이다. 만일 예수님이 하나님이시라면 그분은 우리의 예배와 믿음과 순종을 받기에 합당하신 분이다. 만일 예수님이 하나님이 아니라면 그분께 그러한 헌신을 보이는 것은 우상숭배다. (1978a)

044. 우리가 도저히 도달할 수 없는

예수님은 하늘의 기쁨을 버리고 지상의 슬픔을 택하셨다. 영원토록 죄와 상관없으신 예수님이, 이 세상에서 고통스럽게 죄를 맞닥뜨리기 위해 죄가 있는 곳으로 오신 것이다. 예수님은 베들레헴이라는 작은 동네의 더러운 마구간에서, 비천한 히브리 어머니에게서 나셨다. 예수님은 이집트에서 난민 아기가 되셨다. 예수님은 나사렛이라는 호젓한 작은 마을에서 자라셨으며, 어머니와 형제들을 부양하기 위해 목수의 작업대에서 수고하셨다. 때가 되자 예수님은 순회 설교자가 되셨는데, 가진 것이라고는 거의 없고, 안락함도 집도 없었다. 예수님은 순박한 어부들과 세리들의 친구가 되셨다. 예수님은 나병 환자를 만지셨으며, 창녀가 자신을 만지도록 하셨다. 예수님은 치유하고 돕고 가르치고 설교하는 사역에 자신을 바치셨다.

　예수님은 오해를 받고 왜곡된 방식으로 알려졌으며, 인간의 편견과 기득권의 희생자가 되셨다. 예수님은 자기 백성에게 무시와 거부를 당하셨으며, 친구들에게 버림받으셨다. 예수님은 등에 채찍을 맞으셨고, 사람들은 그분의 얼굴에 침을 뱉었다. 머리에는 가시관을 쓰셨고 손과 발은 로마의 천한 교수대에 못 박히셨다. 그리고 잔혹한 긴 못이 박힐 때 예수님은 자신을 고문하는 자들을 위해 계속 기도하셨다. "아버지 저들을 사하여 주옵소서. 자기들이 하는 것을 알지 못함이니이다."

그분은 우리가 도저히 도달할 수 없는 사람이다. 그분은 우리가 어김없이 실패하는 바로 그곳에서 성공하셨다. 그분은 완전한 자제력을 가지고 계셨다. 그분은 결코 보복하지 않으셨다. 그분은 결코 분개하거나 짜증을 내지 않으셨다. 그분께는 강한 자기 통제력이 있어서, 사람들이 생각하고 말하고 행동하는 것과 상관없이 자신을 부인하고 하나님의 뜻과 인류의 행복을 위해 자신을 버리려 하셨다. 그분은 "나는 나의 뜻을 구하지 않는다", "나는 내 영광을 구하지 않는다"고 말씀하셨다. 또한 바울도 "그리스도께서는 자기를 기쁘게 하지 않으셨다"고 말한다.

하나님과 인간을 섬기기 위해 이처럼 자기를 철저히 무시하는 것이 바로 성경에서 사랑이라고 부르는 것이다. (1971a:44)

045. 돌아보는 사랑

진실한 사랑은 늘 주위를 돌아본다. 예수님의 눈은 도움을 필요로 하는 장면을 결코 놓치지 않았다. 그 누구도 예수님이 선한 사마리아인 비유에 등장하는 제사장이나 레위인과 유사하다는 의심을 품을 수 없을 것이다. 제사장과 레위인은 모두 "그를 보았다"고 성경에 기록되어 있다. 그러나 그들은 보았으나 보지 못했다. 왜냐하면 그들은 다른 방식으로 보았기 때문이고, 결국 '피하여 지나갔다.' 반면에 예수님은 진실로 '보셨다.' 그분은 추한 현실 가운데 있는 인간의 궁핍함에 직면하기를 두려워하지 않으셨다. 그리고 그분이 본 것은 반드시 긍휼을 불러일으켰고, 자비로운 섬김으로 나아가게 하셨다. 그분도 때로는 말씀을 하셨다. 그러나 긍휼이 말로만 그쳐 버린 적은 결코 없었다. 그것은 행동으로 표현되었다. 그분은 보고 느끼고 행동하셨다. 행동은 눈에서 마음으로, 마음에서 손으로 이어졌다. 예수님의 긍휼은 항상 도움을 필요로 하는 상황에 의해 촉발되었고, 언제나 건설적인 행동으로 귀착되었다. (1975f:6)

046. 겨룰 자 없는 신성

신약 성경의 서신서들을 보면, 예수님께 주어진 신적 영광이 이를테면 이신칭의 교리처럼 교회 내에서 논란의 주제가 되었다는 암시가 전혀 없다. 이를 두고서는 오직 한 가지 설명만이 가능하다. 이미 1세기 중반에 예수님의 신성은 모든 교회가 보편적으로 공유하는 신앙의 일부였다는 것이다. (1981f)

047. 죄 없는 인성

신성을 지닌 성자를 보내셨다는 것은 그분이 성육신하여 인간이 되어야 한다는 의미였다. 이것은 "죄 있는 육신의 모양으로"(롬 8:3)라는 말에 표현되어 있다. '모양'이라는 용어 때문에 주석가들을 당혹하게 만든 이 완곡한 문구는, 분명 성육신에 대한 잘못된 견해들과 대결하려는 의도로 쓰인 것이다. 성자는 가현설주의자들이 가르치듯 겉보기에만 인간으로 보이는 '육신의 모양으로' 오신 것이 아니다. 그분은 실제로 인성을 지니셨기 때문이다. 또한 그분은 '죄 있는 육신으로' 오셔서 타락한 본성을 지닌 분이 아니었다. 그분의 인성에는 죄가 없었기 때문이다. '죄 있는 육신의 모양으로' 오신 그분은 실제적인 인성을 지닌 동시에 죄가 없으셨다. (1994:219)

048. '그리고 인간이 되사…'

성자께서 자신이 보냄받은 세상과 '동일화'되셨다는 데는 추호의 의심도 있을 수 없다. 성자는 하늘에 머물러 있지 않고 세상에 오셨다. 하늘에서 말씀이 들려온 것이 아니라 "말씀이 육신이 되셨다." 그리고 나서 그분은 "우리 가운데 거하셨다." 그분은 쏜살같이 세상을 방문했다가 서둘러 고향으로 돌아가지 않으셨다. 그분은 자신이 오신 세상 안에 머무르시면서 사람들에게 그분의 영광을 볼 기회를 주셨다. 또한 그분은 사람들이 멀리서 바라보게만 하지도 않으셨다. 그분은 당시 교회 지도자들이 피했던 하층민들과 어울림으로써 그들을 분개하게 만드셨다. 교회 지도자들은 그분을 '세리와 죄인의 친구'라고 불렀다. 그들에게는 그것이 치욕스러운 용어였지만, 우리에게는 영광의 칭호다. 그분은 손 대는 것이 금기시된 나병 환자들을 만지셨고, 창녀의 손길에 움츠러들지도 않으셨다. 탄생하면서 '육신이 되신' 그분은 죽으면서 '죄가 되시고, 저주가 되셨다.' 그분은 우리와 같은 본성을 입으셨다. 그리고 우리의 범죄, 우리의 파멸, 우리의 죽음을 입으셨다. 인간에 대한 그분의 동일화는 철저하고도 완전했다.

그러므로 그분이 우리에게 '가라'고 말씀하실 때, 그분은 진정으로 그렇게 말씀하시는 것이다. (1967e:65)

05

선생이요 주님

049. 멍에 아래

모든 그리스도인은 예수 그리스도 학교의 학생이다. 우리는 주님의 발 아래 앉는다. 우리의 마음과 의지, 믿음과 기준을 예수님의 멍에 아래 놓기 원한다. 다락방에서 예수님은 사도들에게 말씀하셨다. "너희가 나를 선생이라 또는 주라 하니, 너희 말이 옳도다. 내가 그러하다"(요 13:13). '선생'과 '주'라는 말은 단지 예의상 붙이는 칭호가 아니었다. 그것은 어떤 실재를 증언하는 칭호들이었다. 예수 그리스도는 우리를 가르치시는 선생이며, 우리에게 명령을 내리시는 주님이다. 모든 그리스도인은 예수 그리스도의 가르침과 훈련을 받는다. 어떤 그리스도인이 예수님과 의견이 다르거나, 예수님께 불순종한다는 것은 생각할 수조차 없는 일이다. 그렇게 한다면 그는 회심한 그리스도인이 아닐 수 있다는 의심을 받게 될 것이다. 지적이고 도덕적으로 회심하지 않았다면 진정으로 회심하지 않은 것이며, 지성과 의지를 예수 그리스도의 멍에 아래 굴복시키지 않았다면 지적이고 도덕적으로 회심한 것이 아니기 때문이다. (1991b:57)

050. '내가 그러하다'

예수님은 제자들을 차례로 둘러보시면서 "너희가 나를 선생이라 또는 주라 하니, 너희 말이 옳도다. 내가 그러하다"(요 13:13)고 말씀하셨다.

그리스도인은 가르침과 권위 아래 있는 사람들이다. 그러므로 그리스도인은 예수님을 자신을 가르치는 선생으로, 자신에게 명령을 내리는 주님으로 본다. 그는 예수님의 가르침에 따라 믿으며, 예수님의 명령에 따라 일한다.

예수님은 우리를 가르치시는 선생이며, 우리는 마음을 예수님의 마음에 복종시키고 종속시키는 법을 배운다. 우리는 감히 예수 그리스도의 견해나 개념과 모순되는 의견들을 가지려 하지 않는다. 성경에 대한 우리의 견해는 성경에 대한 그리스도의 견해에서 나온 것이다. 제자도, 하늘 나라와 지옥, 그리스도인의 삶 그리고 다른 모든 것에 대한 우리의 견해가 예수 그리스도의 견해에서 나온 것과 마찬가지다. 그러므로 성경의 영감과 권위에 대한 의문도 결국은 '예수 그리스도는 이 사항들에 대해 무엇이라고 가르치셨는가?' 하는 질문으로 귀결된다.

우리는 예수님이 구약의 영감과 권위를 공손하게 인정하셨다고 추호의 의심 없이 말할 수 있다. 예수님의 가르침 중 어디에도 그분이 구약 성경의 저자들과 의견을 달리하는 곳은 없다. 예수님은 구약을 하나님의 말씀으로 여기셨다. 예수님은 자신의 삶에서 그 말씀에 복종하셨으며, 그 말씀을 믿으셨고, 그 진술을 받아들이셨으며, 그 원리들을 적용하려 애쓰셨다. 예수님은 논쟁이 벌어질 때, 성경이 시시비비를 판단해 주는 결정적인 심판자라고 여기셨다. 예수님은 당시 사람들에게 "너희가 성경을 모르기 때문에 많은 실수를 한다"고 말씀하셨다.

신약 성경을 보면 예수님이 사도들에게 예수님의 이름으로 가르칠 수 있는 권위를 주셨음을 알게 된다. 예수님은 성령이 그들을 모든 진리 가운데로 인도할 것이며, 그들에게 말씀하신 것을 생각나게 할 것이고, 장차 올 일들을 보일 것이라고 말씀하셨다. 예수님은 구약 시대에 하나님이 예언자들을 일으키셔서 하나님이 행하신 것을 증언하도록 영감을 주셨던 것과 마찬가지로, 예수님 안에 주어진 계시를 해석하고 설명하고 증언할 사람들이 하나님의 섭리를 통해 생겨날 것이라고 예상하셨다.

요약하면, 성경이 권위 있는 이유는 성경이 영감되었기 때문이다. 구약과 신약은 영감된 것이기 때문에 우리의 삶에 권위를 가진다.

따라서, 예수 그리스도는 우리의 주님인 동시에 우리의 선생이시므로 그리스도의 권위와 성경의 권위는 철저히 결합되어 있다. (1965)

051. 논쟁자 그리스도

그리스도에 대해 널리 퍼져 있는 '온화하고 부드러우며 친절한 예수'라는 말은 예수님의 이미지를 나타내는 데 충분하지 않다. 그것은 잘못된 이미지다. 분명 그리스도는 사랑과 긍휼과 친절함으로 충만한 분이셨다. 하지만 그분은 또한 거침없이 잘못을 드러내고 죄, 특히 위선을 비난하셨다. 복음서 기자들은 그리스도가 당시 유대교의 지도자들과 끊임없이 논쟁을 벌이셨다고 묘사한다.…그리스도는 논쟁자셨다. (1970b:49)

052. 성경과 전통

바리새인들이 예수님께 와서 말했다. "왜 당신의 제자들은 장로들의 전통에 따라 살지 않습니까? 왜 더러운 손으로 음식을 먹습니까?"[그에 대한 대답으로] 예수님은 정결에 대한 그들의 견해에 대해 말씀하셨고,…계속해서 전통에 대한 그들의 견해에 대해 말씀하셨다.…바리새인들의 견해에 반대해서 예수님은 세 가지 중요한 원리를 말씀하셨다. 첫째, 성경은 신적인 것인 반면 전통은 인간적인 것이다. 둘째, 성경은 필수적인 반면 전통은 선택적이다. 셋째, 성경은 절대적 우위에 있는 반면 전통은 부차적이다. (1970b:69)

053. 급진적이며 보수적인

우리 주 예수 그리스도가, 서로 다른 영역들에서 드러나긴 했지만 보수적인 동시에 급진적 면모를 지녔다는 사실은 충분히 이해되지 않고 있다. 예수님이 성경에 대해 보수적인 태도를 가지셨다는 것은 의문의 여지가 없다. 예수님은 말씀하셨다. "성경은 폐하지 못하나니"(요 10:35). "내가 율법이나 선지자를 폐하러 온 줄로 생각하지 말라. 폐하러 온 것이 아니요 완전하게 하려 함이라"(마 5:17-18). 당시의 유대 지도자들에 대한 예수님의 주된 불평 중 하나는 그들이 구약 성경을 경시하고 구약의 신적 권위에 진정으로 복종하지 않는다는 것이었다.

하지만 예수님을 급진주의자로도 묘사할 수 있다. 예수님은 유대 체제에 대한 예리하고도 대담한 비판자이셨다. 하나님 말씀에 대한 충성이 부족했기 때문만이 아니라, 인간적 전통에 대한 충성을 지나치게 강조했기 때문이다. 예수님은 하나님의 말씀이 다시 드러나고 사람들이 그 말씀에 순종하도록 하기 위해 수십 세기 동안 상속되어 내려온 전통들('장로의 유전')을 일소해 버릴 만큼 대담하셨다. 예수님은 또한 사회적 인습을 깨뜨리는 데도 매우 대담하셨다. 예수님은 사회에서 무시되던 계층의 사람들을 고집스럽게 돌보셨다. 예수님은 여성들에게 공개적으로 말씀하셨는데, 그것은 당시 사람들이 결코 하지 않는 행동이었다. 또 로마 사회에서는 원치 않는 아이를 보통 집 밖에 내놓거나 유기했기 때문에, 예수님의 제자들은 당연히 예수님도 아이들을 성가시게 여기시리라 생각했다. 그러나 예수님은 어린아이들에게 자신에게 다가오라고 초대하셨다. 예수님은 창녀들이 자신을 만지도록 허용하셨으며(바리새인들은 기겁을 하고 그 사람들에게서 물러났다), 접촉할 수 없는 나병 환자들을 실제로 만지셨다(바리새인들은 그 사람들이 가까이 오지 못하도록 돌을 던졌다). 이런저런 방식으로 예수님은 인간의 관습에 얽매이기를 거부하셨으며, 그분의 마음과 양심은 오직 하나님의 말씀에만 매여 있었다.

이처럼 예수님의 보수적인 면과 급진적인 면은 독특한 조화를 이루었다. 그분은 성경에 대해서는 보수적이셨으며, 다른 모든 것을 (**성경적으로**) 철저히 검토하는 일에서는 급진적이셨다. (1975a:29)

054. 말씀과 일

예수님의 말씀은 예수님의 일을 설명해 주었으며, 예수님의 일은 예수님의 말씀을 극적으로 표현해 주었다. 듣는 것과 보는 것, 음성과 시각이 결합되었다. 각각은 다른 것을 지지해 주었다. 말은 사랑의 행동으로 구체화되기까지는 추상적으로 남아 있으며, 일은 복음의 선포에 의해 해석되기까지는 모호하게 남아 있기 때문이다. 일 없는 말은 신빙성이 결여된 것이다. 말 없는 일은 명료함이 결여된 것이다. 그러므로 예수님의 일은 예수님의 말씀을 가시화해 주었고, 예수님의 말씀은 예수님의 일을 이해하기 쉽게 해 주었다. (1992b:345)

055. 세 곱절 주님

예수님은 세 곱절 주님이시다. 첫째는 하나님의 보좌를 공유하는 신성으로 인해, 둘째는 하나님 나라의 도래를 알린 역사적 사역으로 인해, 셋째는 하나님 우편에 앉아 계시는 지존하심으로 인해. 예수님은 세 곱절 주님이시며, 따라서 우리의 충성과 경배를 받을 만한 분이시다. (1977h:21)

056. 평생의 주님

그리스도인의 헌신은 **소명적 차원**을 지니고 있다. 즉 그것은 우리의 평생의 일을 포함한다. '예수님은 주님이시다'라고 말하게 되면 평생에 걸쳐 그분을 섬겨야 한다. (1992b:93)

06

하늘 나라

057. 그리스도가 다스리시는 곳

하나님의 나라는 그리스도께서 구원을 주시고 충성을 받으심으로 다스리는 곳에만 존재한다. (1979c:23)

058. 신약의 메시지

신약의 메시지는 우선 무엇보다도 하나의 선포다. 그것은 하나님에 대한 좋은 소식이다. 그것은 하나님이 그분의 아들이시고 우리 주님이요 구세주이신 예수 그리스도 안에서, 그리고 예수 그리스도를 통해 행하신 일에 대한 이야기다. 예수님은 그분의 나라를 세우셨다. 분명 하나님 나라는 미래에 가서야 완전히 드러날 것이며, 우리는 최종적 완성을 기다린다. 하지만 하나님 나라는 시작되었다. 때가 찼다. 고대 환상가들의 꿈은 실현되었다. 하나님은 아브라함에게 하신 자신의 약속을 지키셨다. 구약 시대부터 수십 세기에 걸쳐 기대해 오던 것이 마침내 실현되었다. 새로운 시대가 시작되었다. 예수님의 피 흘리심을 통해 새로운 언약이 비준되었다. 자신의 죄를 회개하고, 자신을 부인하며 그리스도를 믿는 사람들은 다음과 같은 언약의 약속을 듣는다. "나는 그들의 하나님이 되고 그들은 내 백성이 될 것이라.…내가 그들의 악행을 사하고 다시

는 그 죄를 기억하지 아니하리라"(렘 31:33-34). (1954c:176)

059. 영적인 정복

예수님의 가르침에서 하나님 나라는 모든 사람을 영적으로 정복하는
것이다. 그것은 또한 물질적인 유익도 가지고 있다. 그 나라의 백성은
아버지의 자녀이기 때문이다. (1954c:9)

060. 전적인 축복과 전적인 요구

하나님 나라에 대해 말할 때, 예수님은 자연과 역사에 대한 하나님의 일
반적 주권을 언급하신 것이 아니다. 그분이 말씀하신 것은, 하나님이 시
작하신 그분 백성에 대한 구체적 통치였고, 그 통치는 자신을 낮추고 회
개하고 믿으며 복종하고 거듭나는 모든 사람의 삶에서 시작되는 것이
다. 하나님 나라는 예수 그리스도께서 전적인 축복과 전적인 요구로 자
신의 백성들을 다스리는 것이다. 이 나라를 '먼저 구하는' 것은 예수 그
리스도의 통치가 확장되는 것을 가장 우선적으로 바라는 것이다. 그러
한 바람은 우리 자신에게서부터 시작될 것이고, 삶의 모든 부분(가정, 결
혼과 가족, 개인적 도덕, 직업, 사업 윤리, 은행 잔고, 세금 신고, 생활양식, 시민권)을 기
쁘고 자유롭게 그리스도께 복종시킬 때까지 진행될 것이다. 이 바람은
우리의 친척과 동료들, 이웃과 친구들에 대한 복음 전도의 책임을 받아
들이면서 주변으로 확장될 것이다. 그리고 교회의 선교적 증언에 대한
세계적 관심으로 뻗어 나갈 것이다. (1978f:170)

존 스토트의 기독교 강요
Authentic Christianity

061. 이미 그러나 아직

예수님이 하나님 나라를 현재의 사건으로 간주하고 그렇게 묘사하셨다
는 것에는 의심의 여지가 없다. 그분은 때가 찼다고 가르치셨다. 귀신을
쫓아낸 것에서 명백히 알 수 있듯이, '강한 자'는 결박당하고 무장해제
되어 재산을 쉽게 약탈당하는 처지가 되었다. 또한 그분은 하나님 나라
가 이미 사람들 '안에' 혹은 그들 '가운데' 있고, 이제 그 나라에 '들어가
거나' 그것을 '받을' 수 있다고 말씀하셨다. 그분보다 먼저 온 세례 요한
이 그 나라의 도래가 임박했다고 알린 이래로, '침노하는 자'가 사실상
그것을 '침노'했다.

그러나 예수님의 관점에서 보면, 하나님 나라는 또한 미래에 이루어
질 것으로 기대해야 한다. 그것은 마지막 날에 가서야 완전해질 것이다.
그래서 그분은 종말을 고대하셨으며, 제자들에게도 그렇게 하라고 가르
치셨다. 제자들은 "나라가 임하시오며"라고 기도해야 했으며, 그 나라
를 확장하는 일에 우선권을 두고 그것을 먼저 '구해야' 했다. 때때로 그
분은 제자들이 최종적으로 처하게 될 상황을 하나님 나라에 '들어간다'
는 말과 그것을 '상속한다'는 말로 표현하셨다.

특히 그분의 말씀 중 농사와 관련된 비유들(예를 들어, 씨가 은밀히 자라는
것, 겨자씨 그리고 밀과 가라지)은 심고 자라고 수확하는 것을 한데 결합한다.
씨와 마찬가지로 하나님 나라는 이미 세상에 심겼다. 이제 그것은 종말
에 이르기까지 보이지 않는 하나님의 활동에 의해 자랄 것이다. 바로 이
것이 예수님이 말씀하신 '하나님 나라의 비밀'의 의미인 듯하다. 그 존
재는 남의 눈에 띄지 않지만 혁명적이다. 하나님의 능력이 그것을 자라
게 하여 마침내 모든 사람이 분명히 볼 것이기 때문이다. (1992b:379)

062. 하나님 나라의 확장

우리를 구원하신 주님이 승리의 전진을 하시는 가운데, 그분이 베들레헴의 요람에 계실 때부터 최종적으로 하나님 아버지 우편에서 영광을 누리시기까지, 어느 한 순간도 '하나님 나라는 그때 왔다' 혹은 '그때 올 것이다'라고 말할 만한 때는 없었다. 하나님 나라는 줄곧 오고 있었고, 아직도 확장되고 있다. 하나님 나라의 확장은 두 가지 측면에서 이루어진다. 첫 번째는 하나님이 그것을 주실 때이고, 두 번째는 인간이 그것을 받을 때다. (1954c:13)

063. 하나님 나라의 법

예수님은 호수에서 폭풍우를 잠잠케 하시고 물 위를 걷고 떡과 물고기를 불어나게 하심으로써 자연에 대한 그분의 권세를 보이는 기적을 행하셨다. 하지만 예수님이 가장 흔히 행하신 기적은 치유의 기적이다. 그것은 때로는 손으로 만지심으로, 때로는 말씀으로 수행되었다. 한 관점에서 보면, 예수님의 치유 사역을 충분히 설명해 주는 것은 그분의 사랑이다. 예수님은 여러 모양의 고난을 보시고 긍휼을 느끼셨기 때문이다. 하지만 덧붙여야 할 것은, 예수님의 기적들은 하나님 나라와 그분의 신성의 '표적'이었다는 점이다. 그 기적들은 성경에서 미리 말씀하신 것처럼 메시아의 통치가 시작되었음을 나타냈다. 예수님은 감옥에서 회의에 빠진 세례 요한을 이러한 증거로 확신시키려 하셨다.

— 너희가 가서 보고 들은 것을 요한에게 알리되, 맹인이 보며 못 걷는 사람이 걸으며 나병환자가 깨끗함을 받으며 귀먹은 사람이 들으며 죽은

자가 살아나며 가난한 자에게 복음이 전파된다 하라. (눅 7:22)

마찬가지로, 기적은 전진하는 하나님 나라 앞에서 악의 세력들이 총 퇴각한다는 표시였다.

— 그러나 내가 만일 하나님의 손을 힘입어 귀신을 쫓아낸다면 하나님의 나라가 이미 너희에게 임하였느니라. (눅 11:20)

또한 기적은 예수님이 하나님의 아들이라는 표시였다. 기적은 예수님의 신적 주장들을 극적으로 보여 주는, 행동으로 표현된 비유였기 때문이다. 오천 명을 먹이신 사건은 자신이 생명의 떡이라는 예수님의 주장을 가시적으로 보여 주었으며, 나면서부터 눈먼 자를 고치신 것은 자신이 세상의 빛이라는 주장을, 죽은 자를 살리신 것은 자신이 부활이요 생명이라는 주장을 가시적으로 보여 주었다. (1984d:95)

064. 하나님 나라에서의 위대함

하나님 나라에서 위대함은 순종이라는 측면에서 평가된다. (1962e:92)

065. 세 가지 오해

감람산에서 제자들이 예수님께 물었다. "주께서 이스라엘 나라를 회복하심이 이때니이까?"(행 1:6) 칼뱅도 언급했듯이, 그들의 질문에는 많은 오류가 있다. 그것은 하나님 나라에 대한 세 가지 오해를 보여 준다. 먼저, 그들은 그 나라가 나타나는 **때**에 대해 잘못된 생각을 갖고 있었다.

하나님 아버지께서 자기의 권한으로 때와 기한을 정하셨기(1:7) 때문에 그들은 그 때를 알 수가 없다. 둘째로, 그들은 그 나라의 **영역**에 대해 잘못 생각하고 있었다. 그들은 예수님께 이스라엘 나라를 회복시킬 것이냐고 물었지만, 예수님은 그들이 땅 끝까지 이르러 증인이 되리라고 대답하셨다(1:8). 셋째로, 그들은 그 나라의 **특징**에 대해 잘못 생각하고 있었다. 그들은 여전히 물리적 영토의 관점에서 생각하고 있었던 것 같다. 그러나 예수님은 그들에게 영적인 지배에 대해 말씀하셨다. 성령님이 그들에게 그리스도를 증언할 권세를 주심에 따라 하나님 나라가 전파될 것이다(1:8). 예수님이 사역하실 때 마귀들을 쫓아내셨던 그 성령님이, 세상에서 사도들이 예수님을 증언할 때 하나님 나라가 전파되도록 하실 것이다. (1954c:16)

066. 국제적인 공동체
그리스도의 나라는 애국심과 전혀 상관없지는 않지만 협소한 민족주의를 용인하지 않는다. 그분은 국제적인 공동체를 다스리신다. 그 안에서는 인종도 국가도 계층도 성별도 교제를 나누는 데 장벽이 되지 않는다. 그리고 마침내 그의 나라가 완성될 때, 구속받은 무수히 큰 무리가 "각 나라와 족속과 백성과 방언에서"(계 7:9) 이끌려 나아오는 것을 보게 될 것이다. (1990b:43)

　　　　　　　　　　　　　　　그리스도의 유일성

067. 오직 예수님을 통해서

하나님은 창조된 우주의 질서 정연한 아름다움 안에서 부분적으로 계시된다. 하나님은 역사에서, 경험에서, 인간의 양심과 의식에서 그리고 무엇보다도 성자에 대한 성부의 증언인 성경에서 부분적으로 계시된다. 그럼에도 불구하고 하나님의 완전하고 최종적인 자기 계시, 우리를 구원하시고 자신의 가족으로 양자 삼으시는 아버지이신 하나님에 대한 계시는 오직 예수님 안에서 그리고 예수님을 통해서만 주어졌다. 그러므로 "나를 본 자는 아버지를 보았다"고 예수님은 말씀하셨다. 바로 그러한 이유로 인해 기독교의 진리에 대한 모든 탐구는 역사적 예수에서 시작되어야 한다. 그분은 나팔의 화려한 팡파르도 없이 조용하고 눈에 띄지 않게, 오직 자신만이 아버지를 알며 오직 자신만이 아버지를 알게 할 수 있다고 주장하셨다. [1988b:90]

068. 큰 존경을 받으시는 분

심지어 다른 종교와 이데올로기 안에서도 예수님은 큰 존경을 받는다. 힌두교 신자들은 예수님이 자신의 배타적 주장들을 철회하시기만 한다면 기쁘게 그분을 비슈누(힌두교의 3대 신의 하나)의 '아바타르'(강림)로 인정하여 힌두교에 동화시키려 할 것이다. 예수님이 자신들의 메시아임을 거부하는 유대인들도 예수님에 대한 관심을 잃어버린 적은 없다. 유대인 학자들은 예수님에 대한 책을 쓰며, 그들의 적의는 종종 예수님보다는 이방인들의 반유대주의를 향한 것이었다. 이슬람교도들은 예수님을 위대한 예언자 가운데 한 명으로 인정하며, 예수님의 동정녀 탄생, 무죄함, 기적들, 영감, 미래의 재림 등이 모두 코란에서 인정되고 있다. 마르크스주의자들은 '종교'를 억압 받는 자들이 현재의 불의를 견디도록 마취시키는 아편이라고 맹렬히 비난하지만, 그럼에도 불구하고 체제에 도전하고 가난한 자들을 불쌍히 여기시고 그들의 편에 서신 예수님을 존경한다. (1991b:7)

069. 예수 대제?

기독교를 세계 종교에 대한 책의 한 장에 분류해 두는 것은 그리스도인들에게 참을 수 없는 일이다. 우리에게 예수 그리스도는 세계 역사에 나타난 많은 영적 지도자 중 한 분이 아니다. 예수님은 힌두교의 3억 3천만 신들 중 하나가 아니다. 그분은 코란에서 인정하는 사십 명의 예언자들 중 하나가 아니다. 더구나 그분은 카네기 심슨(Carnegie Simpson)이 이름 붙였듯 나폴레옹 대제나 알렉산더 대제와 같은 형식으로 '예수 대제'라 부를 수 있는 분도 아니다. 우리에게 예수님은 유일하신 분이다. 그분은 단지 예수님이다. 어떤 것도 그에 덧붙여질 수 없다. 그분은 유일하시다. (1978g)

070. 기독교의 유일성

기독교의 유일성이 그리스도의 유일성이라면, 그리스도의 유일성은 어디에 있는가? 역사적으로 말해서, 그것은 그리스도의 탄생과 죽음과 부활에서 발견된다. 그리스도의 탄생에 관해 말하자면, 그분은 "성령으로 잉태하사 동정녀 마리아에게서 나셨으며" 그렇기 때문에 하나님이면서 또한 인간이시다. 그리스도의 죽음에 관해 말하자면, 그분은 우리의 죄를 위해, 우리를 대신해서, 우리의 구원을 확보하기 위해 죽으셨다. 그리스도의 부활에 대해 말하자면, 그분은 부활을 통해 죽음을 정복하셨고 우주적 권위를 소유하신다. 이런 역사적 사건들을 신학적으로 표현하자면, 예수님의 유일성은 성육신과 구속과 승귀에 있으며 이와 견줄 만한 것은 어디에도 없다. (1985:73)

071. 모든 선의 원천

우리는 모든 역사에서, 그리고 온 세상에서 선하고 아름답고 참된 것은 모두 예수 그리스도로부터 왔다는 것(비록 사람은 그 기원을 알 수 없지만)을 주저 없이 주장해야 한다. (1975c:68)

072. '오직 그리스도를…'

그리스도인들이 증언하는 유일성은 기독교의 수많은 경험적 표현들이 아니라 오직 그리스도를 언급하는 것이다. 그리스도께는 동료도 경쟁자도 후계자도 없다. 그리고 그리스도의 유일성은 성육신, 구속, 부활과 관련하여 가장 분명하게 드러난다. 그리스도는 유일하신 신인으로서 우리의 죄를 위해 죽으시고, 자신의 인격과 사역의 진정함을 입증하기 위해 죽은 자 가운데서 다시 살아나셨다. 그리고 그리스도께서 세상의 구세주, 하나님과 인간 사이의 유일한 중보자가 될 자격을 갖추게 되는 것은 이러한 세 가지 역사적 유일성 때문이다. 다른 어떤 사람도 이러한 자격을 지니고 있지 않다. (1988d:323)

073. 무오하고 무죄함

'인간은 잘못을 저지르게 마련이다'라는 전제로 시작해서 '그러므로 인간이 되신 예수님도 분명 잘못을 저지르셨을 것이다'라는 논리를 펼치는 것은 대단히 위험하다. 또한 우리는 '인간은 죄를 짓게 마련이다. 그러므로 예수님도 분명 죄를 지으셨을 것이다'라는 위험한 주장을 할 수도 있다. 하지만 성경이 만장일치로 증언하고 교회가 늘 받아들여 온 사실은 우리 주님은 무죄하시다는 것이다. 물론 죄와 오류는 타락한 인간 본성의 일부이다. 하지만 그것들은 하나님이 만드시고 그리스도께서 취하신 완전한 인간 본성에 꼭 필요한 일부는 아니다. 성경에 나타난 증거는, 인간이신 그리스도 예수는 하나님의 계시에 마음을 온전히 굴복시킴으로써 무오하셨으며, 하나님의 뜻에 자신의 뜻을 온전히 굴복시킴으로 죄가 없으셨다는 것이다. (1956a:20)

074. 구속할 자격

그리스도의 신성과 인성과 의는 그분께 독특하게 인간의 구속주가 되실 자격을 부여한다. 그리스도가 인간이 아니었다면 그분은 인간을 구속하실 수 없었을 것이다. 만일 그리스도가 의로운 인간이 아니었다면 불의한 인간을 구속하실 수 없었을 것이다. 그리고 만일 그리스도께서 하나님의 아들이 아니었다면 하나님을 위해 인간을 구속하거나 인간을 하나님의 아들로 만들 수 없었을 것이다. (1968c:106)

075. 다른 구세주는 없다

하나님이 역사적인 나사렛 예수 안에서 인간이 되시고, 이 세상에서 인간의 삶을 사시고, 우리 죄의 형벌을 지기 위해 죽으시고, 죽은 자 가운데서 살아나시고, 영광 가운데 들림을 받으셨으므로, 예수님 외에 다른 구세주는 없다. 그분 외에 구원할 자격을 가진 사람은 아무도 없다. (1985:78)

076. 하나님의 충만한 계시

우리는 배울 것이 많다. 하지만 하나님은 예수 그리스도 안에서 계시하신 것 외에 더 계시하실 것이 없다. (1991b:20)

077. 궁극적 문제

예수 그리스도와 관련하여 궁극적 문제는 단어들의 의미를 논하는 것이 아니라 충성(마음의 태도)이다. 또 예수님의 인격을 나타내는 어떤 정통적 표현에 말로써 동의할 수 있는가가 아니라, 그분의 위엄 앞에 무릎을 꿇는가 하는 것이다. 경외는 언제나 이해보다 앞선다. 우리는 예수님께 기꺼이 순종하려 할 때만 그분을 알게 될 것이다. (1985:24)

예수님의 십자가

078. 보편적 상징

어떤 기독교의 표상이 보편적으로 받아들여지려면 그것은 예수 그리스도를 나타내는 것이어야 했을 것이다. 그리고 기독교의 표상으로 택할 만한 것은 매우 광범위했다. 아기 예수님이 누우셨던 구유나, 육체노동을 고귀한 것으로 만드신 예수님이 젊은 시절 나사렛에서 쓰시던 작업대, 예수님이 갈릴리에서 무리를 가르치실 때 사용했던 배, 혹은 제자들의 발을 씻길 때 두르셨던 앞치마(예수님의 겸손한 섬김에 대해 말해 주는)를 택할 수도 있었을 것이다. 요셉의 무덤 입구에서 굴려져 예수님의 부활을 선포했던 돌도 있다. 다른 가능성으로는, 요한이 하늘 나라에 대한 환상을 볼 때 예수님이 앉아 계셨던 신적 주권의 상징인 보좌, 오순절날 하늘에서 내려온 성령의 상징인 비둘기 등이 있다. 이 일곱 개의 상징은 모두 주님이 행하신 사역의 한 부분을 가리키는 적절한 상징이었을 것이다. 하지만 선택된 상징은 결국 단순한 십자가였다. 십자가의 두 막대기는 이미 오랜 옛날부터 하늘과 땅 사이의 축을 나타내는 우주적 상징이었다. 하지만 그리스도인들이 그것을 택한 것에 대한 좀 더 구체적인 설명이 필요하다. 그리스도인들은 예수님의 탄생이나 젊은 시절, 가르침이나 섬김, 부활, 통치, 성령의 선물이 아닌, 그분의 죽으심 곧 십

자가 처형을 그분에 대한 이해에 중심 되는 것으로 기념하고 싶어 했다. (1986a:21)

079. 받을 자격 없는 자들에게

코란에는 동정심 많고 자비로운 알라가 죄를 용서해 주리라는 약속이 되풀이해서 나온다. 그러나 이 약속들은 모두 공적을 지니고 있는 사람들에게 주어진 것으로, 그들의 공적은 알라의 저울에 의해 측량된다. 반면 복음은 받을 자격이 없는 자들에게 주어지는 자비에 대한 좋은 소식이다. 예수님의 종교의 상징은 저울이 아니라 십자가다. (1975c:51)

080. 공개적인 묘사

복음은 십자가에 달리신 그리스도, 십자가에서 완성된 그리스도의 사역이다. 그리고 복음을 전파하는 것은 공개적으로 그리스도를 십자가에 달리신 분으로 묘사하는 것이다. 복음은 일차적으로 구유에 있는 아기, 목수의 작업대 앞에 있는 젊은이, 갈릴리 들판의 설교자, 심지어 빈 무덤에 대한 좋은 소식이 아니다. 복음은 그리스도를 그분의 십자가와 관련시킨다. 오직 그리스도께서 "십자가에 못 박히신 것이…밝히 보일"(갈 3:1) 때 복음은 전파된다. (1968c:74)

081. 더럽혀지지 않은 사랑

어떠한 숨은 동기에 의해서도 더럽혀지지 않은 단 하나의 순수한 사랑의 행동이 세계의 역사 속에서 일어났다. 그것은 바로 그리스도 안에서 하나님이 십자가 위에서 보이신, 자격 없는 죄인을 위하여 자신을 내어 주는 사랑이다. 바로 이런 이유로, 우리는 사랑의 정의를 찾고자 할 때 사전이 아니라 갈보리를 바라보아야 하는 것이다. (1986a:212)

082. 사명을 이루심

우리의 이야기는 세족 목요일 저녁부터 시작된다. 예수님은 이미 마지막으로 지는 해를 보셨다. 이제 열다섯 시간 이내에 그분의 팔과 다리는 십자가에서 못 박힐 것이다. 스물네 시간 안에 죽어서 묻히실 것이다. 예수님은 이 사실을 알고 계셨다. 하지만 여기서 특이한 것은, 그분이 자기의 사명을 과거의 일로 여기지 않고 여전히 미래의 일로 생각하신다는 사실이다. 그는 30-35세 정도의 비교적 젊은 청년이었음이 거의 확실하다. 그는 인간이 누리는 수명의 거의 반밖에 살지 않았고, 가장 건강한 시기를 지나고 있었다. 대부분의 사람들은 그 나이에 인생 최고의 시절을 앞두고 있다. 무함마드는 육십 세까지 살았고, 소크라테스는 칠십 세까지 살았으며, 플라톤과 석가는 팔십 세가 넘어서 죽었다. 만약 어떤 사람이 요절의 위협 앞에 놓여 있다면, 좌절감으로 완전히 슬픔에 파묻힐 것이다. 하지만 예수님은 그렇지 않았는데, 바로 다음과 같은 단순한 이유 때문이었다. 예수님은 자기에게 임할 그 죽음을, 자기의 사명을 이른 시기에 끝내 버리는 것으로 여기기보다 사명 수행에 실제로 필요한 것으로 여기셨다. 그분이 "다 이루었다!"고 외칠 수 있었던 것은, 운명하시기 불과 수 초 전이었다(그 순간이 되기 전에는 결코 다 이룰 수 없었다). 그러므로 그것이 최후의 밤이었음에도 예수님은 자신이 이미 완성하신 사명을, 그리고 실패한 것은 더더욱 **뒤돌아**보지 않으셨다. 그분은 **앞으로** 성취해야 할 사명을 내다보고 계셨다. 삼십 년에서 삼십오 년에 걸친 생애의 사명이 이제 마지막 스물네 시간, 아니 최후의 여섯 시간이 지나면 성취될 예정이었다. (1986a:66)

083. 우리가 거기 있었다

예수님을 십자가에 못 박았다는 이유로 유대 민족을 비난하는 것은 오늘날에는 전혀 어울리지 않는 일이다. 실제로 유대인을 비방하고 박해하기 위한 정당한 근거로(과거에 이런 적이 있었다), 혹은 반유대주의의 정당한 근거로 이것이 사용되는 것은 도무지 용납될 수 없는 일이다. 하지만 반유대주의적 편견을 피하는 길은, 유대인들에게 죄가 없다고 여기는 것이 아니라 그들의 잘못을 인정하되 그 죄에 다른 사람들도 가담하고 있음을 덧붙이는 것이다. 바로 이것이 사도들이 그 상황을 바라본 방식이었다. 사도들은 헤롯과 빌라도, 이방인들과 유대인들이 함께 예수를 거슬러 '모의했다'고 말했다(행 4:27). 하지만 이보다 더욱 중요한 점은 바로 우리에게도 잘못이 있다는 사실이다. 만약 우리가 그들의 위치에 있었다면 우리 역시 그들과 똑같이 행동했을 것이다. 아니 실제로 우리는 그렇게 **했다**. 왜냐하면 우리가 그리스도로부터 등을 돌릴 때마다 "하나님의 아들을 다시 십자가에 못 박아 드러내 놓고 욕되게" 하기 때문이다(히 6:6). 우리 역시 유다처럼 탐욕 때문에, 제사장들처럼 시기 때문에, 빌라도처럼 야망 때문에 예수를 희생시킨다. "주가 십자가에 못 박힐 때, 거기 너 있었는가?"(Were you there when they crucified my Lord?)라고 오래된 흑인 영가는 우리에게 묻는다. 우리는 '그렇다. 우리가 거기 있었다'고 답해야 한다. 단순히 구경꾼으로 거기 있었던 것이 아니라, 음모를 품고 계획을 세우고 배반하고 흥정하고 넘겨주어서 그분을 십자가에 못 박히게 한 이 모든 일에 책임 있는 가담자로 거기 있었다고 말이다. 우리는 빌라도처럼 손을 씻고 책임을 회피하려 할 수 있다. 하지만 빌라도의 시도가 헛되었던 것처럼 우리의 시도도 허사가 되고 말 것이다. 왜냐하면 우리 손에는 피가 묻어 있기 때문이다. 우리는 십자가를 우리를 **위한** 어떤 것(우리를 신앙과 경배로 이끄는)으로 볼 수 있기에 앞서, 십자가를 우리에 **의하여** 벌어진 일(우리를 회개로 인도하는)로 보아야만 한다. (1986a:59)

084. 십자가의 신비

먼저 많은 것들이 여전히 신비의 영역에 있음을 고백하지 않고서는 그리스도의 죽음의 의미를 밝힐 수 없다. 그리스도인들은 십자가 사건이 역사에서 중추적인 것이라고 믿는다. 그렇다면 우리의 조그마한 마음이 그것을 완전히 수용할 수 없다는 것도 그리 놀랍지 않다! 그러나 언젠가 장막이 완전히 제거되고, 모든 수수께끼가 풀릴 것이다. 우리는 그리스도를 있는 그대로 볼 것이며, 그분이 행하신 일로 인해 영원토록 그분을 경배할 것이다. "우리가 지금은 거울로 보는 것같이 희미하나 그 때에는 얼굴과 얼굴을 대하여 볼 것이요, 지금은 내가 부분적으로 아나 그 때에는 주께서 나를 아신 것같이 내가 온전히 알리라"(고전 13:12). 엄청난 지성을 소유하고 수많은 계시를 받았던 저 위대한 사도 바울이 이렇게 말했다면, 우리가 그래야 한다는 것은 말할 것도 없다. (1971a:88)

085. 세상의 분노

그리스도의 십자가에서, 세상이 분노하고 그것을 전파하는 자들을 박해하도록 자극하는 요소는 무엇일까? 그것은 그리스도께서 우리를 위해 저주를 받아 우리 죄인들을 위해 십자가에서 죽으셨다는 사실이다 (갈 3:13). 십자가는 우리 자신에 대해 매우 불쾌한 진리들, 곧 우리는 하나님 율법의 의로운 저주 아래 있는 죄인들이며, 스스로를 구원할 수 없다는 진리들을 말해 준다. 그리스도는 우리가 다른 방법으로는 죄와 저주에서 풀려날 수 없기 때문에 우리의 죄와 저주를 대신 지셨다. 우리가 자신의 선행에 의해, 할례를 받고 율법을 지킴으로써 죄사함을 받을 수 있었다면 단연코 십자가는 없었을 것이다. 우리가 십자가를 바라볼 때마다 그리스도는 우리에게 이렇게 말씀하신다. '나는 바로 너 때문에 여기 있다. 내가 지고 있는 것은 너의 죄이며, 내가 겪고 있는 것은 네가 겪어야 할 저주다. 내가 갚고 있는 것은 너의 빚이며, 내가 치르고 있는 것은 너의 죽음이다.' 역사상 어떤 것도 혹은 우주에 있는 어떤 것도 십자가만큼 우리의 콧대를 납작하게 꺾지 못한다. 우리는 갈보리라는 곳을 방문하기 전까지는 자신에 대해, 특별히 자기의 의에 대해 교만한 생각을 버리지 못하며, 십자가 아래 설 때 비로소 우리의 진짜 크기로 줄어든다.

그러나 사람들은 이것을 싫어한다. 그들은 하나님이 그들을 보시는 대로, 자신의 진짜 모습 그대로를 보게 될 때 굴욕을 느끼고 분개한다. 그들은 자신의 안락한 환상 속에 있기를 더 좋아한다. 그래서 십자가를 피해 가고, 십자가 없는 기독교, 예수 그리스도의 공로가 아니라 그들의 공로에 의지해 구원받는 기독교를 만들어 낸다. 그들은 기독교가 십자가에 달리신 그리스도에 대한 믿음이 아니라면 그것을 반대하지 않는다. 하지만 십자가에 달리신 그리스도는 매우 싫어하고, 설교자들이 십자가에 달리신 그리스도에 대해 설교하면 그들을 반대하고 조롱하고 핍박한다. 바로, 십자가가 인간의 교만에 가하는 상처 때문이다. (1968c:179)

086. 그리스도께서 우리의 죽음을 대신하셨다

그리스도는 무엇을 하셨는가? 그리스도는 죽으셨다. 이렇게 말하는 것은 단지 어떤 사실을 진술하기 위해서가 아니라 그 사실을 설명하기 위해서다. 성경에서 인간의 죽음은 결코 무의미한 현상이 아니기 때문이다. 죽음은 언제나 신학적 의미를 지니고 있는 사실, 곧 인간의 죄에 대한 무시무시한 형벌이다. 창세기 두 번째 장부터("네가 먹는 날에는 반드시 죽으리라") 요한계시록의 마지막 두 번째 장에 이르기까지(회개하지 않는 죄인들이 '둘째 사망'을 당한다) 똑같은 주제가 일관되게 강조되고 있다. 이는 '죄의 삯은 사망'이라는 것이다. 예수님은 본성적으로나 행동에서나 죄가 없으셨으므로, 육체적으로나 영적으로나 죽을 필요가 전혀 없으셨다. 예수님은 에녹이나 엘리야같이 '산 채로 승천'하실 수도 있었다. 그리고 변화산에서 거의 그런 상태가 되시기도 했다. 하지만 예수님은 자발적으로 자기의 목숨을 버리기 위해 일부러 세상으로 내려오셨다. 왜 그렇게 하셨는가? 그분이 죽으신 근본 이유는 무엇인가? 논리적으로 가능하고 성경적인 오직 한 가지 대답이 있다. 그것은 그리스도가 자신의 죄가 아니라 **우리의** 죄를 위해 죽으셨다는 것이다. 그리스도가 맞이한 죽음은 우리의 죽음이었고, 그분이 받은 형벌은 우리가 죄로 인해 마땅히 받아야 했던 형벌이었다. 그분은 이러한 죄 때문에 육신뿐 아니라 영혼까지 하나님께 버림받는 무시무시한 어둠 속에서 죽으신 것이다. 이에 대한 증거는 고립된 어떤 증거 본문에 있는 것이 아니라, 죄와 죽음의 관계에 대한 성경의 증언 전체에 있다. (1967e:39)

087. 그분의 죽음에 의해 구원받은

그리스도의 구원 사역은 하나이지만, 인간이 구원받을 수 있는 것은 주로 그리스도의 **죽으심**에 의해서라는 사실에는 의심의 여지가 없다. 고린도전서 15:3 이하를 보면 '그리스도께서 우리 죄를 위하여 **살아나시고**'가 아니라 "그리스도께서 우리 죄를 위하여 **죽으시고**"라고 되어 있다. 분명 사도 바울은 복음을 단순하게 전달하는 이 진술에서 계속해서 그리스도께서 '다시 살아나셔서' 여러 택하신 증인들에게 '보이셨다'고 말한다. 하지만 그리스도의 부활 자체가 우리의 구원을 이룬 것은 아니다. 오히려 부활은 그리스도의 죽으심에 의해 구원이 성취된 것(하나님 아버지는 그로 인해서 아주 기뻐하셨다)을 공개적으로 보인 것이다. 그 때문에 바울은 같은 장 뒷부분에서 이렇게 쓸 수 있었다. "그리스도께서 만일 다시 살아나지 못하셨으면 우리가 전파하는 것도 헛것이요 또 너희 믿음도 헛것이며…그리스도께서 다시 살아나신 일이 없으면 너희의 믿음도 헛되고 너희가 여전히 죄 가운데 있을 것이요"(15:14, 17). 예수님이 죽은 자 가운데서 살아나지 않으셨으면 사람들은 여전히 구원받지 못한 죄인들이다. 부활이 그들을 구원해 주기 때문이 아니라, 부활이 없으면 예수님의 죽으심에 구원의 효력이 없었던 것처럼 보이기 때문이다. (1961:35)

088. 그리스도 안의 하나님

만약 우리가 고난 받고 죽으시는 그리스도에 대해서만 말한다면 성부의 주도권을 간과하게 된다. 만약 고난 받고 죽으시는 아버지에 대해서만 말한다면 성자의 중보를 간과하게 된다. 신약 성경의 저자들은 속죄를 그리스도께만 돌림으로써 그를 성부로부터 분리시키거나, 속죄를 하나님께만 돌림으로써 그리스도를 희생시키는 일을 결코 하지 않았다. 도리어 하나님과 그리스도, 혹은 온 마음으로 성부의 뜻에 동의하는 그리스도 안에서, 그리스도를 통하여 일하신 하나님께 돌리고 있다.
(1986a:156)

089. 객관적 결말

예수님은 죽음을 통해 객관적이고 최종적이며 절대적이고 결정적인 일을 하셨다. 그것은 예수님이 십자가에서 '다 이루었다'고 부르짖을 수 있도록 해 주었으며, 히브리서 저자가 "죄를 위하여…단번에…이루신" 제사라고 묘사한 것이다. 또 기독교를 경건한 좋은 충고에서 영광스러운 좋은 소식으로 변화시켰으며, 기독교 특유의 법(mood)을 명령법(행하라)에서 직설법(행해졌다)으로 변화시켰다. 그것은 또한 복음 전도를 사람들이 무엇인가를 하도록 권유하는 초청이 아니라 하나님이 이미 그리스도 안에서 행하신 일에 대한 선포로 만든다. (1962f:4)

090. 죄에 대하여 죽은

그리스도를 생각해 보라. "그가 죽으심은 죄에 대하여 단번에 죽으심이요"(롬 6:10). 이 말은 무슨 의미인가? 그것은 오직 한 가지 의미다. 곧 그

존 스토트의 기독교 강요
Authentic Christianity

리스도께서 죄의 형벌을 지셨다는 의미에서 죄에 대하여 죽으셨다는 것이다. 무죄하고도 신성한 그리스도가 몸소 우리의 죄를 지시고, 우리 죄를 위해 죽으셨다. 그리스도는 우리 죄를 지시고 그 죄에 대한 응분의 벌을 받으셨다. 예수님의 죽음은 죄(우리 죄)의 삯이었다. 예수님은 죄의 요구를 충족시키셨으며, 죄의 형벌을 받으셨고, 그 결과를 감수하셨으며, 그것을 '한 번' 곧 영단번에(once and for all) 하셨다. 그것으로 죄는 더 이상 예수님께 아무 주장이나 요구를 할 수 없다. 그래서 예수님은 자신이 죄를 지신 것이 충분한 속죄가 되었음을 입증하기 위해 죽은 자 가운데서 살아나셨으며, 이제 하나님과 더불어 영원히 살아 계신다.

그리스도가 죄에 대하여 죽으신 것은 바로 이런 의미에서 죽으신 것이다. 마찬가지로 우리가 그리스도와 연합함으로 죄에 대하여 죽은 것 역시 이런 의미에서 죽은 것이다. 우리는 그리스도 안에서 죄의 형벌을 졌다는 의미에서 죄에 대하여 죽었다. 따라서 우리의 옛 생명은 끝나고 새로운 생명이 시작되었다. [1966c:43]

091. 하나님의 대속물

어떻게 하나님은 심판을 통한 거룩과 용서를 통한 사랑을 동시에 나타내실 수 있는가? 그것은 오직 죄인을 위한 대속물을 보내서서 그 대속물이 심판을 받고, 죄인은 용서를 받게 하심으로써만 가능하다. 우리 죄인들은 당연히 죄의 개인적·심리적·사회적 결과로 고통을 당해야 하지만, 하나님으로부터 유리되어 마땅히 받아야 할 형벌을 우리 대신 다른 이가 받음으로써 그것을 면제받은 것이다. [1986a:134]

092. 대속적 희생

우리가 이런 구약의 모든 자료(피 흘림과 피 뿌림, 속죄제, 유월절, '죄를 담당함'의 의미, 속죄 염소와 이사야서 53장)를 재검토하고 이것들이 신약에서 그리스도께 적용되는 것을 숙고해 보면, 십자가를 대속적 희생(substitutionary sacrifice)이라고 결론 짓지 않을 수 없다. 그리스도는 우리를 위하여 죽으셨다. (1986a:149)

093. 만족과 대속

그러므로 우리는 그리스도의 죽음과 관련해 '대속을 통한 만족'의 원리(하나님의 자기 대속을 통한 하나님의 자기만족)를 중심으로 삼지 않는 모든 설명을 단호하게 반대한다. 십자가는 마귀와의 상업적 흥정이 아니었으며, 그를 속여 함정에 빠뜨리는 것은 더욱 아니었다. 또한 예법이나 율법의 전문적 요소를 만족시키기 위한 엄밀한 '응분의 보상'(quidpro quo)도, 하나님이 달리 피할 수 없었던 상위의 어떤 도덕적 권위에 대한 의무적 복종도 아니었다. 십자가는 거칠고 응보주의적인 성부께서 온유한 성자를 벌한 것도 아니었으며, 또한 사랑이 많은 그리스도께서 인색하고 주저하는 성부로부터 구원을 획득한 것도 아니었다. 또한 중보자로서의 성자를 무시한 성부의 행동도 아니었다. 오히려 십자가는 의롭고 사랑이 많은 성부께서, 자신의 성품을 타협하지 않으면서 우리를 구속하기 위해 독생자 안에서 그를 통하여 자신을 낮추어 우리를 위하여 육신을 입으시고, 죄와 저주가 되신 것이다. '만족'과 '대속'이라는 신학 용어는 주도면밀하게 정의되고 수호되어야 하며, 어떤 경우에도 포기될 수 없다. (1986a:159)

094. 하나님과 우리

서로 독립된 세 주인공(죄가 있는 자, 형벌을 내리는 재판자, 무죄한 희생자)이 각각 역할을 담당한다는 식의 형벌적 대속의 모든 개념을 우리는 강하게 반대해야 한다. 그런 개념은 자체로도 정당하지 않을 뿐 아니라 기독론상의 결함을 드러내고 있는 것이다. 왜냐하면 그리스도는 독립된 제삼자가 아니라 성부의 영원한 아들로서, 본질에 있어서 성부와 하나인 분이기 때문이다.

그러므로 십자가의 드라마 속에서 우리가 보는 것은 셋이 아닌 두 등장인물이다. 즉, 한편에는 우리가 있고 다른 한편에는 하나님이 계신다. 이때 하나님은 그 자체로서의 하나님(성부)이 아니라, 그리스도 안에서 인간이 되신 하나님(성자)이다. 그럼에도 불구하고 그는 여전히 하나님이시다. (1986a:158)

095. 우리를 위한 속죄

나는 십자가의 **유일한** 의미가 대속이라고 말하는 것이 아니다. 십자가는 악에 대한 승리, 사랑의 계시, 고난을 통한 영광 등에 대해서도 말하기 때문이다. 하지만 속죄, 곧 우리 죄인들이 거룩한 사랑의 하나님과 화해할 수 있는 수단인 속죄에 대해서라면, 확실히 나는 우리가 하나님의 대속의 진리를 피할 수 없다고 생각한다. (1988d:165)

096. 그리스도로 말미암아

바울은 짧은 하나의 단락(롬 5:1-11)에서 다섯 번이나 예수 그리스도와 관련하여 '…로 말미암아'라는 전치사를 되풀이한다. 우리가 하나님과 화해한 것은 그리스도로 말미암았다. 그러므로 우리가 화해를 이룬 것, 은혜로 나아간 것, 하나님과 평화를 누리는 것, 하나님 안에서 기뻐하는 것은 그리스도로 말미암은 것이다. 화해, 은혜, 평화, 기쁨은 모두 오직 예수 그리스도의 완전한 희생과 현재의 중보로 말미암아 우리의 것이 된다. 우리 기도가 그리스도로 말미암아 하나님께 드려지는 것도 놀라운 일이 아니다. 주님이며 구세주이신 하나님의 아들 예수 그리스도로 말미암지 않고는 하나님께로 갈 수 있는 다른 길이 없기 때문이다(요 14:6). [1991b:18]

097. 모든 세대에

예수님이 제정하고 명하신 단 하나의 정규적인 예전이 그분의 죽으심을 더없이 잘 보여 준다는 사실은 매우 중요하다. 빵과 포도주가 나타내려 했던 것은 예수님의 **죽으심**, 예수님이 주신 몸과 예수님이 흘리신 피다. 자신을 '기념하라'는 명령을 하심으로써, 예수님은 자신의 속죄의 죽음이 모든 세대 앞에서 유지되도록, 실로 그들의 눈앞에 '게시되도록' 하셨다. 바울에 따르면 이것이 설교의 기능이며, 또한 성찬의 기능 중 하나다. 말씀과 성례의 사역은 둘 다 그리스도의 죽으심을 하나님이 아니라(희생 자체는 십자가에서 영단번에 드려졌으므로) 인간들에게(그것이 주는 유익은 언제나 새롭게 취할 수 있으므로) 새롭게 제시함으로써 그 죽음을 동시대의 것으로 만들어 준다. [1970b:119]

098. 궁극적 실재이신 하나님

우리는 십자가를 볼 때 하나님의 공의와 사랑 그리고 지혜와 능력을 볼 수 있다. 그런데 이 중에 어느 것이 가장 현저하게 계시되는지 결정하기는 쉬운 일이 아니다. 즉 죄를 심판하시는 하나님의 공의인지, 우리 대신 그 심판을 담당하시는 하나님의 사랑인지, 아니면 공의와 사랑을 완전하게 결합시키신 하나님의 지혜인지, 믿는 자를 구원하시는 하나님의 능력인지를 결정하기는 쉬운 일이 아니다. 왜냐하면 십자가는 하나님의 공의, 사랑, 지혜, 능력을 동일하게 나타내는 행동이며 그것들을 동일하게 확증하기 때문이다. 십자가는 하나님이 우주 안의, 우주 배후의 그리고 우주 너머의 실재임을 우리에게 확신시킨다. [1986a:226]

099. 십자가의 능력

그리스도의 십자가에는 놀라운 능력이 있다. 그것은 가장 둔한 양심을 깨우며, 가장 완악한 마음도 녹이는 능력이 있다. 부정한 자를 깨끗하게 하는 능력, 멀리 있던 자를 화해시키고 하나님과의 교제를 회복시키는 능력, 갇힌 자를 속박에서 구해 주며 빈궁한 자를 누추한 곳에서 일으키는 능력, 인간을 서로 갈라놓는 장벽들을 무너뜨리는 능력, 제멋대로인 우리의 성품을 그리스도의 형상으로 바꾸고 마침내 하나님 보좌 앞에 흰옷을 입고 서기에 합당하도록 만드는 능력이 있다. [1961:102]

100. 사랑은 어떻게 불붙는가

십자가는 타오르는 불이며 우리 사랑의 불꽃은 그로 인해 불붙는다. 하지만 그 불꽃이 우리에게 전해지기 위해서는, 십자가에 아주 가까이 가야만 한다. [1990c:27]

101. 십자가의 원수

십자가의 원수가 되는 것은 그 목적에 대항하는 것이다. 자기 의(의롭다 함을 받기 위해 십자가를 바라보는 대신), 방종(그리스도를 따르기 위해 십자가를 지는 대신), 자기 선전(십자가에 못 박히신 그리스도를 전하는 대신), 자기 찬양(십자가를 자랑하는 대신) 등은 우리를 그리스도의 십자가의 '원수'로 만드는 왜곡된 것들이다. (1986a:351)

102. 세 가지 교훈

나는 십자가에서 세 가지 교훈을 배운다.

첫째, 나의 죄는 도저히 말로 표현할 수 없을 만큼 더럽다. 하나님의 아들이 그 죄를 위해 죽는 것 외에는 정결해지고 용서받을 수 있는 다른 길이 없었다면, 그것은 정말로 심각한 죄임이 분명하다.

둘째, 하나님의 사랑은 이해할 수 없을 만큼 크다. 하나님은 우리를 마땅한 운명에 내버려둠으로써 죄 가운데 죽도록 하실 수도 있었다. 하지만 하나님은 그렇게 하지 않으셨다. 하나님은 우리를 사랑하셨으며, 십자가에서 극도의 고통에 이르면서까지 우리를 찾아오셨다.

셋째, 구원은 값없이 주는 선물이다. 나는 그것을 받을 자격이 없다. 나는 그것을 얻을 수 없다. 그런데 내 공로나 노력으로 그것을 획득하려 할 필요가 없다. 왜냐하면 예수 그리스도가 십자가에서 용서받기 위해 필요한 모든 것을 행하셨기 때문이다. 예수님은 우리의 죄와 저주를 지셨다. 그렇다면 우리는 무엇을 해야 하는가? 아무것도 없다! 회개와 믿음으로 무릎 꿇고, 값없이 주시는 선물인 구원을 받기 위해 빈 손을 내미는 일 외에는 아무것도 없다. (1962d)

09 **부활과 승천**

103. 죽음에서 생명으로

우리는 살다가 죽는다. 그러나 그리스도는 죽으셨다가 살아나셨다!

(1990c:36)

104. 하나님의 초자연적 능력

하나님이 부분적으로는 창조를 통해, 그리고 부분적으로는 심판을 통해 제정하신 **자연적** 과정은 탄생, 성장, 쇠퇴, 사망, 분해다. 이것이 자연의 순환이며, 거기에는 사람도 포함된다. "너는 흙이니 흙으로 돌아갈 것이니라." 그러므로 '부활'이라는 개념 자체가 **초자연적인** 것이다. 그리스도가 부활하셨을 때, 육체의 분해라는 자연적 과정은 단지 억제되거나 역전된 것이 아니라 폐지되었다. 그리스도의 몸은 흙으로 분해되는 대신 그분의 영혼을 담는 새롭고 영광스러운 매개물로 변형되었다. 실로 예수님의 부활은 신약에서 하나님의 초자연적 권능에 대한 최고의 표현으로 제시되어 있다. (1970b:61)

105. 객관적인 역사적 사건

부활은 **객관적인 역사적 사건**이다. 그것은 시일을 추정할 수 있는 사건,

2부 주 예수 그리스도 79

즉 '사흘 만에' 일어난 사건이다. 데이비드 젠킨스(David Jenkins)는 그것을 "하나의 사건이 아니라, 일련의 체험들"이라고 불렀지만, 사실은 그렇지 않다. 그것은 먼저 하나의 사건이었기 때문에 일련의 체험들이 된 것이다. 그리고 하나님의 섭리 속에서 '사흘 만에'라는 말은 예수님의 부활의 역사성을 증언한다. 사도신경에 나오는 '본디오 빌라도'라는 말이 예수님의 고난과 죽음의 역사성을 증언해 주는 것과 마찬가지다. (1992b:77)

106. 확신의 대들보

우리가 부활에 대해 질문해야 하는 것은 그것이 실제로 일어났는가 하는 것만이 아니라, 부활이 일어났는지 여부가 정말로 중요한가 하는 것이다. 만일 부활이 일어났다면 그것은 거의 이천 년 전에 일어난 일이기 때문이다. 그렇게 먼 옛날에 일어난 일이 어떻게 오늘날 우리에게 큰 의미를 가질 수가 있는가? 도대체 왜 그리스도인들은 그런 노래를 부르고 그에 관한 춤을 추는가? 그것은 부적절하지 않은가? 그렇지 않다. 내가 주장하는 바는 부활이 우리 인간의 상황과 공명한다는 사실이다. 부활은 오래전 일어난 그 어떤 사건과도 다른 방식으로 우리의 필요에 다가선다. 그것은 우리 그리스도인들의 확신의 대들보다. (1992b:80)

107. 역전된 판결

우리로서는, 예수님의 죽음 당시 얼마나 철저하게 예수님께 불리한 판결이 내려졌고 그 결과 사도들의 희망이 어떻게 소멸되어 버렸는지를 느끼기는커녕 이해하기조차 어렵다. 예수님은 유대인의 법정에서 정당하게 공인된 법적 절차에 의해 신성모독이라는 판결을 받으셨다. 그러고 나서 로마 당국에 의해 선동죄를 선고받고 처형당하셨다. 설상가상으로, 예수님은 '나무에 달렸으며'(신 21:22-23에 따르면) 하나님의 저주를 받고 죽으셨다. 그 후에 예수님은 십자가에서 끌어내려져 장사되었는데, 그것이 그분을 처리하는 마지막 손길이었다. 예수님에 대한 대중의 거부는 이같이 철저했다. 예수님은 모든 면에서 끝을 맞이했다. 사법적이고 정치적이고 영적이고 육체적으로, 종교, 법, 하나님, 인간, 죽음이 모두 공모하여 예수님을 지상에서 제거해 버렸다. 이제 모든 것이 끝났다. 판결은 단호했고, 지상의 어떤 권세도 예수님을 구출하거나 복위시킬 수 없을 것이다.

사도들은 하나님의 부활의 권능을 알지 못했다. 그들의 최초의 선포가 "너희는 그를 죽였으나 하나님이 살리셨다"는 말로 요약될 수 있다는 것은 별로 놀라운 일이 아니다. 그리고 예수님을 다시 살리심으로 하나님은 예수님께 내려진 판결을 역전시키셨다. 다시 말해, 하나님은 예수님을 다시 살리심으로 그분에 대한 선언을 하셨으며, 특별히 그분에 대한 모든 인간의 견해들을 뒤엎으셨다. 신성모독이라는 판결을 받으셨던 예수님은 이제 부활에 의해 하나님의 아들로 명명되었다. 왕이라고 주장했다는 이유로 선동죄를 선고받고 처형당하셨으나, 하나님은 그 예수님을 '주님이요 그리스도'로 만드셨다. 하나님의 저주 아래 나무에 달리셨으나, 예수님이 지신 저주는 그분이 아니라 우리로 인한 것이며 예수님은 죄인들의 구세주이심이 입증되었다. (1985:45)

108. 추인된 승리

부활은 확인되고 선언된 정복이다. 십자가를 패배로 생각하고 부활만을 승리로 간주하는 일은 없어야 한다. 도리어 십자가는 획득한 승리이고, 부활은 추인되고 선언되며 입증된 승리다. (1986a:235)

109. 권능의 표현

성경에는 하나님의 권능에 관한 두 개의 중요한 보기가 나와 있다. 그것은 곧 우주의 창조와 예수님의 부활이다. 바울은 로마서에서 살아 계신 하나님을 "죽은 자를 살리시며 없는 것을 있는 것으로 부르시는 이"(롬 4:17)라고 묘사함으로 둘을 하나로 결합한다. 다시 말해, 하나님의 권능은 무엇보다 아무것도 없는 것에서의 창조와 죽음에서의 부활에서 나타났다. 둘 모두 권능을 객관적이고 역사적으로 드러내 보인 것이다. 창조와 부활은 시간 안에서 일어났으며, 그 결과는 눈에 보이는 것이었기 때문이다. 그렇지 않았다면 그것들은 권능의 표현으로서 역할을 하지 못했을 것이다. 하나님의 보이지 않는 능력은 그분이 만드신 것에서 분명히 보였다. 마찬가지로, 아무도 부활이 일어난 것을 보지는 못했지만 (아무도 창조를 보지 못한 것처럼), 부활하신 주님이 자신을 사람들에게 보이셨고, 목소리를 들려주셨으며, 자신을 만지도록 하셨기에 택함 받은 증인들은 그들이 보고 들은 것을 증언할 수 있었다. (1984:48)

110. 하나님의 목적을 입증함

부활은 단지 예수님의 죽음의 후속 사건만은 아니었다. 그것은 그분께 내려진 인간의 판결을 뒤엎는 것이었으며, 그분의 죽음에 나타난 하나

님의 목적을 공적으로 입증하는 것이었다. (1992b:60)

111. 다양한 상황에 나타나신 예수님

예수님이 부활 후 나타나신 열 가지 상황을 검토해 보면, 사람, 장소, 분위기 등의 측면에서 다양성이 있음을 알게 된다. 예수님은 개인에게(막달라 마리아, 베드로, 야고보), 몇 사람에게, 오백 명 이상이 함께 모인 군중 가운데 나타나셨다. 그리고 무덤, 예루살렘 부근, 다락방, 엠마오로 가는 길, 갈릴리 호숫가, 갈릴리 산과 감람산에 나타나셨다.

　사람과 장소뿐 아니라 분위기 역시 다양했다. 막달라 마리아는 울고 있었다. 여자들은 두려워하고 놀란 상태였다. 베드로는 양심의 가책에 짓눌려 있었으며, 도마는 의심으로 가득 차 있었다. 엠마오로 가던 두 사람은 그 주간에 일어난 일들로 마음이 혼란스러웠으며, 갈릴리의 제자들은 고기 잡는 일로 분주했다. 하지만 부활하신 주님은 의심과 두려움과 불신에 빠져 있고 다른 관심사에 몰입한 그들 모두에게 자신을 알리셨다. (1971a:57)

112. 역사의 증거

제자들의 변화는 아마도 부활에 대한 모든 증거 가운데 가장 위대한 증거일 것이다. 그것은 결코 꾸며 낼 수 없는 것이기 때문이다. 그들은 우리에게 빈 무덤과 접혀 있는 수의와 그들이 보았던 주님을 보라고 초대할 뿐 그들 자신을 보라고 초대하지는 않는다. 하지만 우리는 그런 요청을 받지 않아도 그들 안에 일어난 변화를 볼 수 있다. 복음서에 나타났던 사람들은 사도행전에서 전혀 다른 사람으로 변화되었다. 주님의 죽음은 그들을 낙담하게 하고, 환멸을 느끼게 하고, 거의 절망에까지 이르게 했다. 하지만 사도행전에서 그들은 주 예수 그리스도의 이름을 위해 생명도 아끼지 않고 세상을 뒤엎는 사람들로 나타난다. [1971a:58]

113. 하나님의 새 창조의 시작

몇몇 교회 지도자들의 부인에 대항해서, 우리는 '부활'이 다음과 같은 이유로 '몸의 부활'을 의미했다고 주장해야 한다. (1) 무덤이 비었다고 하는 복음서 기자들의 증언이 있다. (2) 사도들의 전통이 예수님은 '죽으시고 장사 지낸 바 되었다가 다시 살아나 사람들에게 보이셨다고'(고전 15:3-5) 단언하고, 이는 곧 장사 지낸 그분의 몸이 부활했다는 뜻이다. (3) 예수님의 부활체는 구속된 물질적 우주의 첫 번째 부분이며, 그렇기 때문에 그것은 하나님의 새 창조의 시작이자 보증이 된다. [1991d:70]

114. 부활을 확증함

우리 마음속에서 예수님이 그분의 영으로서 살아 계심을 확증하는 것은 예수님의 부활을 확증하는 것과는 다르다. 그분의 내적 임재는 계속적인 체험이다. 그분의 부활은 역사적 사건이었다. 부활에 의해 예수님의 몸이 변형되었으며, 그분의 무덤은 빈 무덤이 되었고, 죽음의 세력은 패배를 당했다. [1985:37]

115. 유추의 원리

기적들이 유효한 것이 되기 위해서 꼭 그에 대한 선례가 있어야 하는 것은 아니다. 18세기 이신론자들의 전통적인 논증은, 경험의 범위 밖에서 일어나는 이상한 사건들은 경험 내에서 그것들과 유사한 어떤 것을 일어나게 할 수 있을 때만 믿을 수 있다는 것이었다. 만일 이러한 '유추의 원리'가 옳다면 그것 자체만으로도 성경에 나오는 많은 기적들의 그릇됨을 입증하기에 충분할 것이다. 왜냐하면 우리는 (예를 들어) 어떤 사람이 물 위로 걷는다거나, 떡과 물고기가 많아지게 한다거나, 죽은 자 가운데서 살아난다거나 하늘로 올라간다거나 하는 경험이 전혀 없기 때문이다. 특히 승천은 인력의 법칙(우리 경험상 언제 어디서나 작용하는)을 무시하는 것과 같다. 그러나 유추의 원리는 예수님의 부활 및 승천과는 아무 관련이 없다. 왜냐하면 그 두 사건은 모두 독특한(*sui generis*) 것이기 때문이다. 우리는 사람들이 자주(심지어 이따금씩이라도) 죽은 자들 가운데서 살아나고 하늘로 올라간다고 주장하기보다, 그 두 사건이 한 번만 일어났다고 주장하고 있는 것이다. 그 이전이나 이후에 그와 유사한 사건들을 찾아볼 수 없다는 사실은 그 사건들의 진실성을 해친다기보다 오히려 확증해 준다. (1990b:47)

116. 예수님의 승귀

우리가 그날을 '예수 승천일'이라고 부르는 것은 유감이다. 성경에서는 그리스도의 승천보다 그분의 승귀에 대해 더 많이 말하고 있기 때문이다. 이는 탐구해 볼 만한 흥미로운 주제다. 예수님의 구원 역사에서 일어난 네 가지 위대한 사건은 성경에서 능동적이면서 또한 수동적인 것으로, 예수님이 행하신 행동이자 예수님께 행해진 행동으로 묘사되어 있다. 그래서 예수님의 탄생에 대해서는, 그분이 오셨으며 또한 그분이 보내심을 받은 것이라 말한다. 예수님의 죽으심에 대해서는, 그분이 자신을 드리셨으며 또한 그분이 드려진 것이라고 묘사되어 있다. 그리고 예수님의 부활에 대해서는, 그분이 다시 사셨으며 또한 그분이 다시 살리심을 받은 것이라고 묘사되어 있으며, 예수님의 승천에 대해서는 그분이 승천하셨으며 또한 그분이 높임을 받으셨다고 묘사되어 있다. 자세히 살펴본다면, 우리는 처음 두 경우에는 능동적 표현이 좀 더 일반적으로 쓰였다는 것을 알게 된다. 예수님은 의도적으로 스스로 선택하여 이곳에 오셨고 또 죽으셨다. 하지만 나머지 두 경우에는 수동적 표현이 좀 더 일반적으로 쓰인다. 예수님은 무덤에서 다시 살리심을 받았으며 보좌로 높이 올려졌다. 그것은 하나님 아버지의 행동이었다. (1954a:12)

117. 최종성의 표시

그리스도의 승천의 목적을 깨닫는다면 승천이 말 그대로 이루어졌다는 것에 대해 의심할 필요가 없다. 사실, 반드시 떠남의 형태가 필요한 것은 아니었다. '아버지께로 가는 것'이 공간적 이동을 의미할 필요는 없기 때문이다. 아마도 예수님은 이전 몇몇 경우에 그랬던 것처럼 단순히 사라져 버릴 수도 있었을 것이다. 그러나 예수님은 이 떠남이 최종적인 것임을 보여 주기 위해 그들이 보는 앞에서 승천하셨다. 이제 예수님은 영원히, 적어도 영광 중에 오실 때까지 가 버리신 것이다. 그래서 그들은 큰 기쁨으로 예루살렘으로 돌아왔으며, 다시 오실 예수님을 기다렸다. 예수님이 다시 한 번 부활체로 나타나기를 기다린 것이 아니라 약속된 대로 성령님이 권능 가운데 오실 것을 기다린 것이다. (1984d:103)

118. 구세주와 주님

예수님이 '하나님 우편'에 계시다는 상징적 진술은, 그분이 (구원을 주는 권위를 지니신) 구세주이며, (복종을 요구할 권위를 지니신) 주님이라는 복음의 두 가지 위대한 주장으로 이루어져 있다. (1975c:50)

영광 중에 다시 오실 그리스도

119. 주님의 재림

우리는 주 예수 그리스도께서 권능과 영광 가운데 몸소 재림하실 것을
확신에 차서 고대하며, 이 소망은 우리에게 강한 동기를 부여한다. 그렇
다고 우리가 주후 1000년에 많은 사람들이 저질렀던 실수를 주후 2000
년에 저질러서, 그날(혹은 다른 어떤 날이라도)을 예수님이 재림하는 날이라
고 예언해야 한다는 뜻은 아니다. 우리는 예수님이 언제 오실지 모른다.
또한 예수님이 오실 것을 기대한다고 해서 그것을 사회적 활동을 멈추
는 구실로 삼아야 한다는 말도 아니다. 그와 반대로 그리스도께서 여실
의와 평화의 새 세계에 대한 종말론적 환상은, 우리에게 어떤 종류의 사
회가 하나님을 기쁘시게 하는지를 보여 주며, 따라서 지금 그것을 적어
도 비슷하게라도 추구하려는 강한 동기를 제공해 준다. (1983e:viii)

120. 직접적이고 가시적인

재림의 두 가지 측면은 정말로 의문의 여지가 없다. 예수님의 강림은 지
금 부재하신 분의 직접적 임재, 지금 보이지 않는 분의 가시적 임재를
포함할 것이다. 이것 외에는 신중을 기하는 것이 현명하다. 예수님의 직
접적이고 가시적인 재림은 분명 예언된 범주들과 우리가 가진 이해의

척도를 초월할 것이다. 그것은 역사의 전 과정을 종식시키는 극적인 사건, 격변을 일으키는 사건이 될 것이다. 하지만 이 점을 넘어선 영역을 교리화하지 않는다 해도, 신약 계시에 충실하려면 거기서 멈출 수는 없다. 예수님의 재림은 **한층** 영광스러울 것이다. 하지만 완전히 직접적이고 가시적이지 **않은** 방식으로 일어날 수는 없을 것이다. (1962b)

121. 우주적인 오심

우리가 **구름 속으로 끌어올려지는 것**을 문자적으로 어떻게 이해해야 하는지는 분명치 않다(살전 4:17). 우리는 예수님의 말씀을 통해, 그분이 인간의 모습으로 눈에 보이게 영광 가운데 오실 것을 안다. 하지만 또한 그분의 말씀을 통해, 그것이 어떤 지역에 국한된 것이 아니고("보라 저기 있다. 보라 여기 있다") 우주적인 것("번개가 하늘 아래 이쪽에서 번쩍이어 하늘 아래 저쪽까지 비침같이", 눅 17:23-24)임을 안다. 그러므로 아마도 그분과의 만남은 공간을 초월하여 이루어질 것이다. **구름**에 관해 말하자면, 그것은 성경의 모든 독자에게 하나님의 직접적 임재에 대한 친숙하고 인지하기 쉬운 상징이다. 그것은 출애굽 당시, 시내산에서, 성막에 머무름으로써, 광야에서 방황할 때, 예수님이 변형되실 때, 예수님이 승천하실 때, 영광스럽게 나타나실 때, 하나님 임재에 대한 상징으로 나타났다. (1991c:104)

122. 초월적 사건

어떤 주제에 대한 성경의 가르침을 성경 전체에 비추어 고려하는 것이 중요하다는 사실을 보여 주는 한 가지 예는 그리스도의 재림이다. 몇 가지 본문을 선정해서 그것을 근거로 교리를 구성하기는 쉬울 것이다(그리고 위험할 것이다). 몇몇 본문은 그리스도의 재림이 직접적이고 가시적으로 이루어질 것을, 사실상 그리스도께서 그분이 가실 때와 '같은 방식으로' 오실 것(행 1:11)을 보여 준다. 하지만 이것을 가지고 재림은 마치 필름을 되감는 것처럼 승천을 반대로 실행해 그리스도가 하늘로 올라가신 감람산의 바로 그 지점에 착지하는 것이라고 서둘러 결론 내려서는 안 된다. 우리는 재림을 어느 한 지역에 국한시키고 싶어 한 사람들에 반대해서 예수님이 하신 말씀을 생각해 볼 필요가 있다.

—   번개가 하늘 아래 이쪽에서 번쩍이어 하늘 아래 저쪽까지 비침같이
      인자도 자기 날에 그러하리라. (눅 17:24)

성경 전체에 충실하기를 간절히 원하는 성경적인 그리스도인이라면, 가르침의 이 두 요소를 똑같이 정당하게 다루고 싶어 할 것이다. 주님의 재림은 실로 직접적이고 역사적이며 가시적으로 이루어질 것이다. 그것은 또한 '권능과 큰 영광' 가운데 일어나는, 번개처럼 우주적인, 북반구와 남반구에 사는 전체 인류가 동시에 인식할 수 있는 초월적 사건이 될 것이다. (1984d:179)

123. 주님과 그분의 백성

그리스도인의 소망은 왕이 오시는 것을 기대하는 것 이상이다. 그것은 또한 죽은 그리스도인들이 그분이 오실 때 함께 올 것이며, 살아 있는 그리스도인들이 그들과 연합하리라는 믿음이다. (1991c:97)

11   우리와 동시대에 계시는 그리스도

124. 모든 문화와 모든 시대에

예수 그리스도는 시간을 초월하시는 분이다. 예수님은 1세기 팔레스타인 문화에서 태어나셨지만 모든 문화에 속해 계신다. 예수님은 구세대가 아니다. 예수님은 모든 사람과 동시대에 계시며 그들의 방언으로 말씀하신다. [1981g:4]

125. '영원히 살아 계신…'

이 세상에 태어나 1세기 팔레스타인에서 살다가 죽으셨으며, 죽은 자 가운데서 살아나신 예수님은, 지금 영원히 살아 계시며 그의 백성들이 의지하고 가까이 갈 수 있는 분이시다. 예수 그리스도는 다른 종교 지도자들처럼 역사와 역사책 속에 파묻힐 수 없다. 그분은 죽어서 사라지거나 무용해졌거나 화석화되지 않으셨다. 그분은 살아서 활동하고 계신다. 그분은 우리에게 자신을 따르라고 부르시며, 자신이 우리 안에 거하시고 우리를 변화시키시는 구세주라고 말씀하신다. [1992b:313]

126. 인간 그리스도 예수

성육신은 영원한 결과들을 가져온 역사적이고 되풀이될 수 없는 사건

2부 주 예수 그리스도   **91**

이다. 오늘날 하나님 우편에서 다스리시는 분은 인간 그리스도 예수로서, 지금 그분의 인성이 영화롭게 되기는 했지만 여전히 신적이면서 동시에 인간적인 분이시다. 그분은 우리와 같은 인간의 본성을 취하신 후에 결코 그것을 버리신 적이 없으며, 앞으로도 버리지 않을 것이다. (1984:74)

127. 신격

예수님의 신인격(divine-human person)에 대한 확신은, 오류도 악도 세상의 세력도 이길 수 없는 무기다. (1988g:177)

128. 창조의 주, 교회의 주

종종 우리의 그리스도가 하찮아질 때 우리의 기독교도 하찮아진다. 우리는 그리스도에 대한 낮고도 보잘것없는 견해로 자신을 무력하게 만든다. 어떤 사람들은 그리스도가 마치 휴대할 수 있는 일종의 주사약이어서, 낙심이 들 때마다 마약 주사를 맞고 환상의 세계로 여행할 수 있는 것처럼 말한다. 하지만 그리스도는 그런 식으로 사용되거나 조작될수 없다. 현대 교회는 창조의 주요 교회의 주로서, 그분 앞에서 우리가 땅에 엎드릴 수밖에 없는 그 예수 그리스도의 위대함에 대해 거의 알지 못하는 것 같다. 또한 신약이 묘사하는 그리스도의 승리, 만물이 그분의 발 앞에 놓이기에 우리가 그리스도와 연합하면 만물이 우리 발 앞에 놓이게 되는 그런 승리에 대해서도 깨닫지 못하는 것 같다. (1984d:iii)

129. 실재를 접함

우리가 전파하는 분은 진공 속의 그리스도, 실생활과 관련 없는 신비적인 그리스도, 심지어 고대 역사에 기록된 예수님이 아닌, 한때 살았다가 죽으셨으며 오늘날 모든 인간의 필요를 충족시키기 위해 살아 계시는 우리와 동시대인인 그리스도다. 그리스도를 만나는 일은 실재를 접하고 초월을 경험하는 것이다. 그리스도는 우리를 향한 하나님의 사랑을 확증해 주시기 때문에 우리에게 자존감과 개인적으로 우리 자신이 중요하다는 느낌을 주신다. 그리스도는 우리를 위해 죽으셨기 때문에 죄책에서 자유롭게 하시며, 부활의 권능으로 우리를 자기중심성의 감옥에서 자유롭게 하시고, 그분이 다스리심으로 모든 정사와 악의 권세들이 그분의 발 앞에 굴복했기 때문에 우리를 무력하게 만드는 두려움에서도 자유롭게 하신다. 그리스도는 결혼과 가정, 일과 여가, 인간성과 시민적 자질에 의미를 부여해 주시고, 그분이 창조하는 새로운 공동체, 새로운 인류로 이끄신다. 우리에게 그분을 알지 못하는 세상으로 나가 그분을 증언하고 섬기는 일에 자신을 드리라고 도전하신다. 그리스도는 역사는 무의미한 것도 아니며 무한한 것도 아니라고 약속하신다. 언젠가 그분이 역사를 종결시키기 위해, 사망을 멸하기 위해, 의와 평화의 새로운 우주를 열기 위해 다시 오실 것이기 때문이다. [1982a:154]

130. 근본적인 검증

그리스도인이라고 공언하는 사람들에 대한 교리적 검증 수단은 예수님의 인격에 대한 견해와 관련되어 있다. 유니테리언이거나 예수님의 신성을 부인하는 종파의 일원이라면, 그는 그리스도인이 아니다. 오늘날 대중의 흥미를 끄는 이상한 사교(邪敎)들은 이 검증 수단으로 쉽게 판별하고 신속하게 거부할 수 있다. 그런 사교의 거짓말이 극도로 심각한 이유는 첫 번째 부인에 두 번째 부인이 암시되어 있기 때문이다. 즉, 그런 사람들은 **아버지와 아들을 모두 부인한다**(요일 2:23). [1988g:116]

131. 그 이름에 대한 사랑

'그 이름을 위해 모욕을 참는 일'을 자랑스럽게 여겼던 초기 그리스도인들은 똑같은 이유로 복음 전도에 열심이었다. 사실상 그리스도의 명령에 대한 사랑과 그리스도의 잃어버린 양들에 대한 사랑은, 그리스도의 이름에 대한 이 사랑에 종속된 것이며 그것에 좌우된다.

그분의 이름에 대한 사랑은 그분의 개인적 이름인 '예수'나 공식 칭호인 '그리스도' 혹은 성경에 나오는 그 어떤 칭호에 대한 감상적 애착이 아니다. 오히려 그것은 이 세상에서 그분의 영예에 대한 관심, "여호와여 영광을 우리에게 돌리지 마옵소서. 우리에게 돌리지 마옵소서. 오직…주의 이름에만 영광을 돌리소서"(시 115:1)라는 기도를 성취하고자 하는 열렬한 바람이다. 또한 그것은 하나님 아버지께서 그분을 "모든 이름 위에 뛰어나게"(엡 1:21) 높이셨으며, "모든 무릎을 예수의 이름에 꿇게 하시고 모든 입으로 예수 그리스도를 주라 시인하게" 하도록 "모든 이름 위에 뛰어난 이름"(빌 2:9-11)을 주셨음을 인정하는 것이다. [1967e:20]

3부
성령

12

성령의 오심

132. 오순절

오순절에 대해 생각할 수 있는 방식에는 적어도 네 가지가 있다. 첫째로, 그것은 예수님의 구원 사역 중 재림 이전에 이루어진 마지막 행위였다. 우리와 같은 인간의 몸을 입고 태어나 우리와 같은 삶을 사시고 우리 죄를 위해 죽으시고 죽은 자 가운데서 살아나 하늘에 오르신 그분이, 이제 그분의 백성들로 그의 몸을 구성하시고 그들을 위해 획득하신 것을 그들 안에서 구현하기 위해 성령을 보내셨다. 그런 의미에서 오순절은 되풀이될 수 없다. 크리스마스나 성 금요일, 부활절, 예수 승천절, 성령 강림절은 해마다 돌아오는 것이지만, 그 절기들이 기념하는 예수님의 탄생, 죽음, 부활, 승천, 성령의 수여는 단지 한 번만 일어난 것이다. 둘째로, 오순절은 사도들이 특별한 역할을 담당하는 데 필요한 수단을 갖추어 주었다. 그리스도는 그들을 그분의 일차적이고 권위 있는 증인들로 인정하셨으며, 성령이 그들을 가르치고 모든 것을 생각나게 하실 것이라고 약속하셨다(요 14-16장). 오순절은 그 약속의 성취였다. 셋째로, 오순절은 새로운 성령 시대의 개막이었다. 비록 성령이 오신 것은 유일무이하고 반복될 수 없는 역사적 사건이지만, 이제 모든 하나님의 백성은 언제 어디서나 그분의 사역에서 유익을 얻는다. 그분은 사도들이 일차적 증인이 되도록 무장시키셨고, 또한 우리를 이차적 증인이 되도록 무장시키신다. 비록 성령의 영감은 사도들에게만 주어졌지만 성령의 충만은 우리 모두를 위한 것이다. 넷째로, 오순절은 첫 번째 '부흥'이라는 적절한 말로 일컬어졌다. 이 말을 사용한 것은 그것이 전체 공동체가 그분의 압도적 임재를 가까이서 생생하게 인식하게 된, 전적으로 색다른 하나님의 방문 중 하나였음을 나타내기 위한 것이다. (1990b:60)

133. 충만한 백성

오순절을 '교회의 탄생일'이라고 부르는 것은 틀린 말이다. 하나님 백성으로서의 교회는 적어도 사천 년 전 아브라함에게까지 거슬러 올라가기 때문이다. 오순절에 일어난 일은 하나님의 백성 중 남은 자들이 성령 충만한 그리스도의 몸이 된 것이다. (1990b:81)

134. 보편적인 복

일반적으로 신약에서, 특별히 사도행전 2장의 베드로의 설교와 고린도전서 12:13의 바울의 가르침에 나타나는 증거는, 성령의 '세례'가 성령의 '은사'와 같은 것임을 보여 준다. 또한 그것은 새 언약의 **독특한** 복들 가운데 하나이며, **첫 번째** 은사라는 점에서 언약의 일원들에게 주어지는 **보편적인** 복이기도 하다. 이것이 곧 새 시대에 속하는 일의 본질이다. 새 언약의 중보자이며 그 언약의 복을 나누어 주시는 주 예수님은 그분의 언약에 들어오는 모든 사람에게 죄사함과 성령의 은사를 함께 주신다. 더 나아가, 물로 받는 세례는 죄사함의 표시이자 보증인 것과 마찬가지로 성령 세례의 표시이자 보증이다. 물세례는 그리스도인으로 입문

하는 의식이다. 그 이유는 성령의 세례가 그리스도인으로 입문하는 체험이기 때문이다. [1975b:43]

135. 성령의 시대

예수님이 마지막 때 혹은 메시아 시대를 여셨으며, 이를 입증하는 최종적 증거가 성령의 부으심이라는 것(왜냐하면 이것은 말세에 대한 구약 약속들 중 중요한 약속이었으므로)은 신약 저자들 모두의 일치된 확신이었다. 그렇기 때문에 마치 아직도 요엘의 예언이 성취되기를 기다리는 것처럼, 혹은 그것의 성취가 부분적이기에 미래에 완전히 성취되기를 기다리는 것처럼 그 예언을 재인용하지 않도록 주의해야 한다. 왜냐하면 베드로는 그 본문을 그렇게 이해하고 적용하지 않았기 때문이다. 그리스도의 초림과 재림 사이에 걸쳐 있는 메시아 시대 전체는 성령의 사역이 활발한 성령의 시대다. 이것이 '부어 주다'라는 동사의 의미가 아닌가? 그것은 아마도 맹렬한 열대성 폭우가 쏟아지는 모습을 나타낼 것이며, 하나님이 주신 성령의 선물의 풍부함(이슬비도 소나기도 아닌 억수 같은 비), 최종성(이미 '쏟아 부어진' 것은 다시 모을 수 없으므로), 보편성(서로 다른 인류 집단들에게 광범위하게 분배되는)을 예증해 주는 것이다. [1990b:73]

136. 바벨탑의 역전

초대 교부들 이래로, 주석가들은 오순절의 복을 바벨탑의 저주가 계획적이고 극적으로 역전된 것으로 보았다. 바벨에서 인간의 언어는 혼잡해졌고 민족들은 흩어졌다. 그러나 예루살렘에서 언어의 장벽은 초자연적으로 극복되었다. 그것은 구속받은 무리가 '모든 나라와 족속과 백성과 언어에서'(창 11:1-9; 계 7:9) 나아올 위대한 날을 예시하며, 민족들이 이제 그리스도 안에서 한데 모일 것이라는 표적이었다. 게다가 바벨에서는 땅이 교만하게 하늘에까지 오르려고 했던 반면에 예루살렘에서는 하늘이 겸손하게 땅으로 내려왔다. [1990b:68]

137. 기다릴 필요가 없다

우리는 백이십 명의 제자들이 기다려야 했던 것처럼 성령이 오시기를 기다릴 필요가 없다. 성령은 오순절에 이미 오셨으며 결코 그의 교회를 떠나신 적이 없기 때문이다. 우리의 책임은 그분의 주권적 권위 앞에 스스로를 낮추고 그분을 소멸시키지 않기로 결심하며, 그분이 자유롭게 행하시도록 하는 것이다. 그렇게 될 때 우리 교회들은 많은 청년들이 특별히 찾고 있는 성령의 임재의 표시들, 즉 성경 연구, 사랑의 교제, 살아 있는 예배, 지속적으로 밖을 향하는 복음 전도를 다시 한 번 드러내게 될 것이다. [1990b:87]

138. 선교의 성령님

오순절은 선교적 사건이었다. 그것은 하나님이 요엘을 통해 약속하신, 종족이나 성별, 연령, 사회적 지위와 상관없이 "만민에게"(욜 2:28; 행 2:17) 자신의 영을 부어 주겠다는 계획의 성취였다. 그리고 제자들이 썼던 외국어들(적어도 오순절 날 들렸던 '방언'들은 분명 외국어였던 것 같다)은 성령님이 확립하러 오신 메시아 왕국의 국제적 성격에 대한 극적인 상징이다.

사도행전 나머지 부분에서는 그러한 첫 부분의 묘사가 논리적으로 전개된다. 그렇게 선교의 성령님이 선교의 백성을 만들어 내고, 그들을 선교적 과업을 위해 내보내는 모습은 우리의 마음을 사로잡는다.
(1992b:330)

존 스토트의 기독교 강요
Authentic Christianity

13

성령과 성자

139. 더 나은 사역

예수님은 다락방에서 열두 제자들과 마지막 저녁을 보내면서 다음과
같은 말씀으로 제자들을 놀라게 하셨다. "내가 떠나가는 것이 너희에게
유익이라. 내가 떠나가지 아니하면 보혜사가 너희에게로 오시지 아니할
것이요, 가면 내가 그를 너희에게로 보내리니"(요 16:7). 어떤 면에서 성
령의 사역이 성자의 사역보다 나은 것이었을까? 두 가지 면에서 그렇다
고 할 수 있다. 첫째로, 성령님은 예수님의 임재를 **보편화한다**. 지상에서
제자들은 주님과 부단한 교제를 누리지는 못했다. 그들이 갈릴리에 있
을 때 예수님은 예루살렘에 계실 수도 있었고, 또 그 반대일 수도 있었
다. 그분의 임재는 한 번에 한 장소로 국한되어 있었다. 하지만 더 이상
은 그렇지 않다. 이제 성령님을 통해 예수님은 언제 어디서나 우리와 함
께 계신다. 둘째로, 성령님은 예수님의 임재를 **내면화한다**. 예수님은 제
자들에게 말씀하셨다. "너희는 그[진리의 영 보혜사]를 아나니 그는 너희와
함께 거하심이요 또 너희 속에 계시겠음이라. 내가 너희를 고아와 같이
버려두지 아니하고 너희에게로 오리라"(요 14:17-18). 지상에서 예수님은
그들과 함께 계시며 그들을 가르칠 수 있었다. 하지만 예수님이 그들 속
에 들어가 그들을 안으로부터 변화시키실 수는 없었다. 하지만 이제 성

령님을 통해 그리스도는 믿음으로 우리 마음속에 거하시며, 그곳에서 변화시키는 사역을 행하신다. (1991d:78)

140. 성령의 증언

사람들은 어떻게 예수님의 신인격을 인식하게 되는가? 사도들의 증언이 필수적이지만 그것은 강한 동의를 끌어낼 수 없다. 누구든지 오직 하나님의 영에 의해서, 예수님이 육체로 오신 그리스도이심을 고백할 수 있다(요일 4:2). (1988g:170)

141. 안으로부터의 변화

어떤 의미에서 우리는 예수님의 가르치는 사역이 실패로 입증되었다고 말할 수 있다. 여러 번에 걸쳐 예수님은 제자들에게 어린아이처럼 겸손할 것을 촉구하셨다. 하지만 시몬 베드로는 여전히 교만하고 자신만만했다. 예수님은 제자들에게 서로 사랑하라고 거듭 말씀하셨다. 하지만 요한마저도 마지막까지 '우레의 아들'이라는 별명에 걸맞게 행했던 것 같다. 그러나 우리는 베드로전서를 읽을 때 겸손에 대한 언급이 나오는 것과, 요한의 서신서들이 사랑으로 가득 차 있다는 사실을 깨닫게 된다. 무엇이 이런 변화를 일으켰는가? 바로 성령님이다. 예수님은 그들에게 겸손하고 사랑하라고 가르치셨다. 하지만 성령님이 그들 안에 들어오셔서 안으로부터 그들을 변화시키기 전까지는 그들 삶에 그 두 가지 특질이 나타나지 않았다. (1971a:100)

142. 지위와 체험

하나님의 목적은 단지 그분의 아들에 의해 우리의 아들됨을 확보하는 것이 아니라, 성령에 의해 그 아들됨을 우리에게 확신시켜 주는 것이다. 하나님은 우리가 아들의 **지위**를 얻도록 그분의 아들을 보내셨으며, 우리가 그 아들됨을 **체험**하도록 하기 위해 그분의 성령을 보내셨다. (1968c:107)

143. 그리스도를 영화롭게 함

그리스도인의 체험은 하나님 곧 성부와 성자와 성령에 대한 체험이다. 성부와 성자가 배제된 '성령 체험'은 없다. 어떤 경우에도 성령님은 과묵한 영이시다. 그분은 자기 자신에게 주의를 집중시키지 않으신다. 오히려 성령은 우리가 '아바 아버지'를 부르며 기도하도록 촉구하시며, 그럼으로써 우리가 하나님의 아들임을 증언하신다. 그리고 무엇보다도 성령은 그리스도를 영화롭게 하신다. 탐조등의 밝은 광선을 예수 그리스도의 얼굴에 향하게 하시는 그분은, 신자가 예수 그리스도께 몰두할 때 가장 만족하신다. (1975b:69)

144. 말씀과 영

우리는 하나님이 결합시키신 것, 곧 하나님의 말씀과 하나님의 영을 절대로 분리시켜서는 안 된다. 하나님의 말씀은 성령의 검이다. 말씀 없는 성령은 무기가 없는 것이며, 성령 없는 말씀은 무력한 것이다. [1991c:34]

145. 내주하시는 성령님

로마서 8:9은 적어도 두 가지 이유 때문에 성령론과 관련해서 매우 중요하다. 첫째로, 이 구절은 성령의 소유 혹은 성령의 내주가 진정한 신자임을 증명한다고 가르쳐 준다. 내주하는 죄(롬 7:17, 20)는 아담의 모든 자손이 지녀야 할 운명이다. 하나님의 자녀가 누리는 특권은 내주하는 죄와 싸우고 그것을 정복하기 위해 내주하시는 성령을 갖는 것이다. 예수님은 약속하셨다. "그는 너희와 함께 거하심이요 또 너희 속에 계시겠음이라"(요 14:17). 그리고 이제 이 약속이 실현되어 모든 참된 그리스도인이 성령을 받는다. 그래서 우리의 몸은 그분이 거하시는 '성령의 전'이 되었다(고전 6:19). 만약 우리 안에 그리스도의 영이 계시지 않는다면, 우리는 전혀 그리스도께 속한 것이 아니다. 이는 성령이라는 선물이 처음 회개하고 예수님을 믿을 때 주어지는 최고의 복이며 누구에게나 보편적으로 주어지는 복이라는 점을 분명히 해 준다. 물론 더욱 깊고 풍성하게 성령을 체험하거나 특별한 임무를 위해 새롭게 성령의 기름부음을 받는 일이 많겠지만, 성령님이 개인적으로 내주하시는 것은 처음부터 모든 신자가 누리는 특권이다. 그리스도를 알고 성령을 소유하는 것은 하나다. 핸들리 모울(Handley Moule) 주교는 다음과 같은 지혜로운 말을 전한다. **"분리할 수 있는** '성령의 복음'은 없다. 우리는 어느 한 순간이라도 주 예수 그리스도로부터 성령님이 다스리는 더 높고 깊은 영역으로 나아갈 수 있는 것처럼 행동해서는 안 된다."[2] (1994:224)

146. 다양한 은사

바울은 고린도전서 12:4에서 명확하게 "은사는 여러 가지"라고 말한다. 이것을 상기하는 것이 중요한 이유는, 오늘날 많은 사람들이 '은사'(charismata)에 대해 매우 제한된 견해를 가지고 있기 때문이다. 예를 들어, 어떤 사람들은 '성령의 아홉 가지 은사'에 대해 말한다. 아마도 깔끔하지만 인위적인 방식으로 성령의 아홉 가지 열매와 병행시키려는 의도일 것이다. 어떤 사람들은 좀 더 눈길을 끄는 세 개의 은사(방언, 예언, 병 고침)에만 집착하고, 심지어 강박적이기까지 하다. 하지만 사실상 신약 성경에 나와 있는 다섯 개의 목록에는 적어도 스물다섯 가지의 서로 다른 은사들이 언급되어 있으며, 그중 어떤 것들은 대단히 평범하고

---

2   H. C. G. Moule, *The Epistle of St Paul to the Romans*, The Expositor's Bible (Hodder and Stoughton, 2nd edn. 1894), p. 206.

전혀 흥미를 끌지 못한다(롬 12:8에 나오는 '긍휼을 베푸는 자'와 같은 것). 더구나 각 목록은 다른 목록들과 매우 다르며, 은사들을 아무렇게나 선정한 것 같아 보인다. 이는 어떤 목록도 완전하지 않다는 사실을 시사할 뿐 아니라, 다섯 개의 목록을 다 합해도 모든 은사를 철저하게 나타낼 수는 없음을 시사한다. 분명 이 목록들에 열거되지 않은 다른 많은 은사들이 있을 것이다. (1979e:159)

147. 영적 은사

로마서 12장에 나오는 일곱 개의 영적 은사 목록은, 고린도전서 12장에 나오는 중복되는 두 개의 목록(첫 번째 목록에는 아홉 개, 두 번째 목록에는 여덟 개)이나 에베소서 4:11에 나오는 다섯 개 은사의 짧은 목록보다 훨씬 덜 알려져 있다. 그 목록들의 유사점과 차이점 모두에 주목하는 것이 중요하다. 첫째, 모든 목록은 은사의 **근원**이 하나님과 그분의 은혜라는 데 동의한다. 로마서에서는 그것이 성부 하나님이고, 에베소서에서는 성자 하나님이며, 고린도전서에서는 성령 하나님일 뿐이다. 이것들은 삼위일체적 은혜의 선물이므로 자랑하거나 부러워해서는 안 된다. 둘째, 모든 목록은 은사의 **목적**이 그리스도의 몸을 세우는 것과 관련되어 있다는 사실에 동의한다. 물론 에베소서 4:12에는 좀 더 명백하게 나와 있고, 고린도전서 14:12에서는 우리가 각 은사들을 교회의 덕을 세우는 정도에 따라 평가해야 한다고 말한다. 셋째, 모든 목록은 은사의 **다양성**을 강조한다. 각 목록은 은사들을 임의로 택한 것처럼 보인다. 고린도전서의 목록들을 연구하는 사람들은 초자연적인 것(방언, 예언, 병 고침, 기적)에 초점을 맞추는 경향이 있지만, 로마서 12장에서는 예언을 제외한 모든 은

존 스토트의 기독교 강요
Authentic Christianity

사가 일반적인 것이거나 실제적인 것(섬김, 가르침, 격려, 지도력)이며 심지어 평범한 것(구제, 긍휼을 베푸는 것)이다. 우리는 분명 영적 은사에 대한 이해를 확장할 필요가 있다. (1994:328)

148. 성령과 죄인

우리는 하나님이 정하신 성령의 기능 가운데 하나가, 죄를 알고 느끼고 슬퍼하고 혐오하고 버리도록 하는 것이라는 믿음을 되찾을 필요가 있다. 그리고 자신이 죄에 대해 피상적인 견해를 가지고 있음을 의식한다면, 그에 대한 우리의 적절한 행동은 고해실로 도피하는 것이 아니라 성령님께 부르짖는 것이다. (1964:72)

149. 성령의 능력에 대한 믿음

어떤 사람은 자신을 지나치게 높이 평가하기 때문에 거룩한 삶을 살지 않는다. 자신의 곤고함을 깨닫지 못하는 사람은 결코 소리 높여 구원을 부르짖지 않는다. 다시 말해, 성령의 능력에 대한 믿음에 도달하는 유일한 길은 자기 절망의 길이다. (1966c:74)

150. 열매와 은사

오늘날 하나님의 영으로 충만한 사람의 특징은 무엇인가? 주된 증거가 기적적인 것이 아니라 도덕적인 것이며, 성령의 은사가 아니라 성령의 열매라는 것에는 의심의 여지가 없다. (1975b:54)

세례와 충만

151. 성령 세례

오순절 교회들의 가르침과 은사주의 혹은 신오순절 운동에 관여하는 많은 사람들의 가르침은, 우리가 처음 믿을 때 성령의 '선물'을 받지만 이후 '성령의 세례'(보통 '방언을 말하는 것'이 증거가 되는)라고 부르는 두 번째 후속 체험이 필요하다는 것이다. 하지만 신약의 가르침은 이런 정형화된 두 단계가 아니다. 신약은 우리가 처음 성령에 의한 중생의 축복을 받은 다음 성숙에 이르는 성장의 과정을 거친다고 가르친다. 우리는 이 과정에서 실제로 하나님에 대한 좀 더 깊고 풍성한 체험들을 해 나간다. 많은 사람들이 이때 하나님의 실재에 대한 신선한 체험과 그분의 사랑에 대한 더욱 생생한 인식을 얻게 되지만, 이런 체험들을 '성령의 세례'라고 불러서는 안 된다. '성령으로 세례를 받는다'는 표현은 신약에서 단 일곱 번 등장하는데, 그중 여섯 번은 세례 요한의 말을 인용한 것이다. "나는 물로 세례를 주지만 그분은 성령으로 세례를 줄 것이다." 이는 오순절에 성취된 약속이다. 그리고 일곱 번째 언급(고전 12:13)은 우리 모두가 성령의 세례를 '받았고' 성령을 '마시게' 되었다는 것을 강조하는데, 두 표현은 우리가 성령을 받았다는 사실을 생생하게 묘사하는 그림이다. (1991d:80)

152. 이미 세례받은

사도들은 종종 상당히 세부적인 윤리적 행동을 촉구한다. 그들은 우리에게 하나님이 그리스도 안에서 이미 행하신 것을 일상생활에서 구체적으로 나타내고, 믿음과 사랑과 지식과 거룩함에서 자라 가라고 명령한다. 또한 심판에 대해 경고하며, 주님의 재림을 기대하라고 도전한다. 동시에 그들은 성령을 슬프게 하지 말고 그분과 동행하며 계속해서 성령으로 충만하라고 간청한다.…하지만 그들이 '성령으로 세례를 받으라'고 권하거나 가르친 적은 없다. 이에 대해 가능한 설명은 오직 하나뿐이다. 즉 그들이 편지를 쓰는 대상은 그리스도인들이며, 그리스도인은 이미 성령으로 세례를 받은 사람이라는 것이다. (1975b:45)

153. 하나와 다수

신약의 가르침은 '한 세례, 여러 번의 충만'이라는 말로 요약할 수 있을 것이다. (1975b:68)

154. 선택이 아니라 필수

"충만함을 받으라"(엡 5:18)는 말은 머뭇거리며 건네는 제안, 부드러운 권유, 정중한 충고 한마디가 아니다. 그것은 그리스도가 택하신 사도 중한 명이 모든 권위를 가지고 우리에게 전한 그리스도의 명령이다. 우리는 이 본문 전후에 드러난 윤리적 의무들, 즉 진리를 말하고 정직하게 일하는 것, 서로 친절하고 용서하는 것, 정결한 삶과 사랑의 삶을 사는 것 등으로부터 벗어날 자유가 없는 것처럼 이 의무로부터도 벗어날 수 없다. 성령 충만은 그리스도인에게 선택이 아니라 필수다. (1975b:60)

155. 충만의 회복

많은 그리스도인들이 실패하고 좋은 열매를 맺지 못하는 것은 그들이 **성령으로 세례를 받을 필요가 있다는 증거가 아니라**(심지어 교만하고 사랑이 없으며 잘 싸우고 죄를 묵인했던 고린도 그리스도인들도 성령으로 세례를 받았다), 죄나 불신으로 잃어버린 **성령의 충만을 회복할 필요가 있다는 증거다.**

(1975b:66)

156. 성령의 인 치심을 받음

인이란 소유권을 나타내는 표시다.…그리고 하나님이 우리를 영원히 그분께 속한 것으로 낙인 찍기 위해 사용하시는 인은 바로 성령님이다. 성령은 그리스도인의 신분증이다. 성령이 당신 안에 내주하신다면 당신은 그리스도인이다. 내주하시지 않는다면 그리스도인이 아니다. 하나님은 우리가 예수님을 믿는 순간 우리 안에 거하실 성령의 인으로 우리를 인 치셨기 때문이다. (1972c:207)

157. 우리의 공동 소유

모든 그리스도인 신자들은 그리스도인의 삶을 시작한 첫 순간부터 성령을 경험한다. 그리스도인의 삶은 새로운 탄생으로 시작되며, 새로운 탄생은 '성령으로' 난 것이기 때문이다(요 3:3-8). 성령님은 '생명의 영'이며 우리의 죽은 영혼에 생명을 나누어 주시는 분이다. 이에 더하여, 그분은 친히 오셔서 우리 안에 내주하신다. 성령의 내주는 하나님의 모든 자녀의 공동 소유다. (1975b:19)

158. 성령으로 충만함

바울은 우리에게 '성령의 충만을 받으라'고 말하면서 현재 명령형을 사용한다. 이는 우리가 계속해서 충만함을 받아야 함을 암시한다. 성령 충만은 우리가 결코 잃어버릴 수 없는 영단번의 체험이 아니라, 지속적으로 믿고 순종의 태도로 자기 것으로 만듦으로써 계속 새롭게 얻을 수 있는 특권이기 때문이다. 우리는 영단번에 성령의 '인 치심'을 받았다. 또한 우리는 날마다 그리고 매 순간마다 성령의 충만을 받을 필요가 있다. (1979e:209)

159. 절제

예수 그리스도의 영으로 충만함을 받는 것을 스스로에 대한 통제력을 잃는 일종의 영적 도취 상태로 생각하는 것은 매우 잘못된 일이다. 그와 반대로 갈라디아서 5:22-23에 나오는 '성령의 열매'의 마지막 특질은 '절제'(enkrateia)다. 성령의 영향 아래서, 우리는 통제력을 잃는 것이 아니라 그것을 얻는다. (1979e:204)

160. 진리의 영

그리스도인의 성령 충만을 보여 주는 가장 분명한 증거 가운데 하나는, 성경을 갈망하며 하나님의 기록된 말씀인 성경의 권위에 겸손하게 복종하는 것이다. 만약 그리스도인이라고 주장하면서 사도들의 가르침에 전념하지 않고, 오히려 그것을 소홀히 하고 심지어 무시하는 사람이 있다면, 그가 성령을 받았는지 의심해 볼 만하다. 성령은 진리의 영(예수님이 그분을 그렇게 부르셨듯이)이며 우리의 선생으로 보내졌기 때문이다. 그

리고 성령으로 충만한 사람들은 그분의 교훈을 받고자 하는 열렬한 욕구를 가지고 있다. (1977d:74)

161. 가장 큰 은사

하나님은 성령을 주신다. 우리는 성령을 받는다. 사실상 그리스도인들이 이제까지 받았던, 그리고 앞으로 받거나 받을 수 있는 가장 큰 선물은 하나님의 영이다. 성령님은 우리 인간들에게 들어오셔서 안으로부터 우리를 변화시키신다. 우리를 사랑과 기쁨과 평화로 채우신다. 그리고 우리의 정욕을 잠재우고, 우리의 성품이 그리스도를 닮도록 변화시키신다. 오늘날에는 인간의 손으로 만든 하나님이 거주하시는 성전은 없다. 하나님의 성전은 그분의 백성이기 때문이다. 하나님은 개별 신자들과 그리스도인 공동체 안에 거하신다. 바울은 이렇게 묻는다. "너희 몸은… 너희 가운데 계신 성령의 전인 줄을 알지 못하느냐?"(고전 6:19) "너희[복수형, 공동으로]가 하나님의 성전인 것과 하나님의 성령이 너희 안에 계시는 것을 알지 못하느냐?"(고전 3:16) (1990c:86)

162. 성령의 열매

바울은 갈라디아서에서 '성령의 열매'라는 표현을 사용한다.

— 오직 성령의 열매는 사랑과 희락과 화평과 오래 참음과 자비와 양선과 충성과 온유와 절제니. (갈 5:22-23상)

이러한 그리스도인의 미덕은 단지 낭송하기만 해도 입에 군침이 돌고 심장 박동이 빨라질 것이다. 이것은 예수 그리스도에 대한 묘사이기 때문이다. 이러한 특질들을 인간 그리스도 예수만큼 조화롭고 완전하게 보여 준 사람은 일찍이 없다. 그렇지만 이것이 바로 모든 그리스도인이 되고 싶어 하는 사람이다.

이것은 그리스도에 대한 묘사이지만, 또한 (적어도 이상적으로는) 균형 잡히고 그리스도를 닮았으며 성령 충만한 그리스도인에 대한 묘사이기도 하다. 우리는 이런 특질들 중에서 몇 가지를 선택할 자유가 없다. 그것은 함께 결합하여(한 무더기의 과일이나 곡식단처럼) 그리스도 같은 모습을 구성하기 때문이다. 선택한 일부만을 계발하고 다른 것들은 제쳐 놓는 것은 균형 잃은 그리스도인이 되는 것이다. 성령님은 그리스도인들에게 각각 서로 다른 은사들을 주신다.…하지만 모든 그리스도인 안에서 같은 열매를 맺기 위해 일하신다. 성령님은 우리가 절제하지 못하면서 다른 사람에 대한 사랑을 보이거나, 다른 사람에게 온유하지 않으면서 내적 기쁨과 평화만을 갖고 있거나, 적극적인 선량함은 없이 소극적인 인내만을 보이거나, 그리스도인으로서 군건한 신뢰성은 결여된 채 온유함과 유연함만을 가진 상태에 만족하지 않으신다. 균형 잃은 그리스도인은 육적인 그리스도인이다. 오직 성령 충만한 그리스도인만이 보여 주는 온전하고 원만하고 충만한 그리스도인의 성품이 있다. (1975b:76)

163. 무조건적 복종

타락한 본성에 대한 우리의 태도는 냉정한 거부여야 한다. 왜냐하면 "그리스도 예수의 사람들은 육체와 함께 그 정욕과 탐심을 십자가에 못 박았기" 때문이다(갈 5:24). 우리는 '육체'라고 불리는 이 악하고 끈적거리며 미끄러운 것을 잡아서 십자가에 못 박았다. 이것이 우리가 한 최초의 회개였다. 십자가에 못 박는 것은 알려진 모든 악을 타협 없이 거부함을 나타내는 극적인 이미지다. 십자가에 못 박으면 재빨리 혹은 쉽게 죽지는 않는다. 그것은 고통이 오랫동안 이어지는 처형 방법이다. 그러나 그것은 결정적인 것이며, 거기서 도망갈 수 있는 가능성은 없다.

한편으로, 성령에 대한 우리의 태도는 무조건적 복종이어야 한다. 바울은 이에 대해 몇 가지 표현을 사용한다. 우리는 '성령을 따라 행하고' '성령의 인도를 받고' '성령과 보조를 맞추어야' 한다(갈 5:16, 18, 25). 즉 우리는 그분이 정당한 주권을 행사하시도록 하고 그분의 의로운 권고를 따라야 한다.

이처럼 우리가 육체와 절연하고 성령께 굴복하는 일은 최초의 절연과 굴복이 아무리 단호했다 할지라도 매일같이 반복되어야 한다. 예수님의 말씀에 따르면, 우리는 "날마다 제 십자가를 지고" 그분을 따라야 한다(눅 9:23). 우리는 또한 날마다 우리의 인격을 그분께 열어 보이면서 계속해서 성령의 충만을 받아야 한다(엡 5:18). 우리의 절연과 굴복은 모두 훈련된 삶의 습관으로 나타나야 한다. 성령의 열매를 거두는 사람은 "성령을 위하여 심는 자"(갈 6:8)다. 그리고 '성령을 위하여 심는 자'라는 말은 성령의 일들을 경작하는 것, 예를 들어 주일을 지혜롭게 보내고, 날마다 기도하고 성경 읽기 훈련을 하고, 규칙적으로 예배드리고 성찬에 참여하고, 그리스도인들과 우정을 맺고 기독교적 봉사에 참여하는 것 등을 의미한다. 물리적 영역이든 도덕적 영역이든 하나님의 모든 원리에서 불변하는 것은, 우리가 심은 대로 거둔다는 것이다. 그 규칙은 변하지 않는다. 그것이 변할 수 없는 것은, "하나님은 업신여김을 받지 아니하시기" 때문이다(갈 6:7). 그러므로 우리가 늘 육체를 위하여 심어 왔다면, 성령의 열매를 거두지 못한다고 놀라서는 안 된다. 우리는 결코 하나님을 속이거나 우롱할 수 없기 때문이다. [1992b:154]

4부
계시와 성경

하나님의 자기 계시

164. 하나님의 마음

하나님의 마음은 무한하기에 유한한 존재들이 헤아릴 수 없다. 하늘이 땅보다 훨씬 높은 것같이, 하나님의 생각은 우리의 생각보다 훨씬 높다(사 55:9). 그렇다면 어떻게 우리가 하나님의 생각을 알 수 있을까? 그 생각들은 우리 한계를 넘어서기에, 우리 힘으로는 알 수가 없다. 하늘의 높은 곳으로 올라갈 수 있는 사다리가 있는 것도 아니다. 우리가 하나님의 마음을 탐구할 수 있는 길은 없다. 하지만 하나님은 말씀으로 자신의 생각을 우리에게 나타내셨다. 이사야서 55장은 이렇게 이어진다. "비와 눈이 하늘로부터 내려서 그리로 되돌아가지 아니[함]…과 같이, 내 입에서 나가는 말도 이와 같이 헛되이 내게로 되돌아오지 아니하고"(10-11절). 하나님은 자신의 생각을 말로 표현하셨다. 하나님의 입이 그분의 마음속에 있는 것을 선포했다. 신학적으로는, 영감이라는 수단을 통해 계시가 우리에게 왔다고 말할 수 있을 것이다. [1981g:8]

165. 내재적 권위

우리가 믿는 바는 우리가 만들어 낸 것이 아니라 하나님이 계시하신 것이라는 점은 기독교의 기본 교의다. 따라서 기독교에는 결코 제거할 수

없는 내재적 권위가 있다. (1982a:57)

166. 계시와 조명

인간의 마음은 유한하고 타락했다. 그래서 성령의 은혜로운 역사 없이는 이해도 믿음도 불가능하다. 우리에게는 그분의 객관적 계시만 필요한 것이 아니라 성령의 주관적 조명 또한 필요하다. 눈가리개를 한 사람을 어떤 돌비석의 제막식에 데리고 간다고 할 때, 그가 비문을 읽기 위해서는 두 단계의 과정이 필요할 것이다. 먼저, 그 비석의 덮개가 벗겨져야 한다(물론 '계시'란 벗긴다는 의미다). 둘째로, 그의 눈에서 눈가리개를 떼어야 한다. 마찬가지로, 하나님이 그분의 성령을 통해 그리스도 안에서 진리의 베일을 벗기신 것만으로는 충분하지 않다. 우리의 눈가리개도 제거되어야 한다. (1956a:26)

167. 일반 계시

로마서 1:19-20은 '일반 계시'라는 주제에 대한 신약의 주요 본문 중 하나이므로 여기에서 일반 계시가 특별 계시와 어떻게 다른지 요약해 보면 유익할 것이다. '그 만드신 만물'을 통한 하나님의 자기 계시는 네 가지 주된 특징을 지닌다. 첫째는 그리스도와 성경 저자들을 통해 특정 장소에 있는 특정한 사람에게만 주어진 '특별' 계시와 반대로, 모든 곳에 있는 모든 사람에게 주어진 '일반적' 계시다. 둘째는 성자의 성육신과 성경의 영감과 관련된 '초자연적' 계시와 반대로, 자연 질서를 통해 주어진 '자연적' 계시다. 셋째는, 그리스도와 성경 안에서 완성된 '최종적' 계시와 반대로, 세상이 창조된 이래 "날은 날에게 말하고 밤은 밤에게 지식을 전하며"(시 19:2) 이어져 온 '지속적' 계시다. 넷째, 그리스도 안에 있는 하나님의 은혜를 계시하는 '구원' 계시와 반대로, 창조물 안에 나타난 하나님의 영광을 계시하는 '창조' 계시다. (1994:73)

168. 점진적 계시

점진적 계시(하나님이 여러 부분에서 여러 방법으로 백성들을 가르치는 것)는 점진적인 종교적 진화(인간이 어둠 속에서 더듬어 찾는 가운데 그 어둠이 점차 옅어지는 것)와는 아주 다른 개념이다. 점진적 계시를 성경적으로 이해하면, 어떤 계시의 단계에서 쓰인 성경 자료도 부정적으로 평가할 수 없다. 그것들은 모두 하나님의 진리다. 유일한 차이점은 어떤 부분은 다른 부분보다 더 상세하다는 것이다. (1967b:54)

169. 하나님의 자서전

성경은 하나님의 자기 계시, 하나님의 자서전이다. 성경에서 주체와 객체는 동일하다. 그 안에서 하나님이 하나님에 대해 말씀하고 계시기 때문이다. 하나님은 풍성한 다양성을 통해 점진적으로 자기 존재를 알리신다. 이때 우리가 알게 되는 하나님은 우주의 창조주, 창조의 절정인 인간을 자신의 형상으로 창조한 분, 자신이 만든 모든 것을 유지하고 생명을 불어넣는 살아 계신 하나님, 아브라함과 이삭과 야곱과 그 자손들을 자신의 특별한 백성으로 택하신 언약의 하나님, 노하기를 더디 하시며 용서하는 데 빠르신 자비의 하나님, 이방 나라뿐 아니라 자기 백성의 우상숭배와 불의를 벌하시는 의로운 하나님이시다. 그리고 신약에서는 우리의 주님이요 구세주이신 예수 그리스도의 아버지, 곧 우리와 같은 본성을 입고 태어나 자라며, 살고 가르치고, 일하고 고난당하고, 죽었다가 살아나시고, 보좌에 앉아 성령을 보내시도록 그리스도를 세상에 보내시는 분이다. 그다음에는 새 언약의 공동체인 교회의 하나님, 백성들을 성령의 권능으로 자신의 증인과 종이 되도록 세상에 보내시는 분, 그리고 언젠가 구원하고 심판하고 통치하기 위해 예수 그리스도를 보내실 것이며 새로운 우주를 창조하실 것이고 마침내 모든 사람에게 모든 것이 되실 하나님이 계시된다. (1982b:69)

170. 예배, 믿음, 순종

성경에서 하나님은 우리를 예배로 이끄는 그분에 대한 계시들, 우리의 믿음을 자극하는 구원의 약속들, 우리의 순종을 요구하는 하나님의 뜻을 드러내는 계명들을 주신다. 이것이 기독교 제자도의 의미다. 제자도의 세 가지 본질적인 요소는 예배, 믿음, 순종이다. 그리고 이 세 가지를 불러일으키는 것은 하나님의 말씀이다. (1982b:74)

171. 계시된 진리들

하나님의 말씀은 우리를 과학자가 아니라 그리스도인이 되도록 이끌고, 예수 그리스도를 믿는 믿음을 통한 영생의 길로 이끈다. 인간이 탐구와 실험을 통해 발견할 수 있는 것을 성경에 계시하는 것은 하나님의 의도가 아니었다. 그러므로 창세기의 첫 세 장은 특별히 과학적 방법으로는 결코 발견할 수 없는 네 가지 영적 진리를 계시한다. 첫째, 하나님이 모든 것을 만드셨다. 둘째, 하나님은 무에서 모든 것을 만드셨다. 하나님이 일하시는 데 있어서 그분 자신만큼 영원한 원재료는 없었다. 셋째,

하나님은 자신의 형상으로 남자와 여자를 만드셨다. 넷째, 하나님이 만드신 모든 것은 '매우 좋았다.' 그것은 하나님의 손을 떠날 때 완벽한 모습이었다. 죄와 고난은 하나님의 멋진 세상에 들어와 그분이 만드신 것을 망쳐 놓은 침입자들이었다. (1991d:58)

172. 지식의 한계

하나님의 계시는 그리스도 안에서 최종적으로 완성되었다. 이것은 그 계시가 모든 것을 남김없이 말해 준다는 의미는 아니다. 그리스도 안에서 하나님은 인간의 육체를 통해 계시할 수 있는 모든 것, 이 세대 인간들에게 기쁘게 알려 주고 싶은 모든 것을 계시하셨다. 하지만 그렇다고 우리가 지금 모든 것을 다 안다는 의미는 아니다. 신약 성경은 우리의 지식이 그리스도 안에서 측량할 수 없을 만큼 증가했지만 여전히 제한되어 있음을 보여 준다. 그리스도는 자신이 재림하는 날을 자신도 모른다고 말씀하셨으며(막 13:32), 나중에는 그것이 우리의 알 바가 아니라고(행 1:7) 덧붙이셨다. 위대한 사도 바울은 자신의 이해를 어린아이의 이해에 비유했고, 자신이 보는 것을 거울로 비추어 보는 것에 비유했으며, 우리의 지식이 지금은 불완전하고 부분적이라고(고전 13:9-12) 덧붙였다. 또한 성자이자 철학자였던 요한은 내세에 관해 "장래에 어떻게 될지는 아직 나타나지 아니하였다"(요일 3:2)고 인정했다. 이 점에서 모세의 다음과 같은 말은 아주 적절하다. "감추어진 일은 우리 하나님 여호와께 속하였거니와 나타난 일은 영원히 우리와 우리 자손에게 속하였나니"(신 29:29). (1956a:12)

173. 그리스도인의 확신

기독교의 교조주의는 제한된 범위에서 존재하며, 그래야만 한다. 그것은 전지하다고 주장하는 것과 다르다. 성경에 분명하게 계시된 것에 대해 그리스도인들은 의심하거나 변명하듯 해서는 안 된다. 신약에는 '우리는 안다', '우리가 확신한다', '확실히 안다'로 시작하는 교조적인 주장들이 울려 퍼진다. 여기에 의문이 든다면 '안다'는 의미의 단어들이 사십 번 넘게 나타나는 요한일서를 읽어 보라. 그 단어들은 기쁨에 찬 확신을 보여 주며, 우리는 슬프게도 오늘날 교회에 상당 부분 결여되어 있는 이런 태도를 회복할 필요가 있다. (1970b:15)

174. 어린아이들과 미련한 자들

인간은 하나님의 계시된 메시지에 겸손히 복종해야 한다. "너희 중에 누구든지 이 세상에서 지혜 있는 줄로 생각하거든 어리석은 자가 되라. 그리하여야 지혜로운 자가 되리라"(고전 3:18). 나는 '미련한 자가 되라'는 말이 인간의 교만한 마음과 지성으로는 가장 받아들이기 힘든 말 가운데 하나라고 생각한다. 고대 그리스의 명철한 지성인들처럼, 우리 시대의 사람들은 인간의 이성에 대해 무한한 확신을 가지고 있다. 그들은 스스로 하나님께 이르는 길을 알고 싶어 하며, 자신의 노력으로 하나님을 발견했다는 명성을 얻기 원한다. 하지만 하나님은 유한한 피조물의 그러한 부푼 자만심을 원치 않으신다. 물론 인간은 자신이 받은 지성을 사용해야 하고, 결코 억누르거나 억제해서는 안 된다. 하지만 바울의 표현대로 '미련한 자들', 그리스도의 표현대로 '어린아이들'이 됨으로써 하나님의 계시 앞에 경건하게 마음을 낮추어야 한다. 하나님은 오직 어

린아이들에게 자신을 계시하시며, 오직 미련한 자들을 지혜롭게 하신다. (1961:99)

175. 진리의 청지기

모든 계시된 진리는 청지기적으로 사용되어야 한다. 그것은 독점이 아니라 나누기 위해 주어진 것이다. 사람들이 스스로 발견한 과학적 사실들을 혼자 간직할 수 없다면, 하나님의 계시를 어떻게 혼자 간직할 수 있겠는가? (1979e:120)

176. 계시와 책임

하나님은 우리가 그저 끌리는 대로 신앙과 불신앙, 순종과 불순종을 선택하라고 그분의 진리를 계시하신 것이 아니다. 계시에는 책임이 수반되며, 계시가 분명할수록 그것을 믿고 순종해야 할 책임은 더 크다. (1988g:208)

177. 말씀하시는 하나님

하나님은 최고의 의사 전달자이시다. (1979d:ix)

178. 생각을 말로

하나님이 '말씀하셨다'(히 1:1)는 주장, 즉 자신의 생각을 말로 표현하셨다는 주장은 아주 심각하게 취급되어야 한다. 우리 인간들도 침묵을 지키면 상대방의 생각을 읽을 수 없다. 내가 당신에게 말할 때만 당신은 내 마음속에 무엇이 있는지 알고, 당신이 내게 말할 때만 나는 당신의 마음속에 무엇이 있는지 알 수 있다. 사람들이 서로 아무 말을 하지 않아서 낯선 존재로 남아 있다면, 하나님이 말씀하지 않으실 때 우리에게 얼마나 낯선 존재가 될 것인가? 앞에서 보았듯이 하나님의 생각은 우리의 생각과 다르다. 인간으로서는 하나님의 마음을 읽는 것이 불가능하다. 우리가 하나님의 마음을 조금이라도 알 수 있으려면 반드시 하나님이 말씀하셔야만 한다. 그분의 생각을 말로 표현하셔야만 한다. 그리고 이것이 바로 하나님이 행하신 일이라고 우리는 믿는다. (1991b:12)

179. 하나님의 감동으로 된

성경은 하나님의 말씀이다. 하나님이 그것을 말씀하셨다. 그것은 하나님의 입에서 나온 것이다. **영감**이라는 말은, 하나님이 인간 저자들의 진리에 대한 통찰력을 높이기 위해 그들에게 숨을 불어넣으셨다는 의미도, 인간의 산문을 어떤 식으로든 신적인 시로 바꾸기 위해 그 저자들의 저술에 숨을 불어넣으셨다는 의미도 아니다. 그것은 그들의 말이 실제로 하나님의 입에서 나온 것이라는 의미다. 강조점은 이미 거기에(예언자들의 마음 혹은 말에) 있는 진리의 변형이 아니라, 하나님이 생각하고 말씀하시기 전까지는 존재하지 않았던 진리의 근원에 있다. 우리는 이 점을 피해 갈 수 없다. "모든 성경은 하나님의 감동[theopneustos]으로 된 것" 즉 그분의 입으로 숨을 불어 내쉰 것이라는 사실은 디모데후서 3:16의 명백한 가르침이다. 여기서 예언자들의 익숙한 관용 표현들("여호와의 말씀이 내게 임하여 이르시되" 혹은 "여호와께서 말씀하시니라") 및 자신이 하나님의 말씀을 지닌 자 혹은 말하는 자라는 사도들의 유사한 주장이 나온다. [1981g:6]

180. 행동과 말

성경은, 하나님이 역사적 행위와 그에 대한 해설의 말을 통해 말씀하셨으며 이 둘은 분리될 수 없게 결합되어 있다고 주장한다. 심지어 육신이 되신 말씀, 하나님의 점진적 자기 계시의 절정인 그분 역시 말씀하지 않았거나 사도들이 그분에 대해 묘사하고 해설하지 않았다면 불가해한 존재로 남아 있었을 것이다. [1982a:95]

존 스토트의 기독교 강요
Authentic Christianity

181. 그리스도인 대 아테네인

'계시'란 하나님이 자신을 드러내는 일에서 주도권을 쥐시는 것을 말한다. 그것은 우리를 겸손하게 하는 단어다. 그분의 무한하신 완전함은 우리의 유한함이 도저히 미칠 수 없음을 전제로 하기 때문이다. 우리의 생각으로는 그분의 생각을 간파할 수 없다. 우리는 그분의 생각을 읽을 능력이 전혀 없다. 실로 하늘이 땅보다 높은 것처럼 그분의 생각은 우리의 생각보다 훨씬 높다(사 55:9). 따라서 하나님이 자신을 알리기로 결정하지 않으신다면 우리는 그분에 대해 아무것도 알 수 없을 것이다. 계시가 없으면 어느 누구도 그리스도인이 될 수 없고 그저 아테네 사람들같이 되어, 온 세상의 제단에는 "알지 못하는 신에게"(행 17:23)라는 글이 새겨질 것이다. 하지만 우리는 하나님이 자신을 계시하셨다고 믿는다. 창조된 우주의 영광과 질서 속에서뿐 아니라, 그분의 성육신한 말씀이신 예수 그리스도 안에서, 그리고 그분에 대한 명료하고 다양한 증언을 가진 기록된 말씀 안에서 그렇게 하신 것이다. (1992b:209)

182. 하나님의 능력 있는 말씀

하나님의 말씀이 하나님과 분리되어 있다고, 혹은 하나님과 분리된 채 능력을 갖고 있다고 생각해서는 안 된다. 하나님의 말씀은 오직 그것이 **하나님의** 말씀이며, 그분이 말씀하셨고 계속해서 말씀하고 계시기 때문에 능력이 있다. 하나님의 말씀은 하나님이 그것을 말씀하실 때 하나님의 권위와 능력을 지닌다. (1968a:6)

183. 우리의 배움을 위해 쓰인 성경

오늘날 실존주의는 '진정한' 삶을 날카롭게 구분한다. 그리고 '진정한' 것을 판단하는 기준은 순전히 주관적인 것으로, 그 순간 그것이 내게 진정한 것으로 보이는가 하는 것이다. 이렇듯 우리는 매우 주관적인 시대에 살고 있다. 하지만 그리스도인들, 특별히 복음적인 그리스도인들은 하나님이 역사적이고 객관적으로 말씀하셨음을 확신한다. 또한 하나님의 말씀은 그리스도에게서 그리고 그리스도에 대한 사도들의 증언에서 절정에 이르렀고, 성경은 우리의 배움을 위해 쓰인 하나님의 말씀임을 확신한다. 그렇기 때문에 우리의 모든 전통, 견해, 경험은 성경적 진리라는 독자적이고 객관적인 시험을 받아야 한다. (1975b:9)

184. 이성적 계시

계시에 대한 기독교 교리는 인간의 지성을 불필요한 것으로 만들기보다, 오히려 지성을 필수불가결한 것으로 만들고 지성에 적절한 위치를 설정해 준다. 하나님은 **말**을 사용해서 **지성**에 자신을 계시하셨다. 하나님의 계시는 이성적인 피조물에게 주어진 이성적 계시다. 우리의 임무는 하나님의 메시지를 받아서 그것에 복종하며 그것을 이해하려고 애쓰고 그것을 우리가 사는 세상과 관련시키는 것이다.

하나님이 자신을 계시하는 데 주도권을 쥐실 필요가 있다는 사실은 우리의 지성이 유한하고 타락했음을 보여 준다. 하나님이 어린아이들에게 자신을 계시하기로 하신다는 것(마 11:25)은 우리가 하나님의 말씀을 받기 위해 자신을 낮추어야 함을 보여 준다. 어쨌든 하나님이 자신을 계시하신다는 것, 그리고 말로써 그렇게 하신다는 것은 우리의 지성이 그것을 이해할 능력이 있음을 보여 준다. 인간에게 주어진 지성의 가장 고귀하고 고상한 기능은 하나님의 말씀을 듣는 것, 그럼으로써 자연과 성경에서 하나님의 마음을 읽고 하나님을 따라 하나님의 생각대로 생각하는 것이다. (1972d:18)

185. 점진적이며 완성된 자기 계시

구약 성경을 통한 하나님의 자기 계시는 형태의 측면에서는 다양했지만 내용의 측면에서는 부분적이었다. 그리스도인들은 점진적 계시, 곧 하나님이 자신을 조금씩 단계별로(이전의 단계에 근거하여 새로운 단계를 세워 나가시면서) 계시하셨음을 믿는다. 하지만 구약에 나타난 계시의 '여러 부분'과 대비되는 것은 드라마의 대단원으로 암시되어 있는 하나님의 아들이다. 그분 안에서 그리고 그분을 통해 하나님의 자기 계시가 완성되었기 때문이다. (1991b:14)

186. 말 이상의 것

하나님의 말씀에 대한 성경적 이해는 단순히 하나님이 말씀하신다는 것이 아니라, 하나님이 그 말씀을 통해 행동하신다는 것이다. 하나님의 말씀은 단순한 말일 뿐 아니라 또한 행동이다. 이것은 하나님의 명령의 말씀으로 성취된 창조에서 분명하게 나타난다. "하나님이 이르시되… 그대로 되니라"(창 1:6-7). "그가 말씀하시매 이루어졌으며 명령하시매 견고히 섰도다"(시 33:9). 사실상 새 창조인 구원에서도 그것은 동일하다. "어두운 데에 빛이 비치라"고 말씀하신 그 하나님이 우리에게 그리스도를 계시하시면서 우리 마음에 빛을 비추셨기 때문이다(고후 4:6). 하

나님의 말씀은 창조하시는 말씀이다. 그것은 우리에게 빛과 생명을 가져다주었다. (1976b:40)

187. 하나님은 여전히 말씀하신다

일단 '하나님은 자신이 말씀하신 것을 통해 여전히 말씀하신다'는 진리를 깨닫고 나면, 우리는 두 개의 서로 반대되는 오류를 피할 수 있다. 첫 번째 오류는 하나님의 음성은 고대에는 들렸지만 오늘날에는 침묵한다는 믿음이다. 두 번째는, 실로 오늘날 하나님이 말씀하고 계시지만 그분의 말씀은 성경과는 거의 또는 전혀 관계가 없다는 주장이다. 첫 번째는 기독교적 골동품 연구로, 두 번째는 기독교적 실존주의로 이끈다. 하나님이 말씀하셨고 지금도 말씀하시며, 하나님은 이미 말씀하신 것을 **통해서** 말씀하시는 분이기에 이 두 종류의 말씀은 긴밀하게 연결되어 있다는 확신 안에서 우리는 안전할 수 있고 진리 안에 거할 수 있다. 하나님은 자신의 말씀을 살아 있고 현대적이며 적절하게 만드신다. 그래서 마침내 우리는 엠마오로 가는 길로 돌아가 성경을 몸소 해설해 주시는 그리스도와 함께하면서 마음이 뜨거워진다. 다른 식으로 표현하자면, 우리는 하나님의 말씀과 하나님의 영을 결합시켜야 한다. 성령이 없는 말씀은 죽은 것이며, 말씀이 없는 성령은 외인이기 때문이다. (1982a:102)

성경의 권위

188. 그리스도의 권위의 홀

최고의 권위가 어디 있느냐는 물음에는 의심의 여지가 없다. 하나님이 부활하고 높임을 받으신 주 예수께 그 권위를 주셨기 때문이다. 예수님은 "하늘과 땅의 모든 권세를 내게 주셨으니"(마 28:18)라고 말씀하셨다.

그렇다면 예수 그리스도는 오늘날 그의 권위를 어떻게 행사하시며 어떻게 그의 교회를 다스리시는가? 그리스도인들과 교회들은 바로 이 점에서 의견을 달리한다. 간단하게 말하면 세 가지 주요 견해가 있다. 로마 가톨릭 교회는, 그리스도가 주교단과 교회의 가르침의 권위를 통해 다스리신다고 믿는다. 신학적 자유주의자들은 그리스도가 개개인의 이성과 양심을 통해, 그리고 현대의 교양 있는 견해를 나타내는 사조를 통해 가르치신다고 믿는다. 하지만 개혁주의적이고 복음주의적인 확신은 그리스도가 그분의 말씀과 영을 통해 권위를 행사하신다는 것이다. 전통과 이성 모두 중요하지만, 성경은 그리스도가 교회를 다스리시는 홀이다. (1992c:5)

189. 예수님과 성경

그리스도인들이 성경의 영감과 권위를 믿어야 하는 가장 중요한 이유는 교회의 가르침이나 저자들의 주장 혹은 독자들의 느낌 때문이 아니라, 예수 그리스도가 직접 말씀하신 내용 때문이다. 예수님이 성경의 권위를 확증하셨으므로 우리는 예수님의 권위와 성경의 권위가 철저히 결합되어 있다고 결론 내릴 수밖에 없다.…우리가 입수할 수 있는 모든 증거는 예수 그리스도께서 구약 성경의 권위에 마음으로 동의하고 삶에서 복종하셨다는 것을 확증해 준다. 예수님의 제자들이 성경에 대해 예수님보다 낮은 견해를 가진다는 것은 생각할 수 없는 일이다. (1984d:145, 147)

190. 그리스도의 견해가 곧 우리의 견해가 되어야만 한다

제자가 선생보다 높아서는 안 된다. 예수님을 선생이요 주로 삼는 그리스도인이 구약에 대해 예수님보다 낮은 견해를 갖는다는 것은 생각할 수 없는 일이다. 예수님을 '선생'이나 '주'로 부르면서 그분과 의견을 달리한다면 무슨 의미가 있겠는가? 우리는 예수님과 의견을 달리할 자유가 없다. 성경에 대한 그리스도의 견해는 곧 우리의 견해가 되어야만 한다. (1982b:29)

191. 그리스도의 모든 가르침

우리는 예수 그리스도의 모든 가르침을 어디서 발견해야 하는가? 올바른 대답은 '복음서에 나오는 그분의 강화들'이 아니라 '성경 전체'다. 예수 그리스도의 가르침은 구약(예수님이 구약의 진리와 그 권위를 확증해 주셨으므로)과 복음서들(예수님의 말씀이 기록된 책들), 신약의 나머지 부분들(우리는 예수님이 자기 계시를 완성하기 위해 계속해서 사도들을 통해 말씀하셨다고 믿는다)을

포함한다. (1967d:48)

192. 예수님과 구약

구약 성경은 예수님 자신에 대해 증언하는 하나님의 말씀이라는 것이 예수님의 일관된 가르침이었다. 예를 들어, 예수님은 "아브라함은 나의 때 볼 것을…기뻐하였느니라"(요 8:56)고 말씀하셨다. 또한 요한복음 5장에서는 "모세…가 내게 대하여 기록하였음이라"(46절), "성경이 곧 내게 대하여 증언하는 것이니라"(39절)고 말씀하셨다. 예수님이 사역 초기에 나사렛 회당에 예배하러 가셨을 때, 메시아의 사명과 해방의 메시지를 기록한 이사야서 61장을 읽고 "이 글이 오늘 너희 귀에 응하였느니라"(눅 4:21)고 덧붙이신 것을 기억하라. 다시 말해 '이 예언자가 누구에 대해 썼는지 알고 싶은가? 그는 바로 나에 대해 쓰고 있었다'는 뜻이다. 예수님은 사역 초기부터 끝까지 계속해서 이런 것들을 말씀하신다. 심지어 부활 이후에도 생각을 바꾸지 않고 "모든 성경에 쓴 바 자기에 관한 것을 자세히 설명하셨다"(눅 24:27). 그래서 예수님은 사역을 시작할 때부터 마칠 때까지, 풍성한 다양성을 지닌 구약 예언자들의 모든 증언이 자기에게 집중된다고 단언하신다. "성경은…나에 대한 증언이다." (1982b:24)

193. 바울과 구약

로마서 14장에서 바울은 그리스도께서 시편 69:9을 성취하신 것을 설명하면서 짧은 여담으로 구약 성경의 본질과 목적에 대해 말한다. 왜냐하면 "무엇이든지 전에 기록된 바는 우리의 교훈을 위하여 기록된 것이니 우리로 하여금 인내로 또는 성경의 위로로 소망을 가지게 하기"(롬 15:4) 때문이다. 이 사려 깊은 진술로부터 성경에 대한 다섯 가지 타당한 진리를 끌어낼 수 있으며, 이것들을 잘 기억하는 것이 좋을 것이다.

첫째, **현대적 의미**. 성경의 각 책은 일차적으로 **기록 당시의 독자**를 위해 쓰였다. 하지만 사도 바울은 그것들이 또한 **우리의 교훈을 위하여 기록된** 것이라고 생각한다.

둘째, **포괄적 가치**. 한 시편에서 반 구절만 인용하고 나서, 바울은 전에 쓰인 **모든 것**이 우리를 위한 것이라고 단언한다. 물론 무엇이든 다 동일한 가치를 지니지는 않으며, 예수님은 "율법의 더 중한 바"(마 23:23)에 대해 말씀하셨다.

셋째, **기독론적 초점**. 바울이 시편 69편을 그리스도께 적용한 것은, 부활하신 주님이 제자들에게 "모든 성경에 쓴 바 자기에 관한 것"(눅 24:27)을 설명하신 방식에 대한 훌륭한 예다.

넷째, **실제적 목적**. 그것은 우리를 "그리스도 예수 안에 있는 믿음으로 말미암아 구원에 이르는 지혜가 있게"(딤후 3:15) 한다. 뿐만 아니라 우리가 **위로**받고 **인내**할 수 있도록 하며, 또 시간을 지나 영원을 바라보고 현재의 고난을 지나 미래의 영광을 바라보면서 **우리로 하여금 소망을 가지게** 한다.

다섯째, **신적 메시지**. 로마서 15:4에서 성경의 것으로 돌리고 있는 '인내와 위로'를 5절에서는 하나님의 것으로 돌린다는 놀라운 사실은, 성경의 살아 있는 음성을 통해 우리를 위로하시는 분이 하나님이심을 의미한다. 하나님은 이미 말씀하신 것을 통해 계속해서 말씀하시기 때문이다. (1994:370)

194. 원본은 없다

성경의 실제 원본은 하나도 남아 있지 않다. 아마도 우리가 종이 조각에 미신적인 경외감을 갖는 것을 방지하려는 하나님의 의도적 섭리 때문일 것이다. 그럼에도 불구하고 우리는 서기관들이 신성한 히브리 원문을 필사할 때 꼼꼼한 주의를 기울였고, 신약 문서의 경우도 마찬가지였음을 알고 있다. 더 나아가 성경은 다른 어떤 고대 문헌보다 훨씬 많은 초기 사본들이 존재한다. 이 사본들을 서로 비교하고 초기의 '판본들'(즉 번역본들)과 교부들의 저술에 나오는 성경 인용문들을 비교해 봄으로써, 학자들('원문 비평가'라고 불리는)은 인증된 본문(특별히 신약의)을 의심의 여지 없이 확립할 수 있었다. 여전히 남아 있는 불확실한 점들은 거의 모두 사소한 것들이며, 조금이라도 중요한 교리는 그것들에 좌우되지 않는다. [1984d:143]

195. 성경의 영감

영감이라는 말은, 전통적으로 성경을 구성하면서 하나님이 행하신 활동을 묘사하는 데 사용되는 말이다. 사실상 성경의 신적 영감은 성경의 신적 권위의 기초가 된다. 성경은 영감되었기 때문에(오직 그 이유 때문에) 권위가 있다. 하지만 이 진술에는 즉시 제한이 따라야 한다. '성경은 하나님의 말씀이다'라고 말하는 것은 진리이지만, 그것은 위험한 반쪽 진리일 뿐이다. 성경은 또한 인간의 말과 증언이기 때문이다.

사실상 성경 자체가 그 기원을 그렇게 설명하고 있다. 예를 들어, 누가는 두 절에 걸쳐서 율법을 "모세의 법"이자 "주의 율법"이라고 부른다(눅 2:22-23). 마찬가지로, 히브리서의 제일 첫 부분에는 "선지자들을 통하여…말씀하신 하나님"이라고 진술되어 있으며, 베드로후서 1:21에는 "사람들이 하나님께 받아"라고 나와 있다. 두 진술은 모두 사실이며 서로 모순되지 않는다. (1981g:5)

196. 하나님의 권위

'권위'란 성경이 그것 자체의 본질, 곧 신적 영감에 의해 주어진 신적 계시라는 점으로 인해 지니는 능력 혹은 무게다. 그것이 하나님으로부터 온 말씀이라면 인간에게 권위를 가진다. 어떤 말 배후에는 그것을 말한 사람이 있기 때문이다. 사람들이 어떤 사람의 말을 어떻게 여길지 결정하는 것은 말하는 사람 자체(그의 성품, 지식, 지위)다. 그러므로 하나님의 말씀은 하나님의 권위를 가진다. 우리가 하나님의 말씀을 믿어야 하는 것은 하나님의 존재 때문이다. (1984d:139)

197. 능력의 말씀

인간의 말에는 구원의 능력이 없다. 마귀는 한낱 인간들이 명령한다고 해서 자기의 포로들을 잡은 손아귀를 놓지 않는다. 하나님 말씀 외의 어떤 말도 마귀에게 권위를 행사하지 못한다. (1961:100)

198. 하나님에 의해 영감된

나는 NIV 성경의 디모데후서 3:16 번역에 대해 매우 감사한다. "모든 성경은 하나님이 숨을 불어넣으신 것으로"(All Scripture is God-breathed), 의심할 여지 없이 정확한 번역이다. 하지만 흠정역의 "하나님의 영감에 의해 주어진"(given by inspiration of God)이라는 번역은 약간 어색하다. '하나님이 숨을 불어넣으신'이라는 의미의 헬라어 한 단어를 번역하는 데 다섯 단어나 사용했기 때문이다. 그리고 NEB는 번역을 잘못했다고 생각한다. 그것은 "모든 영감된 성경은 쓰임새가 있다"(every inspired Scripture has its use)고 말하는데, 사실상 모든 영감된 성경은 유용하지만, 영감되지 않은 쓸모없는 성경도 있다고 말하는 셈이기 때문이다. 그것은 용어상의 모순일 뿐만 아니라(성경이라는 말은 영감된 저술들이라는 뜻이므로) 헬라어 본문에 나오는 '또한'이라는 중요한 작은 단어를 빠뜨렸다. 바울은 '모든 영감된 성경은 유용하다'는 한 가지 사실만을 말하고 있는 것이 아니다. 그는 모든 성경은 영감된 것 혹은 하나님이 숨을 불어넣으신 것이며, 하나님에 의해 영감되었기 때문에 우리에게 유용하다는 두 가지 사실을 모두 말하고 있다. (1989c:3)

199. 누구의 입에서 나온 것인가?

'하나님이 숨을 불어넣으신'이라는 말이 성경에 대한 유일한 설명은 아니다. 성경을 만들어 내는 데 관여한 것은 하나님의 입만이 아니기 때문이다. "여호와의 입의 말씀"(사 1:20)이라고 설명되는 성경은 또한 하나님이 "거룩한 선지자들의 입을 통하여" 하신 말씀이기도 하다(행 3:18, 21). 그렇다면 성경은 누구의 입에서 나온 것인가? 하나님의 입인가, 인간의 입인가? 유일한 성경적 대답은 '모두'다. 실로 하나님은 그분의 말씀이 동시에 그들의 말이 되고, 그들의 말이 동시에 그분의 말씀이 되도록 인간 저자들을 통해 말씀하셨다. 이것이 성경의 이중 저작권이다. 성경은 하나님의 말씀이면서 동시에 인간의 말이다. 더 나은 표현으로, 성경은 인간의 말을 통한 하나님의 말씀이다. (1992b:168)

200. 축자 영감

'축자 영감'이란 성령님이 인간 저자들을 통해 말씀하셨고 지금도 말씀하시는 내용들(사용된 단어들의 명백하고도 자연스러운 의미에 따라 이해되는)이 참되며 오류가 없다는 의미다. 기독교의 이러한 믿음에 대해 당황할 필요도, 부끄러움이나 두려움을 느낄 필요도 전혀 없다. 오히려 이 믿음은 아주 합리적이다. 왜냐하면 단어들은 문장을 구성하는 단위, 말의 기초 요소이기 때문이다. 정확한 단어로 구성된 정확한 문장을 구성하지 않고서 정확한 메시지를 나타내는 것은 불가능하다.…

이것이 사도들의 주장이다. 곧 하나님의 깊은 것들을 탐색하고 그 내용을 사도들에게 계시하신 하나님의 성령이, 계속해서 사도들을 통해, 그들에게 제공하신 단어들을 가지고 소통하신다. 성령님은 그들의 말을 통해 그분의 말씀을 하심으로써 그들의 말이 하나님의 말이자 인간의 말이 되도록 하셨다. 이것이 바로 성경의 이중 저작권이며 '영감'의 의미다. 성경의 영감은 기계적 과정이 아니라 대단히 인격적인 과정이다. 그것은 인격이신 성령님이 인격인 예언자와 사도들을 통해 자신의 말이 그들의 말이 되도록, 동시에 그들의 말이 그분의 말씀이 되도록 하시는 과정을 포함하기 때문이다. (1982b:44)

201. 이중 저작권

성경의 이중 저작권은 주의 깊게 보호되어야 하는 중요한 진리다. 한편으로 **하나님**은 진리를 계시하고 인간 저자들을 오류에서 지키시는 가운데서도 저자들의 개성을 침범하지 않으셨다. 다른 한편으로 **인간들**은 자신의 재능을 자유롭게 사용하면서도 신적 메시지를 왜곡하지 않았다.

그들의 말은 참으로 그들 자신의 말이었다. 하지만 그 말들은 또한 하나님의 말씀이었다(그리고 지금도 그러하다). 따라서 성경이 말하는 것은 하나님이 말씀하시는 것이다. (1984d:141)

202. 영감과 성육신

고대와 현대의 많은 저자들은 한 책의 이중 저작권과 한 분 그리스도의 두 가지 본성 간에 유사점이 있음을 간파해 왔다. 유추에서 나온 모든 논증은 위험하고 기록된 말씀의 영감과 살아 계신 말씀의 성육신을 대비시키는 것은 정확하지 않다. 예를 들어, 성경은 우리가 예수님이 가지고 계셨으며 지금도 갖고 계시다고 믿는 내재적 신성을 가지고 있지 않다. 그럼에도 불구하고 신적인 것과 인간적인 것이 혼합되었다는 면에서는 분명 어느 정도 유사점이 있다. 내 생각에 다음 두 가지 특별한 사항은 언급할 만하다. 첫째, 정통 신앙은 이 두 가지를 서로 혼동하거나 어느 하나를 손상시키지 않고 모두 긍정한다는 것이다. 우리는 예수님의 진정한 인성을 부인하면서 그분의 신성에 대해 말하거나, 예수님의 진정한 인성이 죄나 오류 때문에 불완전하다고 암시하는 식으로 그분의 인성에 대해 말해서는 안 된다. 마찬가지로, 성경의 인간 저작권을 부인하면서 성경의 신성에 대해 말하거나, 인간 저자들의 오류에 의해 손상되었다고 암시하는 식으로 말해서도 안 된다.

이 유추에 대해 내가 말하고자 하는 두 번째 사항은, 두 경우 모두에서 좀 더 보수적인 그리스도인들은 인간적인 것을 희생시켜서 신적인 것을 지나치게 강조하는 경향이 있었다는 것이다. 말씀이신 예수님의 성육신을 언급하면서, 우리는 때로 예수님의 신성에 대해서만 말하고 그분이 혈육 또한 지닌 사람이었다는 것을 잊어버린다. 이것이 가현설 이단이다. 성경의 영감에 대해 말할 때도 마찬가지다. 우리는 때로 성경의 신적 기원에 대해서만 말하며, 그것이 인간 저자들에 의해 쓰였다는 사실은 잊어버린다. 이것이 근본주의 이단이다. 예수님이 인자라는 사실을 덧붙이지 않고 '예수님은 하나님의 아들이시다'라고 말하면 오해를 불러일으키는 것과 마찬가지로, 성경이 인간들의 말임을 덧붙이지 않고 '성경은 하나님의 말씀이다'라고 말하면 오해를 불러일으킬 수 있다. 이 두 종류의 오류가 이해할 만한 것은, 보통 그리스도와 성경이 공격을 받는 부분은 인간적 요소가 아니라 신적 요소이기 때문이다. (1981g:13)

203. 성경을 어떻게 읽을 것인가

성경의 이중 저작권은 우리의 성경 읽기 방식에 영향을 끼칠 것이다. 성경이 인간의 말로 쓰였기 때문에 우리는 다른 **모든** 책들을 연구하듯이 연구할 수 있다. 즉 지성을 사용해서 거기 나오는 단어와 구문, 역사적 기원과 문학적 구성을 조사하면서 연구하는 것이다. 하지만 그것은 또한 하나님의 말씀이기 때문에 우리는 성경을 다른 어떤 책과도 **다르게** 연구해야 한다. 즉 무릎을 꿇고 겸손하게, 하나님의 조명과 성령(그분 없이는 결코 하나님의 말씀을 깨달을 수 없다)의 사역을 구하면서 연구하는 것이다. (1982b:18)

204. 사도적 권위

4세기의 교회가 신약 정경에 어떤 책을 포함하고 어떤 책을 제외할 것

존 스토트의 기독교 강요
Authentic Christianity

인지를 결정할 때, 그들이 적용한 검증 수단은 그 책이 사도들이 쓴 것인지 여부였다. 그것은 사도가 쓴 것인가? 그렇지 않다면 사도 집단에서 나온 것으로 사도들의 권위 있는 보증을 갖고 있는가? 두 번째 조건을 덧붙이는 것은 중요하다. 신약의 모든 책이 사도들이 쓴 것은 아니기 때문이다. 하지만 사도가 쓰지 않은 문헌이라 해도 일종의 사도적 승인이 있으면 '사도적'이라고 인정해야 한다는 점이 받아들여진 것 같다. 예를 들어 누가는 바울의 일상적인 동반자요 동료였으며, 마가는 초대교부 파피아스와 이레나이우스에 의해 그리스도에 대한 베드로의 기억과 설교 내용을 충실하게 기록한 '베드로의 해석자'로 묘사되었다. 이처럼 교회는 정경들에 권위를 부여한 것이 아니라, 정경들이 이미 가지고 있는 권위를 인정했을 뿐이다. (1984d:152)

205. 성경의 최종성

구약 정경은 그리스도를 예언적으로 증언하며, 그리스도가 오셨기 때문에 종결되었다. 마찬가지로 신약 정경은 그리스도를 역사적으로 증언하며, 그리스도가 오셨기 때문에 종결되었다. 성경의 최종성은 이처럼 예수 그리스도의 최종성에 기인하며, 사실상 그분의 최종성의 한 측면이다. (1967b:59)

206. 자유의 비유

한 가지 짤막한 비유를 전개해 보자. 이것은 하늘을 나는 것을 자유의 표상으로 사용하여 근본주의자, 자유주의자, 복음주의자 사이의 본질적 차이점을 규정하는 (풍자가 아닌) 비유다.

내가 보기에 근본주의자들은 새장에 든 새와 같다. 그들은 날 수 있는 능력을 지니고 있지만 그 능력을 사용할 자유가 없다. 근본주의자들의 마음은 성경에 대한 지나치게 축자적인 해석과, 그로 인해 갖게 된 엄격한 전통과 인습에 갇혀 있거나 제한되어 있기 때문이다. 그들은 마음대로 이러한 것들에 의문을 제기하거나, 성경을 현 시대에 적용하는 또 다른 신실한 방법들을 탐구할 수 없다. 자신의 새장에서 벗어날 수 없기 때문이다.

자유주의자들은 가스가 가득 찬 풍선(기분을 상하게 하려는 뜻은 아니다!)과 같다. 그것은 공중으로 날아올라 자유롭게 떠다니며, 바람과 압력에 대한 나름대로 내장된 비행 반응에 의해서만 움직일 뿐 땅으로부터는 전혀 속박을 받지 않는다. 자유주의자들의 마음에는 정박지가 전혀 없다. 단지 스스로에게만 책임을 질 뿐이다.

복음주의자들은 연과 같다. 연 역시 공중으로 매우 멀리까지 날아오르지만, 그러면서도 줄곧 땅에 매여 있다. 복음주의자들의 마음은 계시에 매달려 있기 때문이다. 그들에게는 때로 더 긴 줄이 필요할 때가 있다. 우리는 그다지 창조적인 사고를 하지 않는 것으로 알려져 있기 때문이다. 그럼에도 불구하고 나는 적어도 이상적으로는, 복음주의자들이 계시된 진리의 권위 아래서 참 자유를 찾으며, 급진적인 사고방식과 생활양식을 성경에 대한 보수적인 헌신과 결합시키고 있다고 생각한다.

(1988d:106)

207. 권위와 적실성

현대 세계는 권위를 혐오하고 적실성을 숭배한다. 그러므로 성경과 관련하여 이 두 단어를 함께 다루는 것은, 성경에는 사람들이 성경에 있을까 봐 두려워하며 없기를 바라는 한 가지 특성(권위)과, 성경에 없을까 봐 두려워하며 있기를 바라는 다른 특성(적실성)이 모두 있다고 주장하는 것이다.

우리 그리스도인의 확신은 성경에 권위와 적실성(이렇게 오래된 책이 그런 특성을 가지고 있다는 것은 정말 기이한 일이다)이 모두 있다는 것이다. 그리고 이 둘의 비밀은 모두 예수 그리스도께 있다. 우리는 그리스도와 성경을 결코 따로 떼어 생각해서는 안 된다. 예수님은 "이 성경이 곧 내게 대하여 증언하는 것이니라"(요 5:39)라고 말씀하셨으며, 그렇게 하심으로써 또한 성경에 대해 증언하셨다. 살아 계신 말씀과 기록된 말씀 간의 이 같은 상호 증언은 그리스도인들이 성경을 이해하는 단서다. 성경에 대한 그리스도의 증언은 우리에게 성경의 권위를 확신시켜 주며, 그리스도에 대한 성경의 증언은 성경의 적실성을 확신시켜 주기 때문이다. 권위와 적실성은 그리스도의 것이다. [1981g:3]

208. 성경에 대한 순종

우리 복음주의자들에게, 성경에 대한 순종은 그리스도에 대한 순종의 표시이며 그리스도에 대한 충성의 검증 기준이다. 우리는 성육신하신 주님, 당시의 사람들을 권위로 놀라게 했던 그 주님이 구약 성경을 하나님의 기록된 말씀으로 간주하여 그 권위에 종속되셨다는 것이 매우 인상적이라고 생각한다. [1988d:85]

209. 순종과 이해

순종은 이해의 전제 조건이다. 우리는 때로 건방지게 성경을 판단하는
것을 회개해야 하며, 성경의 판단 아래 겸손히 앉아 배울 수 있어야 한
다. 만일 우리가 마음을 결정한 상태로 성경을 읽으면서 거기서 자기 생
각과 동일한 것만을 확인하기 원하고 하나님의 천둥 같은 음성은 전혀
들으려 하지 않는다면, 하나님은 우리에게 말씀하시지 않을 것이며 우
리의 편견만 강화될 것이다. 우리는 하나님의 말씀이 우리를 도전하고,
우리 안정을 교란시키며, 자기만족을 무너뜨리고, 사고와 행동 양식을
바꾸도록 해야 한다. [1981g:33]

210. 해설의 의미

'해설'(exposition)이란 성경에 담겨 있는 것을 끄집어내는 것이다. 그것
의 반대는 '부과'(imposition)다. 이는 성경에 없지만 어떡해서든 발견해
내고 싶은 것을 성경에 있는 것으로 여기는 태도다. [1978e:168]

211. 성경의 인간 저자

성경의 역사가들은 과학적 공정함을 가지고 글을 쓰는 현대적 의미의

역사가들이 아니었다. 그들은 신적 관점에서 글을 쓰는 신학자들이었다. 그들은 도덕적이고 영적으로 중립적이기보다 하나님의 뜻에 깊이 헌신하고 있었다. 구약 역사서들은 예언으로 간주되었으며, 예수님의 생애에 대한 네 가지 기술은 전기가 아니라 예수님을 증언하는 전도자들이 쓴 복음서들이다. 따라서 그들은 가지고 있는 자료들을 신학적 목적에 따라 선정하고 배열했다. 또한 그들의 목적은 기질, 배경, 하나님이 주신 하나님 백성에 대한 책임으로부터 자연스럽게(물론 이 역시 하나님의 섭리 안에서 나오는 것이다) 생겨났다. 사람과 메시지는 서로 연관되어 있다. 아모스가 하나님의 정의의 예언자였으며, 이사야는 하나님의 주권의 예언자였고, 호세아가 하나님의 사랑의 예언자였던 것은 우연이 아니다. 또한 바울이 은혜의 사도였고, 야고보가 행위의 사도, 요한이 사랑의 사도, 베드로가 소망의 사도였던 것, 그리고 신약 기자 중 유일한 이방인이었던 누가가 복음이 전 세계로 퍼져 나가는 것을 강조했던 것은 우연이 아니다. 성령님은 각각을 통해 독특하고도 적절한 강조점을 전달하셨다. (1981g:10)

212. 계시와 문화

하나님의 목적 안에서 하나님의 계시가 주후 1세기에 그리스도 안에서, 그리고 그리스도에 대한 사도들의 증언에서 절정에 이르렀다는 점은 부인할 수 없다. 히브리적 요소와 그리스적 요소, 로마적 요소가 혼합된 고대 문화 안에서 그 절정에 이르렀다는 것도 부인할 수 없다. 또한 우리가 하나님의 계시를 파악하기 위해서는 당대 문화의 관점에서 생각해야 한다는 것도 의심의 여지가 없다. 하나님이 특정한 문화에서 자신을 나타내셨다는 사실은 하나님의 계시를 거부하는 태도를 정당화하지 못한다. 오히려 그것은 계시를 해석하는 올바른 원리를 제공하며, 우리 문화에 의미를 주는 용어로 그 계시를 재해석하는 엄숙한 의무를 부여한다. (1975c:42)

213. 문화적 진공은 없다

성경의 단 한 단어도 문화적 진공 상태에서 전달되지 않았다. 성경의 모든 부분은 문화적 조건 위에 놓여 있다. 이는 성경의 메시지가 왜곡될 정도로 국지적인 문화의 통제를 받았다는 말이 아니라, 그 문화가 하나님이 자신을 표현하는 매개물이 되었다는 말이다. 이것은 우리가 부인할 수도 없고 부인해서도 안 되는 사실이다. 하지만 우리는 그것으로부터 추론을 끌어내면서 신중을 기할 필요가 있다. 논쟁의 양면으로부터 극단적인 입장들이 나오는데, 어떤 사람은 성경적 가르침이 자신의 것과 다른 문화적 용어로 표현된 것을 발견할 때마다 그 문화의 이질성 때문에 그 가르침이 부적절하다고 단언한다. 또 그와 정반대 실수를 저지르는 사람은, 가르침의 요점과 문화적 외피에 똑같은 규범적 권위를 부여한다. 하지만 더 현명한 방법은, 하나님의 가르침이나 명령의 내적 본질은 보존하면서, 동시에 그것을 현대 문화의 옷으로 갈아입힐 자유가 있다고 주장하는 것이다.

예를 들어, 예수님은 서로의 발을 씻어 주라고 우리에게 명하셨다. 여기서 우리는 발을 씻어 주는 것이 현대 문화에 없는 관행이라는 이유로 이 교훈을 무시해서는 안 된다. 또한 문화적 요소를 무시하고 우둔하고 상상력 없는 문자주의에 빠져 이 사람 저 사람에게 발을 씻어 주겠으니

존 스토트의 기독교 강요
Authentic Christianity

구두와 양말을 벗으라고 요구해서도 안 된다. 올바른 반응은 명령의 내적 실체를 분별하는 것이다. 여기 담긴 뜻은 우리가 서로 사랑한다면 서로를 위해 더럽고 비천한 일을 하면서까지 섬겨야 한다는 것이다. 우리가 서로의 발을 씻어 주지는 않겠지만 서로의 구두를 기쁘게 닦아 줄 수는 있을 것이다. 이런 문화적 치환의 목적은 예수님이 주신 곤란한 명령들을 교묘히 피하려는 것이 아니라, 당대의 방식으로 순종하기 위해서다. (1981g:28)

214. 문화적 조옮김

음악의 한 부분을 조옮김하는 것은 원래 쓰인 것과 다른 조로 바꾸는 것이다. 성경의 본문을 조옮김한다는 것은 본문을 원래 주어진 문화와 다른 문화에 가져다 놓는 것이다. 음악적 조옮김을 해도 선율과 화음은 똑같이 남아 있다. 조만 바뀌었을 뿐이다. 성경적 조옮김에서도 계시의 진리는 똑같이 남아 있다. 문화적 표현만 다를 뿐이다. (1992b:196)

215. 우리의 문화적 편견

우리가 순수하고 객관적이며 편견이 없고 문화에 속박되지 않은 연구자로 성경 본문에 다가갈 수 있다는 환상을 포기하는 것은 매우 중요하다. 우리는 결코 그렇게 할 수 없다. 우리가 성경을 보는 안경에는 문화적 렌즈가 장착되어 있다. 아무리 마음을 비운다 해도 성경에 대해 생각하는 우리 마음은 완전히 비어 있을 수 없다. 오히려 반대로, 우리 마음은 문화적 편견들로 가득 차 있다. 그러므로 우리가 받은 문화적 유산을 완전히 제거할 수는 없다 해도, 문화적 편견을 갖고 있다는 사실만은 인

식해야 한다. (1982a:185)

216. 성경과 문화

성경과 문화를 좀 더 분명하게 구분할 필요가 있다. 성경은 영원하고 변하지 않는 하나님의 말씀이지만, 문화는 교회적 전통, 사회적 인습, 예술적 창의성의 혼합물이다. 문화가 어떤 '권위'를 가지고 있든 그것은 교회와 사회에서 유래된 것일 뿐이다. 문화는 비판 받거나 개혁될 필요가 없다고 주장할 수 없다. 오히려 문화는 시대와 장소가 변할 때마다 변화를 거듭한다. 더구나 하나님 말씀의 권위 아래 살기를 바란다고 말하는 우리 그리스도인들은, 우리 시대의 문화를 성경적 관점으로 계속해서 면밀히 검토해야 한다. 우리는 문화가 변화해 가는 것에 분개하거나 저항하기보다, 그것이 인간의 존엄을 좀 더 참되게 표현하고 우리를 창조하신 하나님을 더욱 기쁘시게 하도록 점진적으로 수정해 갈 것을 제안하며 그 일의 선두에 서야 한다. (1975a:30)

217. 세상의 눈으로 본 성경

교회는 길고 다채로운 역사를 이어 오면서 하나님 말씀에 귀를 기울이는 겸손하고도 민감한 태도를 계발한 적이 거의 없었다. 오히려 교회에 금지된 체제 순응을 종종 저질러 왔다. 교회는 주류 문화에 순응하고 모든 유행의 첨단에 편승하며 온갖 유행가를 흥얼거렸다. 그런 가운데 세상의 눈으로 성경을 보며 자신의 불성실을 합리화했다. 교회사는 비극적인 예들로 가득 차 있다. 도대체 어떻게 그리스도인의 양심이 이슬람으로부터 성지를 되찾으려는 저 가공할 만한 십자군(이슬람교도들이 결코 잊지 못하고, 지금도 그들에게 복음을 전하는 데 끈질긴 장애물이 되고 있는 지독한 실책)을 승인할 뿐 아니라 미화할 수 있었단 말인가? 이단과 싸우고 정통 신앙을 고취한다는 미명하에 어떻게 예수 그리스도의 이름으로 고문을 자행할 수 있단 말인가? 개신교회가 수 세기 동안 얼마나 자기 내부만을 바라보고 그리스도의 대위임령에 불순종했으면, 윌리엄 캐리(William Carey)가 인도 선교를 제안했을 때 '앉게나, 젊은이. 하나님이 이방인들을 개종시키기 원하신다면 자네의 도움 없이도 그렇게 하실 것이네'라며 가르치려는 태도로 일관할 수 있었을까? 도대체 어떻게 노예 제도와 노예 매매라는 잔인한 행위가 그리스도가 태어나신 지 천팔백 년이 지날 때까지 소위 기독교적이라는 서구에서 존속할 수 있었단 말인가? 도대체 어떻게 인종 차별과 환경오염이 제2차 세계대전 이후에 가서야 겨우 악덕으로 널리 인정될 수 있었는가? 이러한 것들이 바로 오랜 세월에 걸쳐 교회의 증언을 손상시켜 온 최악의 맹점이며 어떤 것도 성경을 통해 정당화될 수 없다. 이 모든 것은 성경을 잘못 해석하거나 성경의 권위에 기꺼이 복종하지 않으려는 마음 때문에 생겨난 것이다. (1981g:34)

218. 해석의 원리들

성경 해석의 원리들은 임의적인 것이 아니다. 그 원리들은 기록된 하나님의 말씀인 성경 자체의 특성으로부터 그리고 그 안에 계시된 하나님의 성품으로부터 유래된다.

우리는 하나님이 자신의 계시를 평범한 인간들에게 명백하고도 쉽게 이해될 수 있도록 전달하셨다고 믿기 때문에 **자연적인** 의미를 찾는다.

우리는 하나님이 자신의 말씀을 먼저 그것을 들은 사람들에게 말씀하셨으며, 또한 그 이후의 세대들은 그것을 역사적으로 이해하는 한에서만 그 말씀을 받아들일 수 있다고 믿기 때문에, **원래의** 의미를 찾는다. 우리의 이해가 그 말씀을 처음 들은 사람들의 이해보다 더 충분할 수는 있지만(예를 들어, 그리스도에 대한 예언들에 대한 이해), 본질상 다를 수는 없다.

우리는 하나님이 자기 일관성을 갖고 계시며, 하나님의 계시 역시 그렇다고 믿기 때문에 **일반적인** 의미를 찾는다.

그러므로 우리가 가진 세 가지 원리(단순성의 원리, 역사성의 원리, 조화의 원리)는, 일부분은 하나님의 성품으로부터 온 것이다. 그리고 다른 일부는, 하나님으로부터 인간에게로 명백하고 역사적이고 일관성 있게 전달되는 성경의 본질에서 온 것이다. (1984d:182)

219. 저자의 의도

사람들이 복음서들을 읽고 모순이라고 주장할 만한 것들과 관련해 복음주의자들이 강조하려는 몇몇 사항들은 다음과 같으며, 모두 저자의 의도나 저자가 하려고 계획하지 않은 것을 하지 않은 것에 대해 비난하는 것이 부당하다는 점과 관련된다. 따라서 복음서 내용의 의미를 왜곡하지 않으면서 그것을 요약하고 쉽게 풀어 설명하고 다른 문화적 관용구로 바꾸어 표현하는 것은 가능한 일이다. 또한 오류를 피하면서 사건들의 순서를 바꾸고 의도적으로 연대기를 신학에 종속시키는 것, 실수에 대한 비난을 피하면서(부정확과 오류는 동의어가 아니다) 컴퓨터 이전 시대의 문학적 관습에 따라 대략적인 숫자를 제시하고 자유롭게 본문을 인용하는 것, 그리고 잘못 인용하는 죄를 경계하면서 특정 예언의 상세한 성취보다는 하나의 원리, 유사성, 양식에 주의를 유도하면서 구약을 인용하는 것 등은 모두 가능한 일이다. (1988d:99)

220. 확실한 해석자

성경 해석의 모든 원리 중에서 가장 확실한 원리는 성경이 성경을 설명하도록 하는 것이다. (1979e:65)

221. 사복음서

복음서들은 전기가 아니다. 그것은 증언이다. (1971b:43)

222. 문제들인가 오류들인가?

수십 년 전만 해도 '성경의 오류들'이라고 확신 있게 단언되던 많은 해묵은 문제들이 이후에 오류가 아님이 입증되었는데, 이것은 끈기 있는 연구와 더 많은 사실들의 발견으로 이루어진 일이다. 한 가지 예를 들면, 사도행전 17장 6절과 8절에서 누가는 데살로니가의 시 통치자 혹은 행정관을 '읍장'(politarch)이라고 부르는데, 이 단어는 신약 다른 곳이나 어떤 헬라어 문헌에서도 발견되지 않는 단어였다. 그래서 초기의 비판적인 학자들은 누가가 무지하거나 부주의했다고 비난했다. 하지만 그 이후로 주후 2-3세기 것으로 추정되는 수많은 비문들(그중 몇 개는 데살로니가에서 발견되었다)은 누가가 사용한 칭호가 옳음을 입증해 주었다. 이제는 마케도니아 도시들의 시 의회가 일단의 읍장들로 구성되었으며, 데살로니가에는 대여섯 명의 읍장이 있었다는 것이 알려져 있다. 내가 보기에 이것은 '입증된 오류들'이라고 말하기보다는 '해결되지 않은 문제들'이라고 말하는 것이 더 지혜로운 태도임을 보여 주는 듯하다.
(1988d:102)

223. 유추와 비유

성경에는 비유적 언어가 매우 많이 나오며, 모든 비유를 대할 때 어떤
점에서 유추를 끌어냈는지를 묻는 것이 매우 중요하다. 우리는 유추를
통해 논쟁하는 태도, 즉 성경에서 설정한 한도 이상으로 상세하게 유사
성을 만들어 내는 것을 피해야 한다. 하나님은 우리 아버지시며 우리는
하나님의 자녀다. 아버지이신 하나님은 우리를 낳으셨고, 우리를 사랑
하시며 우리를 돌보신다. 하나님의 자녀들로서 우리는 하나님께 의존하
고 있으며, 하나님을 사랑하고 그분께 순종해야만 한다. 하지만 어머니
없이는 아버지가 있을 수 없다는 점을 근거로 하나님이 하늘에 계신 우
리 아버지이시므로 또한 하늘에 계신 어머니가 있어야 한다는 식으로
주장할 수는 없다. 또한 우리가 '자녀'라고 불린다고 해서 어른답게 생
각하고 행동해야 할 책임을 피할 수 있다고 주장해서는 안 된다. 우리에
게 어린아이의 겸손함을 칭찬하고 있는 성경이 또한 어린아이의 미성
숙함을 책망하고 있기 때문이다. (1984d:169)

224. 구약의 그리스도

구약은 소망의 책, 성취되지 않은 기대를 담고 있는 책이다. 구약은 처
음부터 끝까지 그리스도를 고대한다. 아브라함과 모세와 예언자들을 통
해 주어진 구약의 많은 약속들은 그리스도 안에서 성취되었다. 확고한
요구 사항들을 지니고 있는 구약의 율법은 그리스도가 마침내 인간을

자유롭게 하시기 전까지는 인간을 계속해서 속박하고 제한하며 "그리스도께로 인도하는 초등교사"였다(갈 3:23-4:7). 피 흘림 없이는 죄사함이 없다는 것을 가르쳤던 구약의 희생 제도는, 하나님의 어린 양이신 그리스도의 유일무이한 피 뿌림을 예시하는 것이다. 구약에 나오는 왕들은, 그들의 불완전함에도 불구하고 의와 평화로 다스리는 메시아의 완전한 통치를 예시해 주었다. 그리고 구약의 예언들은 모두 그리스도께 초점을 맞추고 있다. 그래서 예수 그리스도는 뱀의 머리를 상하게 할 여자의 씨, 그를 통해 땅의 모든 족속이 복을 받을 아브라함의 후손, 야곱에게서 나올 별, 이스라엘에서 일어날 왕의 홀이다. 예수 그리스도는 또한 멜기세덱의 반차를 따르는 제사장, 다윗의 계보에서 나오는 왕, 백성들의 죄를 위해 고난당하고 죽으실 여호와 하나님의 종, 열방을 유업으로 받을 하나님의 아들, 그리고 하늘의 구름을 타고 오시며 통치권과 영광과 나라를 받아 모든 백성과 민족과 언어가 영원토록 그분을 섬길 인자다. 직접적으로든 간접으로든 예수 그리스도는 구약의 대주제다. 따라서 그리스도는 자신의 제자들에게 "모든 성경에 쓴 바 자기에 관한 것"을 해설하실 수 있었다(눅 24:27). [1970b:98]

225. 에덴 동산

오늘날에는 대부분 성경에 나오는 아담과 하와의 이야기를 (신학적이며 역사적인 진리를 담고 있는) '의미심장한 사건'으로 보기보다는 (신학적이기는 하지만 역사적이지는 않은 진리를 담고 있는) '신화'로 간주한다. 많은 사람들은, 진화론이 창세기 기사는 역사적으로 아무런 기초도 없기 때문에 그릇된 것이라는 사실을 증명해 주며 따라서 그것을 폐기한다고 생각한다. '아담'이라는 말은 '사람'에 해당하는 히브리어이므로, 그들은 창세기 저자가 의도적으로 인간의 기원과 악과 죽음에 대한 신화적 이야기를 하고 있다고 생각한다.

우리는 분명 성경의 첫 세 장에 상징적인 요소들이 있을 수 있다는 점을 받아들여야 한다. 그 기사 자체는 창조의 여섯 날에 대한 어떤 교조적 해석도 정당화해 주지 않는다. 그 형태와 문체는 그것이 과학적 묘사가 아니라 문학 작품으로 읽혀야 함을 시사하기 때문이다. 뱀과 동산 나무의 정체에 대해서는, 그것들이 '큰 용'과 '생명나무'로 요한계시록에서 다시 나타나며 거기서 명백히 상징적인 의미로 사용되고 있으므로, 창세기에서도 상징적으로 이해해야 하는 것 같다.

하지만 아담과 하와의 경우는 다르다. 성경은 분명히 최초의 인간으로서 그들의 역사성을 받아들이게 한다. 성경 족보에서 인류는 아담으로 거슬러 올라가기 때문이다. 예수님도 "사람을 지으신 이가 본래 그들을 남자와 여자로 지으시고" 결혼을 제정하셨다고 가르치셨다(마 19:4 이하; 창 1:27 인용). 바울은 아테네의 철학자들에게 하나님이 모든 족속을 '한 사람으로부터'[3] 만드셨다고 말했다(행 17:26). 특히 바울이 아담과 그리스도에 대해 주의 깊게 끌어낸 유추의 타당성 여부는 둘이 역사성을 지니고 있느냐에 달려 있다. 그는 그리스도의 순종이 모든 사람을 의롭게 한 것처럼, 아담의 불순종이 모든 사람을 정죄하는 결과를 낳았다고 단언했다(롬 5:18).

더구나 현대 과학에서 이와 모순되는 것은 아무것도 없으며 오히려

3　개역개정은 "한 혈통으로"라고 번역한다 — 옮긴이 주

부합하는 증거들로 가득 차 있다. 모든 인간은 똑같은 해부학적 구조, 생리적 기능, 화학적 성질, 유전자를 지니고 있다. 우리는 서로 다른 '인종'(백인종, 흑인종, 황인종, 오스트레일리아 인종)에 속해 있고 각 인종은 각자의 물리적 환경에 순응했다. 그럼에도 불구하고 우리는 단 하나의 종을 구성하며, 서로 다른 인종끼리도 결혼하고 종족을 번식시킬 수 있다. 인간 종의 이러한 동질성은 우리가 공동의 조상으로부터 나왔다고 가정할 때 가장 잘 설명할 수 있다. 런던 자연사 박물관의 크리스토퍼 스트링거(Christopher Stringer) 박사는 이렇게 쓰고 있다. "유전학적 증거로 보아 모든 살아 있는 인간은 밀접하게 서로 연관되어 있으며, 최근의 공동조상에게서 나온 것이다." 그는 계속해서, 이 공동 조상이 "아마도 아프리카에 살았으며"(입증되지는 않지만) 이러한 조상 집단으로부터 "세계의 모든 살아 있는 종족이 생겨났다"는 견해를 표명한다.[4] (1994:162)

226. 반계몽주의가 아니라 믿음으로

우리는 다른 기독교 교리들을 둘러싼 문제들에 직면하는 것처럼 성경과 관련된 문제들에 직면하는 법을 배워야 한다. 만일 어떤 사람이 성경의 문제들(예를 들어 신학과 과학의 불일치, 두 복음서 기사의 불일치 또는 도덕적 딜레마)을 가지고 우리에게 온다면 우리는 어떻게 해야 하는가? 우리는 (잘못된 진실성으로) 그 문제를 풀 수 있을 때까지 성경이 진리라는 믿음을 잠

---

4 Steve Jones, Robert Martin and David Pilbeam(eds.), *The Cambridge Encyclopedia of Human Evolution*(Cambridge University Press, 1992), p. 249에 실린 그의 글 'Evolution of Early Humans'에서.

시 유보해서는 안 된다. 또한 (무한정 그것이 주는 도전을 미루면서) 그 문제를 선반 위에 놓아두거나 (그것을 우리 자신에게서조차 영원히 감추어서) 양탄자 밑에 숨겨 놓아서도 안 된다. 그 대신 우리는 생각과 토론과 기도 가운데 그 문제와 열심히 씨름해야 하며 그렇게 할 때 몇 가지 어려움들이 전체적으로 혹은 부분적으로 해결될 것이다. 그런 다음에는 여전히 남아 있는 문제점들에도 불구하고 예수님이 몸소 가르치고 보여 주셨다는 점에 근거하여 성경에 대한 믿음을 계속 견지해야 한다.

만일 어떤 사람이 내게 '그런 문제점들에도 상관하지 않고 성경이 하나님의 말씀이라고 믿다니 당신은 반계몽주의자로군요'라고 말한다면, 나는 이렇게 답할 것이다. '좋아요. 그렇게 말하고 싶다면 그렇다고 볼 수 있지요. 하지만 그런 문제점들에도 상관하지 않고 하나님의 사랑을 믿다니 당신도 반계몽주의자로군요.' 실제로 예수 그리스도의 주권을 인정하기 때문에 문제점들에도 불구하고 어떤 기독교 교리를 믿는 것은 (빛보다 어두움을 더 좋아하는) 반계몽주의가 아니라, (자신이 세상의 빛이라고 말씀하신 그분을 신뢰하는) 믿음이다. 아니 그것은 믿음 이상의 것이다. 그것은 예수님을 주님으로 고백하는 건전하고 지적인 진실성이다.
[1991c:179]

성경, 이성, 전통

227. 성경에 대한 이해

우리는 성령의 조명을 받고, 이성을 사용하며, 교회 내 다른 사람들의 가르침을 들음으로써 성경을 더 잘 이해하게 된다. 내 말이 잘못 이해되지 않기를 진정으로 바란다. 나는 성경과 이성과 전통이 하나님의 진리를 알 수 있도록 해 주는 똑같이 중요한 권위라고 말하는 것이 결단코 아니다. 성경만이 기록된 하나님의 말씀이며, 성령님은 성경의 궁극적인 해석자이시다. 개개인의 이성과 교회 전통의 위치는 성경을 설명하고 적용하는 데 있고, 모두 자신의 말씀을 통해 우리에게 말씀하는 하나님께 종속되어 있다. [1984d:164]

228. 이성과 계시

계시를 이성으로 대치하려는 옛 이신론자의 시도는 처음부터 그릇된 것이었다. 이성은 계시를 이해하고 적용하는 데 중요한 역할을 한다. 하지만 절대로 이성이 계시를 대체할 수 없다. 계시가 없다면 이성은 어둠 속에서 암중모색하며 깊은 곳에서 버둥거릴 뿐이다. [1988d:83]

229. 자연과 성경

자연과 성경은 둘 다 신적 계시다(전통적 용어를 사용하자면 '일반 계시와 특별 계시' 혹은 '자연 계시와 초자연 계시'). 하나님은 자신이 만드신 세상, 그리고 그리스도와 그분에 대한 증언을 통해 자신을 계시하셨기 때문이다. 과학은 자연에 대한 오류 가능성 있는 인간의 해석이며, 신학(또는 '전통' 곧 신학적 성찰)은 성경에 대한 오류 가능성 있는 인간의 해석이다. 우리는 자연과 성경이 정말로 하나님께로부터 온 것이라면 그것들이 서로 모순될 수 없는 특정한 **자료**(비록 대체로 서로 다른 영역과 관련되어 있지만)를 갖고 있다고 믿는다(고 나는 생각한다). 모순은 자연과 성경 사이에 있는 것이 아니라, 과학과 신학 사이 즉 하나님의 이중적 계시에 대한 인간의 서로 다른 해석들에 있는 것이다. 그러므로 과거로부터 교훈을 얻고자 한다면, 보수주의자들처럼 자연의 증거를 부인하거나 자유주의자들처럼 성경의 증거를 부인할 것이 아니라, 우리 모두가 자연과 성경에 대한 해석을 재검토해야 한다. (1988d:335)

230. 성경과 전통

개신교인들은 전통의 중요성을 부인하지 않는다. 그리고 우리 중 어떤 사람들은 전통을 좀 더 존중할 필요가 있다. 성령님은 우리 때부터 그분의 교훈을 주신 것이 아니라 과거 세대의 그리스도인들에게도 가르치셨기 때문이다. 그럼에도 불구하고 성경과 전통이 충돌을 일으킬 때 우리는 반드시 성경이 전통을 개혁하도록 해야 한다. 예수님이 "장로들의 전통"에 대해 주장하신 것처럼 말이다(참고. 막 7:1-13). 로마 교회가 비성경적인 전통들(예를 들어, 성모 마리아의 무원죄 잉태설과 육체적 승천에 대한 교리들)을 포기할 용기가 있다면 하나님의 말씀 아래 서로 의견이 합치되는 방향으로 즉각 나아갈 수 있을 것이다. (1982b:49)

231. 성공회의 가르침

성공회 내에는 성경과 전통과 이성이 교회를 억제하고 지도하는 '삼중의 끈'이라고 말하거나 이 셋이 똑같은 권위를 지니는 것으로 간주하는 사람들도 없지 않다. 그러나 공식 입장은 전통과 이성이 중요함을 인정하면서도 계속해서 성경의 일차적인 최고 권위를 단언한다. 그래서 1958년 람베스 회의(Lambeth Conference)에서 발행된 보고서는 다음과 같은 고무적인 진술을 담고 있다. "교회는 성경 '위에' 있는 것이 아니라 성경 '아래' 있다. 정경을 승인하는 과정을 보라. 교회는 그 책들에 권위를 부여한 것이 아니라 그 책들이 권위를 지니고 있음을 인정했을 뿐이다. 왜냐하면 그 책들은 주님의 삶과 가르침과 죽으심과 부활에 대한 사도들의 증언과 그에 대한 그들의 해석을 담고 있는 것으로 인정되었기 때문이다. 교회는 그러한 사도적 권위 앞에 엎드려야 한다."[5] (1970b:83)

232. '두 출처' 이론

우리는 교회 전통에서 메시지를 찾을 수 없다. 우리는 하나님의 계시에 대한 '두 출처' 이론, 즉 성경과 거룩한 전통이 독자적이고 동등하며 권위 있는 교리의 출처라는 이론을 받아들일 수 없기 때문이다. 그보다 우리는 전통이 무오한 계시에 대한 유오한 해석으로서 성경 곁에 놓인 것

---

5 *The Lambeth Conference 1958* (SPCK, 1958), part 2, p. 5.

을 보게 된다. 예수님이 장로들의 유전을 **"사람**의 전통"이라고 부르고 그것을 **하나님**의 말씀인 성경의 판단에 종속시키셨던 것처럼(막 7:1-13), 우리는 전통에 대한 성경의 우위성을 단언하지 않을 수 없다. (1981b)

233. '모든 성도와 함께…'

하나님과 그의 백성 사이에 교회 혹은 권위를 가지고 가르치는 조직을 끼워 넣으려는 시도들을 부인하느라, 하나님의 계획 안에서 교회가 하나님 백성에게 말씀에 대한 올바른 이해를 전달하는 위치에 있다는 사실을 부인해서는 안 된다. 각 그리스도인이 겸손하게 기도하는 마음으로 부지런히 순종하는 태도로 성경을 연구하는 것만이 성령님의 계시를 분명하게 깨닫는 길은 아니다. 성령님이 다른 사람들에게 보여 주신 것을 무시하는 것을 겸손이라고 보기는 매우 어렵다. 우리의 교사이신 성령님은 우리 마음에 직접 가르치실 뿐 아니라, 또한 다른 사람들을 통해 간접적으로도 가르치신다. 성령님은 성경에 간직되어 있는 진리들을 단 한 사람이 아니라 수많은 예언자와 사도에게 계시하신다. 성령의 조명 역시 많은 사람에게 주어진다. 우리가 "능히…지식에 넘치는 그리스도의 사랑을 알고 그 너비와 길이와 높이와 깊이가 어떠함을 깨닫는" 것은 개인으로서가 아니라 "모든 성도와 함께" 이루어지는 일이다(엡 3:18-19). (1984d:162)

234. 유오한 해석자들

하나님의 말씀은 무오하다. 하나님이 말씀하신 것은 참되기 때문이다. 하지만 어떤 그리스도인이나 집단이나 교회도 일찍이 하나님 말씀의 무오한 해석자가 된 적은 없었으며, 앞으로도 없을 것이다. 인간 해석자들은 전통의 영역에 속해 있으며, 언제나 전통을 거슬러 그 전통이 해석한다고 주장하는 성경 자체에 호소할 수 있다. (1984d:156)

235. 거짓 가르침에 저항함

사도들의 전통은 그리스도인들의 믿음과 삶의 토대이며, 그 뒤에 생겨난 교회의 전통은 교회의 상부구조로서 이 위에 교회가 세워진 것이다. 우리가 굳게 잡아야 하는 일차적 전통은 사도들이 그리스도(역사적 그리스도이든 그리스도의 살아 있는 영이든)로부터 받은 것으로, 그들이 말로 또는 편지로 초대 교회에 가르쳤던 것이며 이제는 신약에 보존되어 있다. "굳건하게 서서…전통을 지키라"는 말은 우리의 경우 성경적인 혹은 복음적인 그리스도인이 되라는, 또한 타협하지 않고 그리스도와 사도들의 가르침에 충성하라는 의미다. 거짓 가르침에 저항하는 유일한 방법은 참된 가르침을 고수하는 것이다. (1991c:178)

236. 전통의 위치

우리가 성경과 전통을 구별하는 일에서 그리스도를 따르고자 할 때, 이 문제를 너무 과장하지 않도록 주의해야 한다. 예수님은 제자들이 어떤 전통도 신봉하거나 따르지 말도록 금하면서 모든 전통을 즉시 거부해 버리지 않으셨다. 예수님은 전통을 제자리 곧 보조적인 자리에 놓으셨고, 만일 그 전통이 성경과 반대되지 않는다면 선택적으로 취할 수 있게 하셨다. (1970b:71)

237. 성경의 우월성

성경의 우월성은, 인간의 모든 전통과 인습에 대해 그것들이 아무리 오래되고 신성한 것이라 해도 철저히 의심을 품는 일을 수반한다.

(1988d:88)

238. 지적 탐구

하나님이 그리스도와 성경 안에서 자신을 계시하셨다고 해서 우리가 지적 탐구를 하지 않아도 되는 것은 아니다. 하나님이 자연 속에서 자신을 계시하셨다고 해서 과학자들의 과학적 연구가 금지되지 않는 것과 마찬가지로, 하나님이 성경 안에서 자신을 계시하셨다고 해서 신학자들의 신학적 연구가 금지되지는 않는다. 물론 두 경우 모두 다루는 자료(지나치게 단순화하자면 한편으로는 자연, 다른 한편으로는 성경)에 제한이 있다. 하지만 창조주는 자료 자체가 부과한 제한 내에서 우리가 자유롭고 창의적으로 지성을 사용하도록 권장하신다.

그러므로 만일 성육신하신 하나님이라는 신화가 성육신의 신비를 의미하는 것이라면 우리는 그 개념을 가지고 논쟁할 필요가 없다. 교회는 언제나 성육신이 인간의 지성으로는 완전히 이해할 수 없는 신비라고 인정해 왔다. 하나님이 그리스도 안에서 자신에 대해 나타내신 것을 겸손하고 경건하게 탐구하는 것이 참된 기독론적 학문의 핵심이다.

[1978a]

239. 성경적인 성경론

우리는 성경이 신적 기원을 가지고 있다고 믿는다. 성경 자체가 우리에게 그렇게 할 것을 요구한다고 믿기 때문이다. 그런데 이상하게도 하나님, 그리스도, 성령, 인간과 교회에 대한 성경적 교리를 받아들일 준비가 되어 있는 신학자들이 종종 성경에 대해서는 성경적 교리를 기꺼이 받아들이려 하지 않는다. 성경이 다른 것들에 대해 말할 때 권위 있고 정확하다면, 성경이 스스로에 대해 말할 때 역시 권위 있고 정확하지 않을 이유가 전혀 없다. (1956a:13)

240. 편견의 반영?

우리는 듣고 싶지 않은 것까지도 들을 위험을 무릅쓰고 마음을 넓게 열어야 한다. 우리는 위안을 얻기 위해 성경으로 나아오라고 배웠기 때문이다. 바울도 "성경의 위로"(롬 15:4)에 대해 쓰지 않았는가? 그러므로 자연히 우리는 성경 읽기를 통해 위안을 받으리라는 소망을 품게 되며, 마음이 불편해지기를 바라지 않는다. 그래서 단지 자신의 편견을 확신시켜 주는 반영을 듣기를 열망하면서, 이미 마음을 정한 상태에서 성경으로 나아오는 경향이 있다. (1982a:186)

241. 해석이 아니라 반박

사도들은 의도적으로, 신화적인 틀을 사용하지 않고 오히려 그들이 역사적으로 참되며 신학적으로 의미 있다고 믿은 사건들을 기술하려 했다(예를 들어, 예수님의 동정녀 탄생이나 죽은 자 가운데서의 부활에 대해 쓰면서). 그렇다면 우리에게도 역사는 거부하면서 신학은 보존하려 함으로써 그들

의 증언을 비신화화할 권리는 없다. (1985:39)

242. 종교개혁의 원천

영국의 종교개혁은 케임브리지의 화이트 호스 여관(White Horse Inn)에서 시작되었다고 말할 수 있다. 1519년부터 그 여관에서는 한 무리의 사람들이 에라스무스가 3년 전에 발간한 헬라어 성경을 은밀히 연구했다. 틴데일은 (그의 표현대로 하자면) 농부가 교황보다 성경을 더 잘 알아야 한다고 생각하고 성경을 영어로 번역했다. 그리고 일단 사람들이 일상어로 된 성경을 가질 수 있게 되자, 종교개혁 지도자들은 성경을 사람들에게 해설해 주도록 성직자들에게 촉구했다. 그래서 두 번째 기도서가 나온(1552) 이후로 새로 안수받은 목사에게 수여되는 직분의 상징은 성배가 아니라 성경이 되었다.

성경으로 되돌아가지 않고서는 지속적인 개혁이 있을 수 없다. (1983c:xii)

243. 복음으로서의 신학

어떤 의미에서 보면 성경 전체가 복음이다. 성경의 근본적인 목적은 예수 그리스도를 증언하고 그리스도께 오는 자들에게 새 생명이라는 복된 소식을 선포하는 것이기 때문이다. 만일 성경(인간의 말을 통한 하나님의 말씀)이 복음이라면 모든 신학(성경적 진리들을 인간이 공식화한 것) 역시 복음이 되어야 한다. 많은 현대 신학이 이 점에서 실패하는데, 바로 그것들이 전달되지 않기 때문이다. 복음으로서 전달될 수 없는 신학이라면 그것은 최소한의 가치만을 지닐 뿐이다. 첫째, 진리를 공식화하는 과업은 공식으로 표현된 진리가 좀 더 쉽게 전달되지 않는다면 무익한 것이다. 전달될 수 없다면 왜 그것을 공식으로 표현하느라 애쓰는가? 둘째, 예수님은 자신이 받은 진리를 다른 사람들에게 전달하는 사람만이 더 많이 받을 것이라고 가르치셨다. "너희가 무엇을 듣는가 스스로 삼가라"고 예수님은 경고하셨다. "너희의 헤아리는 그 헤아림으로 너희가 헤아림을 받을 것이며 더 받으리니"(막 4:24). (1981g:38)

244. 성경과 체계

나는 성경이 '완전한 신학 체계' 혹은 윤리에 대한 '포괄적인 안내서'를 제공한다고 생각하지 않는다. 조직신학은 분명 정당하고 필요한 학문 분야다. 하지만 하나님은 조직적인 형태로 자기 자신을 계시하지 않으셨다. 그리고 모든 체계는 우리의 체계를 하나님의 계시에 조화되도록 하는 대신에 하나님의 계시를 우리의 체계에 들어맞도록 바꾸어 버리려는 동일한 유혹을 받기 쉽다. (1988d:37)

245. 신학은 무엇이 되어야 하는가

우리가 무엇을 좋아하든 성경이 그것을 가르치도록 만들 수 있다는 말이 있는데, 나는 이 말에 전적으로 동의한다. 충분히 부주의하기만 하다면 당신은 성경을 그렇게 **만들 수 있다**. 하지만 적절한 해석 규범들을 주도면밀하게 사용한다면(예를 들어 자연적인 의미, 원래의 의미, 일반적 의미를 찾는다면), 우리가 성경을 자유롭게 조작할 수 있기는커녕 성경이 우리를 통제하는 것을 발견하게 된다. 그리고 신학은 성경 본문에 일반적인 문법과 논리 법칙들을 적용한 결과라는 본연의 의미를 되찾는다. (1967b:61)

246. 새로운 신학

'새로운 개혁' '새로운 신학' '새로운 도덕', 심지어 '새로운 기독교'를 자랑으로 삼는 현대의 급진주의 신학에 대해 복음주의자들이 제기하는 문제점은, 그것이 스스로에 대해 주장하는 내용 자체, 즉 '새롭다'는 것이다. 그것은 1세기 기독교에 대한 타당한 재해석이 아니다. 여러 중요한 지점에서 1세기 기독교로부터 벗어나 있기 때문이다. 그것은 20세기의 발명품이다. (1970b:41)

247. 진리와 이단

이단에는 누가 보아도 가짜인 무엇이 있으며, 진리에는 자명하게 참된 무엇이 있다. 오류는 잠시 동안 보급되고 인기를 얻을 수 있다. 하지만 '그리 멀리까지 가지는 않을' 것이다. 결국에 가서는 노출되지 않을 수 없으며, 진리는 반드시 옳다는 것이 입증된다. 이것은 교회사를 통해서 분명하게 볼 수 있는 교훈이다. 수많은 이단들이 일어났으며, 어떤 것들은 승리할 것처럼 보였다. 하지만 오늘날 그것들은 대부분 골동품 연구가들의 관심사일 뿐이다. 하나님은 교회 안에서 하나님의 진리를 보존하셨다. (1973b:91)

248. 현대의 이단들

현대 교회는 이단자들을 어떻게 처리해야 하는가? 이것이 가혹한 말인가? 나는 그렇지 않다고 생각한다. 성육신의 신비를 겸손하고 경건하게 면밀히 탐구하는 것은 참된 기독론적 학문의 본질이다. 하지만 재구성되어야 할 것을 효과적으로 파괴하는 재구성의 시도는 기독론적 이단이다.

　나의 문제 제기는 세 가지 확신에 근거한다. 첫째, 이단 곧 근본적인 것에서 벗어난 것이 있다. 둘째, 이단은 교회를 '괴롭히는' 반면 진리는 교회를 교화한다. 셋째, 우리가 진리와 교회를 사랑한다면 팔짱을 끼고서 아무것도 하지 않을 수는 없다.

　교회의 순결성(윤리적인 것과 교리적인 것)은 교회의 화합만큼이나 그리스도인들이 추구해야 할 적절한 사안이다. 실로 우리는 교회의 화합과 순결성을 동시에 추구해야 한다.

　나는 이교 재판이 이것에 접근하는 올바른 방법이라고 생각하지 않는다. 이단자들은 교활한 사람들이다. 그들은 자신의 이단적 견해들을 표현하기 위해 정통적 언어들을 사용하는 경향이 있다. 게다가 오늘날처럼 모든 것을 쉽게 묵인하는 시대에는, 고발된 이단자들이 대중의 마음속에서 편협한 핍박자들에 의한 무죄한 희생자, 그다음에는 순교자, 영웅 혹은 성자가 되어 버린다. 하지만 다른 길이 있다. 신약 저자들은 거짓 형제들보다, 이리처럼 행동하여 그리스도의 양 떼를 흩어 버리거나 파멸시키는 거짓 교사들에게 관심을 가진다.…몇몇 감독들이 언젠가는 성육신을 부인하는 목사에게서 목사 자격을 박탈할 용기를 갖게 되기를 기도하는 것은 너무 지나친 것인가? 이것은 시민의 자유나 학문의 자유를 침해하는 것과 다른 문제다. 국가와 대학에서 사람들은 자신이 원하는 것을 믿고 말하고 쓸 수 있다. 하지만 교회에서는, 인가받은 모든 교사들이 교회가 공식 의식서들에서 고백하고 (그에 따라) 그들도 견지하기로 약속한 그 믿음을 가르치리라 기대하는 것이 합리적이며 옳은 일이다. (1977b)

249. 평판과 계시

우리에게는 마리아와 같은 겸손이 필요하다. 마리아는 "말씀대로 내게 이루어지이다"라고 말하면서 하나님의 목적을 받아들였다. 우리에게도 마리아의 용기가 필요하다. 마리아는 하나님이 그분의 목적을 성취하시도록 기꺼이 자신을 드렸다. 그녀는 미혼모가 되는 오명, 간음하여 사생아를 낳는다고 지탄 받는 오명을 감수할 준비가 되어 있었다. 마리아는 자신의 평판을 하나님의 뜻에 맡겼다. 나는 때로 많은 신학적 자유주의의 주된 원인은 일부 학자들이 하나님의 계시보다 자신의 평판에 더 많은 신경을 쓰기 때문이 아닌가 하는 생각이 든다. 기적을 믿을 만큼 순진해서 쉽게 믿는다는 조롱을 받는 것이 어려운 일로 느껴져 하나님의 계시를 자신의 체면이라는 제단에 희생 제물로 바치고 싶은 유혹을 느끼는 것은 아닐까? 그들이 언제나 그렇다고 말하지는 않겠다. 하지만 나 자신이 이러한 유혹의 힘을 느껴 보았기 때문에 이런 점을 정당하게 지적할 수 있다고 생각한다. (1985:66)

250. 신학적 경건

로마서 1-11장을 읽으면서 신학(하나님에 대한 우리의 믿음)과 송영(하나님에 대한 우리의 예배)이 결코 분리되어서는 안 된다는 점을 주목하는 것은 매우 중요하다. 한편으로, 신학 없이는 송영이 있을 수 없다. 알지 못하는 신을 예배하는 것은 불가능하다. 모든 참된 예배는 그리스도와 성경 안에 나타난 하나님의 자기 계시에 대한 반응이며, 하나님의 인격과 하나님의 사역에 대한 고찰로부터 생기는 것이다. 로마서 11:33-36에서 바울이 송영을 쏟아 놓게 된 것은 1-11장에 나오는 엄청난 진리들 때문이다. 하나님에 대한 예배는 하나님에 대한 비전에 의해 불러일으켜지고 영향을 받고 고취된다. 신학이 없는 예배는 반드시 우상숭배로 변질되고 만다. 그래서 성경은 공적 예배와 개인적 경건 모두에서 필수적 위치를 차지하는 것이다. 하나님에 대한 예배를 불러일으키는 것은 하나님의 말씀이다.

다른 한편으로, 송영이 없는 신학이 있어서도 안 된다. 하나님에 대해 순전히 학문적으로만 관심을 갖는 것에는 근본적으로 문제가 있다. 하나님은 냉정하고 비판적이며 초연하고 과학적인 관찰과 평가의 대상이 아니다. 그렇다. 하나님에 대한 참된 지식은 바울이 그랬던 것처럼 언제나 우리를 예배로 이끈다. 우리가 있어야 할 곳은 하나님 앞에 엎드려 찬양 드리는 바로 그곳이다.

19세기 말에 핸들리 모울 주교가 말한 대로, 우리는 "경건하지 못한 신학과 신학적이지 않은 경건을 똑같이 주의해야 한다." [1994:311]

진리와 오류

251. 여러 종류의 관용

자신의 뚜렷한 견해를 갖고 있지 않다면 다른 사람들의 견해를 너그럽게 보기가 쉽다. 하지만 이런 안이한 관용을 묵인해서는 안 된다. 우리는 지적 관용과 관용의 정신을 구분해야 한다. 관용의 정신은 그리스도인들이 언제나 가져야 하는 것으로, 다른 사람을 사랑하고 이해하고 용서하며 참아 주는 태도, 그들을 배려하고 유리하게 해석해 주는 태도다. 참된 사랑은 "모든 것을 참으며 모든 것을 믿으며 모든 것을 바라며 모든 것을 견디기"(고전 13:7) 때문이다. 하지만 하나님이 악하거나 잘못되었다고 분명하게 보여 주신 것을 대하면서 어떻게 마음속으로 관용할 수 있단 말인가? [1970b:17]

252. 오류가 지닌 악

마귀는 악으로 교회를 교란시키는 것만큼이나 오류로 교회를 교란시킨다. 마귀는 그리스도인들을 꾀어 죄를 짓도록 할 수 없을 때, 거짓된 교리로 그들을 미혹하게 한다. [1968c:24]

253. 최신 사상

그리스도인들은 언제나 신학 면에서 '보수적'이어야 한다. '귀가 가려워서' 계속해서 새로운 스승을 쫓아다니며, 누구의 말이든 들으나 진리의 지식에 결코 이르지 못하는 것은 말세에 이를 "고통하는 때"의 특징이다(딤후 3:1, 7; 4:3). '최신 사상'에 계속 사로잡히는 것은 그리스도인의 표지가 아니라 아테네 사람의 표지다(행 17:21). 기독교 신학은 예수님의 구원의 생애에서 절정에 이르는 특정한 역사적 사건들뿐 아니라, 이 사건들에 대한 사도들의 권위 있는 증언과 해석이라는 닻에 고정되어 있다. 그리스도인은 결코 닻을 올리고 사색의 깊은 영역으로 전진해 나아갈 수 없다. 또한 전통을 위해 사도들의 본원적 가르침을 저버릴 수도 없다. 사도들의 증언은 본질적으로 하나님의 아들을 향한 것이다. 그 때문에 그리스도인들이 증언에 충실하면 그리스도께 충실하게 되는 것이다. (1988g:117)

254. 진리에서 진리로

조화의 원칙은, 하나님이 자신과 자신의 목적을 드러낸 계시에 진보가 있어 왔다는 사실을 부인하는 것이 아니다. 그것은 오류로부터 진리로 진보가 이루어진 것이 아니라 진리로부터 더 많은 진리를 향해 진보가 일어났음을 강조하는 것이다. (1984d:180)

255. 두 개의 안전장치

오류를 범하지 않도록 막아 주는 두 개의 안전장치가 있다. 바로 사도들이 쓴 하나님의 말씀과 기름 부으시는 성령님이다(참고. 사 59:21). 이것은 모두 회심할 때 받게 되는 것이다.…

하나님의 말씀은 객관적인 안전장치인 반면 성령의 기름부으심은 주관적인 체험이다. 진리 안에 계속 거하기 위해서는 사도들의 가르침과 하늘에서 온 교사가 모두 필요하며, 둘 모두를 개인적이고 내면적으로 붙잡아야 한다. 이는 유지되는 경우가 매우 드문 성경적 균형이다. 어떤 사람은 하나님의 말씀은 존중하면서도 그 말씀을 해석할 수 있는 유일한 분인 성령님은 소홀히 한다. 또 어떤 사람은 성령님은 존중하면서 그분이 가르치는 내용인 하나님의 말씀은 소홀히 한다. 이에 대한 유일한 안전장치는 우리가 **처음부터 들은** 하나님의 말씀과 하나님으로부터 받은 **기름부음**이 우리 안에 계속 거하게 하는 것이다. 우리를 진리 안에 있게 해 주는 것은 새로운 가르침이나 교사들이 아니라 이처럼 옛적부터 소유한 것들이다. [1988g:119]

256. 이데올로기에 대한 판단 기준

모든 이데올로기를 판단하는 좋은 기준은 그것이 하나님을 높이고 인간을 겸손하게 하느냐, 인간을 높이고 하나님을 보좌에서 물러나게 하느냐다. [1975d:31]

257. 균형 잡힌 그리스도인

마귀에게는 그리스도인들이 균형을 잃도록 하는 것보다 더 좋은 취미는 없다. 마귀의 인격을 자세히 안다거나 마귀의 전략에 대한 은밀한 정보를 안다고 주장하지는 않겠지만, 내 추측으로는 이것이 마귀가 좋아하는 취미 중 하나인 것 같다. 나는 마귀가 균형을 싫어하는 정도만큼 균형을 사랑해야 하며 마귀가 균형을 파괴하려는 만큼 열심히 균형을 도모해야 한다고 확신한다.

내가 '불균형'이라고 말하는 이유는 우리가 진리의 양극 중 한 곳에 서기를 좋아하기 때문이다. 우리가 양극에 동시에 설 수 있다면 건전한 성경적 균형을 이룰 수 있을 것이다. 하지만 우리는 '양극화하는' 경향이 있어서 아브라함과 롯처럼 서로 분리된다. 우리는 다른 사람들을 한쪽 극으로 밀어붙이고, 자신은 반대 극을 고수한다. (1975a:13)

258. 거짓에 속박됨

성경에 동의하지 않을 자유는 환상에 불과하다. 사실상 그것은 거짓에 속박되는 것이다. (1988d:37)

259. 긍정과 부정

교조주의적이라는 말을 듣는 것은 매우 유감스럽다. 우리를 비판하는 사람들은 이렇게 말한다. '당신들이 교조주의적이어야만 한다면, 적어도 그 교조주의를 혼자만 가지십시오. (기어이 그래야 하겠다면) 당신의 명확한 확신들을 간직하되, 다른 사람들은 자기의 확신을 지니고 있도록 그냥 놓아두세요. 포용력을 발휘하세요. 자기 일이나 신경 쓰고 다른 사람들은 자기 일에 신경 쓰게 놓아두십시오.'

이러한 관점의 또 다른 표현은 우리에게 항상 긍정적이 되고, 필요하다면 교조적이어도 좋지만 부정적 태도는 피하라고 촉구하는 것이다. '당신이 믿는 것을 거리낌 없이 말하십시오. 하지만 다른 사람들이 믿는 것을 반대하지는 마십시오.' 이러한 방침을 옹호하는 사람들은 장로-감독의 두 가지 의무 곧 "바른 교훈으로 권면하고 거슬러 말하는 자들을 책망하는"(딛 1:9) 의무를 기억하지 못한 것이다. 그들은 또한 루이스가 돔 베데 그리피스에게 보낸 편지에서 쓴 다음과 같은 말에 주의를 기울이지 않은 것이다. "당신네 힌두교 신자들의 말은 분명 마음에 드는군요. 하지만 그들이 **부정하는** 것은 무엇입니까? 나는 인도인들을 생각할 때면 항상 그 문제로 고심하게 됩니다. 그들이 거짓이라고 단언할 만한 어떤 명제를 찾는 일 말입니다. 진리는 반드시 배타성을 포함해야 하는 것 아닐까요?"[6] (1970b:17)

260. 문제를 흐리게 함

거짓 예언자들은 구원의 문제를 흐리게 하는 데 매우 능숙하다. 어떤 거짓 예언자들은 복음을 완전히 뒤섞거나 왜곡시켜 추구자들이 그 좁은 문을 찾기 어렵도록 만들어 버린다. 또 어떤 거짓 예언자들은 그 좁은 길이 사실은 예수님이 의미하신 것보다 훨씬 더 넓으므로, 그 길을 걷는 사람의 믿음이나 행동에 거의 제약을 주지 않는다고 주장하려 애쓴다. 또 어떤 거짓 예언자들은(아마 이들이 가장 해로운 자들일 것이다) 감히 예수님의 말씀에 반론을 제기하여, 넓은 길은 멸망으로 인도하지 않으며 사실상 모든 길은 하나님께로 향한다고 주장한다. 심지어 넓은 길이나 좁은 길이 정반대 방향으로 향할지라도 궁극적으로는 생명으로 귀결된다고 주장한다. 예수님이 그러한 거짓 교사들을 '탐욕스러운 이리'에 비유하신 것은 놀라운 일이 아니다. 이는 그들이 이익이나 명성이나 권세를 탐

---

6 *Letters of C. S. Lewis*, edited by W. H. Lewis(Bles, 1966), p. 267.

하기 때문이라기보다는(비록 종종 그렇긴 하지만) 그들이 '사납기' 때문에, 즉 극히 위험하기 때문이다. 그들은 자신이 존재하지 않는다고 말하는 파멸로 사람들을 이끌어 가는 것에 책임을 져야 한다. [1978f:199]

261. 진리에 대한 사랑

"진리를 믿지 않고 불의를 좋아하는 모든 자들"은 심판을 받을 것이다 (살후 2:12). '진리를 믿는 것'의 반대가 '불의를 좋아하는 것'이라는 사실을 주목하는 것이 매우 중요하다. 이는 진리가 도덕적 함의를 가지고 도덕적인 면을 요구하기 때문이다. 근본적으로 문제가 되는 것은 오류가 아니라 악이다. 이 전체 과정은 엄격히 논리적이다. 첫째로, 그들은 불의를 좋아한다. 혹은 "의도적으로 죄성을 선택한다"(NEB). 둘째로, 그들은 진리를 믿고 사랑할 것을 거부한다(악과 진리를 동시에 사랑하는 것은 불가능하기 때문이다). 셋째로, 사탄이 개입하여 그들을 미혹시킨다. 넷째로, 하나님이 그들을 스스로 선택한 거짓에 내버려두심으로 그들에게 유혹이 '역사하게' 하신다. 다섯째로, 그들은 심판을 받고 멸망한다. 이는 지극히 엄숙한 가르침이다. 그것은 우리에게 아래로 미끄러져 내려가는 길을 보여 준다. 그것은 악을 사랑하는 것으로 시작되며, 진리를 거부하고, 마귀의 속임수에 빠지며, 하나님의 선고를 받아 마음이 완악해지고, 마지막에는 심판을 받는 것으로 이어진다. 속임수에 빠지는 것으로부터 보호받는 유일한 길은 선과 진리를 사랑하는 것이다. [1991c:173]

262. 거짓 교사들

예수님은 사람들에게 "거짓 선지자들을 삼가라"(마 7:15)고 말씀하시면서, 분명 그런 사람들이 있다고 가정하셨다. 집에 고양이 두 마리와 잉꼬 한 마리밖에 없는데 대문에 '개 조심'이라고 써 놓을 리는 없다. 그렇다. 예수님은 거짓 예언자들이 이미 존재하고 있기 때문에 제자들에게 거짓 예언자들을 조심하라고 경고하셨다. 우리는 구약에서 여러 차례 그런 사람들을 만나게 되며, 예수님은 바리새인들과 사두개인들을 그와 같은 견지에서 보신 듯하다. 예수님은 그들을 '소경을 인도하는 소경'이라고 부르셨다. 예수님은 또한 거짓 예언자들이 늘어날 것이며, 말세가 되면 복음이 전 세계에 전파될 뿐 아니라, 많은 사람들을 미혹시킬 거짓 예언자들도 일어나게 되리라고 시사하셨다. 우리는 신약의 거의 모든 서신서에서 거짓 예언자들에 대해 듣는다. 그들은 여기서처럼 '거짓 예언자들'이라고 불리거나(짐작컨대 그들이 신적 영감을 받았다고 주장했기 때문에 '예언자들'이라고 불렀을 것이다) '거짓 사도들'(그들이 사도적 권위가 있다고 주장했기 때문에) 또는 '거짓 교사들', 심지어 '거짓 그리스도'(그들이 스스로 메시아라고 주장했거나 예수님이 육신으로 오신 그리스도라는 것을 부인하기 때문에)라고도 불린다. 이들을 수식하는 단어는 모두 '거짓'을 뜻하는 헬라어 *pseudos*에서 온 것이다. 기독 교회사는 거짓 교사들과의 길고도 지루한 논쟁에 대한 이야기다. 하나님의 지배적인 섭리 안에서 거짓 교사들이 지닌 가치는, 교회가 진리를 잘 숙고하여 생각하고 규정하도록 도전했다는 것이다. 하지만 그들은 많은 해를 끼쳤고, 오늘의 교회에도 여전히 많은 거짓 교사들이 있어 우려를 낳고 있다.

예수님은 우리에게 거짓 예언자들을 주의하라고 말씀하시면서 또 다른 가정 하나를 제시하셨다. 즉 거짓 교사들의 거짓됨을 판별하는 객관적 진리의 기준이 있다는 것이다. 그렇지 않다면 '거짓' 예언자라는 개

넘 자체가 무의미하다. (1978f:197)

263. 명석한 대조들

사도 요한의 명백한 대조들은 건전하고 명석하다. 요한에게 있어서 서로 반대되는 견해들은 '상호 보완적 통찰들'이 아니라 '진리와 오류'였다(참고. 요일 2:21, 27). 우리가 어둠 속에서 행하면서 하나님과의 교제를 누린다고 주장한다면 "거짓말을 하는"(1:6) 것이다. 하나님을 안다고 하면서 하나님의 계명에 불순종하는 사람은 "거짓말하는 자"(pseustés, 2:4)다. 하나님을 사랑한다고 주장하면서 형제를 미워하는 사람도 마찬가지다(4:20). 하지만 예수님이 그리스도라는 것을 부인하는 사람에게는 무엇이라고 말해야 하는가? 우리는 그를 '그' 거짓말쟁이⋯빼어난 거짓말쟁이라고 말해야 한다. (1988g:116)

264. '순진한' 사람들

최근 교회 지도자들의 몇 가지 발표를 들으며 가장 고통스러운 부분은 이것이다. 무시하거나 심지어 교만한 태도로, 그들을 반대하는 견해들을 '순진한'(unsophisticated) 사람들의 주장으로 일축하는 것이다. 하지만 하늘로부터 조명을 받을 수 있는 본질적인 조건은 복잡함(sophistication)이 아니라 단순함이다. 천지의 주재께서 "이것을 지혜롭고 슬기 있는 자들에게는 숨기시고 어린아이들에게는 나타내셨다"고 예수님이 말씀하셨기 때문이다(마 11:25). (1985:17)

265. 성경의 증언

성경이 확고하게 증언하는 사실은, 무지와 오류는 타락시키는 능력이 있고 진리는 자유롭고 고상하고 품위 있게 하는 능력이 있다는 것이다.

(1979e:176)

266. 참된 자유

많은 사람들은 지적 자유가 '자유로운 사고' 즉 우리가 생각하거나 믿고 싶은 것은 무엇이든지 생각하고 믿을 자유와 똑같은 것이라고 생각한다. 하지만 이것은 자유가 아니다.

아무것도 믿지 않는 것은 무의미에 속박되는 것이다. 거짓말을 믿는 것은 거짓에 속박되는 것이다. 참된 지적 자유는 진리를 믿고 그것에 의해 사는 것에 있다. 대주교 마이클 램지(Michael Ramsey)는 1970년 사순절 캠브리지 대학교에서 한 설교 시리즈(Freedom, Faith and the Future라는 제목의 소책자로 출간되었다)에서 지적 자유에 대해 다음과 같이 말했다. 기독교 신경은 "특정한 믿음이라는 특정한 멍에"를 포함하지만, 또한 "지적 자유라는 수단"을 포함한다. "그것은 당신을 자유롭게 하여 모든 시대에 걸친 그리스도의 제자들의 가족이라는 넓은 방으로 데리고 간다. 그러한 믿음에는 초시간적 특성이 있다. 그것은 1세기나 16세기 혹은 20세기가 아니다. 그것은 당신을 가장 무시무시한 폭군인 동시대의 지배로부터 자유롭게 할 수 있다." 나는 여기에 한 가지를 덧붙이고 싶다. 그것은 쉽게 변하곤 하는 주관성이라는 요소를 포함한 많은 것들로부터도 당신을 자유롭게 할 수 있다. (1972b:14)

267. 오늘날의 예언자

우리는 오늘날에도 성경의 예언자들과 비견되는 예언자들이 있다는 주장을 분명하게 거부해야 한다. 왜냐하면 그들은 계시의 특별한 기관인 하나님의 '입'이었으며, 그들의 가르침은 교회를 세우는 기반에 속한 것이기 때문이다. 그러나 하나님이 어떤 사람에게 그분의 말씀과 그분의 뜻에 대한 특별한 통찰력을 주시는 것에서 보듯 제2의 예언적 은사들이 있을 것이다. 그러나 그러한 의사 전달이 무오한 것이라고 생각해서는 안 된다. 그 대신 우리는 하나님을 대언한다고 주장하는 사람들의 인격과 메시지를 평가해 보아야 한다.

모든 세대의 교회들이 인식해 왔던 것처럼 오늘날 하나님이 우리에게 말씀하시는 주된 방법은 성경을 통한 것이다. (1992b:104)

268. 오류의 본질

두 경향의 이단이 가장 눈에 띄게 드러난다. 우리는 모든 가르침에서, 하나님에 대한 태도가 무엇이며 인간에게 어떤 영향을 끼치는지를 자문해 보아야 한다. 오류에는 항상 하나님을 불명예스럽게 하는 것과 인간에게 해를 끼치는 무엇인가가 있다. 반면에 진리는 언제나 경건함을 촉진함으로써 하나님을 영화롭게 하고(참고. 딛 1:16) 듣는 사람들의 덕을 세운다. (1973b:70)

269. 그리스도인의 분별력

예수님은 제자들에게 거짓 예언자들을 조심하라고 경고하셨다. 바울과 베드로도 마찬가지였다. 오늘날에도 여전히 요란하게 우리의 주의를 끄는 많은 목소리들이 있고, 널리 대중적 후원을 받는 많은 사이비 종교가 있다. 그중 어떤 것들은 자신들의 특정 교리가 믿을 만함을 입증하기 위해 특별한 계시나 영감을 받았다고 주장하기도 한다. 그리스도인들은 분별력을 발휘할 필요가 있다. 많은 그리스도인들이 너무나 쉽게 속으며, 영의 세계에서 오는 메시지와 가르침들을 순진하게 믿으려 하기 때문이다. 미혹되어 잘못된 교리를 용납하는 경우도 있다. 하지만 불신("영을 다 믿지 말고", 요일 4:1)은 믿음만큼이나 영적 성숙의 표지가 될 수 있다. 우리는 모든 것을 믿는 미신과 아무것도 믿지 않는 의심이라는 두 극단을 모두 피해야 한다. (1988g:156)

270. 진리, 참된 판단 기준

경험은 결코 진리의 판단 기준이 될 수 없다. 언제나 진리가 경험의 판단 기준이 되어야 한다. (1975b:15)

271. 진리를 행함

신약 전체에서 하나님의 진리는 단지 믿어야 하는 어떤 것이 아니라 **행해야** 하는 어떤 것이다. 그것은 요구 사항과 의무와 책임을 수반한다. 복음주의적 믿음은 그것을 믿고 받아들이는 사람들을 철저하게 변화시킨다. (1983b:12)

272. 마음의 뜨거움과 진리

우리 마음에 불이 붙는 때는 진리를 묵상할 때다. 엠마오로 가던 두 제자를 생각해 보라. 부활하신 주님은 그들과 함께 걸으며, 성경을 가지고 메시아가 그의 영광에 들어가기 전에 어떻게 고난을 받아야 하는지를 설명해 주셨다. 그분이 떠난 후 그들은 이렇게 말했다. "길에서 우리에게 말씀하시고 우리에게 성경을 풀어 주실 때에 우리 속에서 마음이 뜨겁지 아니하더냐?"(눅 24:32) 이렇게 내적으로 마음이 뜨거워지는 것은 심오한 감정적 체험이다. 그러나 그것을 자극한 것은 성경에 대한 예수님의 가르침이었다. 진리에 대한 새로운 전망처럼 마음을 활활 타오르게 하는 것은 없다. [1992b:126]

273. 오늘을 위한 말씀

기독교는 구제불능이며 시대에 뒤진 것이라는 일반적인 생각에 대응하여, 우리는 하나님이 과거에 말씀하신 것을 통해 지금도 계속 말씀하고 계신다는 근본적인 기독교의 확신을 재천명할 필요가 있다. 그분의 말씀은 진열장 안에 진열되어야 하는 선사시대의 화석이 아니라 현대 세계를 위한 살아 있는 메시지다. 그것은 박물관이 아니라 장터에 있어야한다. J. I. 패커(Packer) 박사가 말했듯이 '성경은 하나님의 설교'이기에, 하나님은 오래전에 하신 말씀을 통해 현대 세계에 말씀하신다. 성경의 역사적 독특성과 현대 세계의 엄청난 복잡성을 인정한다 하더라도 둘은 여전히 근본적으로 연관되어 있으며, 하나님의 말씀은 계속해서 우리 발의 등이요 우리 길의 빛이다. [1992b:11]

274. 박물관 이상의 것

성경은 단순히 하나님 말씀이 보존된 고대 서류 모음집이 아니다. 그것은 하나님의 말씀이 유적이나 화석처럼 유리 뒤에 전시되어 있는 일종의 박물관이 아니다. 반대로, 그것은 살아 계신 하나님이 살아 있는 사람들에게 주시는 살아 있는 말씀, 현대 세계를 위한 현대적 메시지다.

275. 하나님의 백성과 하나님의 말씀

우리는 하나님의 백성이 하나님의 말씀을 듣는 것을 보며 그 말씀을 알아볼 수 있다. 마찬가지로, 하나님의 말씀을 듣는 것을 보며 하나님의 백성을 알아볼 수 있다. (1988g:161)

276. 성경에 대한 사랑

아내를 사랑하는 남자는 아내의 편지나 사진들을 사랑할 것이다. 그것들이 그녀에 대해 말해 주기 때문이다. 그러므로 우리가 주 예수님을 사랑한다면 성경을 사랑할 것이다. 성경은 우리에게 예수님에 대해 말해 주기 때문이다. 남편은 아내의 편지들을 아내의 음성보다 좋아하거나 아내의 사진을 아내보다 좋아할 만큼 어리석지 않다. 그는 단지 아내 때문에 그 편지와 사진들을 좋아하는 것이다. 마찬가지로 우리도 그리스도 때문에 성경을 사랑한다. 성경은 그리스도의 초상화, 그리스도의 연애편지다. (1956a:22)

277. 구원의 책

성경은 본질적으로 구원에 대한 안내서다. 이 책의 전반적인 목적은 인간이 스스로의 경험적 연구에 의해 발견할 수 있는 과학적 사실들(예를 들어, 월석의 성질 등)이 아니라, 어떤 우주 탐험으로도 발견할 수 없고 오직 하나님의 계시에 의해서만 드러나는 구원의 사실들을 가르치는 것이다. 성경 전체는 다음과 같은 하나님의 구원 계획을 펼쳐 보여 준다. 하나님의 형상으로 인간이 창조되고, 불순종으로 죄에 빠지고 심판 아래 놓인다. 그런 인간의 반항에도 불구하고 하나님은 계속적으로 인간을 사랑하신다. 그리고 택하신 백성과 맺은 은혜의 언약을 통해 인간을 구원하려는 영원한 계획을 세우시고, 그 계획은 그리스도 안에서 절정에 이른다. 그리스도께서 구세주로 오셔서 인간의 죄를 지고 죽으시고, 죽은 자가운데서 살아나시고, 하늘로 올라가시고, 성령님을 보내신다. 그리고인간이 하나님의 자녀로서 점진적으로 자유를 체험하면서 먼저는 죄와소외와 속박에서, 최종적으로는 죽음에서 구원받는다. (1973b:102)

278. 영혼의 언어

시편은 영혼의 보편적인 언어를 말하고 있다. 프로세로(Prothero)는 "시편은 인간의 마음에 있는 모든 음악을 담고 있다"고 썼다. 또한 아타나시우스와 후에 칼뱅이 사용한 문구를 상기하자면, 시편은 "각 사람이자기 영혼의 움직임을 보는 거울"이다. 시편의 신학은 풍성하고도 충실하다. 그것은 세상의 창조주이자 자기 백성의 구속자이신 하나님을 계시한다. 더구나 하나님은 자신이 창조하신 것을 유지하시며, 구속하신자들을 보살피신다. 시편 기자들에게 끊임없는 찬양의 주제를 제공하는 것은, 바로 이처럼 자연과 은혜 안에 나타난 과거와 현재의 하나님의활동이다. 여호와는 죽은 벙어리인 우상들과 같지 않다. 그분은 살아 계신 하나님, 영원하시고 편재하시며 지극히 높으신 하나님이다. 그분은왕이시다. 하나님은 가장 작은 원소들을 다스리시며, 열방들을 다스리신다. 또한 계속해서 하나님의 백성들이 안전을 얻을 수 있는 지속적인피난처, 요새, 강한 성채이시다. 하나님은 자기 백성들과 언약을 맺으셨으며, 언약에 충실하시다. 하나님은 자기 백성들에게 율법을 주셨으며, 자기 백성들이 그 율법에 충실할 것을 기대하신다. 하지만 하나님의 영원하심과 위대하심과 대조적으로 인간의 삶은 무상하며, 그 규모는 정말로 작다. 게다가 인간은 죄성을 지니고 있으며, 질병과 박해와 죽음을 당하기 쉽다. 인간은 하나님께 자신의 죄를 용서해 달라고, 그리고 모든 악에서 구해 달라고 부르짖어야 한다. 그러면 언젠가 하나님은 제왕 시편이 설명하는 왕권의 이상, 그리고 수난 시편이 설명하는 무죄한 자의 고난이라는 이상을 성취하기 위해 메시아를 보내실 것이다. 그리스도께서는 반드시 고난을 받고 자기 영광에 들어가실 것이다(눅 24:26). (1966b:12)

279. 그리스도에 대한 증언

'성경'과 '복음'이라는 말은 거의 서로 대체 가능하다. 성경 전체의 주된 기능은 예수 그리스도를 증언하는 것이기 때문이다. (1975c:43)

280. 보편적인 하나님의 말씀

한편으로, **성경의 메시지**는 모든 장소와 모든 시대의 모든 사람에게 동일하게 전달된다. 그 말씀은 어떤 특정한 세대나 특정 문화에만 적실한 것이 아니다. 오히려 그것은 **모든 인류**에게 주어진 것이다. **그리스도와 성경 안에 나타난 하나님의 계시는 변할 수 없기** 때문이다. 예수님이 말씀하셨듯이, 그 말씀은 "폐하지 못한다"(요 10:35). 그것은 변경할 수 없게 '영단번에' 우리에게 전달되었다(유 3절). 그리고 그것은 하나님의 진리이므로 놀라운 보편성을 지닌다. **그것을 통해 성령님이 오늘날에도 말씀하**

시므로, 그것은 모든 곳에 있는 모든 사람을 위한 메시지다.

다른 한편으로, 그 메시지의 불변성은 생명력도 특색도 없는 획일성이 아니다. 성령님이 자신의 말씀을 기록한 저자들 각각을 통해 새롭고 적절한 무엇인가를 전달하기 위해 그 사람들의 개성과 문화를 사용하셨던 것처럼, 오늘날 **성령님은 모든 문화의 하나님 백성이 자신들의 눈으로 새롭게 하나님 말씀의 진리를 인지하도록 하기 위해 그들의 마음을 조명하신다.** 우리 마음의 문을 여시는 분은 성령님이며, 이 눈과 마음은 젊은 사람과 나이 든 사람, 라틴족과 앵글로색슨족, 아프리카인과 아시아인과 아메리카인, 남자와 여자, 낭만적인 사람과 무미건조한 사람 할 것 없이 모두가 가지고 있다. 성령님이 **하나님의 다채로운 지혜를 더욱더** 알게 하도록(엡 3:10에 대한 문자적 번역) 사용하시는 것은 이 같은 "인류라는 장엄하고 복잡한 모자이크"(도날드 맥가브란 박사의 말을 빌리면)다. 따라서 무한히 아름답고 풍요로운 하나님의 계시 전체를 받기 위해서는 **교회 전체**가 필요하다(참고. 엡 3:18, "모든 성도와 함께"). [1975d:8]

281. 좌우에 날 선 검

사도 바울은 하나님의 말씀을 "성령의 검"(엡 6:17)이라고 말하며, 히브리서는 그것이 "살아 있고 활력이 있다"고 말한다. "좌우에 날 선 어떤 검보다도 예리하여, 혼과 영과 및 관절과 골수를 찔러 쪼개기까지 하며 또 마음의 생각과 뜻을 판단하나니"(히 4:12). 이 좌우에 날 선 검이 구약과 신약을 나타낸다는 테르툴리아누스와 아우구스티누스의 말에 동의하든 하지 않든, 성경에는 검과 같은 특성들이 많다. 성경은 양심을 찌르며 죄인들의 교만에 상처를 준다. 그것은 우리의 기만을 베어 내며,

우리의 변명들을 간파한다. 그것은 우리의 죄와 결핍을 폭로하며, 능숙하고 날카로운 일격으로 모든 거짓 교리를 죽여 버린다. (1990c:54)

282. 우리 자신의 의제

우리는 우리 자신의 의제, 편견, 질문, 선입관, 관심사와 확신을 가지고 성경을 읽게 되며, 극도로 주의하지 않으면 성경 본문에 이러한 것들을 부과한다. 우리는 성경을 읽기 전에 "내 눈을 열어서 주의 율법에서 놀라운 것을 보게 하소서"(시 119:18)라고 진지하게 기도할지 모르지만, 여전히 의사소통이 단절되어 있는지도 모른다. 어쩌면 그 시작 기도마저도(분명 시편에서 가져온 것이지만) 우리가 듣기 원하는 메시지의 종류를 규정할 수 있기 때문이다.

"주님, 당신의 말씀 속에서 어떤 '놀라운 것'을 보기 원합니다."

하지만 그분은 이렇게 대답하실지도 모른다. "어떻게 해서 너는 내가 '놀라운 것'만을 보여 주려 한다고 생각하느냐? 사실 나는 오늘 너에게 다소 '혼란스러운 것'을 보여 주려 한다. 들을 준비가 되어 있느냐?"

"아니요. 안 됩니다. 제발 그렇게 하지 말아 주세요." 우리는 더듬거리며 대답한다. "저는 단지 위안을 받기 위해서 성경으로 나아옵니다. 도전을 받거나 마음이 혼란스러워지는 것은 정말 싫습니다." (1992b:190)

283. 그리스도께 복종함

일차적 권위는 선생이며 주님이신 예수 그리스도께 있으며, 우리가 성경에 복종하는 것은 예수 그리스도께 복종하는 것의 논리적 결과이자 필요한 표현일 뿐이다. 우리는 그리스도께로 간다. 하지만 그리스도는 우리를 성경책으로 되돌려 보내신다. 그리스도께서 우리를 보내시는 그 책은 죽어서 생기 없는 글자들이거나 권위주의적인 괴물이 아니다. 그리스도는 오히려, 자신의 성령에 의해 그리고 기록된 말씀을 통해 우리의 특정한 상황에서 말씀하시는 자신의 음성을 들으라고 우리에게 명하신다. (1967b:64)

5부
인간

25

284. 기본적 질문

인간의 본성(즉 인간다움이 의미하는 것)은 거의 틀림없이 20세기의 기본적
인 정치적 쟁점일 것이다. 그것은 분명 마르크스와 예수님, 따라서 동구
와 서구 간 갈등의 주된 요점 중 하나다. 즉 인간은 어떤 절대적 가치를
갖기 때문에 존중되어야 하는가? 아니면 인간이 지닌 가치가 공동체에
대해 상대적이어서 공동체를 위해서는 인간이 착취될 수도 있는가? 좀
더 간단하게 말해서, 사람이 제도의 종인가 아니면 제도가 사람의 종인
가 하는 문제다. (1990a:39)

285. 지킬 박사와 하이드

나는 누구인가? 나의 '자기'(self)는 무엇인가? 그 대답은 내가 지킬 박사
와 하이드, 즉 하나님의 형상으로 창조되었고 그의 형상으로 재창조되
었기 때문에 가지는 존엄성과, 여전히 타락하고 반항적인 성품을 갖고
있기 때문에 가지는 부패함이 동시에 있는 뒤섞인 존재라는 것이다. 나
는 고상하기도 하고 비천하기도 하며, 아름답기도 하고 추하기도 하다.
선하기도 하고 악하기도 하며, 올바르기도 하고 비뚤어지기도 하며, 하
나님의 자녀요 형상이면서도 때로는 그리스도께서 우리를 그 손아귀로

부터 구원해 주신 마귀에게 아부하며 충성을 맹세한다. 나의 참된 자기는 창조에 의해 만들어지고 그리스도께서 구속하러 오신 존재, 부르심에 의해 만들어진 존재다. 나의 거짓 자기는 타락에 의해 만들어지고 그리스도께서 멸망시키러 오신 존재다. (1986a:285)

286. 자기 부인과 자기 발견

우리는 한편으로 타락의 산물이며, 다른 한편으로 하나님에 의해 창조되고 그리스도 안에서 재창조된 산물이다. 이러한 신학적 틀은 균형 잡힌 자기상과 자기에 대한 태도를 개발하는 데 필수적이다. 그것은 우리를 자기 용납을 넘어 훨씬 나은 것, 즉 자기 긍정으로 이끈다. 우리는 하나님의 창조하시고 재창조하시는 은혜로 인해 우리 안에 이루어진 모든 좋은 것들을 긍정하고, 타락으로 인해 우리 안에 생겨난 모든 악을 가차 없이 부인하는(거부하는) 법을 배워야 한다.

이렇게 아담 안에 있는 거짓 자기를 부인하고 그리스도 안에 있는 참된 자기를 긍정할 때, 우리는 자신을 사랑하기 위해서가 아니라 우리를 구속하신 그리스도를 사랑하고 그분을 위해 이웃을 사랑하도록 자유로워졌음을 발견한다. 그럴 때 우리는 그리스도인 삶의 궁극적인 역설, 곧 헌신적으로 하나님과 이웃을 사랑하며 자신을 잃어버릴 때 우리를 발견하게 되리라는 역설에 이르게 된다(막 8:35). 참된 자기 부인은 참된 자기 발견으로 우리를 이끈다. (1978b)

287. 인간됨의 역설

우리가 하나님의 숨결인 동시에 땅의 티끌이라는 것, 하나님의 형상을 지니고 있으면서 동시에 짐승 같은 야수성을 지니고 있다는 것, 창조되었으며 또한 타락했다는 것, 고상하며 또한 비열하다는 것은 우리 인간됨의 역설적 본질의 일부라고 나는 생각한다. 바로 그 때문에 우리는 하나님을 추구하면서도 그분에게서 도망하고, 의를 행하면서 동시에 불의 가운데 진리를 억누르고, 우리에게 부과된 도덕법의 요구를 인식하면서도 동시에 그것에 복종하기를 거부하며, 하나님을 경외하여 제단을 쌓는 동시에 무지와 죄에 대한 회개가 필요한 존재다. (1988d:322)

288. 소외

'소외'라는 단어를 널리 보급한 사람은 칼 마르크스이며, 이 말은 독일의 신학자 루드비히 포이어바흐에게서 그가 가져온 것이다. 마르크스는 프롤레타리아의 곤경을 경제적 소외라는 관점에서 이해했다. 모든 노동자는 자신의 일부를 자신의 기술에 주입시킨다. 그러므로 고용주는 그 제품을 팔 때, 적어도 부분적으로 그 노동자를 자기 자신으로부터 소외시키는 죄를 범한다. 마르크스에 따르면 이것이 계급투쟁의 기초다.

하지만 성경은 포이에르바하와 마르크스보다 훨씬 오래전에 인간의 소외에 대해 말했다. 성경은 경제적·정치적 소외 외에 훨씬 더 철저한 소외 두 가지를 묘사한다. 하나는 창조주이신 하나님으로부터의 소외이며, 다른 하나는 동료 피조물로부터의 소외다. 이같이 근본적인 인간관계를 붕괴시키는 것보다 우리를 더 비인간화하는 것은 없다. 그렇게 되면 우리는 편안한 마음으로 살아야 할 이 세상에서 이방인이 되고, 시민이 되는 대신 나그네가 된다. (1979e:89)

289. 무의미의 철학

우리 세대는 무의미의 철학을 개발하느라 바쁘다. 인생에는 아무런 의미도 목적도 없다고 믿는 것(혹은 그렇게 믿는다고 말하는 것)이 유행이다. 많은 사람들이 자신에게는 삶의 목적이 없다고 고백한다. 그들은 어디에도 소속되지 못했다고 느끼거나, 속해 있더라도 '무소속'으로 알려진 집단에 속해 있다고 느낀다. 그들은 자신들을 '국외자', '부적응자'로 분류한다. 그들은 정박지나 안전장치 혹은 집이 없는 사람들이다. 성경의 언어로 말하면, 그들은 '잃어버린'(lost) 사람들이다.

그런 사람들에게, 그리스도 안에서 자신을 찾으리라는 약속이 주어진다. 무소속자가 소속된 자가 된다. 그들은 영원 안에서(무엇보다도 하나님의 아들과 딸로서 그분과 연결되어), 사회 안에서(한 가족의 형제자매들로서 서로 연결되어), 역사 안에서(모든 시대를 통해 이어져 내려오는 하나님의 백성들과 연결되어) 자신의 위치를 찾는다. (1968c:101)

290. 하나님을 닮음

인간을 단지 프로그램화된 기계(행동주의자)나 부조리(실존주의자), 혹은 벌거벗은 원숭이(인본주의적 진화론자)로 보는 사람들은 모두 우리가 하나님의 형상으로 창조되었다는 사실을 모독하는 것이다. 물론 우리가 하나님께 반항하고 그래서 하나님으로부터 심판 외에는 받을 것이 없음은 사실이다. 하지만 타락했다고 해서 하나님을 닮은 모습이 완전히 파괴되어 버린 것은 아니다. 더 중요한 것은, 우리가 하나님께 반항함에도 불구하고 하나님은 우리를 사랑하셨고 구속하셨으며 양자로 삼으셨고 그리스도 안에서 재창조하셨다는 것이다. (1978b)

291. 인간됨의 고유 영역

물고기가 물속에서 살도록 만들어졌다면 인간은 어떻게 살도록 만들어졌는가? 나는 만일 물이 물고기가 물고기 됨을 발견할 수 있는 고유 영역이라면, 인간이 인간됨을 발견할 수 있는 고유 영역은 사랑, 사랑의 관계들이라고 답해야 한다고 생각한다. (1992b:54)

26

인간의 가치와 존엄성

292. 기독교적 관점

첫째, 우리는 인간의 존엄성을 단언한다. 인간은 하나님을 알고 서로를 섬기며, 이 세상의 청지기가 되도록 하나님의 형상으로 창조되었다. 따라서 인간은 존중받아야 한다. 둘째, 우리는 인간의 평등성을 단언한다. 인간은 모두 같은 창조주에 의해 같은 형상으로 만들어졌다. 따라서 우리는 어떤 사람에게든 아첨하거나 그를 비웃어서는 안 되며, 모든 사람에게 공평하게 행동해야 한다. 셋째, 우리는 인간의 책임을 단언한다. 하나님은 우리에게 이웃을 사랑하며 섬기라고 하셨다. 그렇기 때문에 우리는 이웃의 권리를 위해 싸워야 하며, 그렇게 하기 위해 자신의 권리를 포기할 준비가 되어 있어야 한다. (1990a:161)

293. 사람이 중요하다

오직 그리스도인들만이 인간의 내재적 가치를 믿는데, 이들은 창조와 구속의 교리를 믿기 때문이다. 하나님은 남자와 여자를 자기 형상대로 만드시고, 그들에게 온 세상과 그 피조물을 다스릴 책임을 주셨다. 하나님은 인간에게 독특한 이성적, 도덕적, 사회적, 창조적 능력을 주셨으며, 그것들은 인간을 하나님과 같이 그리고 동물과 다르게 만들어 준다. 인간은 하나님을 닮은 존재다! 그러나 그들은 자신의 숭고한 기원으로부터 멀어졌으며, 하나님을 닮은 모습이 심각하게 손상되었다. 하지만 그 형상이 파괴되어 버리지는 않았다. 성경은 이 점을 분명하게 말하고 있다.

인간의 존엄성, 고귀함, 가치에 대한 기독교의 가르침이 오늘날 매우 중요한 이유는 한편으로 인간 자신의 자기상을 위해서이고, 또 한편으로는 사회의 복지를 위해서다. 인간이 평가절하 될 때 사회의 모든 부분에 문제가 생긴다. 여성과 어린아이들은 멸시를 당한다. 병든 사람은 귀찮은 존재로 여겨지고 노인은 짐이 되며, 소수 인종은 차별의 대상이 된다. 자본주의는 가장 추한 모습을 드러내며, 광산과 공장에서는 노동력이 착취당한다. 범죄자들은 감옥에서 잔인한 대우를 받으며, 반대 의견은 억압된다. 극우파는 벨젠(Belsen)을, 극좌파는 굴라크(Gulag)[7]를 만들어 낸다. 믿지 않는 사람들은 길을 잃고 죽는다. 자유나 존엄성, 평화로운 기쁨이란 없다. 인간성을 상실한 인간의 삶은 살 가치가 없게 느껴진다.

하지만 인간이 내재적 가치를 인정받고 제대로 평가되면 모든 것이 변한다. 여성과 어린아이들은 존중받는다. 병든 자들은 보살핌을 받고, 노인들은 품위 있게 살다 죽을 수 있다. 의견을 달리하는 사람들의 견해에도 귀를 기울인다. 감옥에 갇힌 자들은 복권되며, 소수 인종은 보호를 받는다. 노동자들은 정당한 임금, 좋은 근로 조건을 갖게 되며, 기업 운영에 참여할 권한을 얻는다. 그리고 복음이 땅 끝까지 전해진다. 왜냐하

---

7 벨젠은 나치 강제 수용소, 굴라크는 구 소련의 강제 노동 수용소다―옮긴이 주

면 사람이 중요하기 때문이다. 모든 남자와 여자와 아이가 하나님의 형상으로 만들어진 인간으로서 의미를 갖기 때문이다. (1988a:129)

294. 책임의 존엄성

성경은 우리의 무지("자기들이 하는 것을 알지 못함이니이다")와 연약함("우리가 단지 먼지뿐임을 기억하심이로다")을 모두 인정한다. 하지만 성경은 우리의 생각과 행동에 대해 책임을 부여함으로써 우리를 존엄하게 해 준다. (1988d:321)

295. 인간과 동물

창세기 1장에서 펼쳐지는 이야기를 보면 인간(창조의 절정)과 동물(동물의 창조 이야기가 먼저 기록되어 있다)을 구분하는 것은 신적 형상과 모양이라는 것을 분명하게 알 수 있다. 인간들과 동물 사이의 연속성이 암시되어 있는데, 예를 들어 인간과 동물은 모두 '생기'를 지니고 있으며 생식하고 번성할 책임이 있다. 하지만 또한 철저한 불연속성이 있다. 인간들만이 '하나님과 유사하다'고 이야기하는 점에서 그렇다. 인간과 동물 사이의 이러한 독특한 구분은 성경 전체에 되풀이해서 나타난다. 그 논증은 두 가지 형태를 띤다. 우리는 인간이 동물의 수준으로 내려가 동물처럼 행동할 때나, 동물이 인간과 같이 행동할 때(우리가 스스로 선택해서 하는 행동보다 동물들이 본능적으로 하는 행동이 더 나을 때) 부끄럽게 여겨야 한다. 전자의 예로, 남자와 여자는 '우매'하여 '짐승같이' 행동하거나 '무지한 말이나 노새같이' 되어서는 안 된다. 후자의 예로, 우리는 소나 나귀가 우리보다 자기 주인을 더 잘 알아보고, 철새들이 집을 떠난 후에 집으로 더 잘 돌아오고, 개미들이 더 부지런하고 검소하다고 질책을 받는다.
(1992b:36)

296. 하나님이 주신 지배권

인간은 연구와 발견과 발명을 하면서, 생물학과 화학, 물리학 및 다른 영역들을 개척하면서, 모든 과학 기술을 발전시키면서 하나님께 순종해 왔으며 하나님이 주신 지배권을 발휘해 왔다. 인간들이 신들로부터 불을 훔친 프로메테우스처럼 행동해 왔다는 것에는 의문의 여지가 없다 (적어도 이론적으로는). 그들은 점차 이 땅을 통제하면서, 하나님의 사적 영역을 침범하여 하나님으로부터 억지로 권력을 빼앗은 것이 아니다. 하나님이 머물러 계시던 틈을 메우고 이제는 하나님 없이도 지낼 수 있게 되었다고 상상하는 것은 더욱 아니다. 이러한 추론은 어리석은 것이다. 미처 알지 못하거나 겸손하게 인정하지 않았을 수는 있지만, 모든 연구와 풍부한 자원을 이용하는 일에서 인간은 하나님의 특권이나 권세를 찬탈하는 것이 아니라 하나님이 그들에게 주신 지배권을 행사해 왔다. 도구와 기술을 개발하는 것, 땅을 경작하는 것, 광물을 채굴하는 것, 연료를 추출하는 것, 수력 발전을 위해 강을 댐으로 막는 것, 원자 에너지를 이용하는 것 등은 하나님의 초기 명령을 수행하는 일이다. 하나님은 우리에게 필요한 음식, 물, 옷, 거처, 에너지, 온기 등의 모든 자원을 이 땅에 제공해 주셨으며, 우리에게 그 자원들이 저장된 이 땅을 다스리도록 지배권을 주셨다. (1990a:119)

존 스토트의 기독교 강요
Authentic Christianity

297. 신적 유사성

나는 아담과 하와가 인류의 선조가 된 최초의 부부로서 역사적 실존 인물들이라고 믿는다.…내가 아담과 하와를 역사적 인물로 받아들이는 것은 그보다 수천 년 전 몇 가지 형태의 아담 이전 '원시 인류'(hominid)가 존재했다는 믿음과 양립 가능하다. 이 원시 인류는 문화적으로 진보하기 시작해 자기들이 사는 동굴에 벽화를 그렸으며, 죽은 자를 매장했다. 하나님이 아담을 그들 중 하나로부터 창조했다고 생각해 볼 수도 있다. 우리는 그들을 '호모 에렉투스'(homo erectus)라고 부를 수 있을 것이다. 심지어 그들 중 일부를 '호모 사피엔스'(homo sapiens)라고 부를 수도 있다. 이 이름들은 과학자들이 임의로 붙인 것이기 때문이다. 한편 나도 이런 문구를 만들어 본다면, 아담은 최초의 '호모 디비누스'(homo divinus)다. 곧 '하나님의 형상으로 만들어진'이라는 구체적인 성경적 칭호를 부여할 수 있는 최초의 사람이라는 것이다. 그에게 각인된 신적 유사성이 정확하게 어떤 것이었는지 우리는 알 수 없다. 성경 어디에서도 그것에 대해 말해 주지 않기 때문이다. 하지만 그것은 인간을 다른 모든 피조물과 다르게 그리고 창조주 하나님과 유사하게 만드는, 그리고 인간에게 자기 아래의 피조물에 대한 '지배권'을 부여한, 이성적·도덕적·사회적·영적 능력을 포함하는 것 같다. (1984d:49)

298. 하나님의 형상

하나님이 세상을 창조하면서 어떤 양식을 사용하셨든(창조하셨다는 사실의 중요성 때문에 그 양식의 중요성은 가려져 있다) 하나님은 자신의 형상으로, 또는 하나님과 유사하게 인간을 만드셨다. 성경 어디서도 그 의미를 분명히 설명하지는 않지만, 그것이 함의하는 바는 분명하다. 성경은 모든 곳에서 사람이 동물들과 질적으로 다르다고 가정하고 있으며, 사람의 행동이 불경건이나 이기심 등의 불합리함에 의해 인간이라기보다는 짐승에 가까울 때, 사람을 질책하고 조롱한다.

사람 안에 있는 신적 형상은 여러 특성의 복합체로서, 다음과 같이 요약될 수 있다.

- 사람은 지성, 곧 추론하고 심지어 자신을 평가하고 비판하는 능력이 있다.
- 사람은 양심, 곧 도덕적 가치를 인식하고 도덕적 선택을 할 수 있는 능력이 있다.
- 사람은 사회성, 곧 개인적·사회적 관계들 안에서 사랑하고 사랑받는 능력이 있다.
- 사람은 지배력, 곧 창조 세계에 주권을 행사하고 땅을 정복하며 창조할 수 있는 능력이 있다.
- 사람은 영혼, 곧 예배하고 기도하고 하나님과 교제하며 살 수 있는 능력이 있다.

이런 (정신적, 도덕적, 사회적, 창조적, 영적) 능력들이 신적 형상을 구성한다. 그 신적 형상 때문에 인간은 독특한 존재다. (1971c)

299. 하나님의 도덕법
하나님은 성경에서 계시하신 도덕법을 인간 본성 안에도 각인시켜 놓으셨다. 하나님은 사실상 자신의 법을 두 번 기록해 놓으셨다고 말할 수 있다. 한 번은 돌판에, 그리고 한 번은 인간의 마음에 기록하신 것이다. 따라서 도덕법은 인간의 순종을 기대하기에는 부자연스러운, 어떤 이질적인 체계가 아니다. 그와 정반대로, 하나님의 도덕법은 우리에게 완전하게 적합하다. 우리 자신이 그 법에 따라 창조된 존재이기 때문이다. 성경에 나오는 하나님의 율법과 우리 마음에 심겨 있는 하나님의 율법 사이에는 근본적으로 유사한 점이 있다. 그래서 그 법에 순종할 때만 우리의 진정한 인간됨을 발견할 수 있는 것이다. (1980a:57)

300. 옳고 그름

모든 인간 공동체에는 옳은 것과 그른 것의 차이에 대한 기본적 인식이 있으며, 일반적으로 인정된 가치관이 있다. 물론 양심이 무오하지 않고 기준들이 문화의 영향을 받는 것은 사실이다. 그럼에도 불구하고 선과 악의 토대는 남아 있으며, 사랑은 언제나 이기심보다 우월한 것으로 인식된다. 이 사실은 중요한 사회적·정치적 함의를 지닌다. 즉 입법자들과 교육가들이 하나님의 율법은 사회에 유익하며 적어도 어느 정도는 사람들이 그것을 안다고 추정할 수 있음을 의미한다. 그것은 그리스도인이 대중에게 자신의 기준을 강요하려 애쓰는 것이 아니라, 하나님 율법의 목적이 인간으로 하여금 "항상 복을 누리게"(신 6:24) 하려는 것임을 대중이 깨닫도록 돕는다는 것을 의미한다. 그 율법은 인간과 인간 공동체의 율법이기 때문이다. 민주주의가 동의에 의한 통치라면, 동의는 합의에, 합의는 토론에, 토론은 하나님 율법의 선함을 주장하는 윤리 옹호자들에게 달려 있다. (1994:89)

301. 도덕적 책임

성경은 변함없이 우리를 도덕적으로 책임 있는 존재로 취급한다. 성경은 우리에게 선택의 필요성을 말한다. 왜 사람들은 그리스도께로 나아오지 않는가? 그렇게 할 수 없기 때문인가, 그렇게 하려 하지 않기 때문인가? 예수님은 두 가지 이유 모두 때문이라고 가르치셨다. 그리고 이 '할 수 없음'과 '하려 하지 않음'에 하나님의 주권과 인간의 책임 사이의 궁극적 이율배반이 놓여 있다. 하지만 우리는 그것을 어떻게 진술하든 두 부분 중 어느 하나라도 무시할 수 없다. 하나님 앞에서 우리의 책임은 인간 존엄성이 지니는 양도할 수 없는 측면이며, 그것의 최종적 표현이 심판 날에 드러날 것이다. (1986a:95)

302. 인권의 기원

인권의 기원은 창조다. 사람은 결코 인권을 '획득한' 적이 없다. 또한 어떤 정부나 권위도 인권을 부여한 적이 없다. 우리는 처음부터 인권을 지니고 있었다. 우리는 조물주의 손으로부터 생명과 함께 인권을 받았다. 인권은 창조에 내재되어 있는, 우리의 창조주가 우리에게 주신 것이다. (1990a:154)

303. 하나님과 개인

구약에서 개인과 하나님의 인격적 관계를 표현한 가장 급진적인 진술은 아마도 시편 139편일 것이다. 인칭 대명사들과 소유격들이 일인칭(나는, 나를, 나의)으로 마흔여섯 번, 그리고 이인칭(너, 너의 것)으로 서른두 번 나온다. 또한 하나님이 우리를 친밀하게 아시고(1-7절) 우리가 하나님으로부터 피하지 못하도록 긴밀하게 동행하시는(7-12절) 근거는 그분이 모태에서 우리를 지으시고 그때부터 우리와 관계 맺으셨기 때문이다(13-16절). (1980d)

304. 남자와 여자

남자와 여자는 동등하며(창조에 의해, 그리고 그리스도 안에서) 어느 한쪽이 다른 한쪽보다 열등하지 않다는 사실은 의문의 여지가 없다. 하지만 남자와 여자는 상호 보완적이기 때문에, 한쪽이 다른 한쪽과 동일하지 않다는 것에도 의문의 여지가 없다. 게다가 이러한 이중적 진리는 남녀의 관계와 역할에 대한 설명을 돕는다. 남자와 여자는 하나님에 의해 **동등한** 존엄성을 가지고 창조되었기 때문에 서로 존중하고 사랑하고 섬겨야 하며, 서로를 무시해서는 안 된다. 남자와 여자는 **상호 보완적으로** 창조되었기 때문에 서로의 차이점을 인식해야 하며, 그 차이점들을 제거하거나 상대방의 특성들을 침해해서는 안 된다. (1990a:263)

305. 인간이 되는 것

그리스도인이 되는 것은 진정한 의미에서 인간이 되는 것이다. 하나님께 대항하는 것보다 더 비인간화되는 것은 없으며, 하나님과 화해를 이루고 교제하는 것보다 더 인간화되는 것은 없기 때문이다. 하지만 구원이 인간화를 포함한다고 기쁘게 주장하는 것은, 인간화(인간을 현대 사회의 비인간화 과정에서 구해 주는 것)가 곧 구원이라고 말하는 것과 전혀 다르다. (1975c:105)

27

우리의 타락한 본성

306. 예수님의 가르침

인간의 본성이 근본적으로 선하다는 교리에 집착하는 사람들, 그것도
두 번에 걸친 무시무시한 세계대전, 특히 제2차 세계대전의 참사를 목
격한 이 세대에 여전히 그렇게 집착하는 사람들은 이해하기가 어렵다.
게다가 이런 믿음을 예수 그리스도께서 가르치셨다고 주장하는 사람들
은 더욱 이해하기 어렵다. 예수님은 결코 그런 것을 가르치신 적이 없기
때문이다.

　각 사람의 마음이라는 토양에는 생각할 수 있는 온갖 추한 죄의 씨가
심겨 있다고 예수님은 가르치셨다. "악한 생각 곧 음란과 도둑질과 살
인과 간음과 탐욕과 악독과 속임과 음탕과 질투와 비방과 교만과 우매
함이니." 이 열세 가지는 모두 '악한 것'이며 그것들은 '사람' 혹은 '사람
들', 곧 모든 사람의 마음에서 나온다. 이것이 타락한 인간 본성에 대한
예수 그리스도의 평가다. (1970b:139, 141)

307. 자연의 희미한 빛

성경은 구속되지 않고 중생하지 않은 자연 상태의 인간이 눈먼 자라는
것을 분명하게 가르친다. "이 세상의 신이 믿지 아니하는 자들의 마음

을 혼미하게 하여 그리스도의 영광의 복음의 광채가 비치지 못하게 함이니, 그리스도는 하나님의 형상이니라." 그렇다면 도대체 사람은 어떻게 보고 믿을 수 있는가? 이 질문에 대답하기 위해 바울은 옛 창조와 새 창조 간에 하나의 유추를 이끌어 낸다. 그는 아주 오래전 "땅이 혼돈하고 공허하며 흑암이 깊음 위에 있던" 태고의 혼돈 상태로 거슬러 올라가 생각해 보도록 한다. 창조의 말씀이 빛과 따스함과 형체와 아름다움을 가져다주기 전까지는, 모든 것이 형체도 생명도 활기도 없고 어둡고 공허했다. 그리스도 없는 자연인의 마음도 이와 마찬가지다. 자연의 희미한 석양(그의 이성과 양심)은 한 발자국도 내다볼 수 없는 암흑을 약간 덜어 준다. 하지만 하나님의 극적인 **명령**이 새 창조를 일으키기 전까지는 모든 것이 어둡고 공허하며 싸늘하다. "어두운 데에 빛이 비치라 말씀하셨던 그 하나님께서 예수 그리스도의 얼굴에 있는 하나님의 영광을 아는 빛을 우리 마음에 비추셨느니라." (1961:95)

308. 죄의 기원

예수님은 **인간의 죄의 내적 기원**에 대해 가르치셨다. 그 기원은 좋지 않은 환경이나 잘못된 교육(모두 외부의 영향을 잘 받는 젊은 사람들에게 강력한 영향을 끼칠 수 있지만)이 아니라, 우리의 '마음' 즉 우리가 물려받은 왜곡된 본성으로 거슬러 올라가야 한다. 예수님이 프로이트가 나오기도 전에 그의 학설을 소개해 주셨다고도 말할 수 있을 것이다. 적어도 그분이 '마음'이라고 부르는 것은 프로이트가 '무의식'이라고 부르는 것과 거의 유사하다. 그것은 매우 깊은 우물과도 같다. 바닥에 있는 두터운 침전물은 보통 눈에 보이지 않으며, 심지어 거기 그런 것이 있으리라고 생각조차 할 수 없다. 하지만 격렬한 감정이라는 바람이 우물을 휘저으면 분노, 미움, 정욕, 잔인함, 시기, 복수심 등 너무나도 보기 흉하고 지독한 냄새가 나는 오물이 밑바닥에서 솟아올라 표면에 나타난다. 그리고 가장 민감해지는 순간에 이렇게 악을 행할 수 있는 잠재 가능성을 깨닫게 되면 소스라치게 놀라고 만다. (1992b:41)

309. 인간의 죄성에 대한 가정

'문명' 사회에서 우리가 당연시하는 많은 것들은 인간의 죄성에 대한 가정에 근거하고 있다. 거의 모든 법률은, 인간이 정의롭게 사리사욕에 치우치지 않고 분쟁을 해결할 수 없다는 불신 때문에 생겨난 것이다. 약속으로는 충분하지 않다. 우리에게는 계약이 필요하다. 문만으로는 충분하지 않다. 우리는 문을 잠그고 빗장을 걸어야 한다. 요금을 내는 것으로는 충분하지 않다. 티켓을 발부하고, 검사하고, 징수해야 한다. 법과 명령만으로는 충분하지 않다. 그것을 집행할 경찰이 있어야 한다. 이 모든 것은 인간의 죄로 인한 것이다. 우리는 서로를 신뢰할 수가 없고, 서로에게서 보호받아야 한다. 그것은 인간의 본성에 대한 가공할 만한 고발이다. (1971a:62)

310. 양심이 하는 일

타락한 인간의 양심은 종종 잘못되어 있으며(그것은 하나님의 말씀으로 교육받을 필요가 있다), 종종 졸고 있다(그것은 하나님의 영으로 일깨워질 필요가 있다). 또한 어떤 사람들은 도덕적으로 절대적인 것이 더 이상 없기 때문에 모든 것은 상대적이라고 주장하며 자신은 죄의식을 전혀 느끼지 않는다고 주장한다. 그러나 그런 사람들의 말을 믿어서는 안 된다. 하나님은 여전히 창조에 의해 모든 인간에게 도덕의식을 부여하시기 때문이다. 우리가 물려받은 타락성이 그러한 도덕의식을 왜곡했지만 완전히 파괴하지는 않았다. 자신의 양심을 '화인 맞게' 하거나(바울이 딤전 4:2에서 사용한 말) 무감각하게 만듦으로써 그 양심을 어기고 억누르지 않는다면 양심은 계속해서 그들을 괴롭힐 것이다. 아무리 항변한다 해도 그들은 자신에게 죄성과 죄책이 있다는 사실을 안다. [1980a:57]

311. 양심의 재촉
죄책을 느끼는 양심은 커다란 축복이다. 단 그것이 모든 것을 제자리로 돌려놓을 때만 그렇다. [1986a:98]

312. '전적 부패'
'전적 부패'라는 성경 교리는 모든 인간이 똑같이 부패했다는 의미가 아니며, 그 누구도 선을 전혀 행할 수 없다는 의미도 아니다. 단지 인간의 어떤 부분(지성, 감정, 양심, 의지 등)도 타락에 의해 오염되지 않은 곳이 없다는 의미다. [1979e:79]

313. 죄의 다섯 측면
신약 성경은 죄를 표시하는 데 다섯 개의 헬라어 단어를 사용하고 있으며, 이것을 함께 모아 놓고 생각해 보면 죄의 수동적 측면과 능동적 측면들이 나타난다. 가장 자주 쓰이는 단어가 '하마르티아'(hamartia)인데, 이 말은 죄를 표적에서 빗나간 것, 목적지에 이르지 못한 것으로 묘사한다. '아디키아'(adikia)는 '불의' 혹은 '부정'이라는 의미이고, 포네리아(ponéria)는 사악하거나 부패한 종류의 악을 가리킨다. 이 용어들은 모두 내적인 부패 혹은 뒤틀린 성격을 이야기하는 것 같다. 좀 더 능동적인 단어로는, '파라바시스'(parabasis, 이 단어를 이와 유사한 paraptóma와 연관지을 수 있다)가 있는데, 이 말은 '침입' 혹은 '침해' 즉 일정한 한계를 넘어가는 것을 가리킨다. '아노미아'(anomia)라는 또 하나의 단어는 '무법' 즉 일정한 법을 무시하거나 어기는 것을 가리킨다. 각각의 경우 어떤 객관적 표준이 내포되어 있으며, 우리가 어떤 기준에 이르지 못하거나 어떤 선을 고의적으로 넘어가는 것을 가리키기도 한다. (1986a:89)

314. 타락한 양심에 사로잡힌 자

우리 자신을 있는 그대로 볼 때, 즉 한편으로는 하나님께 반역하여 하나님의 심판 아래 있고 다른 한편으로는 타락한 본성에 사로잡힌 자로 볼 때, 비로소 우리는 시편 51편에서의 다윗처럼 자신에 대해 절망하고 하나님께 자비를 구하게 된다. (1988e:63)

315. 분열된 자기

우리의 존재(자기 혹은 개인적 정체성)는 부분적으로는 창조의 결과(하나님의 형상)이며, 또 부분적으로는 타락의 결과(손상된 형상)다. 우리가 부인하고 포기하며 십자가에 못 박아야 하는 것은 타락한 자기, 즉 우리 안에 있는 것 중 예수 그리스도와 상반되는 모든 것이다(여기서 "자기를 부인하고 나를 따르라"는 그리스도의 명령이 나온다). 우리가 긍정하고 소중히 여겨야 하는 것은 창조된 자기, 즉 우리 안에 있는 것 중 예수 그리스도와 양립할 수

존 스토트의 기독교 강요
Authentic Christianity

있는 모든 것이다(그래서 그리스도는 우리가 자기를 부인함으로 자신을 잃어버리면 자신을 찾을 것이라고 말씀하신다). 참된 자기 부인(우리의 타락한 거짓 자기를 부인하는 것)은 자기 파멸이 아니라 자기 발견에 이르는 길이다.

그러므로 우리의 존재 중 창조에 의해 지니게 된 것은 무엇이든 긍정해야 한다. 이성, 도덕적 의무감, 남성성과 여성성, 미적 감각과 예술적 창조성, 비옥한 땅에 대한 청지기 의식, 사랑과 공동체에 대한 갈망, 하나님의 초월적 신비에 대한 의식, 엎드려 하나님을 경배하고자 하는 내재적 충동 등, 이 모든 것은 우리의 창조된 인간됨의 일부분이다. 그것들이 죄에 의해 오염되고 왜곡된 것은 사실이지만, 그리스도는 그것을 파괴하러 오신 것이 아니라 구속하러 오셨다. 그러므로 우리는 그것을 긍정해야 한다.

또한 우리는 타락에 의해 지니게 된 것은 무엇이든 부인하거나 거절해야 한다. 바로 불합리성, 도덕적 사악함, 성적 특성의 상실, 추한 것에 매력을 느끼는 것, 하나님이 주신 은사들을 계발하는 일에 게으르고 그것을 거부하는 것, 환경오염과 파괴, 인간 공동체를 파괴하는 이기심, 악의, 개인주의, 복수심, 교만한 자율성, 우상숭배에 빠져 하나님을 예배하기를 거부하는 태도 같은 것들이다. 이것들은 타락으로 인해 생긴 우리 인간됨의 일부이며, 그리스도는 그것을 구속하러 오신 것이 아니라 멸하러 오셨다. 그러므로 우리는 그것을 부인해야 한다. (1984a)

316. 죄의 심각성

죄는 지극히 무서운 것이며, 십자가만큼 우리 죄의 심각성을 잘 드러내 보여 주는 것은 없다. 궁극적으로 예수님을 십자가로 보낸 것은 유다의 탐욕도, 제사장들의 시기도, 빌라도의 우유부단한 비겁함도 아니었다. 그것은 우리 자신의 탐욕과 시기와 비겁함과 다른 죄악들, 그리고 그리스도가 사랑과 자비로 그 심판을 담당하고 그것을 없애기로 작정하신 결단 때문이었다. 우리가 그리스도의 십자가를 대할 때, 자신이 완전무결하다고 여겨 부끄러움을 느끼지 않기란 불가능하다. 십자가 바깥의 세계 도처에는 냉담과 이기심과 자기만족이 자라나고 있다. 그곳에서 이런 유독한 잡초들이 시들어 죽어가고 있으며, 더럽고 유독한 본연의 모습을 드러내고 있다. 그리스도 안에서 하나님이 직접 우리의 불의를 담당하는 것 외에 의로운 하나님이 우리 불의를 의로운 방식으로 용서할 다른 방법이 없을 정도라면, 그 불의는 정말 심각한 것임이 분명하기 때문이다. 이 사실을 이해할 때만, 우리는 자기 의와 자기만족을 벗어 버리고 예수 그리스도를 절실하게 필요한 구세주로 여기고 의지할 수 있다. (1986a:83)

317. 죄와 용서

그리스도인의 죄에 대한 적절한 태도는 그것을 부인하는 것이 아니라 인정하는 것이다. 그다음에는 하나님이 가능하게 하시고 우리에게 약속하신 죄사함을 받는 것이다. "만일 우리가 우리 죄를 자백하면," 즉 우리가 본성(죄성)뿐 아니라 실제 행하는 것(죄악된 행위들)에서도 죄인임을 하나님 앞에서 인정하면, 하나님은 "우리 죄를 사하시며 우리를 모든 불의에서 깨끗하게 하실 것이다"(요일 1:9). 죄는 하나님이 사해 주시는 빚이며, 또한 하나님이 제거해 주시는 얼룩이다. (1988g:82)

318. 죄인은 하나님께 접근할 수 없다

우리는 먼저 죄인들이 하나님께 접근할 수 없음을 본 이후에야 비로소 그리스도가 우리로 하여금 하나님께 접근할 수 있게 해 주셨다는 사실에 감사할 수 있다. 우리가 참으로 '할렐루야'를 외칠 수 있는 것은 먼저 '슬프다. 나는 길을 잃었다!'라고 외친 이후다. 데일(Dale)의 말을 빌리면, "죄가 하나님의 진노를 촉발시킨다고 믿지 못하는 부분적인 이유는 죄가 우리 자신의 분노를 촉발시키지 않기 때문이다."[8] (1986a:109)

319. 우리의 죄를 고백함

우리가 확립하려 애써 온 원리는 죄를 범한 대상, 즉 용서를 받아야 할 그 사람(들)에게만 죄를 고백해야 한다는 것이다. 고백은 결코 제삼자에게 해서는 안 된다. 그가 죄를 저지른 대상이 아니기 때문이며, 또한 그 죄를 용서할 수 있는 입장에 있지 않기 때문이다. 이런 간단한 이유 때문에 사제에게만 털어놓는 비밀 참회는 개탄스러운 관행이다. 비밀 참회는 '사제에게' 하는 것이 아니라 사제를 통해 혹은 사제 앞에서 하나님께 하는 것이라고 말하거나 사제가 대표하는 교회에게 하는 것이라고 말하는 것은 올바른 대답이 아니다. 그같이 대리인에게 하는 고백은 성경에서 인정하지도 권하지도 않는다. 하나님께 죄를 범했으면 하나님께 은밀히 그 죄를 고백해야 한다. 교회에 대해 죄를 지었으면 교회에 공개적으로 그 죄를 고백해야 한다. 그런 죄들을 사제에게 고백하는 것은 옳지 않다. 그것은 다른 사람을 포함시킴으로써 은밀한 고백을 은밀

---

8   R. W. Dale, *The Atonement* (Congregational Union, 1894), pp. 338-339.

하지 않은 것으로 만들며, 교회를 배제함으로써 공개적 고백을 공개적이지 않은 것으로 만들기 때문이다. (1964:84)

320. 고백하는 것과 버리는 것

죄를 하나님 앞에 털어놓을 때 거기서 멈추지 않고 계속해서 하나님과 죄 자체에 대해 올바른 태도를 취하는 것이 중요하다. 첫째로 우리는 하나님 앞에 회개하는 마음으로 자신을 낮추면서 그 죄를 고백해야 한다. 둘째로, 우리는 그 죄를 거부하고 끊어 버려야 한다. 이것이 신약에서 말하는 '금욕'의 중요한 부분이다. 그것은 죄에 대해 결연하게 적대적 태도를 취하는 것이다. 죄를 밝히는 것 자체는 크게 중요하지 않으며, 거기서 더 나아가 하나님에 대한 겸손한 태도와 죄에 대한 적개심을 가져야 한다. "여호와를 사랑하는 너희여, 악을 미워하라.""여호와는 악을 미워하는 자를 사랑하시느니라"(시 97:10, AV와 RSV). 그리고 그것은 우리 죄를 신실하게 체계적으로 밝히고 고백함으로써 촉진되는 악에 대한 거룩한 증오다. (1964:20)

321. 영적 죽음

비그리스도인들이 '죽어 있다'는 성경의 진술은 많은 사람들에게 문제를 야기한다. 이것은 일상생활에서 확인하는 사실들과 일치하지 않는 것 같아 보이기 때문이다. 그리스도인이라고 공언하지 않는 많은 사람들, 심지어 공개적으로 예수 그리스도를 부인하는 사람들도 아주 생생하게 살아 있는 것처럼 보인다. 어떤 사람은 운동선수 같은 강건한 육체를 가지고 있으며, 또 어떤 사람은 학자와 같은 활기찬 정신을 가지고 있고, 또 어떤 사람은 영화배우 같은 쾌활한 성품을 지니고 있다. 만일 그리스도가 그런 사람들을 구원하지 않으셨다면 그들은 죽어 있다고 말해야 하는가? 그렇다. 우리는 바로 그렇게 말해야 하고, 또 그렇게 하고 있다. 가장 중요한 영역(그것은 육체도 정신도 성품도 아닌, 영혼이다)에서 그들에게는 생명이 없기 때문이다. 그리고 당신은 그것을 알 수 있다. 그들은 예수 그리스도를 볼 수 없고, 성령의 음성을 들을 수도 없다. 하나님에 대한 사랑도 없으며, 하나님의 인격적 실재에 대한 민감한 인식도 없고, 하나님을 '아바 아버지'라고 부르며 기뻐 뛰는 영혼도 없고, 하나님의 백성들과 교제를 나누고자 하는 열망도 없다. 그들은 시체처럼 하나님께 아무런 반응을 보이지 않는다. 그러므로 우리는 하나님 없는 삶은(아무리 그 사람이 육체적으로 튼튼하고 정신적으로 기민하다 해도) 살아 있는 죽음이며, 그런 삶을 사는 사람은 살아 있다 해도 죽은 것이라고 주저 없이 단언해야 한다. 이런 역설을 단언하는 것은 타락한 인간 실존의 기본적 비극을 인식하는 것이다. 하나님에 의해 그리고 하나님을 위해 창조된 그 사람이 하나님 없이 살고 있다. 실로 선한 목자이신 예수님이 우리를 발견하시기 전까지는 우리도 그런 상황에 처해 있었다. (1979e:72)

322. 하나님의 거룩하심과 인간의 죄

우리가 성경에 따라 하나님을 있는 그대로 보고 우리 자신을 있는 그대로 보기 전까지는 하나님의 심판이 불의하게 보이고 그렇게 들린다. 성경에서는 하나님의 완전한 거룩하심을 설명하기 위해 빛과 불이라는 말을 사용한다.

하나님은 다가갈 수 없는 빛, 눈부시게 화려하며 눈을 멀게 하는 빛이며, 모든 것을 집어삼키는 불이다. 하나님의 영광을 잠깐이라도 본 사람들은 그 광경을 견디지 못했으며, 외면하거나 달아나거나 졸도해 버렸다. 나는 종종 우리 시대의 사람들에게, 안셀무스가 당시 사람들에게 했던 다음과 같은 말을 하고 싶다. "당신은 아직 죄의 심각성을 충분히 생각하지 않았다." (1988d:321)

323. 완전한 사회는 없다

사회 정의를 위해 일하고 하나님이 좀 더 기뻐하실 만한 사회를 만들기 위해 사회의 개선을 기대하는 것은 정당하지만, 우리는 결코 사회를 완전하게 만들 수 없다는 사실을 안다. 그리스도인들은 유토피아주의자가 아니다. 우리는 복음의 변화시키는 능력과 그리스도인의 빛과 소금 같은 삶이 끼치는 건전한 영향력을 알지만, 또한 악이 인간 본성과 인간 사회에 깊이 뿌리 박혀 있다는 것도 안다. 우리는 어떤 헛된 환상도 품지 않는다. 그리스도가 다시 오실 때 그분만이 악을 뿌리 뽑고 영원한 공의를 세우실 것이다. 우리는 그날을 열렬히 갈망한다. (1992b:321)

324. 유일한 출구

죽음은 죄라는 감옥의 유일한 출구다. "죽은 자는 자신의 죄로부터 의롭다 하심을 얻었다"(롬 6:7, 저자 사역). 그리스도는 이러한 죽음을 우리를 위해 취하셨다. 즉 그리스도는 우리의 죽음을 대신하셨다. 이렇게 해서 우리가 그리스도와 연합되었다면, '그리스도가 나를 위해 죽으셨다'는 말이 참인 것처럼 '내가 그리스도 안에서 죽었다'는 말도 참이다. 그리스도는 나의 죽음을 대신하셨으며 나는 그리스도 안에 있기 때문에,

하나님은 나를 보실 때 이미 죽은 자로 바라보신다. 그리스도와 함께 죽었고 다시 살아났으므로 율법의 요구는 이루어졌고 나는 자유로워진다. (1954c:61)

325. 죽음의 기원

우리는 창세기 5:5에서 아담이 '죽었다'는 사실을 읽는다. 왜 그는 죽었는가? 죽음의 기원은 무엇인가? 죽음은 처음부터 거기 있었는가? 분명 식물의 죽음은 있었다. 하나님은 "씨 맺는 채소와…씨 가진 열매 맺는 나무"를 창조하셨다(창 1:1 이하). 즉 꽃이 피고, 열매 맺고, 씨를 내고, 죽고, 다시 새로운 생명이 태어나는 주기가 창조 질서 안에 확정되어 있었다. 동물의 죽음 역시 존재했다. 많은 포식 동물의 화석이 뱃속에 먹이를 넣은 채로 발견되기 때문이다. 하지만 인간은 어떠한가? 바울은 죄로 말미암아 사망이 세상에 들어왔다고 썼다(롬 5:12). 그 말은 죄를 짓지 않았다면 죽지 않았을 것이라는 의미인가? 많은 사람들은 이런 생각을 비웃는다. C. H. 도드(Dodd)는 확고한 어조로 다음과 같이 쓰고 있다. "분명 우리는 그러한 추측을 죽음의 기원에 대한 설명으로 받아들일 수 없다. 우리가 알고 있듯이 죽음은 세상에 있는 유기체의 실존과 분리할 수 없는 자연적 과정이다.…"[9]

우리는 이미 식물계와 동물계에서는 죽음이 '자연적 과정'이라는 데 동의했다. 하지만 인간을 단지 고등한 동물들로 여기고, 그러므로 다

---

9 C. H. Dodd, *The Epistle of Paul to the Romans*, The Moffatt New Testament Commentary (Hodder and Stoughton, 11th edn. 1947), p. 81.

른 동물들과 마찬가지로 죽는다고 생각해서는 안 된다. 그와 반대로, 성경은 우리가 동물이 아니기 때문에 인간의 죽음이 자연 법칙에 반하는 것, 이질적인 어떤 것의 침입, 죄에 대한 벌, 인간 피조물에 대한 하나님의 원래 의도에 반하는 것으로 여긴다. 하나님은 오직 아담이 불순종할 경우에 "반드시 죽으리라"고 경고하셨다(창 2:17). 하지만 그가 즉시 죽지 않았으므로, 어떤 사람들은 그것이 뜻하는 바가 영적 죽음 혹은 하나님과의 분리였다고 결론 내린다. 하지만 하나님은 후에 아담에게 판결을 내리실 때 이렇게 말씀하셨다. "너는 흙이니 흙으로 돌아갈 것이니라"(창 3:19). 그러므로 그 저주에는 육체적 죽음이 포함되어 있으며, 아담은 불순종함으로써 죽음을 면할 수 없는 존재가 된 것이다. 이것이 랍비들이 창세기를 이해한 방식이다. 예를 들어, "하나님은 인간을 부패하지 않게 만드셨으며, 자신의 적절한 형상으로 만드셨다. 하지만 마귀의 시기로 죽음이 세상에 들어왔다.…"(지혜서 2:23-24) 이 때문에 성경 저자들은 죽음을 한탄하며 그에 대해 격분하는 것이다. 그들은 죽음을, 우리의 지위를 떨어뜨리며 (하나님의 특별한 피조물인) 우리를 동물 피조물과 같은 수준으로 낮추어 "멸망하는 짐승"(시 49:12)과 같이 되게 하는 것으로 본다. 전도서 저자도 그러한 굴욕을 느낀다. "인생이 당하는 일을 짐승도 당하나니 그들이 당하는 일이 일반이라. 다 동일한 호흡이 있어서 짐승이 죽음같이 사람도 죽으니 사람이 짐승보다 뛰어남이 없음은"(전 3:19).

그러므로 하나님은 유일하게 자신의 형상을 지닌 피조물인 인간에 대해서 원래는 더 나은 어떤 것, 죽음과 부패와 분해보다 덜 욕되고 덜 비참한 것, 인간은 동물이 아니라는 사실을 승인하는 그 무엇을 염두에 두고 계셨던 듯하다. 어쩌면 그분은 죽음이 필요 없도록 인간을 에녹과 엘리야처럼 '옮기셨을' 수도 있다. 어쩌면 예수님이 오실 때 "순식간에 홀연히" 변화될 신자들처럼 그들을 '변화시킬' 수도 있다(고전 15:51-52). 또한 우리는 예수님의 변형을 이러한 관점에서 생각할 수 있다. 변화산에서 그분의 얼굴은 빛났고, 옷은 눈부시게 희어졌으며, 몸은 그분이 나중에 가지실 부활체처럼 반쯤 투명해졌다. 그분은 죄가 없었기 때문에 죽으실 필요도 없었다. 죽지 않고 곧바로 하늘 나라로 가실 수 있었던 것이다. 하지만 그분은 자유롭고도 자애로운 뜻에 의해 우리를 위해 죽고자 일부러 다시 오셨다. (1994:165)

28

자기 사랑

326. 세속적인 마음

겸손을 주장하고 교만에 냉혹한 적의를 가지는 일만큼 그리스도인의 마음이 세속적 마음과 격렬하게 충돌하는 곳은 없다. (1990a:37)

327. 시기, 허영, 교만

시기는 허영이라는 동전의 뒷면이다. 다른 사람들에게 시기심을 가지는 사람치고 자신에 대해 교만하지 않은 사람은 없다. (1986a:53)

328. 자기 과장을 향한 충동

타락한 사람에 대한 루터의 묘사인 '자기 안으로 굽어진 사람'(*homo in se incurvatus*)보다 더 나은 표현을 찾기란 어렵다. 인간의 타락은 곧 인간의 이기성이다. 대부분의 야망은 이기적인 야망이다. 부나 명성이나 권세를 획득하며 '성공한' 사람들은 주로 자기 과장을 향한 내적 충동으로 움직인 사람들이다. 이런 생각은 비관주의가 아니고, 사실을 똑바로 보기 원하는 그리스도인들의 냉정한 현실주의다. (1991b:86)

329. 바리새인의 야망

바리새인의 정신은 오늘날에도 여전히 아담의 모든 자손을 따라다니며 괴롭힌다. 그리스도와 동시대 사람들에 대해서는 비판적이면서 우리 안에 그들과 같은 허영이 있는 것은 놓치기가 쉽다. 하지만 우리의 타락한 본성 속에는 인간의 칭찬을 받고자 하는 갈망이 깊이 뿌리 박혀 있다. 그것은 사람들이 원하는 존재가 되고 사람들의 사랑을 받기 원하는 기본적인 심리적 필요가 사악하게 곡해된 것이다. 우리는 박수에 굶주려 있고, 칭찬의 말을 찾아 헤매며, 아첨의 말을 먹고 자란다. 우리가 원하는 것은 사람들의 박수갈채다. 우리는 현재 주어지는 하나님의 인정이나, 마지막 날 듣게 될 '착하고 충성된 종아, 잘하였다'라는 말씀으로는 만족하지 못한다. 하지만 칼뱅이 말했듯이, "하나님의 심판보다 사람들의 하찮은 인정을 선호하는 것보다 더 어리석은 것, 아니 더 야만적인 것이 어디 있겠는가?"[10] (1970b:205)

330. 자기중심성

성경에서 말하는 '죄'란 자기중심성이다. 하나님은 우리가 먼저 하나님을 사랑하고, 다음으로 우리 이웃을 사랑하며, 마지막으로 우리 자신을 사랑하라고 하신다. 죄는 이 순서를 정반대로 뒤집어 놓는다. 그것은 우리 자신을 처음에 놓고, 이웃을 그다음에(그것이 우리에게 편리할 때), 그리고 하나님은 먼 배경으로 밀쳐놓는 것이다. (1991d:21)

---

10 *The Gospel According to St John.* 요한복음 12:43에 대한 해설.

331. 성경에 나오는 자기애

자기애란 죄에 대한 성경적 해석이다. (1986a:276)

332. '자기'라는 단어

자기중심성이란 인간이면 누구나 체험하는 보편적 현상이다. 이것
은 우리가 사용하는 언어에서 '자기'(self)라는 말이 붙는 합성어가 얼
마나 다양하고 풍부한지를 보면 분명히 알 수 있다. 자화자찬(self-
applause), 자기도취(self-absorption), 자기주장(self-assertion), 자기선전
(self-advertisement), 방종(self-indulgence), 자기만족(self-gratification), 우월
감(self-glorification), 자기 연민(self-pity), 거만(self-importance), 사리사욕
(self-interest), 완고함(self-will) 등 경멸적 의미를 가진 단어들을 찾아보
면 쉰 개가 넘는다. (1992b:50)

333. 태고의 유혹

모든 죄는 하나님과 같이 되려는 태곳적의 유혹에 굴복하는 것이다.
(1970b:207)

334. 참된 자유

참된 자유란 나 자신을 위해 살기 위해 하나님과 사람에 대한 모든 책
임에서 자유로워지는 것이 아니다. 오히려 참된 자유란 사랑으로 하나
님과 다른 사람들을 위해 살기 위해, 나 자신과 자기중심성이라는 폭군
으로부터 벗어나 자유로워지는 것이다. 이렇게 자신을 주는 사랑 속에
서만 진정 자유롭고 인간적인 실존이 발견될 것이다. (1977f:28)

335. 자기 신격화

교만은 일곱 개의 대죄 중 첫째가는 죄 이상의 것으로, 그 자체가 모든 죄의 본질이다. 그것은 하나님이 하나님 되시도록 하기를 고집스럽게 거부하며, 하나님의 자리를 대신 차지하고자 하는 야망이기 때문이다. 그것은 하나님을 왕위에서 끌어내리고 스스로 왕위에 올라가는 것이다. 죄는 자신을 신격화하는 것이다. (1992a:111)

336. 이웃을 자신처럼

때로 이웃을 자신과 같이 사랑하라는 명령이 암시적으로는 이웃뿐 아니라 자신도 사랑하라는 명령이라고 주장하는 사람들이 있다. 하지만 그렇지 않다. 나는 확신을 가지고 이렇게 말할 수 있다. 부분적인 이유는 예수님이 세 번째 계명을 언급하지 않고 첫 번째와 두 번째 계명만 말씀하셨기 때문이다. 또 다른 부분적 이유는 '아가페'가 자신에게 향할 수 없는 이타적인 사랑이기 때문이고, 성경에 따르면 자기 사랑은 죄의 본질이기 때문이다. 우리는 창조로부터 유래된 자신의 모든 것을 긍정하고, 우리 자신 안에 타락으로부터 생겨난 모든 것을 부인해야만 한다. 두 번째 계명이 요구하는 것은 (죄인인) 우리가 실제로 자신을 사랑하는 만큼 이웃을 사랑하라는 것이다. (1994:350)

29

공허한 종교

337. 종교적 체험

도덕적 헌신이 없는 신비적 체험은 거짓된 종교다. (1982c)

338. 공허한 종교

우리는 종교에 대한 성경의 비판에 다시 귀를 기울일 필요가 있다. 공허한 종교에 대해서는 어떤 책도, 심지어 마르크스와 그의 추종자들이 쓴 것도 성경보다 심한 혹평을 가하지 않는다. 주전 8세기와 7세기의 예언자들은 이스라엘 사람들이 드리는 예배의 형식주의와 위선을 거리낌 없이 공공연하게 비난했다. 그리고 예수님은 그들의 비판을 자기 시대의 바리새인들에게 적용하셨다. "이 백성이…입술로는 나를 공경하나 그들의 마음은 내게서 멀리 떠났나니"(사 29:13; 막 7:6). 그리고 구약의 예언자들과 예수님의 종교에 대한 이런 고발은 유감스럽게도 오늘날의 우리와 교회에 적용될 수 있다. 우리의 예배 중 너무나 많은 것이 실재 없는 의식, 능력 없는 형식, 두려움 없는 즐거움, 하나님 없는 종교가 되고 있다. (1992b:228)

339. 종교와 도덕

인정하기 부끄럽지만, 인류 역사에서 종교와 도덕은 결합되기보다는 너무나 자주 분리되어 왔다. (1973b:87)

340. 자기 섬김

자만심의 형태로 나타나든 자기 과신이나 자기주장 혹은 자기 의라는 형태로 나타나든, 타락한 인간 본성은 도저히 구제할 수 없을 만큼 자기 중심적이며, 교만은 기본적인 인간의 죄다. 우리가 스스로를 자기도취에 빠지게 놓아두면 종교마저도 우리 자신을 섬기는 수단으로 전락하지 않을 수 없다. 우리의 경건은 사심 없이 하나님을 찬양하는 수단이 되는 대신, 주제넘게 하나님께 다가가 그분께 어떤 주장을 하는 기초가 될 것이다. 윤리적 종교들은 모두 이런 식으로 타락하는 듯 보이며 **기독교도 마찬가지다.** (1994:29)

341. 바리새주의

바리새주의가 서구 교회들을 따라다니며 괴롭히고 있다.…그것은 참된 종교를 파멸시킨다. 진실성이야말로 하나님의 복을 받기 위한 필수불가결한 조건이기 때문이다. 하나님이 우리를 사용하시기를 기대한다면 하나님 앞에서 더욱 솔직하고, 다른 사람들에게 마음을 열며, 우리 자신 안에서 더욱 진실해야 한다. (1954b:xiii)

342. 다원주의와 혼합주의

모든 종교를 각각 본래 모습 그대로 보존하려는 다원주의와, 그 종교들의 혼합을 선호하는 혼합주의는 예수님의 유일성과 최종성을 부인한다.
(1981f)

343. 호흡 없는 육체

그리스도 없는 기독교는 그림 없는 액자, 보석 없는 보석 상자, 호흡 없
는 육체다. (1991d:18)

6부
이토록 큰 구원

344. 근본적인 질문들

모든 종교에서 근본적인 질문들은 같다. 어떤 권위에 의해서 우리가 믿고 가르치는 것을 믿고 가르치는가? 어떤 수단에 의해 죄인들이 하나님과 화해하거나 '구원'받는가? (1988d:332)

345. 삼위일체적 복음

바울이 '하나님의 복음'이라는 표현을 사용하고 있는 로마서 서두에는 하나님이 그 소유격의 목적어가 아니라 주어라는 사실이 분명하게 나타나 있다. 복음을 구상하고 설계하고 공포하신 분은 하나님이며, 반면 복음의 내용은 그리스도다. "바울은 사도로 부르심을 받아 하나님의 복음을 위하여 택정함을 입었으니…그의 아들에 관하여 말하면…곧 우리 주 예수 그리스도시니라"(롬 1:1-4). 복음은 하나님의 아들에 관한 것이다. 그것은 그리스도에 대해 알리는 것이다. 성령은 그리스도에 '대하여' 증언하며(요 15:26), 사도들의 메시지는 "우리가 그를 전파하여"(골 1:28)라는 말로 요약할 수 있다.

　그렇다면 복음의 중심 진리는 바로 그리스도다. (1967e:35)

346. 기독교의 본질

기독교는 아주 본질적으로 구출의 종교다. (1985:75)

347. 협상할 수 없는 계시

복음은 하나님으로부터 온 협상할 수 없는 계시다. 우리는 복음을 더욱 확고하게 파악하고 그것을 다른 사람들이 좀 더 잘 받아들일 수 있게 전하기 위한 목적이라면 복음의 의미와 해석에 대해 논할 수 있다. 하지만 복음을 판단하거나 그 내용을 함부로 고칠 권리는 우리에게 없다. 그것은 우리의 복음이 아니라 하나님의 복음이며, 그 진리는 비판되는 것이 아니라 받아들여져야 하고, 논의되는 것이 아니라 선포되어야 하기 때문이다. (1975c:59)

348. 축소할 수 없는 최소한의 것

하나님의 복음의 세 가지 주요 구성 요소는 예수 그리스도와 그분이 십자가에 못 박히신 것, 죄 가운데 있으며 심판을 받을 수밖에 없는 인간의 곤경과 위험, '믿음의 순종'이라고 불리는 반응이다. 이것을 더 간단하게 말한다면, '죄-은혜-믿음'이다. 이것은 더 이상 축소할 수 없는 최소한의 것이다. (1967e:54)

349. 좋은 조언이 아니다

복음은 사람들에게 주는 좋은 조언이 아니라, 그리스도에 대한 좋은 소식이다. 그것은 우리에게 무엇을 하라는 초대가 아니라, 하나님이 이미 행하신 일의 선포다. 그것은 요구가 아니라 제시다. (1968c:70)

350. 약속과 조건: 제시와 요구

복음의 제시는 무조건적인 것이 아니다. 듣는 자들이 싫든 좋든, '그것을 듣든 거부하든 상관없이' 그들에게 유익을 주는 것은 아니다. 죄인들이 자신의 죄를 고수한다면 분명 죄사함을 받을 수 없다. 하나님이 그들의 죄를 사함으로써 그 죄에서 돌아서시기를 바란다면, 그들 자신이 회개함으로써 그 죄에서 돌아서야만 한다. 그러므로 우리는 죄사함의 약속뿐 아니라 죄사함의 조건 역시 선포해야 한다. 죄사함은 복음이 제시하는 것이고, 회개는 복음이 요구하는 것이다. [1967d:53]

351. 유일한 복음, 많은 표현들

바울이 강조했듯이 사도적 복음은 오직 하나다. 그래서 바울은 '다른 복음'을 전파하는 사람 누구에게든(물론 자기 자신을 포함해서) 하나님의 심판이 내려지기를 바랄 수 있었다. 하지만 사도들은 그 복음을 매우 다양한 방식으로 제시했다. 희생 제사의 방식(그리스도의 피를 흘리고 뿌리는 것), 메시아적 방식(새로운 시대 혹은 하나님이 약속하신 통치의 도래), 신비적(영생을 받고 누리는 것, '그리스도 안에' 있는 것), 법적(의로운 재판관이신 하나님이 불의한 자들을 의롭다고 선고하시는 것), 인격적(하나님 아버지가 제멋대로인 자녀들과 화해하시는 것) 방식, 구원의 방식(하늘의 해방자가 억압 받는 그의 백성을 구하러 오셔서 새로운 출애굽으로 인도하시는 것), 우주적 방식(우주의 주님이 권세들에 대한 우주적 지배를 선포하시는 것) 등이 있었다. 이 일곱 가지는 단지 몇 개의 예시일 뿐이다! [1988d:330]

352. 새로운 복음?

어떤 현대 신학자들은 우리에게 새로운 세상을 위한 새로운 복음이 필요하다고 주장한다. 구식 복음은 더 이상 먹혀들지 않으며, 시대에 뒤졌고 부적절하기에, 폐기되고 다른 것으로 대체되어야 한다고 말한다. 그러나 이와 대조적으로, 《영국의 개종을 향하여》(*Towards the Conversion of England*)에 표명된 견해를 읽으면 기분이 상쾌해진다. 책의 2장 첫 부분에는 윌리엄 템플(William Temple)의 다음과 같은 진술이 나온다. "복음은 언제 어디서나 참이다. 그렇지 않으면 그것은 복음이 아니거나 참된 것이 아니다." (1967e:33)

353. '흠잡을 데 없는 나머지'

17세기 중국의 예수회 수사들은 중국인들이 사회적으로 민감하게 느끼는 부분을 자극하지 않기 위해 예수님의 십자가 처형과 다른 특정한 세부 사항들을 복음에서 제외시켜 버렸다. 하지만 휴 트레버 로퍼(Hugh Trevor-Roper) 교수는 (1959년 12월 1일 〈타임〉지에 보내는 편지에서) "우리는 그들이 그 흠잡을 데 없는 나머지 복음으로 많은 견고한 회심자들을 얻었다는 말은 듣지 못했다"고 썼다. (1967e:49)

354. 하나님의 딜레마

하나님이 전능하시다는 것은 무엇이든 다 하실 수 있다는 의미가 아니다. 하나님은 자신의 본성과 일치하는 일만을 하실 수 있다. 그러므로 하나님은 죄인을 쉽게 사면할 수 없다. 그분은 무한한 정의의 하나님이시기 때문이다. 하지만 하나님은 또한 죄인을 쉽게 벌하실 수도 없다.

그분은 무한한 자비의 하나님이시기 때문이다. 우리의 언어를 사용하여 표현한다면, 여기에 하나님의 딜레마가 있다. 어떻게 하나님이 그분의 정의와 타협하지 않은 채 죄인을 사면해 주실 수 있을까? 어떻게 하나님은 자신의 사랑을 좌절시키지 않은 채 죄인을 심판하실 수 있을까? 인간의 죄 앞에서 하나님은 어떻게 사랑의 하나님인 동시에 진노의 하나님이 되실 수 있을까? 어떻게 하나님은 죄인을 용서하시면서 동시에 그의 죄를 벌하실 수 있을까? 어떻게 의로우신 하나님이 스스로 사람들의 불의에 관여하지 않으시면서 불의한 사람들을 용서하실 수 있을까? (1967c:50)

355. 바울이 말하는 복음

바울은 그의 서신서들을 통해 하나님의 은혜의 복음을 뛰어나게 해설한다. 바울은 변명의 여지가 없고 심판 외에는 하나님으로부터 아무것도 받을 자격이 없는 우리 죄인들을 위해 하나님이 행하신 일을 말해 준다. 바울은 하나님이 자신의 아들을 보내어 우리 죄를 위해 십자가에서 죽고 다시 살아나도록 하셨고, 우리가 내적으로는 믿음으로 외적으로는 세례로 예수 그리스도와 연합하면 그리스도와 함께 죽고 함께 다시 살아나서 그분 안에서 새로운 생명을 체험한다고 선포한다. 바울이 설명하는 것은 장엄한 복음이다. (1982b:42)

356. 신약 성경의 열쇠

"하나님이 죄를 알지도 못하신 이를 우리를 대신하여 죄로 삼으신 것은, 우리로 하여금 그 안에서 하나님의 의가 되게 하려 하심이라"(고후

5:21). 참으로 이것은 성경에서 가장 충격적인 진술 중 하나다. 하지만 우리는 충격 때문에 그 의미를 회피해서는 안 된다. 제임스 데니(James Denney)의 말은 결코 과장이 아니었다. "비록 신비롭고 끔찍한 생각이기는 하지만, 이것은 신약 성경 전체의 열쇠다."[11] 우리를 위하여 하나님은 죄 없으신 그리스도를 우리를 대신하여 죄로 삼으신 것이다. 우리의 죄를 우리에게 돌리기를 거절하신 하나님이 그 죄를 그리스도께 돌리신 것이다. 실로 그리스도의 무죄함이 그에게 우리 대신 우리의 죄를 담당할 수 있는 특별한 자격을 갖게 했다. (1986a:200)

357. 죄와 구원

대속의 개념은 죄와 구원의 핵심을 차지한다고 말할 수 있다. 왜냐하면 죄의 본질은 자기 자신으로 하나님을 대신한 인간에게 있으며, 구원의 본질은 자기 자신으로 인간을 대신한 하나님께 있기 때문이다. (1986a:160)

358. 우리는 무엇을 해야 하는가?

복음은 복을 준다. 우리가 그 복을 받으려면 무엇을 해야 하는가? '아무것도 할 필요가 없다'는 것이 가장 적절한 대답이다! 우리는 아무것도 **할** 필요가 없다. **믿기**만 하면 된다. 우리의 반응은 '율법의 행위'가 아니라 '믿음으로 듣는 것', 즉 율법에 순종하는 것이 아니라 복음을 믿는 것이다. 순종은 우리 자신이 구원의 일을 하려는 것인 반면, 믿는 것은 그

---

11 James Denney, *The Death of Christ*(Tyndale Press, 2nd edn. 1951), p. 88.

리스도께서 우리의 구세주가 되시도록 하고 그리스도께서 완성하신 사역 안에서 쉬는 것이기 때문이다. (1968c:75)

359. 선물로 주신다

그리스도가 그분의 사역을 완성하셨다는 것은 확실하다. 그런데 경솔하게도 어떤 사람들은 예수님의 십자가의 죽음으로 말미암아 자동적으로 사죄가 모든 사람에게 주어진다고 말한다. 그러나 죄라는 근본 문제에 대한 하나님의 해결책은 기계적이거나 비인격적인 것이 아니다. 그분은 원치 않는 사람에게까지 구원을 강요하지 않으신다. 그분은 인간에게 손수 선물로 준 자유의지를 존중하신다. 그분은 나에게 구원을 제공하신다. 그러나 억지로 구원을 받게 하지는 않으신다. (1972a:8)

360. 오직 그리스도를 통해서

우리가 스스로를 구원하는 것은 불가능하다. 우리는 예수 그리스도께서 유일한 구세주이시고(살펴보았듯이 그분만이 필요한 자격을 갖추셨기 때문에), 구원은 하나님의 은혜로만, 그리스도의 십자가라는 근거 위에서만, 믿음으로만 얻는 것임을 안다.

그러나 우리는 사람이 하나님께 자비를 부르짖고 구원을 받기 위해 복음에 대한 지식과 이해가 정확히 얼마나 필요한지는 알지 못한다. 구약의 사람들은 비록 그리스도에 대해 거의 알지 못했고 기대하지도 않았지만 분명 '믿음을 통해 은혜로 말미암아 의롭다 함을 받았다.' 아마 오늘날에도 이와 비슷한 입장에 있는 사람들이 있을 것이다. 그들은 자신이 하나님 앞에서 사악한 죄인이고 그분의 은총을 입기 위해 할 수 있는 것이 없음을 알고 절망에 빠져, 그들을 구원해 주리라고 희미하게 인식하고 있는 하나님을 부른다. 만일 오늘날 많은 복음주의적 그리스도인들의 믿음처럼 하나님이 이러한 사람들을 구원해 주신다면, 여전히 그들의 구원은 은혜에 의해, 오직 그리스도를 통해, 오직 믿음에 의해 이루어지는 것이다. (1992b:319)

361. '하나님이 자비로운 분이 되시게 하는 것을 거부함'

많은 사람들은 행위로 하나님의 인정을 받으려 애쓴다. 그들은 스스로 노력해서 하나님과 하늘 나라에 이르려 하는 것을 고상한 태도라고 생각한다. 하지만 그것은 고상한 것이 아니라, 대단히 비열한 것이다. 왜냐하면 사실상 그것은 하나님의 본질과 그리스도의 사명을 모두 부인하기 때문이다. 그것은 하나님이 자비로운 분이 되시도록 하는 것을 거부한다. 그것은 그리스도께 그분이 굳이 죽으실 필요가 없었다고 말하는 태도다. 우리가 자기 운명의 주인이며 스스로를 구원할 수 있다면, 하나님의 은혜와 그리스도의 죽음은 불필요한 군더더기가 되기 때문이다. (1968c:66)

362. 생명과 죽음을 재정의함

로마서 8:13은 생명과 죽음 모두를 재정의할 필요가 있다고 제안한다. 세상이 생명이라고 부르는 것(방종)은 하나님으로부터 소외되도록 이끄는데, 그러한 소외는 사실상 죽음이다. 반면 우리가 인식하는 모든 악을 죽이는 것은 세상 사람들에게는 탐탁지 않은 자기 포기이지만, 사실은 진정한 생명에 이르는 길이다. (1994:230)

31

363. '당신은 구원받았습니까?'

구원이란 크고도 포괄적인 단어다. 그것은 하나님의 구원 사역 전체를 포함한다. 사실상 구원은 과거와 현재와 미래라는 세 가지 시제를 가지고 있다. 나는 사십여 년 전에 나를 그리스도께로 이끌어 주신 분에게 언제나 감사하는 마음을 갖고 있다. 그는 미숙하고 건방진 어린 회심자였던 내게 계속해서 이렇게 말하도록 가르쳤다. "나는 십자가에 못 박히신 구세주에 의해 죄의 형벌로부터 (과거에) 구원받았다. 나는 살아 계신 구세주에 의해 죄의 권세로부터 (현재에) 구원받고 있다. 그리고 나는 오실 구세주에 의해 죄의 실재 자체로부터 (미래에) 구원받을 것이다."…

그러므로 '당신은 구원받았습니까?'라고 묻는다면, 내가 할 수 있는 단 한 가지 올바른 성경적 대답이 있다. 그것은 '그렇기도 하고 아니기도 하다'는 것이다. 구세주이신 예수 그리스도의 죽음으로 말미암아 하나님의 순전한 은혜와 자비에 의해 하나님이 나의 죄를 용서하셨으며, 나를 의롭게 하셨고 나를 하나님과 화해시키셨다는 의미에서 나는 구원받았다. 그러나 여전히 타락한 성품으로 타락한 세상에 살며 부패할 수밖에 없는 육신을 가지고 있고, 나의 구원이 승리의 완성에 이르기를 고대하고 있다는 의미에서 나는 아직 구원받지 않았다. [1980a:103]

364. 하나님의 영원한 목적

영원 전부터 구상되었으며, 역사 속에서 하나님의 백성을 위해 그리고 그 백성 안에서 성취되었고, 앞으로 올 영광 속에서 완성될 하나님의 전체적 목적은 단 하나의 개념으로 요약할 수 있다. 곧 하나님은 우리를 그리스도와 같이 만들고자 하신다. 우리가 영원한 예정에 대해 생각하든, 최초의 회심이나 계속적 성화 혹은 최종적 영화에 대해 생각하든 똑같은 주제가 두드러진다. 각각의 단계에서 예수 그리스도의 '형상' 혹은 그리스도를 '닮음'이라는 말이 언급된다. 완전한 구원은 그리스도와 같이 되는 것이다. (1991b:101)

365. 성취된 구원

신약의 복음은 하나님이 그리스도 안에서 행하신 것에 대한 좋은 소식이다. 그것은 성취에 대한 선포다. 그것은 성취된 구원을 알리는 것이다. (1956a:32)

366. 그리스도의 완성된 사역

종교개혁 이전의 종교와 종교개혁의 종교에 나타나는 본질적 차이점 중 하나는, 전자는 많은 점에서 인간 중심적인 반면 후자는 단호히 하나님 중심적이라는 것이다. 권위의 문제에서 후자는 **사람**의 전통을 부인한다. 그들은 **하나님**의 기록된 말씀의 우위성과 충분성을 주장했기 때문이다. 구원의 문제에서 그들은 **사람**의 공로를 부인했다. 그들은 **그리스도**의 완성된 사역의 충분성을 주장했기 때문이다. (1970b:193)

367. 죄사함보다 큰 것

구원과 죄사함은 서로 바꿔서 말하거나 교환할 수 있는 용어가 아니다.
구원은 죄사함보다 크다.···죄사함과 거룩함과 불멸은 모두 구원의 일면
들이다.

구원은 좋은 말이다. 그것은 자신의 백성을 의롭다 하시고, 성화시키
시고, 영화시키시는 하나님의 포괄적인 목적을 나타낸다. 먼저 그 백성
들의 범죄를 용서해 주시고 그들을 당신 보시기에 의로운 자들로 받아
들이시는 것, 그리고 점차 그들을 성령님에 의해 그리스도의 형상으로
바꾸어 가시는 것이다. 마침내 그들이 그리스도를 있는 그대로 보며 그
들의 몸이 그리스도의 영광의 몸과 같이 썩지 않는 몸으로 되는 그 때,
하늘 나라에 계시는 그리스도와 같이 될 그 때까지 그렇게 하시는 것이
다. 나는 구원을 협소한 개념에서 구해 낼 수 있기를 바란다. 때로는 복
음주의적 그리스도인들까지 구원을 축소시켜 버린다. (1969:51)

368. 성경의 이미지들

구원(혹은 속죄)의 '이미지들'이라는 말은 '이론들'이라는 말보다 더 좋은
말이다. 왜냐하면 이론은 대개 추상적이고 사변적인 개념이지만, 그리
스도의 구속 성취에 관한 성경의 이미지는 구체적인 그림으로서, 계시
의 자료에 속하기 때문이다. 그것들은 우리가 십자가를 설명할 때 선택
할 수 있는 여러 설명들 중 하나가 아니라, 각자 상보적 관계에 있으면
서 나름대로 필수적인 위치를 가지고 전체 의미의 부분들을 담당하고
있다. 그것들이 우리 속에 그려 주는 심상을 보자면, '화목'(propitiation)
은 성전에서의 의식을, '구속'(redemption)은 시장에서의 상거래를 보여

준다. '칭의'(justification)는 법정에서의 절차를, '화해'(reconciliation)는 가족 안에서의 경험이 지니는 의미를 도입한다. 나의 주장은 '대속'이 그런 것들과 나란히 놓일 수 있는 진일보한 '이론'이나 '이미지'라는 점이 아니다. 오히려 대속이 그 모든 것의 기초로서, 대속 없이는 그것들이 설득력을 잃게 된다는 것이다. 만약 하나님이 그리스도 안에서 우리를 대신하여 죽지 않으셨다면 화목도 구속도 칭의도 화해도 있을 수 없다. [1986a:168]

369. 구원은 자유다

구원은 한마디로 자유다.…그것은 우리의 죄에 대한 하나님의 의로운 심판으로부터, 또 죄책과 죄의식으로부터 벗어나 그분과의 새로운 관계(그 안에서 우리가 그분과 화해하고 용서받은 자녀가 되고 그분을 아버지로 알게 되는)로 들어가는 자유를 포함한다. 그것은 무의미함이라는 괴로운 속박으로부터 벗어나 하나님의 새로운 사랑의 사회(그 안에서 나중 된 자가 먼저 되고, 가난한 자가 부요하게 되며, 온유한 자가 상속자가 되는)에서 새로운 목적의식을 갖게 되는 자유다. 그것은 자기중심성이라는 어두운 감옥에서 나와, 자기 이익을 생각지 않는 섬김을 통해 자기 성취를 이루는 자유다. 그리고 어느 날인가 그것은 고통과 부패와 죽음과 분해라는 무익함으로부터 벗어나 영원불멸하고 아름다우며 상상할 수 없는 기쁨의 새 세계로 들어가는 자유를 포함하게 될 것이다. 이 모든 것 그리고 이 이상의 것이 '구원'이다. [1992b:310]

370. 구원은 사람과 관련된 것이다

사회-정치적 해방을 '구원'이라고 부르고, 사회적 행동주의를 '복음 전도'라고 부르는 것은 신학적인 큰 혼란을 일으키는 죄이다. 그것은 성경이 구분하고 있는 것(창조주 하나님과 구속주 하나님, 우주의 하나님과 언약의 하나님, 세상과 교회, 일반 은총과 구원의 은총, 정의와 칭의, 사회 개혁과 인간의 중생)을 섞어 놓는 것이다. 그리스도의 복음 안에서 제공되는 구원은 구조보다는 사람들과 관련되어 있기 때문이다. 그것은 정치적·사회적 억압이 아닌 다른 종류의 멍에로부터 사람들을 해방시키는 것이다. [1975c:95]

371. 하나님이 의도하신 사람

복음은 예수님이 **행하신 것**(성경에 따르면, 그분이 우리 죄를 위하여 죽으시고 다시 사신 것)뿐만 아니라 그 결과 그분이 **제공하시는 것**에 대한 좋은 소식이다. 그분은 그분께 응답하는 사람들에게 죄사함(과거를 일소해 버리는 것)과 성령의 선물(우리를 새로운 백성으로 만드는 것)을 주겠다고 약속하신다. 이 두 가지는 많은 사람이 추구하고 있는 자유, 죄악의 더러움과 심판과 자기중심성으로부터의 자유, 그리고 하나님이 만들고 의도하신 사람이 되는 자유를 구성한다. 죄사함과 성령은 '구원'의 구성 요소이며, 그것들은 세례 곧 죄를 씻어 내고 성령을 부어 주는 것에서 공개적으로 표현된다. [1990b:80]

존 스토트의 기독교 강요
Authentic Christianity

32

칭의

372. 하나님이 사랑하시고…하나님이 주신다

칭의는 우리의 공로나 행위에 대한 보상이 아니라, 하나님의 순전한 은혜로 주어지는 선물이다. 하나님의 '은혜'는 하나님의 자발적인 관대함, 대가 없이 주시는 은총, 자격 없는 자들에게 주시는 자애로운 친절이기 때문이다. 은혜는 하나님이 사랑하시고, 하나님이 자신을 낮추시며, 하나님이 오시고, 하나님이 주시는 것이다. (1980a:69)

373. 종교가 아니라 복음

칭의(그 근원은 하나님과 그분의 은혜이고, 그 근거는 그리스도와 그분의 십자가이며, 그 수단은 행위와는 전혀 별개인 오직 믿음이다)는 복음의 핵심이며, 기독교에만 유일하게 있는 것이다. 다른 어떤 체제나 이데올로기나 종교도, 죄사함과 새 생명을 받기에 합당한 일은 전혀 행하지 않고 심판 받아 마땅한 일만 많이 한 사람들에게 그것들을 값없이 주겠노라고 선포하지 않는다. 그와 반대로 다른 모든 체제는 종교적 자선 같은 선행을 통한 모종의 자기 구원을 가르친다. 이와 대조적으로 기독교는 본질상 종교가 아니라, 복음이다. 하나님의 은혜가 그분의 진노를 해결했으며, 하나님의 아들이 우리의 죽음과 우리를 향한 심판을 당하셨고, 하나님이 합당하지 않은 자들에게 자비를 베푸셨기 때문에 우리가 행하거나 기여할 것은 아무것도 없다는 '그' 복음, 좋은 소식이다. 믿음의 유일한 기능은 은혜가 제공하는 바를 받아들이는 것이다. (1994:118)

374. 십자가와 칭의

만일 하나님이 죄인들을 그분의 은혜로 값없이 의롭다 하신다면, 어떤 근거에서 그렇게 하시는가? 어떻게 의로우신 하나님이 자신의 의를 타협하거나 그들의 불의를 눈감아 주지 않으면서도 불의한 자를 의롭다고 선포하실 수 있는가? 이것이 바로 우리의 질문이다. 그리고 이에 대한 하나님의 대답은 십자가다. (1994:112)

375. 즉각적으로 받아들여지다

칭의는 즉각적으로 내려지는 법적 판결이다. 어떤 죄인이 그의 죄에서 돌아서서 자신을 위해 죽으시고 다시 살아나신 예수 그리스도께 절대적인 신뢰로 자신을 맡기자마자 하나님은 그를 의롭다고 선언하신다. 그는 "사랑하시는 자 안에서" 받아들여졌다(엡 1:6). 혹은 "그리스도 안에서 의롭게" 되었다(갈 2:17). (1954c:65)

376. 법적인 의로움

죄인을 의롭다고 하실 때 하나님이 하시는 일은 악인을 선하다고 선언하거나 혹은 그들이 결국은 죄인이 아니라고 말씀하시는 것이 아니다. 하나님은 죄인을 법적으로 의롭다고 선언하신다. 즉 그들의 불법에 대한 형벌을 하나님 자신이 아들 안에서 당하셨으므로 죄인들은 그들의

법적 책임에서 벗어났다고 선언하시는 것이다. (1986a:190)

377. 칭의: 대가를 치른 상태

죄에서 벗어나 의롭다 함을 받을 수 있는 유일한 길은 그 죄를 지은 사람이나 하나님이 정하신 대리인이 죄의 삯을 지불하는 것뿐이다. 죄에 대한 처벌을 받는 것 외에는 벗어날 길이 전혀 없다. 유죄 판결을 받고 형기를 선고받은 사람이 어떻게 의롭다고 인정되는가? 감옥에 가서 죄에 대한 벌을 받음으로써만 가능하다. 일단 형기를 마치면 결백한 사람이 되어 감옥을 떠날 수 있다. 그는 더 이상 경찰이나 판사를 두려워할 필요가 없다. 법이 요구하는 것들을 이행했기 때문이다. 그는 죄로부터 벗어나 의롭게 되었다.

그 형벌이 죽음이라 해도 똑같은 원리가 적용된다. 벌을 받는 것 외에 의롭게 될 수 있는 길이란 없는데, 이 경우에 벌을 받는 것은 탈출구가 되지 못한다고 말할 수도 있다. 그리고 이 세상에서 행해지는 사형에 비추어 말한다면 그 말이 옳을 것이다. 일단 살인자가 처형되면(사형 제도가 아직 존속되고 있는 나라에서) 지상에서 그의 생명은 끝나 버리기 때문이다. 그는 형기를 마친 사람이 의로운 상태에서 살 수 있는 것처럼 이 세상에서 의로운 상태로 다시 살 수 없다. 하지만 우리 그리스도인이 의롭게 되는 일의 놀라운 점은 죽음 이후 부활이 따른다는 사실이다. 우리는 죄에 대한 죽음의 벌을 치른 후(그리스도 안에서, 그리스도를 통해), 부활을 통해 의롭게 된 사람으로 살 수 있다.

그렇다면 일은 이렇게 진행된다. 우리는 죄 때문에 죽어 마땅한 자들이다. 그리고 실제로 우리는 죽었다. 우리가 직접 죽은 것이 아니라, 우리의 대속자로서 우리 대신 죽으셨고 우리가 믿음과 세례를 통해 연합한 예수 그리스도 안에서 죽은 것이다. 그리고 그리스도와 연합함으로써 우리는 다시 살아났다. 그러므로 죄된 옛 생명은 끝났다. 우리가 그것에 대해 죽었기 때문이다. 그리고 의롭게 된 죄인의 새로운 생명이 시작되었다. 우리는 그리스도와 더불어 죽었고 부활했기 때문에 옛날로 되돌아간다는 것은 생각조차 할 수 없다. 바로 이런 의미에서 우리의 죄된 자기는 권능을 상실했으며 우리는 자유롭게 되었다. (1994:177)

378. 칭의와 화해

칭의와 화해는 동일한 것이 아니다. 하나님은 결코 죄인들을 하나님 자신과 화해시키지 않은 채 의롭다 하지 않으시고, 또한 죄인들을 의롭다 하지 않은 채 그들과 화해하지 않으시지만 말이다. 칭의는 법정에 있는 판사의 판결이다. 그때 판사가 무죄로 방면해 준 죄인과 꼭 인격적인 관계를 맺을 필요는 없다. 반면에 화해는 아버지가 집에 돌아온 탕자를 맞아들이고 다시 가족 구성원으로 복위시킬 때 일어나는 것이다. 하나님과 누리는 평화와 같은 것은 없다. 주관적 체험인 하나님**의** 평화의 토대가 되는 것은, 객관적 사실인 하나님**과** 누리는 평화다. 심판자 하나님이 우리의 아버지가 되시며, 창조주 하나님이 우리의 친구가 되시기 때문이다. (1980a:92)

379. 칭의와 사면

어떤 학자들은 '칭의'와 '사면'이 동의어라고 주장한다.…하지만 결코 그렇게 볼 수 없다. 사면은 소극적으로 처벌이나 부채를 면제해 주는 것이다. 반면 칭의는 적극적이다. 이는 의로운 지위를 부여하는 것, 죄인이 하나님의 은총을 받고 그분과 교제하는 자리로 회복되는 것이다. (1994:110)

380. 칭의와 성화

칭의는 그리스도를 우리의 구세주로 믿을 때 우리가 하나님께 받아들여지는 위치를 묘사한다. 그것은 법정에서 차용한 법적 용어이며, 정죄의 반대말이다. 의롭다 함은 무죄로 인정하는 것, 피고인이 죄가 없고 의롭다고 선포하는 것이다. 이처럼 심판자 하나님은 그의 아들이 우리의 죄를 지셨기 때문에 우리를 그분 보시기에 옳다고 선포하시며 의롭다 하신다. "그러므로 이제 그리스도 예수 안에 있는 자에게는 결코 정죄함이 없나니"(롬 8:1).

다른 한편으로 성화는, 의롭다 함을 받은 그리스도인들이 그리스도를 닮은 모습으로 변화되어 가는 과정을 묘사한다. 하나님은 우리를 의롭다 하실 때, 그리스도가 우리를 위해 죽으심으로 의롭게 되었다고 **선포하신다**. 하나님은 우리를 성화시키실 때, 우리 안에 있는 성령의 능력을 통해 우리를 의롭게 **만드신다**. 칭의는 우리가 하나님께 받아들여졌다는 외적 지위와 관련된 것이며, 성화는 거룩한 성품이 자라는 내적 성장과 관련된다. 더 나아가 칭의는 갑작스럽고 완전한 것이어서 회심한 날보다 더 의롭게 될 필요는 없는 데 반해, 성화는 점진적이고 불완전하다. 법정에서 재판관이 판결을 내리고 피고인을 무죄 방면하는 데는 불과 몇 분밖에 걸리지 않는다. 하지만 그리스도를 닮아 가는 것은 평생이 걸리는 일이다. (1991d:38)

381. 날마다 용서받다

우리는 단 한 번만 의롭다 함을 받을 수 있다. 하지만 날마다 죄 용서를 받을 필요가 있다. 예수님은 사도들의 발을 씻기면서 이를 예증해 보이셨다. 베드로는 예수님께 발뿐만 아니라 손과 머리도 씻어 달라고 청했다. 하지만 예수님은 이렇게 대답하셨다. "이미 목욕한 자는 발밖에 씻을 필요가 없느니라. 온몸이 깨끗하니라." 예루살렘에서 만찬에 초대된 사람은 가기 전에 목욕을 했다. 그러면 친구의 집에 도착했을 때 또 다시 목욕을 하도록 권유받지 않았고, 다만 종이 현관에서 그를 맞이하면서 발을 씻어 주었다. 우리는 처음 회개와 믿음으로 그리스도께 나아가며 '목욕'(이는 칭의이며, 외적인 세례로 상징된다)을 하고, 그것은 되풀이될 필요가 없다. 하지만 세상의 먼지 낀 길을 걸어갈 때 우리는 계속해서 '발을 씻을'(날마다 받는 죄 용서) 필요가 있다. [1971a:135]

382. 인기 없는 교리?

오직 믿음과 오직 은혜로 의롭다 함을 받는다는 교리가 인기가 없는 진정한 이유는, 그것이 우리의 교만에 큰 상처를 입히기 때문이다.
[1970b:129]

383. 현재의 판결

칭의란 법정에서 사용하는 법률 혹은 재판 용어이며, 그 반대말은 정죄다. 이것들은 모두 재판관이 내리는 판결이다. 기독교의 맥락에서 보면, 그것은 재판관이신 하나님이 심판 날에 내리실 두 개의 종말론적 판결이다. 그러므로 지금 죄인들을 의롭다 하실 때, 그것은 당연히 마지막

날에 속한 것을 현재로 가져오셔서 최종적 심판을 미리 보여 주시는 것이다. (1994:110)

384. 모세와 예수님

바울은 갈라디아서에서 모세와 예수님을 생생하게 대비시킨다. 모세는 율법을 집행하며, 예수님은 은혜를 제시하신다. 모세는 '행하라'고 말하지만, 예수님은 '믿으라'고 말씀하신다. 모세는 구원이 '율법의 행위를 통해' 온다고 말하며, 예수님은 그것이 '믿음으로 말미암아 은혜를 인하여 내 안에 있다'고 말씀하신다. 모세는 우리를 종으로 속박시키지만, 예수님은 우리를 자유롭게 하고 아들로 만드신다. 갈라디아서 3:23-4:11(참고. 행 13:38-39)이 설명하는 이 대조는 예수님이 바리새인과 세리에 대한 비유(눅 18:9-14)에서 말씀하셨으며 종교개혁 때 재발견되었다. 그리고 우리의 신조 제11조 "칭의에 관하여"라는 항목에 다음과 같이 통합되어 있다. "우리는 자신의 행위나 자격을 인해서가 아니라, 오직 우리 주님이시며 구세주이신 예수 그리스도의 공로로 인해서 믿음으로 하나님 앞에 의롭게 되었다. 그러므로 우리가 믿음으로 의롭다 함을 받은 것은 대단히 유익한 교리이며 큰 위안을 준다.…" 우리 세대에 이보다 더 재발견되고 선포되어야 할 메시지는 없다. (1954c:63)

385. 바울과 야고보

사람들은 그동안 바울과 야고보가 서로 모순된다고 생각해 왔다. 바울은 로마서 4:2-3에서 아브라함이 행위가 아니라 믿음으로 구원을 받았다고 말한다. 그러나 야고보는 "우리 조상 아브라함이…행함으로 의롭다 하심을 받은 것이 아니냐"(약 2:21)고 묻는다. 위대한 이신칭의의 교리를 막 재발견한 논쟁의 시대를 살았던 마르틴 루터가, 야고보서를 '지푸라기'로 만들어진 책으로 경멸하며 거부했다는 것은 잘 알려진 사실이다. 그렇지만 이 두 사도의 갈등은 순전히 사람들의 상상에 따른 것일 뿐이다. 신약은 그들이 교회를 위한 하나님의 목적에서 상대방이 차지하는 위치를 서로 인정했다고 말한다. 야고보는 이방인을 향한 바울의 선교를 환영했으며(갈 2:9), 바울은 유대인들의 감정을 배려했던 야고보를 존중했다(행 21:17-26). 이 두 사람에게는 서로 다른 사역이 주어진 것이지 서로 다른 메시지가 주어진 것이 아니었다. 그들은 같은 복음을 선포했으나 서로 다른 점을 강조했다. (1954c:104)

386. 믿음과 이성

얼마나 많은 사람들이 믿음과 이성은 양립할 수 없는 것이라고 생각하는지 놀라울 정도다. 하지만 성경에 따르면 그것들은 결코 대립하지 않는다. 믿음과 보는 것은 대조되고 있지만(고후 5:7), 믿음과 이성은 그렇지 않다. 성경에 따르면 믿음은 쉽게 속아 넘어가는 것도, 미신도, "있을 법하지 않은 일이 일어나는 것을 불합리하게 믿는 것"[12]도 아니다. 그것은 믿을 만한 분이라고 알려진 하나님을 사려 깊게 의뢰하는 것이다. (1992b:116)

387. 믿음의 사다리

믿음은 이성을 초월하는 것이지만 또한 이성에 의거한 것이다. 지식은 믿음이 더 높이 올라가기 위한 사다리이며, 더 멀리 도약하기 위한 도약판이다. (1979e:67)

---

12 H. L. Mencken. *Baltimore Sun*에 기고했으며, 종종 '볼티모어의 현자'로 불렸다.

388. 어둠 속에서의 도약?

믿음에 대해서는 많은 오해가 있다. 그것은 보통 어둠 속에서 도약하는 것으로, 이성과는 완전히 상반되는 것으로 여겨진다. 하지만 그렇지 않다. 참된 믿음은 결코 비합리적인 것이 아니다. 믿음의 대상은 언제나 믿을 만한 분이기 때문이다. 우리 인간들이 서로를 믿을 때, 그 믿음의 합리성은 관련된 사람이 얼마나 신뢰할 만한가에 좌우된다. 하지만 성경은 예수 그리스도가 절대적으로 믿을 만한 분이라고 증언한다. 성경은 우리에게 그리스도가 어떤 분이신지, 그리스도가 행하신 일이 무엇인지를 말한다. 그리고 이러한 그리스도의 독특한 인격과 사역에 대해 성경이 제공하는 증거는 대단히 강력하다. 우리가 이 그리스도에 대한 성경의 증언에 노출되고 그것에 영향(심오하지만 단순하고 다양하지만 일치된)을 받을 때, 하나님은 우리 안에 믿음을 창조하신다. 우리는 증언을 듣는다. 우리는 믿는다. [1984d:22]

389. 증언에 대한 믿음

창세기가 성부의 실존을 단언하는 "태초에 하나님이"라는 말로 시작되듯이, 요한복음은 성자의 선재를 단언하는 "태초에 말씀이 계시니라"로 시작된다. 이 영원한 진리들은 논증에 알맞은 주제가 아니라 교의에 적합한 주제다. 그것은 인간의 사색이 아니라 신적 계시의 산물이기 때문이다. 그것은 증언에 의거해 받아들여지거나 거부되어야 한다. 믿음은 증언에도 불구하고 믿는 것이 아니라, 증언에 근거해서 믿는 것이기 때문이다. [1954c:118]

390. 우리의 공로란 없다

믿음에는 공로의 측면이 전혀 없으며, 구원이 '행위에 의해서가 아니라 믿음에 의해서' 되는 것이라고 말할 때, 이는 한 종류의 공로(행위)를 다른 종류의 공로(믿음)로 대신하는 것이 아니라는 점을 분명히 해야 한다. 구원은 하나님과 우리의 일종의 협력 사업(하나님은 십자가를 제공하고 우리는 믿음을 제공하는)이 아니다. 은혜는 무엇인가를 기여한 대가로 얻는 것이 아니며, 믿음은 자존심의 반대다. 믿음의 가치는 그 자체에서 찾을 수 있는 것이 아니라 전적으로 그리고 오로지 그 믿음의 대상인 예수 그리스도, 십자가에 달리신 그분에게서만 찾을 수 있다. '오직 믿음으로 의롭게 되었다'고 말하는 것은 '오직 그리스도로 의롭게 되었다'고 말하는 것이다. 믿음은 그분을 바라보는 눈, 그분이 값없이 주시는 선물을 받는 손, 생수를 마시는 입이다. (1994:117)

391. 맡기는 신뢰

믿음은 신약에서 여러 가지로 묘사되고 예시된다. 본질적으로 그것은 신뢰하여 온전히 맡기는 것을 말한다. (1967e:50)

392. 신비한 교환

우리가 그리스도께 와서 그분을 믿을 때 놀랍고 신비한 교환이 일어난다. 그리스도가 우리의 죄를 제거하시며, 그 대신 우리에게 그분의 의를 옷 입히신다. 따라서 우리는 하나님 앞에 '우리 자신의 의를 의지하지 않고 하나님의 위대하고 수많은 자비를 의지하여' 우리 자신의 도덕성이라는 누더기가 아니라 그리스도의 의라는 흠 없는 겉옷을 입고 서게

된다. 그리고 하나님은, 우리가 의롭기 때문이 아니라 의로우신 그리스
도가 우리를 위해 죽으셨으며 죽은 자 가운데서 살아나셨기 때문에 우
리를 받아들이신다. (1991d:19)

393. 믿음의 선물

우리는 구원에 대해서, 하나님은 구원을 제공하고 우리는 믿음을 제공
하여 하나님과 우리 사이에 이루어지는 일종의 거래라고 생각해서는
절대로 안 된다. 우리는 죽어 있었으며 믿기 전에 먼저 살아나야만 했기
때문이다. 그렇다. 그리스도의 사도들은 구원받는 믿음 역시 하나님의
은혜의 선물이라고 다른 곳에서 분명하게 가르친다. (1979e:83)

394. 하나님의 깨뜨릴 수 없는 약속들

하나님은 자신을 낮추어 우리의 연약함을 돌아보셨고, 자신의 약속들을
결코 어기지 않으실 것이며, 믿음은 그 약속을 붙잡음으로 하나님의 신
실함을 의지하는 것이라고 말씀하셨다. 나는 때로 그리스도인의 삶에
대해 이보다 더 중요한 가르침이 있을까 하는 생각이 든다. 우리는 때
로 빅토리아 시대의 '약속의 상자'를 보면서 미소 짓는다. 그것은 성경
의 약속들을 조그마한 종이 조각에 인쇄해서 축소된 두루마리처럼 돌
돌 말아 보관해 두었다가 곤경이 닥칠 때 아무것이나 뽑을 수 있게 만
든 나무 상자다. 분명 그러한 관행은 하나님의 약속들을 원래 주어진 전
후 문맥에서 분리해 낸 것이다. 그럼에도 불구하고 나는 약속들에 대한
그 같은 순진한 믿음이, 오늘날처럼 약속을 전후 문맥 속에서 정확하게
이해하긴 하지만 믿지는 않는 것보다 오히려 나았다고 생각한다. 너무

나 많은 사람이 영적 회의와 어두움과 우울증과 무기력에 대해, 그들을 괴롭히는 죄와 정복하지 못한 유혹들에 대해, 그리스도인으로서 너무나 더딘 성숙에 대해, 활기 없는 예배와 기도에 대해, 그리고 다른 많은 영적 질병들에 대해 불평하면서도 하나님이 주신 비밀 병기는 이용하지 않고 있다. (1991b:27)

395. 믿음으로 그리스도 안에

모든 사람은 아담 안에 있다. 우리는 태어나면서부터 아담 안에 있기 때문이다. 하지만 모든 사람이 그리스도 안에 있지는 않다. 우리는 믿음에 의해서만 그리스도 안에 있을 수 있기 때문이다. 태어나면서 아담 안에 있는 우리는 정죄되고 죽는다. 하지만 우리가 믿음으로 그리스도 안에 있으면 의롭다 함을 받고 산다. 평화, 은혜, 영광(의롭다 함을 받은 자들이 가지는 세 가지 특권)은 아담 안에 있는 사람들에게 주어지지 않으며, 그리스도 안에 있는 사람들에게만 주어진다. (1966c:27)

396. 그리스도의 주권

구원하는 믿음이 순종을 포함한다고 말할 때, 이 말은 참된 믿음에 복종의 요소가 있다는 의미다. 믿음은 인격이신 하나님을 향한 것이다. 그것은 사실상 이 인격에 대한 온전한 헌신으로, 제공되는 것을 받아들이는 태도뿐 아니라 요구되거나 혹은 요구될지도 모르는 것에 겸손하게 복종하는 태도도 포함한다. 굽힌 무릎은 빈 손처럼 구원받는 믿음의 일부다. (1959b:17)

397. 어떻게 믿음을 발견하는가

불신이 마치 기질처럼 바꿀 수 없는 선천적 조건이나 되는 듯이, 고질적인 불신으로 고생한다고 한탄하거나 다른 사람들을 부러워하는 것은('나도 너와 같은 믿음이 있으면 좋겠다') 아무 소용이 없다. 하나님은 우리의 믿음을 키울 수 있는 수단을 우리에게 주셨기 때문이다. "믿음은 들음에서 나며 들음은 그리스도의 말씀으로 말미암았느니라"(롬 10:17). 믿으려면 듣는 데 시간과 수고를 들여야 한다. (1984d:189)

398. 적대적 의지

표면상으로 예루살렘은 신학적 근거에 의해 그리스도를 거부했으며, 외적으로 바리새인들은 신성모독이라는 죄목으로 예수님을 정죄했다. 하지만 이러한 지적이고 교리적인 이의 제기 밑에는 적대적 의지가 숨어 있었다. 그들의 위선을 폭로하고 죄를 드러내신 예수님 때문에 그들은 자존심에 상처를 받고 굴욕감을 느꼈다. 그들은 예수님의 거룩하심 때문에 예수님을 미워하고 일반 대중에 대한 예수님의 영향력을 질투했다. 이러한 것들이 그들이 그리스도를 거부한 원인이 되었음에도, 자신들의 도덕적 결함을 인정하기보다는 예수님의 신학에 흠을 잡는 편이 더 나아 보였던 것이다. 그들의 의심은 자기 죄를 은폐하는 수단이었다.

이런 일은 종종 있어 왔다. 물론 언제나 그렇다고 말할 수 없는 것은 많은 사람들이 정말로 신학적인 문제들을 가지고 있기 때문이다. 하지만 사람의 가장 깊은 문제는 대부분 지적인 면이 아니라 도덕적인 면에 있으며, 믿지 못한다고 말하는 이유는 사실은 순종하기를 꺼리는 마음 때문이다. (1956a:29)

399. 불신의 죄

불신은 불쌍히 여김을 받아야 할 불운함이 아니라 뉘우쳐야 할 죄다. 불신의 죄성은 그것이 유일하신 참 하나님의 말씀과 상반되며, 따라서 그분을 거짓된 분으로 만든다는 사실에 있다. (1988g:185)

400. '오직 믿음으로'

바울은 한 문단에서 세 번에 걸쳐 믿음의 필요성을 강조한다. "예수 그리스도를 믿음으로 말미암아 모든 믿는 자에게"(롬 3:22). "그의 피로써 믿음으로 말미암는"(25절) 또는 좀 더 정확하게 번역하면 "그의 피에 의해, 믿음으로 받아야 하는"(RSV). 하나님이 "예수 믿는 자를 의롭다 하려 하심이라"(26절). 실로 칭의는 '오직 믿음으로'(sola fide) 되는 것이다. 이것은 종교개혁의 위대한 표어 가운데 하나다. 28절의 본문에는 '오직'이라는 단어가 나오지 않는데, 이것은 루터가 덧붙인 것이다. 그러므로 로마 가톨릭 교회가 루터에게 성경 본문을 왜곡했다고 비난한 것은 그리 놀라운 일이 아니다. 하지만 오리게네스와 다른 초대 교부들 역시 '오직'이라는 말을 삽입했고, 그것은 바울이 한 말의 의미를 변조하거나 왜곡하기보다 명료화하고 강조했을 뿐이다. "구원을 위해 오직 그리스도 안에서, 오직 그리스도만을 믿는" 것 같았다고 기록한 존 웨슬리(John Wesley)의 경우도 마찬가지다. 칭의는 오직 은혜로, 오직 그리스도 안에서, 오직 믿음을 통해 이루어진다. (1994:117)

401. 값 없이 주는 은혜

복음은 은혜의 복음, 하나님이 값없이 공로 없이 주시는 은총의 복음이다. 그리스도의 은혜 안에서 당신을 부르신 그분으로부터 돌아서는 것은 참된 복음에서 돌아서는 것이다. 교사들이 자신의 도덕이나 종교, 철학, 명성으로 구원에 조금이라도 기여할 수 있다고 암시하면서 사람을 높일 때마다 은혜의 복음은 손상된다. 이것이 첫 번째 검증 수단이다. 참된 복음은 하나님의 은혜를 크게 드러낸다. (1968c:27)

402. 특별한 종류의 사랑

은혜의 의미를 모르는 사람은 누구도 성경의 메시지를 이해할 수 없다. 성경의 하나님은 "모든 은혜의 하나님"(벧전 5:10)이기 때문이다. 은혜는 사랑이다. 하지만 특별한 종류의 사랑이다. 그것은 자신을 낮추고 희생하며 섬기는 사랑, 불친절한 자들에게 친절하며, 은혜를 모르고 자격 없는 자들에게 관대한 그런 사랑이다. 은혜는 하나님이 값없이 공로 없이 주시는 은총이자, 사랑할 수 없는 자를 사랑하고 도망자를 찾아다니며 가망 없는 사람들을 구해 주고 거지를 거름 구덩이에서 들어 올려 왕자들 가운데 앉히는 것이다. (1984d:127)

403. 은혜의 다스림

그리스도 안에 있음으로써 받는 복들을 '은혜의 다스림'이라는 말보다 더 잘 요약해 주는 표현은 없다. 은혜는 십자가를 통해 죄를 사해 주며 죄인에게 의와 영생을 주기 때문이다. 은혜는 목마른 영혼을 만족시키고 굶주린 영혼을 좋은 것으로 채워 준다. 은혜는 죄인들을 성화시키고, 그들을 그리스도의 형상으로 만들어 간다. 은혜는 시작한 것의 완성을 고집하여 반항하는 이들에 대해서도 계속 인내한다. 그리고 언젠가 사망을 멸하고 하나님 나라를 완성할 것이다. 그러므로 '은혜가 다스린다'는 진리를 확신할 때 우리는 하나님의 보좌를 "은혜의 보좌"로 기억할 것이며, 자비를 받고 모든 필요한 은혜를 얻기 위해 담대하게 그 보좌로 나아갈 것이다(히 4:16). (1994:157)

404. 구원의 목적

디모데후서 1:9-10에서 우리는 하나님의 구원 목적이 전개되는 다섯 단계를 발견하게 된다. 첫 번째 단계는 그리스도 안에서 하나님의 은혜로 우리에게 영생의 선물이 주어지는 것이다. 두 번째 단계는 그리스도가 자신의 죽으심과 부활하심으로 사망을 폐하려고 역사적으로 나타나시는 것이다. 세 번째 단계는 복음 전파를 통해 하나님이 죄인들을 개인적으로 부르시는 것이다. 네 번째 단계는 성령님에 의해 신자들을 도덕적으로 성화시키는 것이다. 다섯 번째는 최종적으로 하늘 나라에서 온전하게 되어 그 거룩한 부르심이 완성되는 것이다. (1973b:40)

405. 일반 은총

그리스도인들은 성경이 증언하는 대로 하나님이 예수 그리스도 안에서 유일하고 최종적인 방식으로 자신을 계시해 주셨기 때문에, 이 세상에서는 이미 계시하신 것 외에는 더 계시하실 것이 없다(비록 우리가 훨씬 더 많은 것을 배워야 하지만)는 것을 분명하게 믿는다. 그러나 우리가 하나님이 교회 밖에서는 활동하지 않으시며, 교회 밖에는 진리가 없다고 주장하는 것은 아니다. 결코 그렇지 않다. 하나님은 자신이 지으신 모든 피조물을 보존하시며, 그렇기 때문에 "우리 각 사람에게서 멀리 계시지 아니하신다." 창조에 의해 그들은 그분 안에서 '살며 활동하며 존재하는' 그분의 소생이다(행 17:27-28). 또한 예수 그리스도는 하나님의 말씀(logos)이며 사람들의 빛으로서(요 1:1-5) 세상에서 끊임없이 활동하고 계신다. 그분은 "참 빛 곧 세상에 와서 각 사람에게 비추는 빛"(요 1:9)이라고 묘사되고 있다. 그래서 우리는 모든 아름다움과 진리와 선이 인간들 가운데 어디에서 발견되든, 사람들이 알든 모르든 모두 그분에게서 유래되는 것이라고 감히 주장한다. 이것은 소위 하나님의 '일반 은총'의 한 측면이며 모든 인류에게 보여 주시는 그분의 사랑이다. 그러나 이것은 그분께 겸손히 자비를 부르짖는 사람에게 베풀어지는 '구원의 은총'은 아니다. (1992b:317)

406. 은혜와 믿음

은혜는 '하나님이 값없이, 공로 없이 주시는 은총'이다. 그것은 그리스도를 죽도록 내어 주시고, 죽은 자 가운데서 살리시며, 죄인들에게 나타내 보이신 하나님의 큰 사랑과 주도권을 묘사하는 바울의 말이다. 바울의 전체 메시지는 "은혜의 말씀"(행 14:3)과 "하나님의 은혜의 복음"(행 20:24), "모든 사람에게 구원을 주시는 하나님의 은혜"(딛 2:11)다. 그것은 구원을 예비하고 제공하는 것에서 최고의 형태로 표현되었다. 바울은 '구원'이라는 단어를 가장 광범위한 개념으로 사용한다. 그 말은 과거와 현재와 미래를 포함한다. 그리고 하나님이 양심과 정신과 마음과 뜻과 육체에 있는 모든 죄의 황폐함에서 사람들을 해방시키심을 묘사한다. 바울의 말을 빌리면, 구원은 신자의 칭의(하나님 앞에 받아들여지는 것), 성화(거룩함이 자라는 것), 건덕(교회 내에서의 삶), 영화(영원한 영광 속에서 완전하게 되는 것)로 구성되어 있다. 좀 더 간단하게 말하면, 그것은 신자를 아들이며 성도, 형제이며 상속자로 만든다. 그것이 믿음으로 받는 그리스도의 은혜다. 믿음의 유일한 기능은 은혜에 반응하는 것이다. 믿음은 은혜가 제공하는 것을 받아들인다. (1954c:57)

407. 구원의 원천

'은혜'와 '평화'는 쉽게 들을 수 있는 단어이지만, 그것에는 신학적 내용이 풍부하게 들어 있다. 사실상 그 단어들은 바울의 구원의 복음을 요약해 준다. 구원의 본질은 평화 혹은 화해(하나님과의 평화, 사람들과의 평화, 내적인 평화)다. 구원의 원천은 은혜, 하나님이 인간의 공로나 행위와 관계없이 값없이 주시는 은총, 아무 자격 없는 자들에게 하나님이 보이시는 자애다. 그리고 이러한 은혜와 평화는 성부와 성자 두 분으로부터 나온다. (1968c:16)

408. 하나님의 공급

은혜와 자비는 모두 하나님의 사랑, 죄인이며 자격 없는 자들에 대한 은혜, 곤궁하고 무력한 자들에게 주어지는 긍휼의 표시다. 평화는 하나님과 다른 사람들 그리고 자신과의 조화를 회복하는 것이며, 그것을 우리는 구원이라 부른다. 이 두 가지를 한데 결합하면 평화는 구원의 특징을, 자비는 우리가 구원을 필요로 한다는 것을, 그리고 은혜는 하나님이 그리스도 안에서 그것을 값없이 공급해 주신다는 것을 나타낸다. (1988g:206)

409. 은혜 안에서의 안정

의롭다 함을 받은 신자들은 이따금 하나님께 나아가거나 왕을 알현하는 것보다 훨씬 큰 복을 누린다. 우리는 성전과 왕궁에서 사는 특권을 지닌다. 칭의로 인해서 하나님과 우리의 관계는 산발적이 아니라 지속적이며, 불안정한 것이 아니라 안정된 것이 되었다. 우리는 군주의 총애를 얻었다 잃었다 하는 신하나 대중의 총애를 얻었다 잃었다 하는 정치가들처럼 은혜를 얻었다 잃었다 하지 않는다. 그렇다. 우리는 그 안에 **서 있다.** 그것이 은혜의 본질이기 때문이다. 아무것도 우리를 하나님의 사랑으로부터 끊을 수 없다(롬 8:38-39). (1994:140)

410. '하나님의 은혜로 우리가 우리 된 것…'

신약의 서신서들이 압도적으로 강조하는 것은, 그리스도인 독자들에게 전적으로 새롭고 독특한 어떤 복을 주장하는 것이 아니다. 그것은 은혜로 우리가 우리 된 것을 상기하고 그것으로 나아오도록 초청하며 그것

에 의해 살도록 촉구한다. (1975b:44)

411. 율법의 목적

일종의 '새로운 율법'인 산상수훈은 옛 율법과 마찬가지로 두 가지 신적 목적을 가지고 있다. 첫째로, 비그리스도인에게 자기 혼자 힘으로는 하나님을 기쁘시게 할 수 없음을(왜냐하면 그는 율법을 순종할 수 없으므로) 보여 줌으로써, 의롭다 함을 얻도록 그리스도께로 향하게 한다. 둘째로, 그리스도께 와서 의롭다 함을 받은 그리스도인들에게 하나님을 기쁘시게 하려면 어떻게 살아야 하는지를 보여 준다. 간단히 말하면, 종교개혁자들과 청교도들이 요약했듯이, 율법은 의롭다 함을 받도록 우리를 그리스도께로 보내며, 그리스도는 우리가 성화되도록 율법으로 되돌려 보내신다. (1978f:36)

412. 율법과 복음

하나님은 아브라함에게 약속을 주신 후에 모세에게 율법을 주셨다. 왜 그렇게 하셨는가? 하나님은 상황을 개선하기 전에 그 상황을 더 악화시킬 필요가 있으셨기 때문이다. 율법은 죄를 드러내고, 불러일으키고, 정죄한다. 율법의 목적은 인간의 그럴듯한 외피를 벗겨 그 아래 있는 진정한 모습(죄성을 가지고, 죄를 짓고, 반역적이며, 하나님의 심판 아래 있고, 자신을 구원할 힘이 없는)을 드러내 보이는 것이었다.

그리고 율법은 오늘날에도 여전히 하나님이 주신 의무를 다하도록 허용되어야 한다. 현대 교회의 큰 잘못들 중 하나는 죄와 심판을 약화시키는 경향이다. 우리는 거짓 예언자들과 마찬가지로 "백성의 상처를 가볍게 여긴다"(렘 6:14; 8:11). 디트리히 본회퍼(Dietrich Bonhoeffer)는 이것을 다음과 같이 표현한다. "우리는 율법에 복종할 때만 은혜에 대해 말할 수 있다.…너무 빨리 너무 직접적으로 신약에 이르려 하는 것은 기독교적이지 않다고 나는 생각한다."[13] 우리는 결코 율법을 그냥 지나쳐 곧바로 복음으로 가서는 안 된다. 그렇게 하는 것은 성경의 역사에 나타난 하나님의 계획에 어긋나는 것이다.

어쩌면 이것이 복음이 오늘날 그 진가를 인정받지 못하는 이유가 아닐까? 어떤 사람들은 복음을 무시하며, 어떤 사람들은 그것을 비웃는다. 그래서 현대의 복음 전도는 진주를(복음은 가장 값진 진주다) 돼지에게 던진다. 사람들이 진주의 아름다움을 보지 못하는 이유는, 그들에게 돼지우리의 불결함에 대한 개념이 없기 때문이다. 율법이 먼저 우리의 모습을 드러내 주기까지는 어떤 사람도 복음의 진가를 알 수 없다. 칠흑 같은 어둠 속에서만 별들이 나타나기 시작하듯이, 복음은 죄와 심판이라는 어두운 배경에서만 빛난다.

율법이 우리를 상하게 하고 강타해야만 우리는 그 상처를 감싸기 위해 복음이 필요하다는 사실을 인정할 것이다. 율법이 우리를 억류하고

---

13 Dietrich Bonhoeffer, *Letters and Papers From Prison*(Fontana, 1959), p. 50.《옥중서신》(복있는사람).

속박해야만 그리스도가 우리를 자유롭게 해 주시기를 갈망할 것이다. 율법이 우리를 정죄하고 죽일 때만 칭의와 생명을 위해 그리스도를 부를 것이다. 율법이 우리 자신에 대해 절망하도록 해야만 예수님을 믿을 것이다. 율법이 우리를 지옥까지 낮추어야만 우리는 하늘 나라로 올려지기 위해 복음을 의지할 것이다. (1968c:93)

413. 율법에 대한 세 가지 태도

로마서 7장은 율법에 대해 가질 수 있는 세 가지 태도를 우리에게 권면한다. 그것은 '율법주의' '도덕률 폐기론' '율법을 성취하는 자유'라고 부를 수 있다. **율법주의자**는 '법 아래' 있으며 거기에 속박되어 있다. 그들은 자신과 하나님의 관계가 율법에 순종하는 것에 좌우된다고 생각하며, 또한 율법에 의해 의롭다 함을 받고 성화되려고 노력한다. 하지만 율법이 자신을 구원할 수 없기 때문에 좌절한다. **도덕률 폐기론자**(혹은 자유주의자)는 반대 극단으로 간다. 그들은 율법이 가진 문제를 비난하면서 율법을 완전히 거부하며, 자신은 율법의 요구에 대한 모든 책임에서 벗어났다고 주장한다. 그들은 자유를 방종으로 바꾸어 버렸다. **율법을 성취하는 자유인**은 균형을 유지한다. 이들은 칭의와 성화를 이루는 면에서는 율법으로부터 자유롭게 되었지만, 율법을 이루기 위한 자유를 가지고 있다는 두 가지 사실 모두를 즐긴다. 그들은 하나님 뜻의 계시로서 율법을 기뻐하지만(22절), 그것을 성취하는 능력은 율법 안에 있는 것이 아니라 성령 안에 있다는 사실을 인식한다. 율법주의자들은 율법을 두려워하며 그것에 속박되어 있다. 도덕률 폐기론자들은 율법을 미워하며 그것을 거부한다. 율법을 지키는 자유인들은 율법을 사랑하며 그것을

성취한다. (1994:191)

414. 율법 비켜 가기

그리스도인이 붙잡아야 하는 의는 무엇인가? 그것은 마음속 깊은 내적
의다. 성령님은 우리 마음속에 하나님의 법을 새겨 넣으셨다. 그것은 나
무가 새로워졌음을 보여 주는 새로운 열매, 새로운 자연으로부터 싹트
는 새로운 생명이다. 그러므로 우리는 율법의 고상한 요구 사항들을 비
켜 가거나 피할 자유가 없다. 율법을 피하는 것은 바리새적인 취미다.
그리스도인의 특징은 의에 대한 강렬한 욕구이며, 그것을 계속 갈망하
고 목말라 하는 것이다. 또한 이러한 의가 순결함으로 표현되든 솔직함
이나 자비심으로 표현되든, 그것은 우리가 누구에게 속해 있는지를 보
여 줄 것이다. 우리가 그리스도인으로 부르심을 받은 것은 세상이 아닌
하나님 아버지를 본받으라는 것이다. 이처럼 하나님 아버지를 본받음으
로써 그리스도인의 반문화가 가시적으로 드러난다. (1978f:123)

415. 문자와 영

율법은 여전히 그리스도인들을 구속하고 있는가? 그 질문에 대한 대답
은, 그렇기도 하고 아니기도 하다는 것이다. 우리가 하나님 앞에 받아들
여진 것이 율법에 의한 것이 아니라는 의미에서는 '아니다.' 그리스도는
그분의 죽으심으로 율법의 요구를 완전히 이루셨으며, 따라서 우리는
그 요구로부터 해방되었다. 율법은 더 이상 우리에게 요구할 것이 없다.
율법은 더 이상 우리의 주인이 아니다. 그러나 우리의 새로운 생명이 여
전히 속박된 상태라는 의미에서는 '그렇다.' 우리는 여전히 '섬긴다.' 우

리는 율법으로부터 해방되었지만 여전히 종이다. 하지만 우리가 섬기는 동기나 수단은 달라졌다.

우리는 왜 섬기는가? 율법이 우리의 주인이고 우리가 그것을 섬겨야만 하기 때문이 아니라, 그리스도가 우리의 신랑 되시며 우리가 그분을 섬기고 싶기 때문이다. 율법에 대한 순종이 구원으로 이끌기 때문이 아니라, 구원이 율법에 대한 순종으로 이끌기 때문이다. 율법은 '이것을 하라. 그러면 살 것이다'라고 말한다. 복음은 '너는 살았다. 그러니 이것을 하라'고 말한다. 동기가 바뀌었다.

우리는 어떻게 섬기는가? 오래된 문자가 아니라 새로운 영으로 섬긴다. 즉 외적인 규약에 순종함으로써가 아니라 내주하시는 성령님께 복종함으로써 섬기는 것이다. (1966c:65)

416. 율법과 자유

그리스도인의 자유는 율법과 상반되는 것이 아니다. 그것이 사랑과 상반되지 않는 것과 마찬가지다. 그리스도인들은 구원이 율법에 순종하는 것에 달려 있지 않다는 점에서 '율법 아래' 있지 않다. 하지만 이것이 우리로 하여금 율법을 지킬 의무에서 벗어나게 하지는 않는다. 그리스도가 주신 자유는 율법을 어기는 자유가 아니라 그것을 지키는 자유다. "내가 주의 법도들을 구하였사오니 자유롭게 걸어갈 것이오며"(시 119:45). (1988g:210)

417. 우리의 행위로 심판을 받다

신약 성경 전체가 가르치는 바는, 죄인들이 그리스도를 믿음으로 인해서만 '의롭다 함을 받지만' 행위에 의해 '심판을 받을 것'이라는 점이다. 이것은 모순된 말이 아니다. 사랑의 선한 행위만이 우리의 믿음을 보여 주는 유일한 공개적 증거이기 때문이다. 예수 그리스도에 대한 우리의 믿음은 마음속에 은밀히 감추어져 있고, 그 믿음이 진정한 것이라면 선행으로 눈에 보이게 나타날 것이다. 야고보는 이렇게 말했다. "나는 행함으로 내 믿음을 네게 보이리라.…행함이 없는 믿음이 헛것인 줄을 알고자 하느냐"(약 2:18, 20). 심판 날은 공개적인 날이 될 것이므로 공개적인 증거, 즉 자비로운 행동으로 우리 믿음의 결과를 제시할 필요가 있을 것이다. 예수님도 여러 번에 걸쳐 이것을 가르치셨다. "인자가 아버지의 영광으로 그 천사들과 함께 오리니 그 때에 각 사람이 행한 대로 갚으리라"(마 16:27). 행위대로 받는 것은 우리의 구원이 아니라 심판이다. (1991b:82)

418. 전혀 들어 보지 못한 사람들

나는 대부분의 그리스도인들의 입장은 이 문제에 관해 불가지론으로 남아 있다고 생각한다. 어떤 사람이 예수님께 "주여, 구원을 받는 자가 적으니이까?"라고 묻자 예수님은 그 질문에 대답하기를 거부하시고 대신 그들에게 "좁은 문으로 들어가기를 힘쓰라"고 촉구하셨다(눅 13:23-24). 사실상 하나님은 우리가 복음에 반응할 책임이 있다는 것을 매우 엄숙하게 경고하셨다. 그러나 복음을 전혀 들어 보지 못한 사람들을 어떻게 다루실지에 대해서는 계시하지 않으셨다. 우리는 무한한 자비와 정의의 하나님, 십자가에서 이 두 가지 특성을 가장 완전하게 보여 주신 그 하나님께 그들을 맡겨야 한다. "세상을 심판하시는 이가 공의를 행하실 것이 아니니이까?"(창 18:25)라는 아브라함의 질문은 우리의 확신이기도 하다. (1988d:327)

**7부
그리스도인 되기**

419. 그리스도인이란 무엇인가?

그리스도인에 대한 신약의 정의는 '그리스도 안에 있는' 사람이다. 그러므로 예수님과 그의 사도들에 따르면, 그리스도인이 된다는 것은 단지 세례를 받아 교회에 속하고 성찬을 받고 사도신경의 교리들을 믿으며 산상수훈의 기준들을 따르려고 노력하는 것이 아니다. 세례와 성찬, 교회의 일원이 되는 것, 사도신경과 행위 등은 모두 그리스도인으로 살아가는 데 본질적인 부분이다. 그러나 그것은 보석이 사라져 버린 보석 상자가 될 수 있고, 때로 그런 일이 일어나기도 했다. 그 보석은 예수 그리스도이며, 그리스도인이 되는 것은 우선적으로 예수 그리스도와 연합하여 사는 것이다. 그러한 삶의 결과로 세례, 믿음, 행동이 자연스럽게 제자리에 들어서게 된다. (1991b:37)

420. 무엇 때문에 관심을 가지게 되었는가?

올 소울즈 교회 교인들에게 돌린 설문지에서 나는 다음과 같은 두 가지를 물었다. "당신은 무엇 때문에 그리스도와 복음에 관심을 가지게 되었습니까? 그리고 결국 무엇 때문에 그리스도께 나오게 되었습니까?" 그에 대한 대답 중 과반수가 다른 그리스도인들, 즉 부모와 목사, 교사,

동료, 친구에게서 본 어떤 것을 언급하고 있었다. "그들의 삶 속에는 내게는 없는, 그러나 내가 필사적으로 갈망했던 무엇이 있었다." 몇몇 경우에 그것은 '그들의 외적인 기쁨과 내적인 평화'였다. 어떤 간호학과 학생이 그리스도인에게서 본 것은 '진정하고 솔직한 우정'이었다. 옥스퍼드의 한 법대생은 그들의 '순전한 충만함'을 보았다. 한 경찰은 그리스도인들에게서 '기독교적 삶이 부여한 분명한 목표와 목적과 이상주의'를 볼 수 있었다. BBC의 한 비서는 '따스함과 내적 자원'을 보았다. 그리고 한 의사는 '다른 사람의 삶에서 일하시는 그리스도를 아는 지식'을 얻게 되었다. (1967e:71)

421. 통제소

나는 사도행전에서 사도들이 사람들과 성경에 대해 논하고 그 결과 많은 사람들이 '설득되어 믿게' 되는 장면을 읽으며 항상 깊은 감명을 받았다. 물론 하나님은 우리를 지적일 뿐 아니라 정서적인 피조물로 만드셨다. 그럼에도 불구하고, 지성은 인격을 지배하는 통제소이며, 참된 복음 전도는 결코 지성을 우회하지 않는다. 회심 때 성령님이 하시는 일은, 증거를 무시하고 사람들을 그리스도께 이끄는 것이 아니라 사람들이 증거에 주의를 기울이도록 마음을 여심으로써 그들을 그리스도께로 이끄는 것이다. 신약에서 회심은 종종 그리스도에 대한 반응일 뿐 아니라 '진리', 심지어 "교훈의 본"(롬 6:17)에 대한 반응으로 묘사되어 있다. (1991a:9)

422. 하나님의 영원한 부르심

"하나님이 처음부터 너희를 택하사…구원을 받게 하심이니, 이를 위하여 우리의 복음으로 너희를 부르사 우리 주 예수 그리스도의 영광을 얻게 하려 하심이니라." 사도 바울의 마음에는 편협함이라고는 조금도 없었다. 그의 지평은 과거와 미래의 영원함에 닿아 있었다. 하나님은 과거의 영원함 속에서 구원을 위해 우리를 택하셨다. 그러고 나서 적절한 때에 우리가 복음을 듣고 진리를 믿으며 성령으로 거룩해지도록(미래의 영원함 속에서 그리스도의 영광을 얻게 할 목적으로) 우리를 부르셨다. 이 단 하나의 문장에서 사도 바울은 '처음'에서부터 '영광'에 이르기까지 전체를 꿰뚫고 있다. (1991c:176)

423. 오직 두 길

예수님에 따르면 세상에는 오직 두 길이 있다. 그것은 어려운 길과 쉬운 길로서(중간 길은 없다), 넓은 문과 좁은 문으로 들어가는 길이며(다른 문은 없다), 많은 무리와 적은 무리가 그 길을 가고(중립적인 집단은 없다), 멸망과 생명이라는 두 목적지에서 끝난다(세 번째 대안은 없다). 이러한 이야기가 오늘날 매우 유행에 뒤떨어졌다는 점은 언급할 필요도 없다. 사람들은 어디에도 얽매이지 않는 중립적 상태를 좋아한다. 모든 여론 조사는 '그렇다'와 '아니다'뿐 아니라 편리하게도 '모른다'는 대답 또한 제시한다. 사람들은 아리스토텔레스와 그의 중용을 사랑한다. 가장 인기 있는 길은 중도이며, 거기서 벗어나는 것은 '극단주의자' 혹은 '광신자'로 불리는 위험을 감수하는 것이다. 모든 사람은 선택해야만 하는 상황을 매우 싫어한다. 하지만 예수님은 우리가 선택을 피하도록 허용하지 않으

존 스토트의 기독교 강요
Authentic Christianity

신다. (1978f:196)

424. 우리 앞에 놓인 선택

당신이 도덕적 빈혈증을 앓고 있다면 나의 조언을 받아들여 기독교를 피하기 바란다. 태평하고 방종한 삶을 살기 원한다면 그리스도인은 되지 않도록 하라. 하지만 하나님이 주신 본성을 깊이 만족시키는 자기 발견의 삶을 살기 원한다면, 하나님과 동료들을 섬기는 특권을 누리는 모험의 삶을 살기 원한다면, 당신을 위해 돌아가신 그분께 느끼기 시작한 주체할 수 없는 감사를 조금이라도 표현하며 살고 싶다면, 즉시 주저하지 말고 당신의 삶을 주님이요 구세주이신 예수 그리스도께 양도하라. (1971a:119)

425. 제자도의 대가

'사람이 자기 대신 무엇을 내놓을 수 있을까?' 협상을 위해 내놓을 수 있는 것 중에서 자기 자신만큼 귀중한 것은 없다. 그리스도인이 되는 데도 물론 대가가 필요하지만, 그리스도인이 되지 않는다면 더 많은 대가를 지불해야 한다. 그것은 자신을 잃어버리는 것을 의미하기 때문이다. (1971a:118)

426. 종교적인 작은 부분에만?

회심 이전의 삶과 종교적 영역 바깥까지 포함해 우리 삶 전체는 하나님께 속해 있고 그분의 부르심의 일부다. 하나님이 우리가 회심할 때 처음으로 우리에게 관심을 갖게 되셨다거나, 지금도 우리 삶의 종교적인 부

분에만 관심을 갖고 계신다고 생각해서는 안 된다. (1992b:139)

427. 진정한 자유

진정한 자유는 하나님이 만들고 의도하신 대로의 진정한 우리 자신이
되는 자유다. (1992b:53)

428. 용서받은 자의 자유

용서받지 못한 자는 누구도 자유롭지 않다. (1980h:26)

429. 우리 자신이 되기 위해 자유로워지다

예수 그리스도는 우리를 주위의 세상과 다르게 되도록, 그리고 우리 자
신이 한때 지녔던 모습과 다르게 되도록 우리를 부르신다. 그리스도는
여러 다른 과업들을 성취할 은사로 우리를 구비시키고, 바로 그러한 다
양성으로 인해 우리의 일상적 삶을 풍성하게 하신다. 그리스도는 믿음
과 행동의 대안적 표현들을 평가할 수 있는 진정한 표준을 제공하신다.
무엇보다도 그리스도는, 우리에게 무한한 자유를 주심으로써가 아니라
(무한한 자유라는 것은 환상이다), 우리가 그분이 창조하고 의도하신 독특한
존재가 될 수 있도록 하심으로써 우리를 자유롭게 하신다. (1984b:8)

430. 주권적 은혜

사울이 무엇 때문에 회심하게 되었느냐고 묻는다면 오직 하나의 대답
이 가능하다. 그 서사에서 두드러지게 나타나는 것은 예수 그리스도를
통한 하나님의 주권이다. 사울은 우리가 말하는 것처럼 '그리스도를 호

의적으로 대하지' 않았다. 반대로 그는 그리스도를 핍박하고 있었다. 그를 호의적으로 대하고 삶에 간섭하신 분은 그리스도셨다. 이에 대한 증거는 명백하다.…하지만 주권적 은혜는 점진적이고 부드러운 은혜였다. 천천히 어떤 강압적 힘도 배제한 채 예수님은 사울의 마음을 찌르셨다. 그다음에 빛과 소리로 자신을 계시하셨는데, 이는 그를 압도하기 위한 것이 아니라 그가 자유롭게 반응할 수 있도록 하기 위한 것이었다. 신적 은혜는 인간의 인격을 짓밟지 않는다. 오히려 그것은 인간이 참으로 인간적일 수 있게 해 준다. 속박하는 것은 죄이며, 해방하는 것은 은혜다. 하나님의 은혜는 우리를 교만과 편견과 자기중심성이라는 굴레에서 해방시켜 우리가 회개하고 믿음을 가질 수 있게 해 준다. 우리는 다소의 사울과 같은 광포한 고집쟁이에게, 그리고 실로 우리 자신과 같은 교만하고 반항적이며 제멋대로인 존재들에게 자비를 베풀어 주신 하나님의 은혜를 찬미할 따름이다. (1990b:168, 173)

431. 구레네 시몬과 바라바

모든 그리스도인은 구레네 시몬이며 동시에 바라바라고 말할 수 있다. 바라바처럼 우리는 그리스도가 우리 대신 죽으셨기 때문에 십자가를 모면할 수 있다. 구레네 시몬처럼 우리는 십자가를 진다. 왜냐하면 그분이 우리에게 십자가를 지고 따르라고 명하시기 때문이다. (1986a:278)

432. 그리스도 안에

우리가 개인적이고 유기적으로 그리스도와 연합하여 그리스도 안에 있으면, 하나님은 우리에게 새로운 지위(하나님과 올바른 관계에 놓인다), 새로운 생명(성령에 의해 새롭게 된다), 새로운 공동체(하나님의 가족의 일원이 된다)라는 엄청난 복을 주신다.

하지만 어떻게 그 일이 일어나는가? 우리는 회개와 믿음으로 예수 그리스도께 나아와야 하며, 자신을 그리스도께 드려야 한다. 이렇게 해서 하나님은 우리를 그리스도와 연합시키시는 것이다. 그리고 이 같은 그리스도와의 연합은 세례를 받음으로써 공개적이고 극적으로 표현된다. 왜냐하면 세례란 바울의 표현대로 "그리스도와 합하는"(갈 3:27) 것이기 때문이다. (1991b:46)

433. 선택의 교리

우리가 어떤 교파나 전통에 속해 있든, 선택의 교리는 여러 어려움과 의문을 불러일으킨다. 분명 그것은 하나님이 아브라함을 부르신 것과 후에 이스라엘을 "열국 중에서" 택하여 그분의 소유, 제사장 나라, 거룩한 백성이 되게 하신 것에 이르기까지 성경 전체를 꿰뚫는 진리다. 그리고 이러한 표현은 신약에서 기독교 공동체를 묘사하는 것으로 조심스럽게 바뀌었다. 나아가 선택의 교리는 거의 항상 실제적 목적을 위해, 곧 확신(추정이 아니라)과 거룩함(도덕적 무감각이 아니라), 겸손함(교만이 아니라), 증언(게으른 이기심이 아니라) 등을 촉진하기 위해 소개되었다. 하지만 하나님의 사랑이라는 동기 외에 택하심에 대한 설명은 여전히 주어지지 않았다. 이것은 신명기에서 분명하게 볼 수 있다. "여호와께서 너희를 기뻐하시고 너희를 택하심은 너희가 다른 민족보다 수효가 많기 때문이 아니니라. 너희는 오히려 모든 민족 중에 가장 적으니라. 여호와께서 다만 너희를 사랑하심으로 말미암아…"(신 7:7-8). 마찬가지로 데살로니가

전서 1:4에서 바울은 하나님의 사랑과 택하심을 한데 묶는다. 즉 그분은 우리를 사랑하시기 때문에 우리를 택하셨으며, 또한 우리를 택하셨기 때문에 우리를 사랑하신다. 그분은 우리가 사랑스럽기 때문에 우리를 사랑하시는 것이 아니라 단지 그분이 사랑이시기 때문에 우리를 사랑하신다. 그리고 우리는 그러한 신비로 만족해야 한다. (1991c:31)

434. 선택의 신비

선택의 교리는 많은 신비에 둘러싸여 있다. 따라서 어떤 난제나 수수께끼, 미결 사항도 남지 않도록 그 교리를 체계화하려는 신학자들의 태도는 지혜롭지 못하다. 우리는 로마서 8:28-30의 해설에서 전개된 논증에 덧붙여 두 가지 진리를 기억할 필요가 있다. 첫째로, 선택은 단지 바울이나 사도들만의 교리가 아니다. 예수님도 선택을 가르치셨다. "나는 내가 택한 자들이 누구인지 앎이라"(요 13:18). 둘째로, 선택은 시간과 영원 속에서 그리스도인이 드리는 예배의 필수불가결한 토대다. 다음과 같은 고백은 예배의 진수라 할 수 있다. "여호와여 영광을 우리에게 돌리지 마옵소서. 우리에게 돌리지 마옵소서.···주의 이름에만 영광을 돌리소서"(시 115:1). 우리가 전체적으로 혹은 부분적으로라도 자신의 구원에 책임이 있다면, 하늘 나라에서 스스로를 찬양하고 자신의 나팔을 부는 일이 정당화될 것이다. 하지만 그런 것은 생각할 수도 없다. 하나님의 구속받은 백성들은 하나님 앞에서 감사의 경배를 드림으로써 자신을 낮추고, 자신의 구원을 그분과 어린 양께 돌리며, 그분만이 모든 찬송과 존귀와 영광을 받기에 합당하심을 인식하며 영원토록 그분을 찬송할 것이다. 왜냐하면 우리의 구원은 전적으로 그분의 은혜와 뜻과 주

권과 지혜와 권능으로 인한 것이기 때문이다. (1994:268)

435. 선택의 경이

경이로운 것은 어떤 사람은 구원받고 어떤 사람은 구원받지 못한다는 사실이 아니라, 누군가가 구원을 받는다는 사실이다. (1994:269)

436. 자유로의 부르심

그리스도인의 삶은 우리가 그리스도를 따르기로 결심하는 데서 시작되는 것이 아니라, 하나님이 우리를 그렇게 하도록 부르시는 것으로 시작된다. 아직 우리가 반역과 죄 가운데 있을 때, 하나님이 은혜로 주도권을 쥐셨다. 우리는 죄로부터 그리스도께로 돌아서려 하지도 않았고, 그렇게 할 수도 없었다. 하지만 그리스도가 우리에게로 오셔서 우리를 자유로 부르셨다. (1968c:139)

437. 하나님의 은혜의 목적

하나님의 선택의 목적은 인간에게는 신비가 될 수밖에 없다. 우리가 하나님의 마음속에 있는 은밀한 생각과 결정을 이해하기를 바랄 수는 없기 때문이다. 하지만 선택의 교리는 우리의 세속적 호기심을 불러일으키거나 억누르기 위해 성경에 소개된 것이 아니라, 실제적 목적을 위한 것이다. 한편으로 그것은 깊은 겸손과 감사를 불러일으킨다. 그것은 모든 자랑을 배제하기 때문이다. 다른 한편으로 그것은 평화와 확신을 가져다준다. 우리의 안전이 궁극적으로 자신에게 달린 것이 아니라 하나님의 은혜의 목적에 달려 있음을 아는 것처럼 안전에 대한 두려움을 잠

재우는 것은 없기 때문이다. (1973b:36)

438. 유명무실한 기독교

기독교는 반쯤 지어진 채 버려진(쌓기 시작했으나 완성할 수 없었던) 망대의 잔해로 온통 뒤덮여 있다. 수많은 사람들이 여전히 그리스도의 경고를 무시하고, 그리스도를 따르는 것의 대가를 미리 곰곰이 생각하지 않은 채 그리스도를 따라가기 때문이다. 그 결과는 오늘날 기독교 세계의 커다란 추문, 소위 말하는 '유명무실한 기독교'다. (1971a:108)

439. 거룩함으로의 부르심

거룩함은 우리가 선택받은 목적이다. 그러므로 궁극적으로 선택받았음을 보여 주는 유일한 증거는 거룩한 삶이다. (1979e:38)

440. 누구의 결정인가?

우리가 그리스도인이 되는 과정에는 결정이 관련되어 있다. 하지만 그것은 우리의 결정이기 이전에 하나님의 결정이다. 이는 우리가 자유롭게 '그리스도를 따르기로 결정했다'는 점을 부인하려는 것이 아니라, 그분이 먼저 '우리를 구원하기로 결정하셨기' 때문에 우리가 그렇게 했다는 점을 분명히 하려는 것이다. 하나님의 자비롭고 주권적인 결정이나 선택에 대한 이러한 강조는, 관련된 어휘를 통해 강화된다. 한편으로 그 결정은 하나님의 '기쁨' '의지' '계획' '목적'으로 인한 것이며, 다른 한편으로 '창세 전' 혹은 '시간이 창조되기 전'으로 거슬러 올라간다. (1994:249)

441. 당신의 부르심은 분명합니다

여러 세기에 걸쳐, 당신의 부르심은 분명하고 냉정합니다.

당신을 따르고 십자가를 지라고 명하십니다.

그리고 날마다 나 자신을 잃으며 나를 부인하라고,

나를 '십자가에 못 박으라'고 단호히 외치라고 명하십니다.

나의 완악한 본성은 당신의 부르심에

반역합니다. 지옥의 교만한 합창은,

복종과 얽매임을 향한

나의 끝없는 혐오를 부추깁니다.

세상은 내 십자가를 보고 멈춰 서서 조롱합니다.

나는 잠잠히 참을 수밖에 없습니다.

멀리서 동방박사보다 느리게 주님을 따라갑니다.

내겐 별이 없기 때문입니다.

그래도 주님은 여전히 나를 부르십니다.

주님의 십자가는 나의 십자가를 무색하게 하고

내가 주님께 오면 당하리라 생각했던 엄청난 손해를

무한한 이익으로 바꾸어 놓으십니다.

십자가에 못 박히신 주님 앞에 무릎을 꿇습니다.

나의 십자가를 지고 나를 부인합니다.

주님과 사람들을 사랑하기 위하여 나를 버리며
날마다 가까이 주님 따르기를 거절하지 않겠습니다.

(1971a:120)

37

그리스도께 돌아오다

442. 그리스도가 필요함

사람들을 그리스도께 가까이 가지 못하게 만드는 가장 큰 방해물은 그리스도가 필요하다는 것을 깨닫지 못하거나 그 필요성을 인정하지 않는 것이다. 예수님은 말씀하셨다. "건강한 자에게는 의사가 쓸 데 없고 병든 자에게라야 쓸 데 있느니라. 나는 의인을 부르러 온 것이 아니요 죄인을 부르러 왔노라"(막 2:17). 이는 '세리와 죄인들'과 친하게 지낸다는 바리새인들의 비난에 대해 자신을 변호하신 말씀이다. 이 경구적 표현은 어떤 사람들은 **의로우므로** 구원이 필요 없다는 말이 아니라, 사람들이 스스로를 의롭다고 **생각한다**는 것이다. 이렇게 자기 의가 가득 찬 상태라면 그들은 결코 그리스도께 오지 않을 것이다. 우리가 스스로 나을 수 없다는 사실을 인정할 때만 의사에게 가는 것과 마찬가지로, 자신이 죄인이며 스스로를 구원할 수 없다는 사실을 인정할 때만 그리스도께로 갈 것이기 때문이다. 우리가 겪고 있는 모든 문제에 똑같은 원리가 적용된다. 문제가 있다는 사실을 부인하면 그에 대해 아무것도 할 수 없다. 문제가 있다는 사실을 인정하는 즉시 해결의 가능성이 생긴다. 알코올중독자 모임(alcoholic anonymous)이 제시하는 '12단계' 중 첫 번째가 "우리는 자신이 알코올에 대해 무력하다는 사실, 즉 우리 삶이 손쓸 수 없는 지경에 이르렀다는 사실을 인정"하는 것이라는 점은 의미심장하다.

자신에게는 죄성도 죄책도 없으며 그리스도도 필요 없다고 주장하며 허세를 부리는 사람들이 있다. 그런 사람들에게 인위적인 죄책감을 불러일으키려 애쓰는 것은 분명 잘못일 것이다. 하지만 죄와 죄책이 누구에게나 보편적으로 있다면(실제로 그렇다), 우리는 그들을 가상의 무죄 상태라는 잘못된 낙원에 혼자 남겨 놓을 수 없다. 의사에게 가장 무책임한 행동은 환자의 부정확한 자가 진단을 묵인하고 따르는 일일 것이다. 마찬가지로 그리스도인으로서 우리가 감당해야 할 의무는, 기도와 가르침을 통해 사람들이 하나님 앞에서 자신의 상태에 대한 참된 진단을 받아들이도록 하는 일이다. 그렇지 않으면 그들은 결코 복음에 반응하지 않을 것이다. (1994:67)

443. 불가항력적 제안

'불가항력적'이라는 단어는 어떤 이란 학생이 기독교로 회심한 사실을 나에게 이야기하면서 사용한 단어다. 그는 코란을 읽고 기도문을 외우고 선한 삶을 살며 자랐지만, 그럼에도 불구하고 자기의 죄 때문에 하나님과 분리되었음을 알고 있었다. 그러다 그리스도인 친구들이 그를 교회로 데려가 성경을 읽으라고 권했을 때 그는 예수 그리스도가 자기를 용서하기 위하여 죽으셨음을 깨달았다. 그는 "나에게 그것은 하늘에서 온 불가항력적인 제안이었다"고 말했다. 그는 그리스도를 통하여 자기에게 자비를 베풀어 주시기를 하나님께 간절히 구했다. 그러자 거의 즉각적으로 "나의 지난 삶의 짐이 벗겨졌다. 마치 엄청나게 큰 짐이 사라져 버린 것 같은 느낌이었다. 짐을 벗은 홀가분함과 함께 믿을 수 없는 기쁨이 찾아왔다. 마침내 이루어진 것이다. 나는 과거로부터 자유로워졌다. 나는 하나님이 나를 용서하셨음을 **알았고**, 깨끗해졌음을 느꼈다. 나는 소리를 지르며 모든 사람에게 그것을 말하고 싶었다."그가 하나님의 성품을 분명하게 파악한 것은 바로 십자가를 통해서였으며, 또한 이슬람교가 놓치고 있는 차원, 곧 '하나님의 친밀한 부성과 죄사함의 깊은 확신'을 발견한 것도 십자가를 통해서였다. (1986a:42)

444. 이중적인 돌아섬

회개와 믿음은 인간의 체험이라는 관점에서 보았을 때 회심의 구성 요소가 된다. 회심이 '돌아서기'가 아니라면 과연 무엇이겠는가? 이 헬라어 동사는 신약에서 세속적이고 비신학적인 맥락에서, 한 방향에서 다른 방향으로 방향을 바꾸는 것, 한 장소에서 다른 장소로 옮겨 가는 것 등을 묘사하는 데 종종 사용된다. 그 동사가 좀 더 전문적이고 신학적인 본문에서 사용될 때도 똑같은 의미를 지닌다. "너희가 어떻게 우상을 버리고 하나님께로 돌아와서"(살전 1:9). "너희가 전에는 양과 같이 길을 잃었더니 이제는 너희 영혼의 목자와 감독 되신 이에게 돌아왔느니라"(벧전 2:25).

그러므로 회심은 이중적인 돌아섬, 곧 한편으로는 우상과 죄로부터 돌아서는 것이고, 다른 한편으로는 살아 계신 하나님과 구세주 혹은 영혼의 목자를 향한 돌아섬이다. 신약에서는 이같이 '…으로부터 돌아서는 것'을 회개라 부르며, '…을 향해 돌아서는 것'을 믿음이라고 부른다. 그러므로 회개에 믿음을 더하면 회심이 된다. 믿을 뿐만 아니라 회개하

존 스토트의 기독교 강요
Authentic Christianity

지 않았다면 감히 회심했다고 말할 수 없다. (1959b:15)

445. 가장 빠른 길

기억은 귀중하고도 복된 은사다. 과거에 대한 기억처럼 양심을 광범위
하게 찌를 수 있는 것은 없다. 회개에 이르는 가장 빠른 길은 기억이다.
자신이 어떤 존재였는가를 회상하며 하나님의 은혜로 어떤 존재가 될
수 있는지를 숙고해 본다면, 그 사람은 자신의 죄로부터 구세주께로 돌
아서서 회개하게 될 것이다. (1990c:86)

446. 본성이 성취됨

회심은 초자연적 기원을 갖고 있지만, 그 결과는 자연적이다. 회심은 본
성을 신용하지 않는 것이 아니라, 그것을 성취하는 것이다. 그것은 내
가 속한 곳에 있게 하기 때문이다. 그것은 나를 하나님과 인간과 역사
와 관계 맺게 한다. 그것은 인간의 모든 질문 중 가장 기본적인 질문인
'나는 누구인가?'라는 질문에 대답할 수 있게 해 주며, 또한 다음과 같이
말할 수 있게 해 준다. '그리스도 안에서 나는 하나님의 아들이다. 그리
스도 안에서 나는 과거와 현재와 미래의 모든 하나님 백성과 연합되어
있다. 그리스도 안에서 나는 나의 정체성을 발견했다. 그리스도 안에서
나는 내 몫을 하게 되었다. 그리스도 안에서 나는 안식처에 이르렀다.'
(1968c:102)

447. 옛 생활의 속박

우리의 이전 삶은 죄와 자기와 두려움과 죄책, 그리고 하나님과 멀어짐

으로 인해 우리를 노예로 만든 보이지 않는 악의 권세에 속박된 삶이었다. 우리는 그 당시에 이렇게 탄식하지 않았을까? '내가 나의 죄책에서, 죄에 대한 하나님의 심판에서, 나를 쥐고 흔드는 악의 권세들에서 해방될 수만 있다면!' 내 경우는 그랬다. 그 후에 나는 죄로부터 자유로워지는 유일한 길이 정당한 벌을 받는 것이며, 십자가에서 우리 죄를 위해 죽으신 예수 그리스도 안에서, 그리고 그리스도를 통해 하나님이 스스로 이 일을 행하셨음을 알게 되었다. 그리고 우리가 믿음에 의해 개인적으로 예수 그리스도와 연합하게 되면, 그분과 함께 죽고, 그리스도의 죽음이 우리의 죽음이 되어 죗값이 치러지고 빚이 청산되어 옛 생활의 속박에서 자유로워진다는 것을 알게 되었다. (1991b:67)

448. 옛 생명과 새 생명

나는 이런 방식으로 생각하는 것이 유익함을 알게 되었다. 우리의 전기는 두 권으로 이루어져 있다. 제1권은 옛 사람, 옛 자기, 회심 이전의 나에 대한 이야기다. 제2권은 새 사람, 새로운 자기, 그리스도 안에서 새로운 피조물이 된 이후의 이야기다. 제1권은 옛 자기의 사법적 죽음으로 끝났다. 나는 죄인이었다. 나는 죽어 마땅한 사람이었고 실제로 죽었다. 나는 나와 하나가 된 대속자 그리스도 안에서 마땅히 받아야 할 벌을 받았다. 전기의 제2권은 부활과 더불어 시작되었다. 나의 옛 생명은 끝났고, 하나님을 향한 새 생명이 시작되었다. (1966c:49)

449. 요한계시록 3:20

예수 그리스도는 자신이 우리 삶의 문을 두드리며 서서 기다린다고 말쏨하신다. 예수님이 문을 미는 것이 아니라 문 앞에 서 계시는 것, 소리치는 것이 아니라 말씀하시는 것을 유의하라. 이것은 그 집이 어쨌든 예수님의 것임을 곰곰이 생각할 때 더욱 놀라운 일이다. 그리스도는 설계자이시다. 그분이 그 집을 설계하셨다. 그리스도는 건축자이시다. 그분이 그것을 만드셨다. 그리스도는 집주인이시다. 그분이 그것을 자신의 피로 사셨다. 그러므로 그 집은 그리스도가 계획하고 건축하고 구매하신 그리스도의 것이며 우리는 그 집에 세 들어 사는 사람들일 뿐이다. 그리스도는 그 집의 문을 미실 수도 있지만 문을 두드리는 편을 택하신다. 마음을 열라고 명령하실 수도 있지만 단지 그렇게 하라고 권하신다. 그리스도는 어떤 사람의 삶에도 강제로 들어가지 않으실 것이다. 그분은 "내가 너를 권하노니"(18절)라고 말씀하신다. 그분은 명령을 내릴 수도 있지만 조언하는 것으로 만족하신다. 그것이 자신을 낮추는 그리스도의 겸손이며, 우리에게 주시는 자유다. (1971a:124)

450. 돌연한 회심?

한순간에 그리스도인이 될 수는 있지만 한순간에 성숙한 그리스도인이 될 수는 없다. 그리스도는 단지 몇 초 만에 당신에게 들어오셔서 당신을 깨끗하게 하고 용서해 주실 수 있다. 하지만 당신의 성품이 그분의 뜻에 따라 변화되고 빚어지는 것은 훨씬 오래 걸릴 것이다. 신랑과 신부가 결혼식을 치르는 것은 몇 십 분이면 되지만, 결혼 생활 속에서 두 사람의 강한 개성이 하나로 맞춰지기 위해서는 수년에서 수십 년이 걸릴 수도 있다. 그러므로 우리는 그리스도를 영접하며 순간의 헌신을 표현한 이후 평생에 걸쳐 적응 과정을 지나갈 것이다. (1971a:126)

451. 세례: 들어가는 표시

세례는 우리가 그리스도의 죽으심과 부활 안에서 그분과 연합하여 구원받는 것을 나타내는 표시 혹은 '성례'다. 하지만 세례는 연합의 수단이 아니다. 이것은 세례와 할례를 비교해 보면 분명히 알 수 있다. 할례가 옛 언약에 들어가는 표시였던 것과 마찬가지로, 세례는 새 언약에 들어가는 표시다. 그런데 바울은 할례를 "무할례 시에 믿음으로 된 의를 인 친 것"(롬 4:11)이라고 규정한다. 아브라함은 먼저 믿음으로 의롭다 함을 받고 그 표시로 할례를 받았다. 우리가 그리스도께 연합되고 그럼으로써 의롭다 함을 받는 것은 믿음을 통해서다. 그리고 아브라함과 다윗은 이러한 믿음을 보여 주는 구약의 가장 좋은 예시들이다. (1954c:62)

452. 그리스도와의 연합

우리가 믿음으로 그리스도와 연합할 때 일어나는 일은 너무나 엄청나서 신약에서는 그것을 묘사할 만한 적절한 단어를 찾을 수 없다. 그것은 새로운 탄생일 뿐 아니라, 새 창조, 부활, 어둠에서 나온 빛, 죽은 자가운데서 살아나는 것이다. 우리는 종이었으나 이제 아들이다. 우리는 길을 잃었으나 이제 집으로 왔다. 우리는 정죄되고 하나님의 진노 아래 있었으나 이제 의롭다 함을 받고 하나님의 가족이 되었다. 이후 우리가 체험하게 되는 어떤 일을 이것과 비교할 수 있겠는가? 우리는 좀 더 심오한 체험들을 묘사하면서 중생을 손상시키거나, 이 최초의 단호하고 창조적인 하나님 사랑의 역사를 깎아내리지 않도록 주의해야 한다. (1975b:71)

453. 새로운 사람

예수 그리스도께 회심한 사람은 교회 안에서 사는 것과 마찬가지로 세상 안에서 살아가며, 교회에 대해서 책임을 지는 것과 마찬가지로 세상에 대해서도 책임을 지고 있다. 나는 현대의 많은 그리스도인들이 회심과 교회의 일원이 되는 것에 대해 우려하는 이유가, 바로 교회들이 자기 교인들을 '교회화하기' 때문이라고 생각한다. 회심은 회심자들을 세상에서 데려오는 것이 아니라 오히려 세상으로 보내는 것이다. 같은 사람이 같은 세상으로 가지만 새로운 확신과 새로운 기준을 지닌 새로운 사람이 되어서 가는 것이다. 예수님이 최초에 말씀하신 명령이 '오라!'는 것이라면, 두 번째로 하신 명령은 '가라!' 즉 우리가 떠나온 그 세상으로 그리스도의 대사가 되어 돌아가라는 것이다. (1975c:121)

454. 단지 시작일 뿐

사도행전 9장에서 우리는 회심이란 단지 시작일 뿐임을 알게 된다. 어떤 사람에게 새 생명을 가져다준 은혜는 그 사람을 그리스도의 형상으로도 변화시킨다. 누구든 회심을 하면 변화가 일어나고, 그것을 입증하는 새로운 칭호를 얻는다. 즉 하나님과의 관계가 새로워졌다는 점에서 '제자'(26절) 혹은 '성도'(13절)라는 칭호를, 교회와의 관계가 새로워졌다는 점에서 '형제'(17절)와 '자매' 칭호를, 세상과의 관계가 새로워졌다는 점에서 '증인'(22:15; 26:16)이라는 칭호를 갖게 되는 것이다. 만일 하나님과 교회와 세상과의 이러한 관계가 그리스도인이라고 고백한 회심자에게 나타나지 않는다면, 그것은 회심의 진실성에 대해 의심을 품을 충분한 이유가 된다. 반대로 그러한 관계들이 드러난다면 그것은 하나님의

은혜를 찬미할 충분한 이유가 된다. (1990b:180)

455. 믿을 만한 증거

자신의 백성을 알고 인식하며, 가짜로부터 참된 것을 구분해 낼 수 있는
분은 주님뿐이다. 그분만이 마음을 보시기 때문이다. 한편 우리는 마음
은 볼 수 없지만, 삶은 볼 수 있다. 삶은 마음의 상태를 보여 주는 믿을
만하고 명백하게 드러나는 증거다. (1973b:70)

38

새로운 탄생

456. 때가 아닌, 믿음의 여부

당신이 그리스도께로 돌아오긴 했지만 그것이 언제였는지 날짜를 모른다 해도 아무런 상관이 없다. 어떤 사람들은 그 날짜를 알고, 어떤 사람들은 모른다. 중요한 것은 **언제** 그리스도를 믿었느냐가 아니라 그리스도를 믿었는지 **여부**다. 예수님은 그리스도인의 삶이 시작되는 것을 두 번째 '탄생'이라고 부르셨으며, 이러한 유추는 여러 모로 도움이 된다. 예를 들어, 우리는 육체적 탄생이 일어나는 것을 의식하지 못하며, 부모님이 말해 주지 않았다면 생일이 언제인지도 결코 알지 못할 것이다. 비록 탄생을 기억하지는 못하지만 우리가 탄생했다는 것을 아는 이유는 탄생 시에 시작되었음이 분명한 그 생명을 오늘 우리가 누리고 있기 때문이다. 새로운 탄생도 이와 마찬가지다. (1991d:24)

457. 하나님을 보다

참된 그리스도인은 "하나님께 속하였고"(요일 4:4, 6) 또한 하나님을 본 자(요일 3:6)로 묘사할 수 있다. 하나님으로부터 난 것과 하나님을 보는 것은 어느 정도 같은 것이라 할 수 있다. 하나님으로부터 난 자는 내적인 믿음의 눈으로 하나님을 본다. 그리고 이같이 하나님을 본 것은 그의 행동에 깊이 영향을 미친다. 선을 행하는 것은 하나님으로부터 났음을 증명하며, 악을 행하는 것은 하나님을 결코 본 적이 없음을 입증한다. (1988g:232)

458. 성령의 역사

우리가 회심이라고 부르는 위대한 사건의 네 가지 주요 단계는 모두 성령의 역사다. 첫째로, **죄를 깨닫게 하는 것**이다. 예수님은 "죄에 대하여, 의에 대하여, 심판에 대하여 세상을 책망하시는" 분이 성령님이라고 말씀하셨다"(요 16:8-11). 다음으로, **그리스도에 대한 믿음**이 있다. 죄를 깨달은 죄인들의 눈을 열어 예수님이 그들의 구세주이시며 주님이심을 보게 하고, 그 예수님을 믿도록 하는 것은 성령님이다. "성령으로 아니하고는 누구든지 예수를 주시라 할 수 없기"(고전 12:3) 때문이다. 셋째로, **중생**은 "성령으로" 태어나는 것이다(요 3:6-8). 넷째로, **그리스도인의 성장** 혹은 성화 역시 성령님의 역사다(고후 3:18). 그러므로 복음 전도에서 성령님의 권능은 선택적인 것이 아니라 필수불가결한 것이다. (1975d:34)

459. 돌연한 것인가, 점진적인 것인가?

회심은 돌연한 것인가 점진적인 것인가? '회심'이 중생을 의미한다면 그 대답은 '돌연한' 것일 수밖에 없다. '탄생'이라는 단어 자체가 돌연하고 극적인 고비를 의미하기 때문이다. 물론 탄생 전에는 몇 개월에 걸친 준비 기간이 있고 탄생 이후에도 수십 년에 걸친 성장의 기간이 있다. 하지만 탄생 자체는 즉각적인 경험이다.

새로운 탄생도 이와 마찬가지다. 성령님이 어떤 사람에게 죄를 깨달게 하고 생각의 방향을 죄인들의 구세주이신 그리스도께로 돌리는 몇 달의 기간이 있을 수 있다. 어떤 사람이 스스로 그리스도의 자력에 이끌리는 것을 느끼는 몇 달의 기간이 있을 수도 있다. 또한 새로운 탄생 이후에도 그리스도인의 삶이 성장하는 데 몇 년의 기간이 걸리기도 한다. "갓난 아기들같이 순전하고 신령한 젖을 사모하라. 이는 그로 말미암아 너희로 구원에 이르도록 자라게 하려 함이라"(벧전 2:2). 신약은 지식과 거룩함과 믿음과 사랑이 자라는 것에 대해 말한다. 그리스도인의 진보는 어린아이가 점차 성숙하게 커 가는 것에 비유된다. 하지만 탄생 이전의 몇 달 간의 준비 기간이나 탄생 이후 몇 년의 성장 기간이 탄생 자체의 돌연성을 가리도록 해서는 안 된다.

더 나아가 성장과 탄생의 관계는 성화와 칭의의 관계와 같다. 칭의는 탄생과 마찬가지로 돌연한 것이다. 성화는 성장과 마찬가지로 점차적인 것이다. 칭의는 법적인 비유이며, 죄인을 의롭다고 선언할 때 재판관이 내리는 판결을 나타낸다. 재판은 어느 정도 시간이 걸릴 수 있으며, 재판이 끝났을 때 의롭다 함을 받은 죄인이 신분상 부여받은 의를 성품에서 나타내 보이기 위해서는 평생이 걸릴지도 모른다. 그러나 재판관의 의롭다는 판결은 몇 초만에 내려진다.

그렇다면 우리가 중생 혹은 칭의라고 부르든, 새로운 탄생의 경험이나 새로운 지위를 받는 것이라고 부르든, 영혼에 최초로 역사하시는 하나님의 역사는 돌연한 것이다. 그렇게 생각하는 것 외에 다른 방식은 없다. (1956a:42)

460. 위로부터의 탄생

중생은 새로운 탄생이다. 어떤 사람이 육체적으로나 영적으로나 스스로를 낳을 수 있다고 생각하는 것은 어리석은 일이다. 새로운 탄생은 '위로부터의' 탄생, '성령으로 인한' 탄생, '하나님으로 인한' 탄생이다. 우리를 '낳으시는' 분, 자신의 성령을 우리 안에 두시는 분, 우리 영혼에 생명을 불어넣으시는 분, 우리가 하나님의 신적 성품에 참여하는 자가 되도록 하시는 분은 하나님이다. 이 모든 것은 우리를 그리스도 안에서 '새로운 피조물'로 만드시는 하나님만의 역사다. (1967e:104)

461. 세례와 중생

어려운 문제 하나를 정리해 보자. 세례와 중생은 서로 다르며, 어느 하나가 다른 하나를 전달하거나 확보해 주지 않는다. 세례받은 사람들 가운데 영적으로 중생하지 않은 사람들이 있으며, 이례적이지만 세례받지 않은 사람들 중에 중생한 사람들이 있다. 더 나아가 성경에서도 기도서에서도, 세례가 중생을 가져온다고 가르치지는 않는다는 사실을 강조하고 싶다. 이러한 견해를 생겨나게 한 세례식의 표현들(예를 들어, "이제…이 아이/사람의 중생한 것을 보노라")은 전체 예식에 비추어서만 적절히 해석될 수 있다. 본문을 전후 문맥에서 분리시키는 것은 성경에서와 마찬가지로 기도서에서도 무책임한 것이다. 우리는 스스로 이렇게 물어야 한다. 중생했다고 선포되는 이 사람은 누구인가? 그는 단지 삼위일체의 이름으로 세례받았을 뿐 아니라, 세례받기 전에 자신의 회개와 믿음과 복종을 자신의 입으로 혹은 (어린아이의 경우에) 후원자의 입으로 공개적으로 고백한 사람이다. 종교개혁자들이 어린아이가 이렇게 말하는 것으로 간주한 것이 옳은가는 또 다른 문제다. 여기서 요점은 오직 교회에서 세례 받은 아이와 성인만이 **믿음을 고백한 신자**라는 것이다. 그리고 바로 이 때문에 그들이 중생했다고 선포되는 것이다. 그들은 그리스도 안에서 회개한 신자들이라는 것과 똑같은 의미에서 중생한 것이다. 이것은 성례를 집행할 때 적절하게 사용할 수 있는 가정적 언어이며, 신약은 이것을 세례의 결과로 표현하기도 하고 은혜와 믿음의 결과로 표현하기도 한다. (1967e:110)

462. 성화와 중생

성화가 중생의 자연적 결과라고 말하는 것은, 그것이 **자동적** 결과라는 뜻이 아니다. 참으로 중생한 그리스도인이라도 여전히 생각 없이 행동할 수 있으며, 중대한 죄를 지을 수 있고, 인간관계에서 실패하고, 결혼 생활에 문제가 있을 수 있다. 이것은 신약에서, 그리고 동료 그리스도인들의 삶에서 분명히 나타나며, 우리 삶에서도 그러하다. 그래서 서신서에 상세한 도덕적 교훈들(혀를 통제하는 것, 생활비를 벌기 위해 열심히 일하는 것, 솔직하고 공정하고 손님 대접을 잘하고 용서하고 친절히 행동하는 것, 성적 순결, 남편과 아내, 부모와 자녀, 주인과 종의 상호 의무 등에 대해)이 주어져 있는 것이다. 이러한 사도들의 권고를 받고 있는 사람들은 그리스도인들, 곧 중생한 사람들이 아닌가? 그렇다. 그들은 중생한 사람들이었다! 하지만 사도들은 중생한 자들이 당연히 거룩할 것이라고 여기지 않았다. 그들은 상세한 교훈과 권고, 모범과 기도를 통해 거룩함을 이루어 나갔다. (1970b:145)

463. 그리스도인의 입문

신약에 따르면 그리스도께로 입문하는 것은 한 단계로 이루어진 체험으로서, 그 단계에서 우리는 회개하고, 믿고, 세례받고, 죄 용서와 성령의 선물을 받는다. 그 이후에 내주하시는 성령님의 권능에 의해 성숙한 그리스도인으로 자라 가면서 실제로 하나님에 대해 더 깊고 완전하고 풍성한 체험을 하게 되는 것이다. 문제는 이 입문 과정이 정형화된 두 단계 과정이라고 주장하는 것이다. 하나님의 최초 구원 역사를 완수하기 위해 반드시 인간의 안수가 필요한 것은 아니다. 분명 안수는 축복이든 위로든 치유나 어떤 일의 위임을 위해서든 누군가를 위한 기도에 수반되는 중요한 동작이며, 성공회도 감독의 견진성사 때 이를 시행한다. 하지만 그 목적은 지원자들에게 성령을 주려는 것이 아니라, 하나님이 그들을 받아들이셨음을 확신시키고 그들을 완전한 교회 구성원으로 받아들이기 위한 것이다. (1990b:154)

464. 신앙 체험의 표준

그리스도인의 신앙적 체험의 표준은 회개, 예수님에 대한 믿음, 물세례, 성령의 선물로 이루어진다. 비록 인식하는 순서는 조금씩 다를지 모르지만, 이 네 가지 체험은 서로 결합되어 있고 그리스도인이 보편적으로 체험하는 것이다. 그러나 방언 및 예언과 함께 사도가 손을 얹은 것은 사마리아에서처럼 에베소에만 특별히 해당하는 것으로서, 특정 집단이 성령에 의해 그리스도께 속하게 되었음을 가시적이고 공개적으로 보여주기 위함이었다. 신약은 그런 것들을 일반화하지 않으며 오늘날에는 더 이상 그 같은 사마리아 사람들이나 세례 요한의 제자들이 존재하지

않는다. (1990b:305)

465. 새로운 탄생의 증거

요한은 만일 우리가 하나님이 의로우심을 사실로 안다면, 논리적 결과로서 "의를 행하는 자마다 그에게서 난 줄을" 인식할 것이라고 말한다 (요일 2:29). 자녀는 부모의 성품을 나타내 보인다. 왜냐하면 그는 부모의 본성을 공유하고 있기 때문이다. 따라서 어떤 사람의 의는 새로운 탄생의 원인이나 조건이 아니라 그것의 증거다. (1988g:122)

466. 새로운 탄생, 새로운 행동

새로운 탄생은 새로운 행동을 낳는다. 죄와 하나님의 자녀는 양립할 수 없다. 가끔 만날지는 모르지만, 조화를 이루어 함께 살 수는 없다. (1988g:194)

467. 믿음과 소망과 사랑

모든 그리스도인은 믿는 자이며 사랑하는 자이며 소망을 가진 자(그렇다고 반드시 낙관주의자라는 말은 아니다. 왜냐하면 '낙관주의'는 기질의 문제이며 '소망'은 신학의 문제이기 때문이다)다. 믿음과 소망과 사랑은 이처럼 성령에 의해 거듭났음을 드러내는 확실한 증거다. 그것들은 함께 우리 삶의 방향을 완전히 바꾸어 놓는다. 우리는 믿음 안에서 위로 하나님께 이끌리며, 사랑 안에서 밖으로 다른 사람들에게 이끌리고, 소망 안에서 재림으로 이끌리는 것을 발견하기 때문이다. 새로운 탄생이 우리를 타락한 내향성에서 끌어내어 하나님과 그리스도와 동료 인간들을 향하도록 방향을 바

로잡아 주지 않는다면 그것은 의미가 없다. (1991c:30)

468. 필수불가결한 표시

매주 열리는 다과회에서 어떤 사람이 찰스 시므온(Charles Simeon) 목사
에게 날카로운 질문을 던졌다. "목사님은 중생의 주요 표지가 무엇이라
고 생각하십니까?" 사람들은 '중생 운동'이 유행인 요즘, 평균적인 복음
주의 신자들이 이런 질문에 어떤 식으로 답할지를 궁금해 한다. 시므온
은 다음과 같이 답했다. "필수불가결한 첫 번째 표시는 자기혐오와 거
부입니다. 이것이 부족하다면 어떤 것도 진정한 변화의 증거로 받아들
여질 수 없습니다.…나는 우리 가운데서 이러한 겸손하고 뉘우치며 상
한 심령들을 더 많이 보기를 원합니다. 그것은 자기를 정죄하는 죄인들
에게 속한 심령입니다.…이같이 재 가운데 앉아 참회하는 것이야말로
하나님을 가장 기쁘시게 하는 것입니다.…나를 이같이 상한 심령을 지
닌 그리스도인들과 함께 있게 해 주십시오. 그러면 나는 그 어떤 사람과
의 교제보다 그와의 교제를 더욱 즐길 것입니다.…내가 여러분에게 유
언을 남기게 된다면, 방금 한 말 외에는 더 말할 것이 없습니다. 이러한
자기혐오의 정신을 가지고 살려고 애쓰십시오. 그리고 그것이 여러분의
삶과 행동에 언제나 나타나는 표지가 되게 하십시오."[14]

　'자기 거부' '자기 정죄' '자기혐오' 같은 말들은 현대인들의 귀에 거
슬린다. 현대인들은 더 위대하고 더 나은 자기상에 열광한다. 우리는 도

14　William Carus(editor), *Memoirs of the Life of the Reverend Charles Simeon*(London
　　1848), pp. 651–652.

처에서 자신을 사랑하고 용서하고 존중하고 주장하라는 권고를 받는다. 그리고 모든 이단이 그런 것처럼 이 이단에도 일말의 진리는 있다. 우리는 하나님의 형상으로 만들어진 피조물로서 그리고 그리스도가 구속하시고 성령님이 내주하시는 하나님의 자녀로서, 우리 자신을 감사하는 마음으로 긍정해야 하기 때문이다. 창조주이며 구세주이신 하나님의 이러한 자비 안에서 우리는 크게 기뻐해야 하고, 시므온의 설교에는 그러한 기쁨을 권고하는 내용이 많이 포함되어 있다.

하지만 하나님을 기뻐하는 것과 우리 자신을 기뻐하는 것은 별개다. 스스로를 경축하는 것과 하나님을 예배하는 것은 양립 불가능하다. 자기 자신에 대해 높은 견해를 가진 사람들은 언제나 그에 상응해서 하나님에 대해 낮은 견해를 가지고 있다. (1986c:xxxix)

8부
그리스도인으로 살기

469. 아는 것과 즐기는 것

우리가 어떤 선물을 가지고 있다는 사실을 알지 못하면 그 선물을 즐길 수 없다. 그러므로 하나님이 우리가 영생을 받고 즐기도록 하신다면, 반드시 우리가 그것을 소유하고 있음을 알게 하신다. (1954c:126)

470. 근본적 토대

우리 확신의 첫 번째 토대는(구원의 유일한 토대이기도 하다) '그리스도의 완성된 사역'이다. 양심이 우리를 비난할 때마다 그리고 죄의 무거운 짐을 느낄 때마다, 우리는 자신에게서 눈을 돌려 십자가에 못 박히신 그리스도를 바라볼 필요가 있다. 그러면 다시 평화를 찾게 될 것이다. 우리가 하나님께 받아들여진 것은 우리 자신과 우리가 이제껏 한 일에 좌우되는 것이 아니라, 전적으로 그리스도와 그분이 십자가에서 모든 사람을 위해 하신 일에 좌우되기 때문이다. (1991d:29)

471. 성부, 성자, 성령

하나님은 자녀들이 그분께 속해 있음을 확실히 알기 원하시며, 의심과 불확실함 속에 머물러 있기를 원하지 않으신다. 그런 간절한 바람 때문에 삼위일체의 세 위격은 각각 우리의 확신을 도우신다. 성령 하나님의 증거는 성자 하나님의 사역에 대한 성부 하나님의 말씀을 확증해 준다. 이 삼각 탁자의 굳건한 세 다리가 그 탁자를 정말로 안정되게 만들어 준다. (1991d:36)

472. 확실성과 겸손

요한의 복음서와 서신서들의 목적을 결합시켜 보면, 모두 네 단계로 되어 있다. 즉 독자들이 듣고, 들음으로 믿고, 믿음으로 살고, 삶으로 알도록 하기 위한 것이다. 그의 강조점이 중요한 것은, 오늘날에는 구원의 확신에 대한 모든 주장을 주제넘은 것이라고 무시하고 이생에서는 어떤 확실성도 가질 수 없다고 주장하는 일이 흔하기 때문이다. 하지만 확실성과 겸손은 배타적이지 않다. 하나님의 계시된 목적이 우리가 듣고 믿고 사는 것뿐 아니라, 아는 것이기도 하다면, 주제넘은 태도는 하나님의 말씀을 믿는 것이 아니라 그 말씀을 의심하는 것이다. (1988g:187)

473. 하나님의 위대한 용서

성경이 우리에게 잊어버리라고 말하는 것이 몇 가지(다른 사람들이 우리에게 가한 위해 등) 있는데, 그중에서 특별히 기억하고 결코 잊어서는 안 되는 것이 있다. 바로, 하나님의 사랑이 우리에게 임해서 우리를 발견하기 전에 우리가 어떤 존재였는가 하는 것이다. 우리는 이전의 소외되었던 상태를 기억할 때만(그중 어떤 기억은 매우 혐오스럽겠지만), 우리를 용서했고 또 변화시켜 가고 있는 은혜의 위대함을 기억할 수 있기 때문이다. (1979e:96)

474. 극화된 약속들

하나님 약속의 말씀만이 우리에게 주신 유일한 확신의 수단은 아니다. 하나님은 우리의 믿음이 (루터의 말을 빌리면) "깨지기 쉽다"는 것과 강화될 필요가 있음을 아신다. 비유를 바꾸어 보자면, 하나님은 '있는 그대로의 적나라한' 말씀을 믿는 일이 우리에게 얼마나 어려운지 아신다. 그래서 하나님은 자비롭게도 복음이 제시하는 두 가지 성례에서 우리가 그것을 보도록 말씀에 '옷을 입히셨다.' 아우구스티누스는 그것들을 '가시적 말씀'(*verba visibilia*)이라고 불렀으며, 주얼(Jewel) 주교는 "모든 성례의 내용은 하나님의 말씀"이라고 덧붙였다. 그것들은 우리의 믿음을 불러일으키고 확증하도록 복음의 약속들을 극화한다. 세례는 유일무이하고 되풀이될 수 없는 것으로, 우리가 영단번에 받은 칭의를 나타내는 성례다. 성찬은 반복해서 시행하는 것으로, 우리가 날마다 용서받는 것을 나타내는 성례다. 우리는 그것들을 통해 우리가 받아들여지고 용서받았음을 귀와 눈으로 확신한다. [1964:75]

475. 변함없는 은혜

바울이 신자의 영원한 안전을 확신한 것은, 오직 하나님의 변함없는 은혜를 확신했기 때문이다. "하나님이 미리 아신 자들을…또 미리 정하신 그들을 또한 부르시고 부르신 그들을 또한 의롭다 하시고 의롭다 하신 그들을 또한 영화롭게 하셨느니라"(롬 8:29-30). 이러한 신적 은혜의 사슬은 단 하나도 끊어질 수 없다. [1954c:73]

476. 견고한 토대

우리 영광의 소망이 근거하는 견고한 토대는 하나님의 사랑이다. 하나님의 사랑이 우리에게 쏟아졌기 때문에, 우리는 아무 의문이나 의심 없이 하나님이 우리를 영광으로 이끌고 가실 것임을 안다. 우리가 끝까지 버틸 것임을 믿는 확신에는 확실한 근거들이 있다. 우리가 확신할 수 있는 것은, 부분적으로는 하나님이 고난을 통해 우리 안에 연단된 성품을 형성하시기 때문이다('고난-인내-성품-소망'). 하나님이 지금 우리를 성화시키고 계시다면, 언젠가 우리를 영화롭게 하실 것이다. 하지만 더욱 주된 이유는 '우리를 놓지 않으실 사랑' 때문이다. [1966c:16]

477. 확고부동하신 하나님

오직 하나님이 확고부동하시기 때문에 우리도 확고부동할 수 있다.
[1991c:175]

478. 승리에 대한 약속

로마서 8장에는 하나님의 섭리에 대한 다섯 개의 확신(28절)과 하나님의 목적에 대한 다섯 개의 단언(29-30절), 하나님의 사랑에 대한 다섯 개의 질문(31-39절)이 나온다. 이들은 함께 하나님에 대한 열다섯 가지 확신을 갖도록 해 준다. 우리에게는 그러한 확신이 절실히 필요하다. 우리가 사는 세계에서는 더 이상 안정되어 보이는 것이 없기 때문이다. 불안정은 모든 인간의 체험에서 증명되고 있다. 그리스도인이라고 해서 유혹이나 환란이나 비극의 면제가 보장되지는 않지만, 우리에게는 그것들을 이기고 승리할 것이라는 약속이 주어져 있다. 하나님은 우리에게 고난이 닥치지 않는다고 보증하신 것이 아니라, 그것이 결코 우리를 그분의 사랑에서 끊지 못하리라고 보증해 주셨다. (1994:259)

479. 성도의 견인

"끝까지 견디는 자는 구원을 받으리라"(막 13:13). 구원이 인내의 보상이기 때문이 아니라, 인내가 구원받은 것을 검증해 주는 표시이기 때문이다. (1988g:110)

480. 하나님의 성숙한 자녀들

하나님은 언제나 우리의 아버지이시며, 우리는 언제나 하나님의 자녀다. 하지만 하나님은 우리가 그분의 자녀로서 성인이 되기를 원하신다. 우리는 언제나 하나님을 의지하고 순종해야 하지만, 우리가 하나님께 드려야 하는 순종은 굴종이나 기계적이고 마지못한 순종이 아니라, 분별력을 가지고 기꺼이 자유롭게 드리는 것이다.…하나님은 자기 자녀들을 성인으로 대하시며, 스스로 분별하고 결정할 책임을 주신다. 그렇게 해서 우리의 순종은 창조적인 것이 되고, 그것은 우리의 성장을 억제하기보다 촉진한다. (1977f:26)

481. 마음에서 우러난 열망

그리스도인의 삶에서 마음에서 우러난 건강한 영적 열망보다 더 큰 진보의 비결은 없다. 거듭해서 성경은 갈망하는 자에게 주어지는 약속들에 대해 말한다. "그가 사모하는 영혼에게 만족을 주시며 주린 영혼에게 좋은 것으로 채워 주심이로다"(시 107:9). 우리의 성장이 느린 것은 우리가 열망을 충분히 갖지 않기 때문은 아닐까? 과거에 지은 죄를 애통하는 것만으로는 충분하지 않다. 동시에 우리는 미래의 의를 위한 열망

을 가져야 한다. (1978f: 45)

482. 살아 있는 관계

영적 성장이라는 개념은 많은 사람들에게 생소한 것이고 믿음과 사랑
의 영역에서는 더욱 그렇다. 우리는 믿음을 소유의 개념으로 생각해서
정적인 용어로 말하는 경향이 있다. 우리는 '나도 너와 같은 외모를 가
졌으면 좋겠다'라고 말하듯이 '나도 너와 같은 믿음을 가졌으면 좋겠다'
라고 말한다. 마치 믿음이 유전적으로 주어지는 것처럼 말이다. 또 우리
는 '안경을 잃어버렸어'라고 말하듯이 '믿음을 잃어버렸어'라고 불평한
다. 마치 믿음이 물건인 것처럼 말이다. 하지만 믿음은 하나님과의 신뢰
관계이며, 다른 모든 관계들과 마찬가지로 살아 있고 역동적이고 자라
는 특성을 갖고 있다. 믿음에는 등급이 있다. 이는 예수님이 "믿음이 작
은 자들아"(마 8:26), "이스라엘 중 아무에게서도 이만한 믿음을 보지 못
하였노라"(마 8:10)라고 말씀하시면서 암시하신 것이다. 사랑도 이와 비
슷하다. 우리는 자신이 어떤 사람을 사랑하거나 사랑하지 않으며, 그에
대해 아무것도 할 수 없다고 무력하게 가정한다. 하지만 사랑 역시 믿음
처럼 살아 있는 관계이며, 그 사랑이 성장하도록 조치를 취할 수 있다.
(1991c:144)

483. 죄를 지으면 무슨 일이 일어나는가?

'하지만 내가 죄를 짓게 되면 무슨 일이 일어나지요?'라고 질문할지도
모른다. 그럴 때 아들 자격을 빼앗기고 더 이상 하나님의 자녀가 아닌
가? 그렇지 않다. 인간의 가족 관계와 비교해서 생각해 보라. 어떤 아이

가 부모에게 매우 무례하게 굴었다. 그래서 가정에 어두운 그늘이 덮이고 긴장된 분위기가 조성된다. 아버지와 아들은 서로 말을 건네지 않는다. 무슨 일이 일어났는가? 그 아이는 이제 더 이상 아들이 아닌가? 그렇지 않다. 그들의 관계는 변화되지 않았다. 깨어진 것은 그들의 유대감이다. 관계는 출생에 의해 결정되지만 유대감은 행동에 좌우된다. 아들은 사과하는 즉시 용서를 받고, 용서는 유대감을 회복시킨다. 그 과정에서 그들의 관계는 변함이 없었다. 일시적으로 불순종하고 심지어 반항하는 아들일 수는 있지만, 그렇다고 해서 더 이상 아들이 아닌 것은 아니다.

하나님의 자녀들도 이와 마찬가지다. (1971a:135)

484. 시험과 시련

시험(temptation)은 저항해야 하지만, 시련(trial)은 환영해야 한다(약 1:2). '시험'과 '시련'에 해당되는 헬라어는 동일하지만 의미가 서로 다르다. 시험은 내부로부터 일어나는 죄를 향한 유혹이다. 시련은 핍박과 같은 외적 환경들로부터 오며 믿음을 시험한다. 이러한 시련은 그리스도인의 성품을 개발하며 견고함을 만들어 낸다(1:3-4). (1954c:107)

485. 새로운 삶을 살아감

우리는 스스로에게 이렇게 말하고 질문하는 법을 배워야 한다. '너는 너의 회심과 세례가 무엇을 의미하는지 모르는가? 너는 그리스도의 죽으심과 부활 안에서 그분과 연합되었다는 사실을 모르는가? 너는 네가 누구인지 모르는가?' 우리는 스스로 다음과 같은 대답을 할 때까지 계속해서 그런 질문을 던져야 한다. '나는 내가 누구인지 확실히 안다. 나는 그리스도 안에서 새로운 사람이고, 하나님의 은혜로 그에 합당한 삶을 살 것이다.'

1972년 5월 28일, 왕위에서 쫓겨난 에드워드 8세 윈저 공이 파리에서 세상을 떠났다. 그날 저녁 한 텔레비전 프로그램이 그의 삶에서 일어난 주요 사건들을 다루었다. 이전에 찍은 필름에서 발췌한 화면들이 방영되었는데, 그가 자신의 유년기, 짧았던 통치 기간, 왕위에서 물러난 사건에 대한 질문들에 답하고 있었다. 웨일즈의 왕자였던 소년기를 회상하면서 그는 이렇게 말했다. "나의 아버지[조지 5세]는 규율에 엄격한 사람이었다. 때때로 내가 무슨 잘못을 하면 그분은 이렇게 말하면서 타이르곤 했다. '얘야, 너는 언제나 네가 누구인지를 기억해야 한다.'" 나는 하늘에 계시는 우리의 아버지도 날마다 우리에게 같은 말씀을 하신다고 확신한다. "얘야, 너는 언제나 네가 누구인지를 기억해야 한다." (1994:187)

486. 죽음과 부활

그리스도의 죽음이 죄에 대한 죽음이었다면(실제로 그랬다), 그분의 부활이 하나님께 대한 부활이었다면(실제로 그랬다), 믿음과 세례에 의해 우리가 그리스도의 죽으심과 부활 안에서 그분과 연합되었다면(실제로 그랬다), 우리는 죄에 대하여 죽었으며 하나님께 대하여 다시 산 것이다. 그러므로 우리는 자신을 "죄에 대하여는 죽은 자"로, 그리스도 예수 안에서 혹은 그리스도 예수와의 연합으로 인해 "하나님께 대하여는 살아 있는 자"로 '여겨야'[AV, '간주해야'(RSV), '생각해야'(NEB), '보아야'(JBP)] 한다(롬

6:11).

이같이 '여기는 것'은 거짓으로 꾸미거나 믿지 않는 사실을 억지로 믿는 것이 아니다. 우리의 옛 본성이 죽지 않았다는 사실을 너무나 잘 알면서도 그것이 죽은 것처럼 가장하는 것이 아니다. 반대로 우리는 옛 자기가 실제로 그리스도와 함께 죽었으며 따라서 그 삶은 끝났다는 사실을 인식하고 기억해야만 한다. 우리는 실제의 우리 존재, 즉 우리가 그리스도와 같이(10절) "죄에 대하여는 죽은 자요…하나님께 대하여는 살아 있는 자"(11절)라는 점을 숙고해야 한다. 일단 이러한 사실, 곧 우리의 옛 생명은 끝났으며 셈은 다 치러졌고 빚은 청산되었으며 법적 요구는 모두 이행되었다는 사실을 이해한다면, 이제 죄와 아무런 관계도 맺고 싶지 않을 것이다. [1994:179]

487. 통합된 그리스도인

바울은 그리스도인의 삶을 경주에 비유하기를 좋아했다. 그리스도인의 경주에서 '잘 달리는' 것은 단지 진리를 믿거나(마치 기독교가 단지 정통적 교리들뿐인 것처럼) 단지 잘 행동하는 것(마치 기독교가 단지 도덕적 고결함뿐인 것처럼)이 아니라, '진리에 순종하는 것' 곧 믿음을 행동에 적용하는 것이라는 사실을 주목하라. 진리에 순종하는 사람만이 통합된 그리스도인이다. 그가 믿는 것과 행동하는 방식은 일관성을 가진다. 그의 신앙 고백은 행동으로 표현되고, 행동은 신앙 고백에서 나온다. [1968c:135]

488. 삼차원

통합된 그리스도인은 믿음, 삶, 선교라는 삼차원적 책임의 측면에서 자

라 가는 사람이다. (1981c)

489. 영생

'그리스도 안에' 있다는 것은 그리스도인에 대한 바울 특유의 묘사다. 하지만 요한 역시 그러한 묘사를 사용한다. 그리스도 '안에' 있다(또는 '거한다', 요일 2:6)는 것은 그리스도를 '안다'(3, 4절) 혹은 그분을 '사랑한다'(5절)는 것과 같은 표현이다. 그리스도인이 되는 것은 본질적으로 그리스도를 알고, 사랑하며, 가지가 포도나무 안에서 살듯 그리스도 안에 살면서(요 15:1 이하), 그리스도 안에서 하나님과 인격적 관계를 맺는 것이다. 이것이 '영생'의 의미다. (1988g:96)

490. 돌아보기

기억은 소중한 선물이다. 되돌아보는 것은 그릇된 행동이 될 수도 있고 분별 있는 행동이 될 수도 있다. 롯의 아내처럼 육욕에 찬 눈으로 우리가 빠져나온 소돔의 죄를 돌아보는 것은 재앙을 초래한다. 손에 쟁기를 잡고 나서 세상의 태평한 쾌락을 동경하듯 되돌아보는 것은 하나님 나라에 합당하지 않다. 하지만 하나님이 우리를 인도하신 길을 돌아보는 것은 그에 감사하는 사람이라면 당연히 해야 할 일이며, 한때 하나님의 은혜로 이르렀던 영적 절정을 되돌아보는 것은 회개의 길로 나아가는 첫 단계다. 우리는 과거에 살아서는 안 된다. 하지만 과거를 회상하고 현재 모습을 과거와 비교해 보는 것은 유익하고, 종종 충격적 경험이 되기도 한다. (1990c:24)

491. 인정하고 격려하기

제자도의 한 측면을 잘 수행하고 있는 그리스도인을 대하는 우리 태도는 어떠해야 하는가? 어떤 사람들은 축하를 해 준다. '잘했어! 정말 훌륭하구나. 네가 자랑스럽다.' 또 어떤 사람들은 이러한 행동을 거북하게 느끼며 그것이 부적절하다고 생각한다. 그것이 거의 아첨에 가깝고 교만을 부추기며 하나님의 영광을 빼앗는다고 생각해서, 기도할 때 은밀하게 하나님께 감사할지는 모르지만 당사자에게는 아무 말도 하지 않는다. 아첨 대신 침묵을 지키는 이런 태도는 당사자를 낙심시킨다. 그들을 망치지 않으면서 인정해 줄 수 있는 제3의 방법이 있을까? 바울은 데살로니가후서 1장에서 그 방법을 예시하고 있다. 그는 데살로니가 교인들로 인해 하나님께 감사할 뿐만 아니라, 그 사실을 그들에게도 말해 준다. "우리가 너희를 위하여 항상 하나님께 감사할지니…너희 인내와 믿음으로 말미암아…친히 자랑하노라." 바울의 모범을 따른다면 우리는 축하(사람들을 망치는 것)와 침묵(사람들을 낙심시키는 것)을 모두 피할 수 있다. 우리는 가장 기독교적인 방법으로 사람들을 인정하고 격려할 수 있다. '형제여(혹은 자매여), 나는 형제로 인해 하나님께 감사합니다. 나는 하나님이 형제에게 주신 은사로 인해, 형제의 삶에 나타난 하나님의 은혜로 인해, 형제 안에서 보이는 그리스도의 사랑과 온유함으로 인해 하나님께 감사합니다.' 이것이 아첨하지 않고 인정하는, 의기양양하게 만들지 않으면서 격려해 주는 방법이다. (1991c:145)

492. 다르게 살라는 부르심

내게 산상수훈의 핵심 본문은 마태복음 6:8의 "그들을 본받지 말라"이다. 그것은 옛적에 하나님이 이스라엘에게 하신 말씀을 즉각 상기시킨다. "너희는…풍속을 따르지 말며"(레 18:3). 그것은 다르게 살라는 동일한 부르심이다. (1978f:18)

493. 열매와 충만

오랜 세월 동안 나는 날마다 갈라디아서 5:22-23에 나오는 성령의 아홉 가지 열매를 암송하고 성령의 충만을 위해 기도했다. 성령 충만의 주된 표지는 성령의 열매이기 때문이다. 그 열매는 사랑, 기쁨, 평화, 인내, 친절, 선함, 신실함, 온유, 절제다. 날마다 이 은혜들, 곧 성령의 열매에 대해 묵상하다가, 나는 최근에 와서 첫 번째 열매가 사랑이고 마지막이 절제라는 사실을 주목하게 되었다. 사랑은 자신을 주는 것이며, 절제는 자신을 통제하는 것이다. 그러므로 거룩함은 우리가 우리 자신으로 무엇을 하느냐와 관련되어 있다. 그것은 자신을 지배하는 것과 자신을 주는 것에서 나타난다. [1978d:10]

494. 성령에 의한 열매

그리스도인은 크리스마스 트리가 아니라 과실나무와 같아야 한다. 크리스마스 트리의 번쩍거리는 장식은 그저 매달려 있지만, 과실은 나무에서 **자라기** 때문이다. 다시 말해, 그리스도인의 거룩함은 인위적으로 부착한 것이 아니라, 성령의 능력에 의해 자연스럽게 열매 맺는 과정이다. [1970b:143]

495. 믿음과 사랑

믿음과 사랑은 새로운 탄생의 표지다(요일 5:1; 4:7). 그것들은 또한 명령이다. 어떤 사람들은 믿음과 사랑은 훈련을 통해 이루는 것이 아니기에 명령할 수 없다고 반박한다. 그들은 어떻게 믿지 않는 것을 믿으라고 하거나 사랑하지 않는 사람을 사랑하라고 말할 수 있느냐고 묻는다. 이 질문에 대한 대답은 기독교의 믿음과 사랑의 본질에 있다. 믿음이 직관으로, 사랑이 감정으로 간주될 때, 그것들은 의무의 영역 밖에 있는 것처럼 보인다. 하지만 기독교의 믿음은 그리스도 안에 나타난 하나님의 자기 계시에 순종하는 반응이다. 이 계시는 도덕적 내용을 지닌다. 사람들이 빛을 싫어한다면 그것은 그들의 행위가 악하기 때문이다(요 3:19-21).⋯마찬가지로, 기독교의 사랑은 감정의 영역보다 행동의 영역에 속한 것이다. 그것은 무의식적이고 통제할 수 없는 열정이 아니라, 의도적 선택으로 행하는 이타적 섬김이다. [1988g: 209]

496. 진정한 그리스도인의 표지

사랑은 의로움만큼이나 진정한 그리스도인의 표지다. [1988g:164]

497. 하나님의 사랑과 우리의 사랑

'하나님 아버지가 그 아들을 보내셨다'는 것은 교리적 정통성을 검증하는 주된 기준일 뿐 아니라, 하나님 사랑에 대한 최고의 증거이며 우리의 사랑을 고취하는 것이다. 예수 그리스도의 신인성, 우리에 대한 하나님의 사랑, 하나님과 이웃에 대한 우리의 사랑은 분리될 수 없다. 그리스도에게서 그분의 신성을 제거하는 신학은 그럼으로써 영광의 하나님에

게서 그분의 사랑을 제거하고, 우리 안에 성숙한 사랑을 일으키는 믿음을 빼앗아 간다. [1988g:168]

498. 가장 확실한 검증 수단

신약은 탁월한 기독교적 덕목으로 사랑에 강조점을 둔다. 사랑은 성령의 첫 번째 열매(갈 5:22), 믿음이 실재함을 나타내는 표지(갈 5:6), 결코 다함이 없으며 그것 없이는 우리가 '아무것도 아닌' 세 가지 변치 않는 기독교의 은혜 중 가장 위대한 것(고전 13:2, 8, 13)이다. 사랑은 생명을 가지고 있는지 여부를 알 수 있는 가장 확실한 검증 수단이다. [1988g:145]

499. 사랑과 율법

사랑은 (율법을 면제해 준다는 의미에서) 율법의 완성이다. 사랑은 (율법에 순종한다는 의미에서) 율법의 성취다. 신약은 율법과 사랑에 대해, '네가 사랑한다면 너는 율법을 어길 수 있다'가 아니라 '네가 사랑한다면 너는 율법을 지킬 것이다'라고 말한다. [1970b: 152]

500. 새로워지는 사랑

사랑이라는 개념은 새로운 것이 아니었다. 하지만 예수 그리스도는 몇 가지 면에서 사랑이라는 개념에 좀 더 풍성하고 심오한 의미를 부여하셨다. 첫째로, 그리스도는 신명기 6:5과 레위기 19:18의 사랑의 명령을 결합해 율법과 예언자의 가르침 전체가 그것에 달려 있다고 단언함으로써 새로운 강조점을 부여하셨다. 둘째로, 그 개념은 그리스도가 부여하신 질적 측면에서 새로운 것이었다. 제자는 단지 사랑받는 만큼만이 아니라, 그리스도가 죽기까지 이타적인 자기희생으로 그를 사랑하신 만큼 다른 사람들을 사랑해야 했다. 셋째로, 그것은 그리스도가 부여하신 범위 면에서 새로운 것이었다. 그리스도는 선한 사마리아인의 비유에서, 우리가 사랑해야 하는 '이웃'은 인종과 계층에 관계없이 '원수'까지 포함해서 우리의 긍휼과 도움을 필요로 하는 모든 사람임을 보여 주셨다(참고. 마 5:44). 넷째로, 사랑은 우리가 그것을 새롭게 이해함으로써 계속해서 새로워진다. 왜냐하면 "교리적인 기독교는 항상 옛 것이지만, 경험적 기독교는 항상 새롭기" 때문이다. 이렇게 해서 사랑은 '새로운 명령'이었으며, 언제나 새로워질 것이다. 그것은 밝아 온 새 시대를 위한 새로운 가르침이다. "이는 어둠이 지나가고 참 빛이 벌써 비치기"(요일 2:8) 때문이다. (1988g:98)

501. 사랑은 최고의 것

지식은 매우 중요하고, 믿음은 필수불가결하며, 종교적 체험도 필요하고, 봉사도 필수적이지만, 바울은 사랑의 우월성을 인정한다. 사랑은 이 세상에서 가장 위대한 것이다. 하나님의 가장 깊숙한 내면을 보면 '하나님은 사랑'이시기 때문이다. 성부와 성자와 성령은 자신을 주시는 사랑으로 서로 영원히 연합되어 있다. 그러므로 자신이 사랑이시고 우리에게 자신의 사랑을 보이신 그분이 우리에게 그 보답으로 그분과 다른 사람들을 사랑하라고 명하신다. "우리가 사랑함은 그가 먼저 우리를 사랑하셨음이라"(요일 4:19). 사랑은 하나님 백성의 가장 주요하고 탁월한 특성이며 하나님의 백성을 구분 짓는 특성이다. 아무것도 그것을 몰아내거나 대체할 수 없다. 사랑은 최고의 것이다. (1992b:148)

존 스토트의 기독교 강요
Authentic Christianity

502. 의지의 종

사랑의 참된 본질에 대해서는 많은 오해가 있다. 우리는 예수님이 순종할 수 없는 명령들을 주시지는 않았다고 확신할 수 있다. 예수님이 우리에게 서로(심지어 원수들을) 사랑하라고 명령하셨으므로, 우리는 예수님이 말씀하시는 사랑이 감정의 희생물이 아니라 의지의 종이라고 결론내려야 한다. 우리는 어떤 사람을 사랑하고 싶지 않을지 모른다. 하지만 우리는 사랑하라는 명령을 받는다. 우리는 자연적으로는 좋아할 수 없는 사람들에게 의도적으로 사랑을 쏟는 법을 배워야 한다. [1971b:59]

503. 인간관계

골로새서 3장에서 바울은 인간관계에 관한 두 가지 일반적 원리를 다음과 같이 제시한다. "무엇을 하든지 말에나 일에나 다 주 예수의 이름으로 하고"(17절). 두 번째 원리는 이것이다. "무슨 일을 하든지 마음을 다하여 주께 하듯 하고 사람에게 하듯 하지 말라"(23절). 이 두 원리가 의미하는 바를 내 말로 설명해 보자면, 첫째로 내가 그리스도인이라면 내가 예수 그리스도로서 다른 사람을 대하는 법을 배워야 한다. 그것이 바로 모든 일을 **주 예수의 이름으로** 하라는 말의 의미다. 어떤 일을 다른 사람의 이름으로 한다는 것은, 그 일을 그 사람의 대리인으로서 한다는 의미이다. 다윗은 전쟁터에서 골리앗에게 맞서 이렇게 말했다. "나는 만군의 여호와의 이름으로 네게 가노라." 즉 내 이름으로가 아니라 여호와의 대리인으로 가고 있다는 것이다. 그러므로 그리스도인들이 모든 일을 예수 그리스도의 이름으로 한다는 것은 자기가 예수 그리스도인 것처럼 그 일을 하는 것이다. 내가 그리스도인이라면 예수 그리스도가 다른 사람들을 대하실 때처럼 존중과 사려 깊음, 배려, 친절을 가지고 사람들을 대하는 법을 배워야 한다.

두 번째 원리는 정반대다. 그것은 사람들을 대할 때 **그들이** 예수 그리스도인 것처럼 대하는 법을 배워야 한다는 의미다. 나는 모든 일을 주님께 하듯 하는 법을 배워야 한다. 역할이 바뀌어, 이제는 주님이 그들에게 주시는 것이 아니라 내가 주님께 드리는 친절과 겸손과 이해와 공손함으로 모든 사람을 대하는 법을 배워야 한다.…

다른 사람들을 그리스도를 대하듯 대하고, 또 내가 마치 그리스도인 것처럼 다른 사람을 대한다는 두 가지 원리는 혁명적인 만큼 현실적인 것임을 말하고 싶다. 이것은 이상주의의 부질없는 생각이 아니라, 인간관계에 대한 실제적인 조언이다. (1959a:4)

504. 사랑을 제한하려는 시도

우리가 사랑하고 섬겨야 하는 사람들의 범위를 제한하려는 시도는 바리새인들의 유희일 뿐 그리스도인의 태도는 아니다. 하지만 우리도 때때로 다른 신앙을 가진 사람들(정령신앙을 가진 사람, 힌두교도, 이슬람교도, 불교도 등)을 돕기를 꺼리지 않는가? 아니면 적어도 우리가 베푸는 도움이 사람들로 하여금 복음에 마음을 열도록 하는 데 사용되지 않을 때는 섬기기를 주저하지 않는가? 물론 그들과 복음을 나누기 원하는 마음은 정당하다. 그러나 우리가 한 개인에 대한 순수한 관심(그 사람을 다른 방법으로 도울 마음이 없다는 것은 순수한 관심이 없다는 뜻이다)에 의해 동기가 유발되지 않는다면 우리의 수고는 무가치해지고 심지어 하나님을 욕되게 할 것이다. 그리스도의 사랑은 우리로 하여금 다른 사람들과 물질적 복과

영적 부요함을 나누도록 고무한다. (1975f:15)

505. 다함없는 사랑

신자들이 누리는 기쁨의 근거는 하나님의 다함없는 사랑이 그들을 둘러싸고 있다는 것이다. 인간의 기쁨은 하나님의 사랑으로부터 생겨난다. (1988e:44)

506. 행복의 추구

행복을 좇는 사람은 결코 그것을 찾을 수 없을 것이다. 기쁨과 평화는 지극히 붙잡기 어려운 것들이다. 행복은 사람을 홀리는 환영과도 같아서, 손을 뻗어 그것을 잡으려 하면 희미하게 공중으로 사라지고 만다. 왜냐하면 기쁨과 평화는 추구하기에 적합한 목표가 아니기 때문이다. 그것들은 오직 사랑으로부터 나온다. 하나님은 우리가 기쁨과 평화를 추구할 때가 아니라, 사랑 안에서 **그분**과 **사람들**을 추구할 때 그것들을 우리에게 주신다.…의식적인 행복 추구는 언제나 실패로 끝날 것이다. 하지만 헌신적인 사랑으로 섬기며 자신을 생각지 않는다면 부수적이고 예기치 못한 복으로 기쁨과 평화가 우리 삶에 밀려들 것이다. (1992b:149, 150, 151)

507. 친밀함의 비전

'아들됨'이라는 단어는 하나님과의 친밀함에 대해 얼마나 놀라운 비전을 보여 주는가! 아버지이신 하나님께 가까이 다가가고 그분과 교제를 누리는 것, 이것이 바로 하나님 자녀들이 누리는 특권이다. 하지만 모든 사람이 하나님의 자녀는 아니다. 로마서 8:14은 성령의 인도를 받는 사람들, 성령에 의해 의의 좁은 길을 걷게 된 사람들에게만 이 지위를 명확하고 의도적으로 국한시키고 있다. 성령의 인도를 받는 것과 하나님의 아들됨은 사실상 서로 바꾸어 말할 수 있는 용어들이다. 하나님의 영의 이끌림을 받는 사람은 모두 하나님의 아들이며, 그러므로 하나님의 아들은 모두 하나님의 영의 인도하심을 받는다. (1966c:93)

508. 눈을 들라!

눈을 들라! 당신은 분명 시간의 지배를 받는 피조물이다. 하지만 당신은 또한 영원의 자녀다. 당신은 하늘의 시민이며, 이 세상의 이방인이자 망명자, 천성을 향해 가는 순례자다.

몇 년 전, 거리에서 오 달러짜리 지폐를 발견한 한 젊은이에 대해 읽은 적이 있다. 그는 "이후로 길을 걸을 때 결코 눈을 들지 않았다. 몇 년 사이에 그는 29,516개의 단추, 54,712개의 핀, 12센트, 굽은 등, 수전노 같은 성품을 얻었다." 이제 그가 잃은 것을 생각해 보라. 그는 찬란한 태양빛, 반짝이는 별들, 친구들의 얼굴에 떠오르는 미소, 봄철에 만발한 꽃들을 볼 수 없었다. 그의 눈이 시궁창에 고정되어 있었기 때문이다. 이와 같은 그리스도인들이 너무나 많다. 우리는 세상에서 중요한 의무들을 지니고 있다. 하지만 그러한 것들이 우리가 누구이며 어디로 가고 있는지를 잊어버리게 할 만큼 마음을 빼앗겨서는 안 된다. (1977d:90)

509. 복에 대한 갈망

갈망하는 마음은 영적인 복을 받기 위한 필요불가결한 조건이며, 득의 양양한 자기만족은 영적인 복을 얻는 데 최대의 적이다. 있는 그대로의 자기 모습에 만족하며 궁핍하다는 의식이 전혀 없는 '부자'들을 하나님은 빈손으로 돌려보내신다. (1966b:48)

510. 그리스도인과 선행

우리는 행위에 의해 구원받을 수 없지만, 행위 없이 구원받을 수도 없다. 선행은 구원의 길은 아니지만 구원을 나타내는 적절하고도 필요한 증거다. 행위로 표현되지 않는 믿음은 죽은 것이다. (1970b:127)

511. 방언

그렇다면 개인 경건을 돕는 보조 수단으로서 사적으로 방언하는 현대의 관습은 어떻게 되는가? 많은 사람들은 그것을 통해 새롭고 거침없는 방식으로 하나님께 나아가게 되었다고 주장한다. 또 어떤 사람들은 부인할 수 없는 일종의 '심리적 해방'이 그들을 자유롭게 했다고 말한다. 여기서, 통역 없이 공적으로 방언하는 것을 완전히 금하는 바울이 방언하는 사람 자신이 무슨 말을 하고 있는지 이해하지 못할 때 사적으로 방언하는 것을 강력하게 말리고 있음을 지적할 필요가 있다(고전 14장). 13절은 종종 간과되는 경향이 있다. "방언을 말하는 자는 통역하기를 기도할지니." 그렇지 않으면 그의 마음은 '헛되거나' 비생산적이 될 것이다. 그렇다면 그는 무엇을 해야 하는가? 바울의 대답은, 그가 '영으로' 기도하고 찬양해야 하지만 또한 '마음으로' 기도하고 찬양해야 한다는 것이다. 바울의 말은 마음이 적극적으로 개입되지 않은 기도와 찬양은 생각할 수도 없다는 뜻임이 분명하다. (1975b:113)

512. 성숙에 이르는 길

나는 성경이 모든 그리스도인의 건강과 성장에 필수불가결한 것이라고 주저 없이 말하고자 한다. 성경을 소홀히 하는 그리스도인은 결코 성숙하지 못할 것이다. (1982b:65)

513. 말씀에 의한 성장

영적 발전의 최대 비결 중 하나는, 하나님의 말씀에 인격적이고 겸손하게 믿는 마음과 순종하는 마음으로 반응하는 것이다. 하나님이 그분의 말씀을 통해 우리에게 말씀하실 때, 하나님의 경고가 죄를 깨닫게 하고, 하나님의 약속이 죄사함의 확신을 주며, 하나님의 명령이 삶을 교정한다. 우리는 하나님의 말씀에 의해 살고 자란다. (1964:82)

514. 우리는 누구이며 어떤 존재인가

우리는 그리스도 안에서 우리가 무엇을 가지고 있으며 어떤 존재인지를 계속해서 되새겨야 한다. 날마다 성경을 읽고 묵상하고 기도하는 목적 가운데 하나는 바로 이것, 바른 방향을 향해 나아가며 우리가 누구이고 어떤 존재인지를 기억하는 것이다. 우리는 스스로에게 이렇게 말할 필요가 있다. '한때 나는 종이었다. 하지만 하나님은 나를 아들로 삼으시고 그분의 아들의 영을 내 마음에 넣어 주셨다. 내가 어떻게 옛날의 종 생활로 돌아갈 수 있단 말인가?' '한때 나는 하나님을 몰랐다. 하지만 이제 나는 하나님을 알고 하나님이 나를 아신다. 어떻게 내가 옛날의 무지함으로 되돌아갈 수 있단 말인가?' [1968c:110]

515. 왜 성경을 읽는가?

성경, 혹은 성경을 기계적으로 읽는 행위가 마법 같은 힘을 가진 것은 아니다. 결코 그렇지 않다. 기록된 말씀은 살아 계신 말씀을 가리키며, 우리에게 '예수님께로 가라'고 말한다. 성경 말씀이 가리키는 예수님께로 가지 않는다면, 성경을 읽는 목적 전체를 놓치는 것이다. [1982b:25]

516. 문지방의 전투

우리는 기도 문지방의 전투에서 이겨야 한다. 끈기 있게 기도하기 위해, 나는 때로 매우 높은 돌벽이 있고 하나님은 그 벽 너머에 계시다고 상상한다. 벽으로 둘러싸인 정원 안에서 하나님은 내가 오기를 기다리신다. 정원으로 들어가는 길은 단 하나뿐이며, 작은 문이다. 문 바깥에는 마귀가 칼을 빼 들고 나를 막으려 서 있다. 바로 그곳에서 우리는 그리스도의 이름으로 마귀를 쳐부수어야 한다. 그것이 문지방의 전투다.

나는 많은 사람이 이 전투를 하려고 애쓰기도 전에 기도하는 일을 포기한다고 생각한다. 내 경험으로 미루어 볼 때, 이길 수 있는 최선의 방법은 마귀가 결코 깨뜨릴 수 없는 성경의 약속들을 주장하는 것이다. [1992d:32]

517. 진정한 활동

사람은 하나님 앞에 무릎 꿇을 때 가장 고상한 최선의 상태가 된다. 기도할 때 인간은 참으로 경건하게 될 뿐 아니라 참으로 인간적이 된다. 이곳에서 하나님에 의해 하나님과 같은 형상으로, 하나님을 위해 지음 받은 인간이 하나님과 교제를 나누며 시간을 보내고 있기 때문이다. 그러므로 기도는 우리에게 가져다줄 수 있는 어떤 유익과도 상관없이, 그 자체가 진정한 활동이다. 그것은 또한 모든 은혜의 수단 가운데 가장 효과적인 것이다. 부지런히 기도에 힘쓰지 않는 사람이 과연 그리스도를 닮아 갈 수 있을지 의심스럽다. [1991d:118]

518. 진보가 느린 이유

나는 때때로 세계의 평화와 정의와 복음화가 다소 느리게 진보하는 것이, 그 어떤 이유보다 하나님의 백성이 기도하지 않기 때문이 아닐까 하는 생각이 든다. [1991c:125]

519. 주기도문

예수님이 우리 입술에 두신 세 가지 간구는 더할 나위 없이 포괄적이다. 원칙적으로 그것들은 인간의 모든 필요—물질적(일용할 양식), 영적(죄사함), 도덕적(악으로부터 구함)—를 포괄한다. 이 기도를 할 때마다 우리는 삶의 모든 분야에서 하나님께 의존하고 있음을 표현하는 것이다. 더구나 삼위일체를 믿는 그리스도인은 이 간구에서 삼위일체에 대한 암시를 보지 않을 수 없다. 우리가 일용할 양식을 받게 되는 것은 성부의 창조와 공급을 통해서이며, 죄사함을 받는 것은 성자의 속죄의 죽음을 통해서이고, 악한 자로부터 구원받는 것은 성령님의 내주하시는 능력을 통해서이기 때문이다. 어떤 고대 사본들(가장 좋은 사본은 아닐지라도)이 '나라와 권세와 영광'을 이 삼위 하나님(그것들은 오직 그분께 속한 것이다)께 돌리는 송영으로 끝나는 것은 결코 놀라운 일이 아니다. [1978f:150]

520. 균형 잡힌 경건

오늘날 건강한 그리스도인의 삶에서 바울의 본을 따라 찬양과 기도를 결합시키는 것은 매우 중요하다. 하지만 많은 그리스도인들은 이러한 균형을 끝까지 유지하지 못한다. 어떤 그리스도인들은 하나님이 이미 그리스도 안에서 모든 영적인 복을 베푸셨다는 사실을 까맣게 잊고, 새로운 복을 달라고 기도한다. 또 어떤 사람들은 모든 것이 그리스도 안에서 이미 그들의 것이라는 진리를 강조한 나머지 자기만족에 빠져, 자신이 가진 그리스도인의 특권을 좀 더 깊이 알거나 체험하려는 열망을 갖지 않는다. 이 두 집단은 모두 균형 잡히지 않았다고 보아야 한다. 성경은 그들이 만들어 낸 양극화 현상을 묵인하지 않을 것이다. [1979e:52]

521. 감사드리기

우리는 범사에 항상 감사해야 한다(엡 5:20). 대부분의 사람은 이따금 어떤 것들에 대해 감사를 드리지만, 성령 충만한 신자들은 언제나 모든 것에 감사한다. 그들이 감사를 드리지 않는 때나 감사를 드리지 않는 상황은 없다. 그들이 '우리 주 예수 그리스도의 이름으로' 감사하는 것은 그들이 그리스도와 하나이기 때문이다. 그리고 그들은 '아버지 하나님께' 감사드린다. 성령님이 그들의 영과 더불어, 그들이 하나님의 자녀라는 것과 하나님 아버지는 전적으로 선하시고 지혜로우심을 증언하기 때문이다. 이스라엘의 고질적인 죄 중 하나인 불평은 그것이 불신의 징후이기 때문에 심각한 것이었다. 불평하고 투덜거리기 시작하는 것은 우리가 성령으로 충만하지 않다는 사실을 단정적으로 보여 주는 증거다. 성령이 신자들을 충만하게 할 때면, 그들은 모든 것을 인해 항상 그들의 하늘 아버지께 감사드린다. [1975b:58]

522. '하나님의 뜻을 따라'

바울이 기도와 관련해서 하나님의 뜻을 언급하는 것은 매우 중요하다 (롬 15:32). 앞에서 "하나님의 뜻 안에서 너희에게로[로마로] 나아갈 좋은 길 얻기를"(롬 1:10) 기도한 바울은, 15절에서 다시 "하나님의 뜻을 따라" 그들에게 갈 수 있기를 기도한다. 이런 수식절은 기도의 목적과 특성 및 그리스도인들이 기도하는 이유와 방식을 잘 설명해 준다.

기도의 목적은 하나님의 뜻을 우리의 뜻에 굴복시키는 것이 아니라 우리의 뜻을 하나님의 뜻에 맞추는 것이다. 기도가 응답될 것이라는 약속은 우리가 '그의 뜻대로' 구한다는 것을 조건으로 하고 있다(요일 5:14). 따라서 우리의 모든 기도는 "뜻이…이루어지이다"(마 6:10)라는 주제의 변형이 되어야 한다.

기도의 특성은 어떠한가? 바울이 앞에서 "우리는 마땅히 기도할 바를 알지 못한다"(롬 8:26)고 진술했음에도 불구하고, 어떤 사람들은 항상 정확하고 구체적이며 확신에 찬 기도를 드려야 하며 '만일 주님의 뜻이거든'이라고 덧붙이는 것은 도피이고 믿음과 상반되는 것이라고 말한다. 이에 답하기 위해서는 하나님의 일반적인 뜻과 특별한 뜻을 구분해야 한다. 하나님은 성경에서 모든 백성을 위한 그분의 일반적인 뜻(예를 들어, 우리는 스스로를 통제하고 그리스도를 닮아 가야 한다)을 계시하셨기 때문에 이러한 것들에 대해서는 진실로 명확하고 확신 있게 기도해야 한다. 하지만 우리 각자에 대한 하나님의 특별한 뜻(예를 들면, 평생의 직업이나 반려자에 대한 것)은 성경에 계시되어 있지 않으므로 인도해 달라는 기도를 할 때 '하나님의 뜻대로'라는 말을 덧붙이는 것이 옳다. 예수님이 겟세마네 동산에서 이렇게 하셨고("내 원대로 마시옵고 아버지의 원대로 되기를 원하나이다", 눅 22:42) 바울이 로마서에서 로마 사람들에게 두 번 그렇게 했다면, 우리도 그렇게 해야만 한다. 그것은 불신이 아니라 올바른 겸손이다. (1994:389)

523. '뜻이 이루어지이다'

기도는 우리의 뜻을 하나님께 강요하거나 하나님의 뜻을 우리에게 굴복시키기 위한 편리한 방책이 아니라, 우리의 뜻을 하나님의 뜻에 종속시키는 방식이다. 우리는 기도를 통해 하나님의 뜻을 구하고 그 뜻을 받아들이며, 그것에 우리 자신을 맞춘다. 모든 참된 기도는 '뜻이 이루어지이다'라는 주제의 변형이다. 주님은 우리에게 주신 모범적 기도에서 이렇게 가르치셨으며, 겟세마네에서 그것에 대한 최고의 예를 보여 주셨다. (1988g:188)

524. 새로운 차원

효력 있는 그리스도인의 기도는 놀랍도록 포괄적이다. 그것은 네 가지 보편적인 특성을 가지고 있는데, 이 특성은 에베소서 6:18에서 네 번에 걸쳐 사용된 '모든'(all)이라는 단어를 통해 표현되었다.[15] 우리는 **항상**(정규적이고 끊임없이), **모든 기도와 간구로**(그것은 다양한 형태를 취하므로), **항상 힘쓰면서**(우리는 좋은 군사와 같이 **깨어** 있어야 하며, 포기해서도 잠들어서도 안 되므로), **모든 성도를 위해 구하면서**(이 서신서 전체의 관심사인 하나님의 새로운 사회의 연합이 우리의 기도에 반영되어야 하므로) 기도해야 한다. 대부분의 그리스도인은 이따금, 어떤 제목으로, 어느 정도 힘쓰면서, 하나님의 일부 백성들을 위해 기도한다. 이 표현에서 '어떤'이나 '일부' 같은 말을 '모든'이라는 말로 바꾼다면, 우리는 기도의 새로운 차원을 향해 나아갈 수 있을 것이다. (1979e:283)

525. 필수불가결한 조건

순종은 응답받은 기도에 대한 공로로서의 원인이 아니라, 필수불가결한 조건이다. (1988g:152)

15　개역개정 성경에는 all이 '모든' '항상' '여러' 등으로 번역되어 있다─옮긴이 주

존 스토트의 기독교 강요
Authentic Christianity

526. 이차원적 의

예수님에 따르면 그리스도인의 '의'는 두 차원을 지닌다는 사실을 인식
하는 것이 중요하다. 그것은 도덕적 차원과 종교적 차원이다. 어떤 사람
들은 그리스도인으로서 자신의 주된 의무는 공적이든(교회 출석) 사적이
든(경건 훈련) 종교적 활동에 있다고 생각하는 것처럼 말하고 행동한다.
또 어떤 사람들은 경건에 대한 지나친 강조에 반발하여 '종교성 없는'
기독교에 대해 말한다. 이들에게 교회는 세속 도시이며, 기도는 이웃과
의 사랑의 만남이다. 하지만 경건과 도덕, 교회 내에서의 종교적 경건과
세상에서의 적극적 섬김, 하나님 사랑과 이웃 사랑 사이에서 선택할 필
요는 없다. 예수님은 진정한 기독교적 '의'는 이 둘을 모두 포함한다고
가르치셨기 때문이다. [1978f:125]

527. 그리스도인과 율법

그리스도인과 율법의 관계는 무엇인가? 소위 말하는 '새로운 도덕'은
우리에게 긴급성을 가지고 이 질문을 던진다. 바울이 만일 우리가 그리
스도인이라면 우리는 율법으로부터 자유로워졌으며 더 이상 율법 아래
있지 않고, 다시는 '종의 멍에' 곧 율법에 복종해서는 안 된다고 말했음

은 분명한 사실이다(갈 5:1). 하지만 우리는 바울의 이 같은 표현들이 무엇을 의미하는지를 파악하려 애써야 한다. 그리스도인들이 율법으로부터 자유로워졌다는 바울의 강조는 우리와 하나님의 관계에 관한 것이다. 곧 우리가 받아들여진 것이 율법의 요구에 대한 순종이 아니라 죽음으로 율법의 저주를 지신 예수 그리스도에 대한 믿음에 달려 있음을 의미한다. 그것은 우리가 율법을 무시하거나 율법에 불순종하기 위해 자유로워졌다는 의미는 결단코 아니다.

또한 우리는 율법을 준수함으로 하나님께 받아들여진 것은 아니지만, 일단 받아들여지고 나면 우리를 받아들이시고 우리가 율법을 지킬 수 있도록 자신의 영을 우리에게 주신 하나님을 사랑하는 마음으로 율법을 지킬 것이다. 신약 용어로 표현하면, 우리의 칭의는 율법이 아니라 십자가에 달리신 그리스도에 좌우되지만, 우리의 성화는 율법을 완성한다(롬 8:3-4).

나아가, 하나님뿐 아니라 서로를 사랑함으로써 우리는 하나님의 율법을 지키게 된다. 왜냐하면 하나님의 율법 전체(적어도 이웃에 대한 의무를 규정하는 두 번째 율법의 목록)가 다음과 같은 하나의 요점에서 성취되었기 때문이다. "네 이웃을 네 몸과 같이 사랑하라." 그리고 살인, 간음, 도둑질, 탐심, 거짓 증언은 모두 이 사랑의 율법을 어긴 것이다. 바울은 갈라디아서 6:2에서도 동일한 내용을 말하고 있다. "너희가 짐을 서로 지라. 그리하여 그리스도의 법을 성취하라." (1968c:142)

528. 일상생활

바울의 서신서들은 종종 그리스도인의 가정 생활에 대해 언급한다. 남편들에게 아내를 사랑하라고 말하며, 아내들에게는 남편에게 복종하라고 말한다. 자녀들에게는 부모에게 순종하라고 말하며, 부모들에게는 자녀들을 훈육하라고 말한다. 종들에게는 주인을 섬기라고 말하며, 주인들에게는 종들을 공정하게 대하라고 말한다. 시민들에게 권위를 존중하며 세금을 내라고 말한다. 바울은 거짓말하는 것, 화를 내는 것, 도둑질, 나쁜 말을 사용하는 것과 심술궂게 구는 것에 대해, 행동과 말이 순결하지 못한 것, 시간을 낭비하고 술 취하는 것, 쾌활하고 감사할 줄 알며 겸손한 것에 대해 몇 가지 매우 실제적이고도 거침없는 말을 해 준다. 바울은 빌립보의 친구들에게 겸손과 이타심, 기쁨, 기도, 평화, 만족이라는 그리스도인의 덕목을 지니도록 촉구한다. 데살로니가인들에게는 생계를 위해 일하며 게으르지 않는 것이 그리스도인의 의무라고 말한다. 그는 그리스도인의 삶이 도덕적으로 순결한 삶이라는 점을 매우 분명하게 말한다. 무엇보다도 그리스도인들은 복수할 기회를 노리지 말고 서로를, 그리고 모든 사람을 사랑해야 한다. 사랑은 율법의 완성이기 때문이다. (1954c:66)

529. 일관되게 양심적인

도둑질은 다른 사람에게 속한 것 혹은 그가 당연히 가져야 하는 것을 빼앗는 행위다. 돈이나 재산을 훔치는 것만이 이 계명을 어기는 것이 아니다. 세금을 내지 않거나 관세를 피하는 것은 강도 행위다. 적게 일하는 것도 마찬가지다. 세상에서 '우려내기'라고 부르는 것을 하나님은 도둑질이라고 부르신다. 직원들에게 과도한 노동을 시키고 낮은 임금을 지불하는 것도 이 계명을 어기는 것이다. 우리 가운데 개인적인 일과 사

업상의 일에서 일관되게 양심적인 사람은 거의 없을 것이다. (1971a:68)

530. 양심이라는 장애물

성경은 양심의 신성함을 매우 존중한다. 양심은 무오하지 않으며, 가르침을 받을 필요가 있다. 하지만 양심이 교육을 받아야 하는 것이라 해도, 심지어 그 양심이 잘못되었을 때라도 결코 양심을 어겨서는 안 된다. (1991b:76)

531. 거룩한 생활

다원주의와 상대주의가 세계적으로 퍼져 있으므로, 우리는 바울의 모범을 따라 사람들에게 명백하고 실제적이며 윤리적인 가르침을 시급히 베풀 필요가 있다. 그리스도인 부모들은 가정에서 자녀들에게 하나님의 도덕법을 가르쳐야 한다. 주일학교 교사들은 학생들이 적어도 십계명을 알고 있는지 확인해야 한다. 목사들은 강단에 서서 성경적인 행위 기준들을 해설하여 회중이 복음과 율법 간의 관계를 파악하도록 가르치는 일을 두려워하지 않아야 한다. 그리고 회심자들에게는 맨 처음부터 그리스도 안에서 시작되는 새 생활이 거룩한 생활, 하나님의 계명에 순종함으로 그분을 기쁘시게 하는 데 집중하는 삶이라고 가르쳐야 한다. (1991c:77)

532. 거룩한 삶을 사는 비결

거룩한 삶을 사는 주된 비결은 우리의 마음속에 있다. (1994:180)

533. 거룩의 열매

거룩함이 생명과 평안의 길이라고 확신한다면 우리는 훨씬 열심히 거룩함을 추구할 것이다. (1994:224)

534. 도덕적 헌신

하나님에 대한 사랑은 정서적 체험이라기보다 도덕적 헌신이다.

(1988g:176)

535. 복음에 광채를 더하기

오늘날 '율법주의자'라는 낙인이 찍힐까 두려워서 회중에게 윤리적 가르침을 전혀 전하지 않는 목사들이 많다. 우리는 얼마나 사도들의 가르침에서 빗나가 있는가! '율법주의'란 율법에 순종함으로써 구원을 얻고자 하는 잘못된 시도다. '바리새주의'는 외형적이고 사소한 종교적 의무에 몰두하는 것이다. 복음에 광채를 더하는 도덕적 행위의 기준들을 가르치는 것은 율법주의도 바리새주의도 아닌, 명백한 사도적 기독교다.

(1982a:158)

536. 그리스도인의 의

예수님이 그리스도인의 의가 바리새인들의 의를 능가해야 한다고 말씀하셨을 때(마 5:20), 이것은 그리스도인의 의란 율법이 함의하는 모든 것을 피하지 않고 받아들인다는 의미다. 그것은 율법의 영역이 실제 행위를 넘어 말에까지, 그리고 말을 넘어 마음의 생각과 동기에 이르기까지 확대된다는 것을 인정한다. 바리새인의 의는 인간의 전통에 외적으로 순응하는 것이다. 그리스도인의 의는 계시된 하나님의 뜻에 마음과 생각을 내적으로 일치시키는 것이다. (1970b:150)

537. 거룩함의 정의

옛 복음주의자들은 거룩함을 강조했는데 오늘날의 상황은 어떤가?…나는 그것이 경험에 대한 강조로 대체되었다고 생각한다. 경험은 좋은 것이지만 거룩함은 더 나은 것이다. 거룩함은 그리스도를 닮는 것이며, 그리스도를 닮는 것은 그분의 자녀들을 위한 하나님의 영원하신 목적이기 때문이다. (1978d:8)

538. 십자가에 못 박히는 것과 거룩함

사실상 신약에서는 십자가에 못 박히는 것을 거룩함과 관련해서 명확하게 구별되는 두 가지 방식으로 말하고 있다. 하나는 그리스도와 연합함으로써 우리가 죄에 대하여 죽는다는 것이고, 다른 하나는 그리스도를 본받음으로써 자기에 대해 죽는 것이다. 한편으로 우리는 그리스도와 함께 십자가에 못 박혔다. 하지만 다른 한편으로 우리의 죄성을 모든 욕심과 함께 십자가에 못 박았으므로(단호하게 거부했으므로), 우리의 십자가를 지고 십자가에 못 박히기까지 그리스도를 따름으로써(눅 9:23) 날마다 이러한 태도를 새롭게 한다. 첫 번째는 법적인 죽음, 죄의 형벌에 대한 죽음이다. 두 번째는 도덕적 죽음, 죄의 권세에 대한 죽음이다. 첫 번째는 과거에 속한 것이며 유일무이하고 되풀이될 수 없는 것이다. 두 번째는 현재에 속한 것이며 되풀이될 수 있고 지속적인 것이다. 나는 (그리스도 안에서) 한 번 죄에 대하여 죽었다. 나는 (그리스도처럼) 날마다 자

기에 대해 죽는다. (1994:176)

539. 지식의 필요

지식이 자라 가는 것은 거룩함이 자라 가는 데 필수불가결한 요소다. 실로 지식과 거룩함은 수단과 목적이 연결되어 있는 것보다 훨씬 더 밀접하게 연결되어 있다. 바울이 기도하는 '지식'은 개념상 그리스적이기보다는 히브리적인 것이다. 그것은 이해의 지식에 경험의 지식을 더한 것이다. (1979e:54)

540. 우연한 제자도는 없다

거룩함은 우리가 떠돌다가 우연히 흘러 들어가는 어떤 상태가 아니다. (1979e:193)

541. 육체를 위하여 심기

'육체를 위하여 심는' 것은, 육체를 십자가에 못 박는 대신 육체의 욕망에 영합하여 육체를 귀여워하고 껴안고 쓰다듬는 것이다. 우리가 뿌리는 씨는 대체로 생각과 행동들이다. 마음에 원한이나 불만을 품거나, 불순한 공상을 즐기거나 자기 연민에 빠질 때마다 우리는 육체를 위하여 심는다. 우리가 그들의 나쁜 영향에 저항할 수 없다는 것을 알면서도 나쁜 친구들과 어울릴 때마다, 일어나서 기도해야 하는 순간에 침대에 누울 때마다, 음란 서적을 읽을 때마다, 자기 통제력을 무리하게 넘어서는 모험을 할 때마다, 우리는 육체를 위하여 심고 또 심는 것이다. 어떤 그리스도인들은 날마다 육체를 위하여 심으면서 왜 거룩함의 열매를 거

두지 못하는지 의아해 한다. (1968c:170)

542. '죄에 대하여 죽은'

모든 유비에서는 어떤 점이 대비되고 있는지, 혹은 어떤 점이 유사한지를 살펴야 한다. 모든 요소에서 유사점을 억지로 끌어내서는 안 된다. 예를 들어, 예수님이 우리에게 어린아이같이 되라고 하신 말씀은 미성숙함과 고집과 이기심을 포함한 어린아이의 모든 특성을 그대로 본받으라는 것이 아니라, 오직 한 가지 특성 곧 그들이 겸손히 의지하는 것을 본받으라는 의미를 갖고 있다. 마찬가지로, 우리가 죄에 대해 '죽었다'고 말하는 것은 자극에 대한 무감각을 포함해서 죽은 사람의 모든 특성을 보여야만 한다는 의미가 아니다. 우리는 이렇게 물어야 한다. 어떤 점에서 죽음에 대한 유비가 이루어지고 있는가?

이런 질문에 대해서는 유비보다는 성경에서, 죽은 사람들의 특성보다는 죽음에 대한 성경의 가르침에서 대답을 찾는다면 즉시 도움을 받을 수 있다. 성경에서 죽음은 육체적인 면보다는 법적인 면에서 묘사되어 있다. 아무런 움직임 없이 누워 있는 상태라기보다는 죄에 대한 무섭지만 정당한 형벌로 기술되어 있는 것이다. 성경에서 죄와 사망이 결합되어 있을 때면 언제나 사망이 죄의 형벌이라는 본질적 관계를 이야기한다. 이는 성경의 두 번째 장부터("네가…먹는 날에는 반드시 죽으리라") 마지막 두 장까지(회개하지 않는 사람들의 운명을 '둘째 사망'이라고 부른다) 일관된 내용이다. 이 점은 로마서에서도 명백하다. 로마서에는 죄를 지은 사람들이 사형에 해당되며(1:32), 죄로 말미암아 사망이 세상에 들어왔으며(5:12), 죄의 삯은 사망(6:23)이라고 나와 있다.

먼저 그리스도에 대해 생각해 보자. "그가 죽으심은 죄에 대하여 단번에 죽으심이요"(롬 6:10). 이 말의 자연스럽고도 명백한 의미는 그리스도께서 정죄, 즉 사망을 짊어지셨다는 것이다. 그분은 죄의 요구를 충족시키셨으며, 그 형벌을 치르셨고, 그 보복을 받아들이셨으며, 그것을 '영단번에'(ephapax) 치르셨다. 이 말은 신약에서 그분의 속죄의 죽음을 가리킬 때 여러 번 사용되는 부사다. 그 결과 죄는 더 이상 그분께 무엇을 주장하거나 요구할 수 없게 되었다. 그래서 하나님은 그분을 죽은 자 가운데서 살리심으로써 그분이 죄를 지신 것이 충분한 속죄가 됨을 보여 주셨다. 그리고 이제 그분은 하나님에 대하여 영원히 살아 계신다.

그리스도께 해당되는 것은 그리스도와 연합한 그리스도인들에게도 해당된다. 우리 역시 '죄에 대하여 죽었다.' 그리스도와의 연합을 통해 우리가 죄의 형벌을 짊어졌다는 의미에서 죽은 것이다. 어떤 사람들은 아무리 그리스도 안이라 할지라도, 우리가 우리 죄의 형벌을 치른다고는 도저히 말할 수 없다고 반박할지 모른다. 우리는 자신의 죄를 위하여 죽을 수 없고 오직 그분만이 그 일을 하셨기 때문이다. 우리가 그렇게 할 수 있다고 말하는 것은 은밀하게 행위에 의한 칭의를 주장하는 것이 아닌가? 그렇지 않다. 전혀 그런 것이 아니다. 물론 그리스도가 죄를 지고 희생 제물이 되신 것은 유일무이한 사건이었으며, 우리는 그분처럼 우리 자신을 드릴 수 없다. 하지만 우리는 그리스도와 연합함으로써 그 연합이 주는 유익을 나눌 수 있으며, 또한 실제로 그렇게 되었다. 그래서 신약은 그리스도가 대속물로 우리 대신 죽으셔서 결코 우리가 죄로 인해 죽을 필요가 없도록 하셨다고 말하는 동시에, 그분이 우리의 대표자로서 우리를 위해 죽으셔서 우리가 그분 안에서 그분을 통해 죽었다고 말할 수 있도록 하셨다고 밝힌다. 바울이 다른 곳에서 쓰고 있듯이 "우리가 생각하건대 한 사람이 모든 사람을 대신하여 죽었은즉 모든 사람이 죽었다"(고후 5:14). 즉 그분과 연합함으로써 그분의 죽음이 우리의 죽음이 되었다. [1994:171]

543. 현실 세계에서

거룩함은 하나님과만 관련되고 인간과는 분리된 가운데 체험하는 신비한 상태가 아니다. 우리는 진공 상태에서 선할 수 없으며, 오직 사람들과 부딪히는 현실 세계에서 선할 수 있다. [1979e:184]

544. 다르게 되도록 부름받다

모든 그리스도인은 세상과 다르게 되도록 부름받는다. 만일 당신이 '거룩하다'는 말이 너무 종교적인 말 같아서 좋아하지 않는다면, '다르다'는 말을 사용할 수도 있다. 그것이 바로 '거룩하다'는 말의 뜻이기 때문이다. 거룩한 사람은 다른 사람이다. 그는 세상으로부터 하나님께로 떨어져 나왔다. 그의 기준은 세상적인 것이 아니라 경건한 것이다. 그는 다르다. [1969a:112]

545. 마음을 새롭게 함으로

우리가 어떤 존재가 되어야 하는지를 **아는** 것만으로는 충분하지 않다.…우리는 더 나아가 마음을 거기에 고정시켜야 한다. 그 전쟁에서의 승리는 거의 언제나 마음에 달려 있다. 우리의 성격과 행위는 바로 마음을 새롭게 함으로써 변화된다. 그러므로 성경은 거듭해서 이 점에서의 정신적 훈련을 명한다. 성경은 "무엇에든지 참되며 무엇에든지 경건하며 무엇에든지 옳으며 무엇에든지 정결하며 무엇에든지 사랑받을 만하며 무엇에든지 칭찬 받을 만하며 무슨 덕이 있든지 무슨 기림이 있든지 이것들을 생각하라"(빌 4:8)고 말한다.

"그러므로 너희가 그리스도와 함께 다시 살리심을 받았으면 위의 것을 찾으라. 거기는 그리스도께서 하나님 우편에 앉아 계시느니라. 위의 것을 생각하고 땅의 것을 생각하지 말라"(골 3:1-2).

또한 "육신을 따르는 자는 육신의 일을, 영을 따르는 자는 영의 일을 생각하나니, 육신의 생각은 사망이요 영의 생각은 생명과 평안이니라"(롬 8:5-6).

자기 통제(self-control)란 근본적으로 마음의 통제(mind-control)다. 우리는 마음에 뿌린 것을 행동으로 거두어들인다. (1972d:33)

546. 씨를 뿌리는 것과 거두는 것

거룩함은 추수다. 참으로 그것은 '성령의 열매'(혹은 '수확')다. 성령님이 신자의 삶에서 그리스도인다운 자질이라는 선한 수확물을 내는 농부라는 면에서 그렇다. 하지만 우리의 역할도 있다. 거룩함의 열매를 거두려면, 성령이 고무하고 훈련시키는 것을 따라 "성령을 따라 행하며", "성령을 위하여 심어야"(갈 5:16; 6:8) 한다. 많은 그리스도인이 거룩함이 자라지 않는 것을 두고 놀라지만, 그것이 성품이라는 밭을 경작하는 데 소홀하기 때문은 아닐까? "사람이 무엇으로 심든지 그대로 거두리라"(갈 6:7). (1973b:56)

547. 그리스도인 삶의 역설

전체 교회가 (그리고 교회의 모든 구성원이) 세상과 분리되는 만큼 세상에 참여하도록, '거룩함'만큼 '세속성'으로도 부름받는다는 것은 그리스도인의 삶에서 가장 큰 역설 중 하나다. 우리는 거룩하지 못한 세속성이나 세속과 분리된 거룩함이 아니라 '거룩한 세속성'으로 부름받는다. 그것은 곧 하나님이 만들고 또한 구속하기 위해 자신의 아들을 보내신 그 세상에서 영위되지만 참으로 하나님께 분리된 삶이다. (1970b:191)

548. 그리스도인의 겸손

겸손은 진실 그 자체다. 겸손은 위선이 아닌 솔직함과 동의어다. 그것은 자신에 대해 인위적으로 꾸미는 것이 아니라, 자신을 정확하게 평가하는 것이다. [1970b:125]

549. 복종하는 겸손

성경의 권위에 대한 복종은 **그리스도인의 겸손에 이르는 길**이다. 예수 그리스도를 따른다고 주장하는 우리에게 교만보다 고약한 것은 없으며, 겸손보다 적절하고 매력적인 것은 없다. 그리고 그리스도인의 겸손이 지닌 본질적인 요소는 하나님의 말씀을 듣고 받아들이려는 자발적인 자세다. 아마도 우리에게 가장 필요한 것은 예수 그리스도의 말씀을 주의 깊게 듣고, 믿고 순종하기 위해 그분의 발 앞에 겸손하고 조용하게 기대하는 마음으로 앉는 일일 것이다. 우리에게는 그분을 불신하거나 불순종할 자유가 없다. [1992b:184]

550. 어린아이와 같은 의존

예수님은 공적인 가르침에서 겸손을 하나님 나라 시민이 가지는 탁월

한 특징으로 높이셨으며, 계속해서 그것을 어린아이의 겸손으로 묘사하셨다.···

많은 사람이 이 가르침에 혼란을 느낀다. 어린아이들은 성품이나 행위 면에서 좀처럼 겸손하지 않기 때문이다. 그러나 예수님은 그들의 행위가 아니라 지위상의 겸손함에 대해 말씀하신 것이 분명하다. 어린아이들은 '피부양자'라고 불리고, 모든 면에서 부모에게 의존한다. 그들의 지식은 배운 것에 의존하며, 소유는 받은 것에 의존할 수밖에 없다. 사실상 이 두 영역이 바로 예수님이 어린아이의 겸손함을 본보기로 들며 구체적으로 말씀하신 것들이다. (1992a:118)

551. 그리스도의 모범

고대 세계에서는 **낮음**을 멸시했다. 그리스인들은 겸손(*tapeinotēs*)에 해당하는 헬라어를 결코 찬성의 맥락에서 사용하지 않았고 칭찬의 맥락에서는 더욱 그랬다. 그들이 말하는 겸손은 비굴하고 굴욕적이며 추종적인 태도, "노예의 굽실거리는 복종"[16]을 의미했다. 그러다 예수 그리스도가 오심으로써 비로소 겸손의 참된 의미가 인식되기 시작했다. 그리스도가 스스로 겸손해지셨기 때문이다. 세상의 종교적·윤리적 지도자들 중에서 어린아이를 겸손의 예로 세우신 분은 그리스도가 유일하다. (1979e:148)

---

16 F. F. Bruce in E. K. Simpson and F. F. Bruce, *Commentary on the Epistles to the Ephesians and the Colossians*, The New International Commentary on the New Testament(Marshall, Morgan and Scott and Eerdmans, 1957), p. 88.

552. 의존하는 겸손

내쉬 목사에게 겸손은 의존과 동의어였다. 그는 내게 자신이 젊었을 때 걸렸던 중병에 대해 몇 번 말해 준 적이 있다. 상태가 너무 나빠져 살 수 있을지조차 확신할 수 없었을 때는, 너무나 힘이 없어 밥도 누가 먹여 주어야 했다. 어떤 의미에서 그에게는 궁극적 겸손이었던 이러한 전적 의존이 겸손의 시작이기도 했던 것 같다. 그때 그는 인간이 서로에게, 그리고 하나님께는 훨씬 더 의존하고 있다는 불가피한 사실을 배웠다. 예수님이 몇 번 언급하신 어린아이의 겸손은 의존하는 겸손이다. 어린아이들은 '피부양자'라고 부르는 것이 옳다. 그들은 모든 소유를 부모에게 의존하고 있기 때문이다. (1992e:86)

553. 겸손하라는 부르심

교만보다 영적 성장에 더 큰 적은 없으며, 겸손보다 영적 성장에 더 도움이 되는 것은 없다. 우리는 지성의 한계들(우리 스스로는 하나님을 결코 찾을 수 없다는 것)을 인정하고 또한 자신의 죄성(우리 스스로는 결코 하나님께 이를 수 없다는 것)을 인정하면서, 무한하신 하나님 앞에 스스로 겸손할 필요가 있다.

예수님은 이것을 어린아이의 겸손이라고 부르셨다. 또 하나님이 지혜롭고 슬기 있는 자들에게는 자신을 숨기시지만, '어린아이들'에게는 자신을 계시하신다고 말씀하셨다(마 11:25). 여기서 예수님은 우리의 지성을 폄하하신 것이 아니다. 왜냐하면 하나님이 우리에게 그 지성을 주셨기 때문이다. 예수님은 지성을 어떻게 사용해야 하는지를 가르치고 계신다. 지성의 참된 기능은 하나님의 말씀을 판단하는 것이 아니라 그 말씀 아래 겸손히 앉아 그 말씀을 듣고 이해하며, 일상생활의 실제적인 사항에 말씀을 적용하고 순종하려고 애쓰는 것이다. (1982b:20)

554. 그리스도 안에 사는 삶

요한이 해설하는 세 가지 근본적인 명령에 순종하지 않는다면, 어떤 사람도 자신이 그리스도 안에 거하며 그리스도가 자신 안에 거하신다고 감히 주장할 수 없다(요일 3:24). 그 세 가지 명령은 그리스도에 대한 믿음, 형제 사랑, 도덕적으로 의로운 삶이다. '그리스도 안에 거하는 것'은 누구나 주장할 수 있는 신비한 체험이 아니다. 그것에는 예수님이 육신으로 오신 하나님의 아들이라고 고백하는 것과, 거룩함과 사랑을 일관되게 실천하는 삶이 필수적으로 따른다. (1988g:154)

555. 하나님을 기쁘시게 하는 것

그리스도인에게 행위의 지침이 되는 원리로서 '하나님을 기쁘시게 하는 것'과 관련해 몇 가지 요점을 정리해 볼 수 있다. 첫째로, 그것은 급진적인 개념이다. 왜냐하면 그것은 우리 제자도의 뿌리에 공격을 가하며, 우리 신앙 고백의 실체에 도전하기 때문이다. 하나님을 기쁘시게 하고자 애쓰지 않으면서 어떻게 하나님을 알고 사랑한다고 주장할 수 있는가? 여기서 불순종은 결코 끼어들 여지가 없다. 둘째로, 그것은 융통성 있는 원리다. 그것은 도덕을 해야 하는 것과 하지 말아야 하는 것들의 목록으로 격하시켜 버리려는 완고한 기독교적 바리새주의로부터 우리를 구해 줄 것이다.…셋째로, 이 원리는 점진적이다. 만일 우리의 목표가 완벽하게 하나님을 기쁘시게 하는 것이라면 우리는 결코 그 목표

에 도달했다고 주장할 수 없다. (1991c:79)

556. 사랑의 증거

예수 그리스도께 우리가 그분을 사랑한다는 것을 확신시키기 원한다면 단 한 가지 방법이 있다. 그것은 우리의 헌신을 주장하는 것도, 그리스도에 대한 애정의 마음을 고양시키는 것도, 개인적 경건을 표현하는 찬송을 부르는 것도, 심지어 인류를 섬기는 일에 자신을 드리는 것도 아니다. 그것은 그리스도의 계명을 지키는 것이다. 예수님은 자신의 순종으로 하나님 아버지에 대한 사랑을 나타내 보이셨다("아버지께서 명하신 대로 행하는 것을", 요 14:31). 그러므로 우리 역시 그리스도께 순종함으로 그분에 대한 우리의 사랑을 보여야 한다. (1971b:39)

557. 말과 행동

요한은 솔직히 터놓고 이야기한다. 어떤 사람의 행동이 그가 말하는 것과 상반되면 **그는 거짓말쟁이다.** 하나님을 알고 하나님과 사귄다고 주장하면서 불순종의 어두움 가운데 행하는 것은 거짓말하는 것이다(요일 1:6; 2:4). 아버지를 모시고 있다고 주장하면서 아들의 신성을 부인하는 것은 거짓말하는 것이다(2:22-23). 하나님을 사랑한다고 주장하면서 형제들을 미워하는 것 역시 거짓말하는 것이다. 이것들이 바로 이 서신서에 나오는 세 가지 악의적 거짓말, 즉 도덕적·교리적·사회적 거짓말이다. 우리는 그리스도인이라고 주장할 수 있다. 하지만 습관적인 죄, 그리스도를 부인하는 것, 이기적인 증오는 우리가 거짓말쟁이임을 폭로할 것이다. 오직 거룩함과 믿음과 사랑만이, 하나님을 알고 모시고 있으며

사랑한다는 주장의 진실성을 입증해 줄 수 있다. (1988g:173)

558. 평판과 실제

평판과 실제, 인간이 보는 것과 하나님이 보시는 것의 구분은 모든 시대와 모든 장소에서 매우 중요하다. 우리는 다른 사람들에게도 책임이 있지만, 일차적으로는 하나님 앞에 책임이 있다. 우리는 하나님 앞에 서 있으며, 언젠가 하나님께 답변해야 한다. 그러므로 우리는 인간의 의견을 너무 높게 평가하여 사람들이 비판할 때 의기소침해지고 사람들이 치켜세울 때 우쭐해져서는 안 된다. 우리는 "내가 보는 것은 사람과 같지 아니하니 사람은 외모를 보거니와 나 여호와는 중심을 보느니라"(삼상 16:7)라는 말씀을 기억해야 한다. 하나님은 우리의 생각을 읽으시며 우리의 동기를 아신다. 하나님은 우리의 고백 뒤에 얼마만큼의 실제가 있으며, 우리의 겉모습 뒤에 어떠한 삶이 있는지를 보실 수 있다. (1990c:78)

559. 온전한 제자도

'예수님은 주님이시다'라는 주장보다 더 통합적인 기독교 원리는 없다. 우리의 입술로 그분의 주권을 고백하고 마음속에 그분을 주님으로 모시는 것은 온전한 제자도에서 매우 중요하다. 우리는 그분의 가르치는 권위라는 쉬운 멍에를 지고, "모든 생각을 사로잡아 그리스도에게 복종하게"(고후 10:5) 한다. 예수님이 우리의 믿음과 의견, 야망과 기준, 가치관과 생활 방식의 주님이라면, 우리는 통합된 그리스도인이다. 그럴 때 '온전함'이 우리 삶의 특징이 될 것이기 때문이다. **그분**이 주님이실 때

에만 **우리**는 온전해진다. (1992b:177)

560. 어떤 예수를 따르고 있는가?

'거짓 그리스도들이 나타날 것'이라고 예수님은 예언하셨고, 실제로 거
짓 그리스도가 계속 나타났다. 자신들에 대해 거창한 주장을 하는 종교
적 협잡꾼들, '내가 예수 그리스도다'라고 말하는 형편없는 정신병자들
이 출몰해 왔다. 또한 그리스도에 대한 오해들(그를 열광적인 열심당으로, 좌
절한 슈퍼스타로, 서커스의 어릿광대로 묘사하는 풍자들)이 있어 왔다. 가까이는
우리 자신 역시 예수님에 대한 많은 잘못된 이미지를 갖고 있다.

"나를 따르라"고 그분은 말씀하셨다. "예, 주님. 당신을 따르겠습니
다." 우리는 거침없이 대답한다. 그러나 우리는 어떤 예수를 따르고 있
는가? 어떤 사람들이 따르는 그리스도는 사랑의 그리스도지만 결코 심
판하는 분은 아니며, 위로의 그리스도이긴 해도 도전을 주는 그리스도
는 결코 아니다. 우리 중 어떤 이들은 복음화에 대한 그분의 명령에는
철저하게 주의를 기울이지만, 가난하고 병든 자, 굶주린 자, 억눌린 자
들을 돌보라는 부르심에는 전혀 귀를 기울이지 않는다.

사도들은 예수를 따른다는 것이 무엇을 함의하는지에 대한 주제를
다루면서, 우리가 '그의 발자취를 따라야 한다'고, 즉 그를 '본받아야'
한다고 기록했다. 이것이 무엇을 의미하는지는 우리가 발자취를 따라야
하는 예수님에 대한 이해에 달려 있다. 사람들이 지녀 왔던 대중적인 몽
상을 극복하고, **참된** 예수, 복음서에 기록된 진정한 예수를 다시 살펴보
자. 분명히 우리들의 생활양식은 우리가 어떤 종류의 그리스도를 마음
속에 그리고, 또 믿는지에 달려 있다. (1975f:3)

561. 현재의 책임

우리는 하나님의 시계를 마음대로 조절할 수 없다. 우리는 하나님의 때를 기다리는 것으로 만족해야 하고, 그동안 이 세상에서 우리의 의무를 성실하게 이행해야 한다. 거라사의 귀신 들린 자가 예수님으로부터 그처럼 단호한 말씀을 들은 것은, 바로 이 부분을 주저했기 때문은 아니었을까? 이전에는 벌거벗고 제정신을 잃은 채 통제할 수 없이 돌아다니던 그가, 이제는 "옷을 입고 정신이 온전하여" 예수님께 "함께 있기를 간구"했다. 사실 이해할 만한 간청이다. 그는 온전해졌다. 예수님은 그를 새로운 사람으로 변화시키셨다. 자연히 그는 자신을 구해 준 그분과 방해받지 않고 끊임없이 교제하고 싶었을 것이다. 그는 분명 스스로를 해하며 배회했던 무덤이나 산으로 돌아가고 싶지 않았을 것이다. 또한 그가 나고 자랐을 인근 마을로 가고 싶은 생각도 없었던 것 같다. 그렇다. 그는 예수님과 함께 있고 싶어 했다. 누가 그를 비난할 수 있겠는가? 하지만 예수님은 그것을 거절하시고 이렇게 말씀하셨다. "집으로 돌아가 주께서 네게 어떻게 큰 일을 행하사 너를 불쌍히 여기신 것을 네 가족에게 알리라"(막 5:1-20을 보라). 그는 증언하고 봉사할 책임이 있었으며, 그 책임을 피해서는 안 되었다.

그 사람은 세상에서 손을 뗀다는 의미에서 '예수님과 함께' 있기를 갈망했던 수많은 다른 제자들(경건주의적이고 도피주의적인 그리스도인들)의 선구자였다. 그들은 구원의 단계들을 단축하여 바로 하늘 나라로 뛰어오르고 싶어 한다. 그것은 이해할 만하지만 비난 받을 여지가 많은 태도다. 우리는 하늘 나라의 영원한 평화 속에서 '그리스도와 함께' 있기 전에, 이 복잡다단한 세상에서의 의무를 수행하며 눈으로가 아닌 믿음으

로 지금 '그리스도와 함께' 있는 법을 배워야 한다. [1991b:63]

562. 세상에 쌓은 보물

다음 질문에 솔직하게 직면하는 것이 중요하다. 예수님이 자신을 위해 세상에 보물을 쌓지 말라는 말씀에서 금하신 것은 무엇인가? 예수님이 금하지 않으신 것(그리고 지금도 금하지 않는 것)을 먼저 열거하면 도움이 될 것이다. 첫째, 소유 자체에 대한 금지는 없다. 성경 어디서도 사유 재산을 금하지는 않는다.

둘째, '만일의 경우에 대비하여 저축하는 것'도 그리스도인에게 금지되지 않는다. 그 점에서는 보험(이것은 자진해서 스스로에게 강제하는 저축인 셈이다)도 마찬가지다. 성경은 겨울에 필요한 양식을 여름에 비축해 두는 개미를 칭찬하며, 가족을 부양하지 않는 사람은 불신자보다 더 나쁘다고 단언한다(잠 6:6 이하; 딤전 5:8). 셋째, 우리는 창조주 하나님이 후히 주신 선한 것들을 멸시하지 말고 즐겨야 한다(딤전 4:3-4; 6:17). 그러므로 소유물을 갖는 것도, 미래를 위해 비축하는 것도, 선하신 창조주 하나님이 주신 선물들을 즐기는 것도 세상에 보물을 쌓아 놓지 말라는 금지 조항에 포함되지 않는다.

그렇다면 예수님은 무엇을 금하시는가? 예수님이 제자들에게 금하시는 것은 재물을 **이기적으로** 축적하는 것(NB: "**너를 위하여** 세상에 재물을 쌓아 놓지 말라"), 사치스럽고 호사스러운 삶, 세상의 혜택 받지 못한 사람들의 필요를 느끼지 못하는 몰인정, 사람의 생명이 넉넉한 소유에 있다는 어리석은 환상(눅 12:15), 마음을 이 세상에 잡아매는 물질주의다. [1978f:154]

563. 검소한 생활양식

부유한 사람들이 검소한 생활양식을 개발한다는 것은 어떤 의미인가?…사실상 '가난' '검소함' '관대함' 같은 개념들은 모두 상대적인 것이며, 각 사람에게 서로 다른 것을 의미할 수밖에 없다. 예를 들어, 이따금씩 말라 버리는 마을 우물에 길게 줄을 서서 물을 길어야 하는 사람들에게는, 틀기만 하면 온수가 나오는 것은 고사하고 그냥 수돗물이 나오는 것도 놀라운 사치로 간주된다. 하지만 세계의 다른 곳에서는 그것이 '검소한 생활양식'과 상반된 것으로 간주되기 어렵다. 성경은 절대적 기준을 정하지 않는다. 한편으로 성경은, 엄격하고 부정적인 금욕주의를 권장하지 않는다. 성경은 사유 재산 소유를 금하지 않으며, 창조주께서 주신 좋은 선물들을 감사히 누리라고 명하기 때문이다. 다른 한편으로, 성경은 어느 정도의 평등함은 불균형보다 하나님을 기쁘시게 함을 시사한다. 신자들이 관대해야 한다는 성경의 호소는 우리 주 예수 그리스도의 은혜에 기초하고 있다. 은혜란 관대함을 의미하기 때문이다(고후 8:8-15). 〔1975d:24〕

564. 예수님은 주님이시다

'예수님은 주님이시다'(kyrios Iēsous)라는 두 단어로 된 주장은 처음에는 평이하게 들린다. 그러나 그것은 광범위한 효과를 가지고 있다. 그것은 그분이 하나님이고 구세주라는 우리의 확신을 표명할 뿐만 아니라, 그분에 대한 우리의 철저한 헌신을 나타낸다. 이러한 헌신은 지적(지성을 그리스도의 명에 아래 두는 것), 도덕적(그분의 기준을 받아들이고 그분의 계명에 순종하는 것), 소명적(그분의 해방시키는 사역에 삶을 드리는 것), 사회적(그분의 기준을 가지고 사회에 침투하는 것), 정치적(어떤 인간 제도도 우상화하기를 거부하는 것), 세계적(그의 이름이 영광과 명예를 받도록 하는 일에 열심을 내는 것) 측면을 가지고 있다. (1992b:98)

565. 개인적 부르심

신약에는 '부르다'에 해당하는 헬라어 동사가 150번 정도 나오며, 대부분의 경우 하나님이 인간을 부르신다. 구약에서 하나님은 모세와 사무엘과 예언자들을 부르셨다. 신약에서는 예수님이 열두 제자를, 그리고 후에 다소 사람 사울을 부르셨다. 비록 우리가 예언자나 사도는 아니지만, 그분은 지금도 우리를 그분을 섬기는 일로 부르신다. 하나님이 우리를 인격적으로, 또 개별적으로 부르실 정도로 우리에게 관심을 가지신다는 것은 놀라운 사실이다. 그러므로 하나님은 "너희를 부르신 이"(예를 들어, 갈 5:8; 벧전 1:15)시며, 우리는 "그의 뜻대로 부르심을 입은 자들"(예를 들어, 롬 8:28; 히 9:15)이다. [1992b:132]

566. 그리스도인의 소명

소명(vocation)이라는 단어는 오랜 시간의 변천을 거쳐 의미가 축소되어 버린 성경의 단어들 중 하나다. 그것은 본래의 성경적 의미보다 훨씬 협소한 의미로 사용된다. 누군가 당신에게 소명이 무엇이냐고 묻는다면 그것은 직업(job)이 무엇이냐는 질문을 정중하게 표현한 것이다. 그리고 그들은 '의사입니다', '교사입니다' 같은 대답을 기대한다. 예를 들어

'vocational training'은 특정한 직종을 위한 직업 훈련을 의미한다. 그러나 이것은 소명이라는 단어의 성경적 의미가 아니다. 성경적 용법을 보면 소명은 단순히 직업보다 훨씬 넓고 큰, 그리고 감히 말하건대 훨씬 고상한 의미를 갖는다.…

우리의 부르심 또는 소명에 대해 성경이 말하는 바는, 하나님이 우리를 부르실 때 우선적으로 무엇을 하라고 부르시는 것이 아니라 무엇이 되라고 부르신다는 점이다. 다른 말로 표현해서, 성경에 따르면 소명이란 단순히 직업이 무엇인가보다는 우리의 성품과 우리가 어떤 종류의 사람인가 하는 것과 더 관계가 있다. (1980g:13)

567. 섬기기 위해 능력을 발휘하기

육체노동이든 정신노동이든, 돈을 받는 일이든 자원봉사든, 얼마나 초라하고 하찮아 보이든 상관없이, 그리스도인들은 이 모든 고귀한 일을 하나님과의 협력이라고 보아야 한다. 그것들은 하나님과 함께, 그분이 만드시고 우리에게 돌보도록 맡기신 세상을 변혁하는 일이다. 이 점은 산업과 상업에, 공무원과 전문직 노동자와 전업주부의 일에 동일하게 적용된다. 실업의 큰 해악은 이와 같은 특권을 박탈당한다는 데 있다. 우리와 하나님의 동역 관계가 취하게 될 특정한 형태(좀 더 세속적인 용어로 말하자면, 어떤 경력을 쌓을 것인가 혹은 어떤 직업을 택할 것인가)는 다른 무엇보다도 우리의 기질과 재능, 교육과 훈련에 좌우될 것이다. 우리는 능력을 마음껏 펼쳐 하나님을 섬김으로써 우리의 전 존재와 가진 모든 것이 헛되지 않고 온전히 성취되기를 소망해야 한다. (1991d:148)

568. 모든 그리스도인의 소명

나는 교회 전체가 어떤 의미에서 '집사의 직분'(diaconate)을 갖는다고 주장해 왔다. 교회는 '디아코니아'(*diakonia*)로, 곧 섬김으로 부름받았기 때문이다. 예수님은 "나는 섬기는 자로 너희 중에 있노라"(눅 22:27)고 말씀하셨으며, 종의 앞치마를 스스로 두르고 제자들의 발을 씻기심으로 그 말씀을 가시적으로 드러내셨다. 그러고 나서 예수님은 다시 저녁 먹던 자리로 돌아가 이렇게 말씀하셨다.

— 내가 주와 또는 선생이 되어 너희 발을 씻었으니, 너희도 서로 발을 씻어 주는 것이 옳으니라. 내가 너희에게 행한 것같이 너희도 행하게 하려 하여 본을 보였노라. 내가 진실로 진실로 너희에게 이르노니, 종이 주인보다 크지 못하고 보냄을 받은 자가 보낸 자보다 크지 못하나니.

(요 13:14-16)

그러므로 모든 그리스도인은 섬기도록 부름받는다.…

'디아코니아' 곧 그리스도인들이 하나님과 이웃을 섬길 사역의 기회는 매우 많다. 자녀를 "주의 교훈과 훈계로"(엡 6:4) 양육하며 가정을 사랑과 환대와 평화의 장소로 만들어야 할 부모들(특히 어머니들)의 소명이 있다. 또한 그리스도인의 직업이 있다. 그것은 일차적으로 생계비를 버는 수단이나 국가의 경제적 안정에 기여하는 수단, 유용한 증언과 복음 전도의 영역, 혹은 다른 어떤 존중할 만한 목적들을 위한 수단으로 간주되기보다, 그 자체가 목적으로서 인간의 복지를 확보하려는 하나님의 목적에 협력하는 그리스도인의 '디아코니아'로 간주되어야 한다. 또한 깨어 있는 그리스도인들에게는, 공익사업이나 자원봉사 조직을 통해 혜택 받지 못하고 무시 받는 이웃들을 위해 일할 기회가 항상 열려 있다.

가정과 직업 영역과 지역사회와는 별개로, 대부분의 그리스도인은 자신이 속한 교회 안에서, 그리고 교회를 통해 섬기고 싶은 마음이 들 것이다. 오늘날 적어도 좀 더 급진적인 저자들 사이에는 '교회 봉사'라는 개념을 교회의 유감스러운 자기중심성이라고 비하하며, 그리스도인이 섬겨야 할 적절한 영역은 교회가 아니라 세상이라고 주장하는 태도가 유행처럼 퍼져 있다. 나는 그 주장에 담긴 진리를 부인하지 않는다. 어떤 그리스도인도 자신의 여유 시간 전체를 교회라는 은신처에서 지내서는 안 된다. 그는 주님에 의해 세상으로 보냄받았으며, 그곳에서 주님의 이름으로 겸손하게 다른 사람들을 섬겨야 한다. 하지만 어떤 교회 봉사는 정당하게 교회 중심적으로 이루어져야 함을 부인하거나, 모든 봉사가 교회 중심적으로 이루어져야 한다고 주장하는 것은 모두 균형 잃은 태도다. (1969b:48)

569. 준회원은 없다

우리는 모든 그리스도인이 교회의 정회원이 될 것을 기대해야 한다. 책임은 지지 않으면서 특권을 누리기 원하는 준회원은 둘 수 없다.

(1952:9)

570. 그리스도를 위한 열정

그리스도를 위한 뜨거운 열정을 어떤 사람들은 위험한 감정주의라고 생각한다. 그들은 이렇게 말할 것이다. '우리가 극단주의자가 되어야 한다는 건가요? 우리가 열성적으로 복음을 전하는 광신자가 되라고 요구하는 것은 아니지요?' 물론 그 말이 어떤 의미인지에 따라 대답은 달라질 것이다. '광신'이라는 말이 '전심을 다하는 것'을 의미한다면, 기독교는 광신적 종교이며 모든 그리스도인은 광신자가 되어야 한다. 하지만 전심을 다하는 것이 광신과 동의어는 아니다. 광신은 이성적으로 생각하지 않고 무지 가운데 전심을 다하는 것이다. 그것은 가슴이 머리로부터 달아나 버린 것이다. 1940년 프린스턴 대학교에서 열린 과학과 철학과 종교에 대한 회의를 위해 작성된 선언의 말미에는 다음과 같은 말이 나온다. "성찰 없는 헌신은 행동하는 광신이다. 하지만 헌신 없는 성찰은 모든 행동을 마비시킨다." 예수 그리스도가 바라시고 또 마땅히 받으셔야 하는 것은, 헌신으로 이끄는 성찰과 성찰에서 나온 헌신이다. 이것이 바로 전심을 다하는 것, 하나님을 위한 열정이라는 말의 의미다. (1990c:115)

571. 이중적 부르심

일반적으로 우리의 전문 영역으로의 부르심 외에, 모든 그리스도인은 증인이자 종으로서 세상에 보내심을 받았다. 어떤 사람이 영적이든 육체적이든 사회적이든 특정 영역에서 도움을 필요로 하고 우리에게 그 필요를 채울 수단이 있다면, 우리는 그의 필요를 채워 주어야 한다. 그렇지 않으면 하나님의 사랑이 우리 안에 거한다고 주장할 수 없다(요일 3:16). 사람들은 여러 필요를 지니고 있으며, 우리가 하나님의 사랑으로 그들을 사랑한다면 그들의 필요를 채워 주기 위해 전력을 다할 것이다. 그렇게 할 때 그들이 믿음을 가질 가능성 역시 커질 것이다. 말로만 증언하는 것은 충분하지 않다. 예수님이 말씀하셨듯이, 사람들이 우리의 "착한 행실을 볼" 때 우리의 빛은 가장 밝게 비치며, 하늘에 계신 우리 아버지께 영광을 돌리게 될 것이다(마 5:16). (1980e)

572. 그리스도인의 직업

우리에게는 이런 편견이 있다. 젊은 그리스도인이 정말로 그리스도를 위해 열심이라면 그는 분명 해외선교사가 될 것이며, 그만큼이 아니라면 국내에 머물러 목사가 될 것이며, 목사가 될 만한 헌신이 부족하다면 의사나 교사로 일할 것이다. 만약 사회복지나 언론, (최악의 경우) 정치 영역에 머무른다면 그는 심각하게 타락하기 일보 직전이라는 것이다. 직업의 문제에 대해 올바른 관점을 회복하는 일이 매우 시급해 보인다. 예수 그리스도는 모든 제자를 '사역' 곧 섬김을 위해 부르신다. 그분은 **탁월한** 종이시며, 우리 역시 종이 되라고 부르신다. 그렇다면 이것만은 분명하다. 곧 우리가 그리스도인이라면, 하나님과 사람을 섬기는 일에 삶을 드려야 한다는 것이다. 그리스도인들 안에 있는 유일한 차이점은 각자 행하도록 부름받은 섬김의 종류에 있다. (1975c:31)

573. 그리스도인의 침투

그리스도인들은 대중매체의 세계에 침투해 방송작가나 제작자, 연예인으로 일할 준비를 갖추어야 한다. 우리가 기술적으로 동일한 수준에 이를 뿐 아니라 좀 더 유익한 대안을 제공하는 일에서 건설적인 주도권을 쥐지 않는다면, 현재 방영되는 많은 프로그램들의 낮은 기준에 대해 불평할 수 없다. 이전에 새로운 의사소통 매체들(저술, 미술, 음악, 연극, 출판, 영화, 라디오)이 개발되던 시절에는, 그리스도인들이 가장 먼저 그 가능성을 분별하고 예배와 복음 전도에 적용하는 사람들이었다. 텔레비전에 대해서도 그런 일이 이루어져야 하며, 세계의 일부 지역에서는 이미 시작되었다. (1982a:75)

574. 소명에 대한 시험

하나님은 사람들이 먼저 한정된 사역에서 스스로를 입증하기 전에는 더 광범위한 사역으로 부르지 않으신다는 말은 사실인 것 같다. 그리고 막 생겨난 소명 의식을 시험하는 최선의 자연스러운 맥락은 지역 교회의 정규적 복음 전도 활동이다. (1967e:88)

575. 하나님의 뜻을 발견하는 길

예수님은 "내 원대로 마시옵고 아버지의 원대로 되기를 원하나이다"라고 기도하셨으며, "아버지의 뜻이 하늘에서 이루어진 것같이 땅에서도 이루어지이다"라고 기도하라고 가르치셨다. 인생에서 하나님의 뜻을 발견하고 행하는 것보다 더 중요한 것은 없다. 또 하나님의 뜻을 발견하려고 애쓸 때 하나님의 '일반적인' 뜻과 '특별한' 뜻을 구분하는 것은 매우 중요하다. 전자는 하나님의 백성 대부분과 관련되어 있으며 우리 모두에게 똑같이 해당되기 때문에 일반적인 뜻이라고 불린다. 예를 들어 그리스도를 닮게 하시는 것이 여기 속한다. 하지만 하나님의 특별한 뜻은 우리 삶의 세목들에까지 확대되며, 사람마다 다르다. 예를 들면, 어떤 직업을 가질 것인가, 결혼을 할 것인가, 누구와 결혼할 것인가 하는 것들이다. 이러한 구분을 한 다음에야 우리는 "주의 뜻이 무엇인가"(엡

5:17)를 발견할 수 있다. 하나님의 '일반적인' 뜻은 성경에서 발견된다. 하나님 백성을 위한 하나님의 뜻은 말씀에 계시되어 있기 때문이다. 하지만 성경에서 하나님의 '특별한' 뜻을 발견하지는 못할 것이다. 성경에서 우리를 인도해 줄 일반적인 원리들을 발견하겠지만, 자세한 결정들은 주의 깊게 생각하고, 기도하고, 성숙하고 경험 많은 신자들에게 조언을 구한 후에 내려야 한다. (1979e:203)

576. 하나님의 인도

우리가 하나님의 인도를 받아야 할 필요성에 대해 생각해 보자. 너무나 많은 사람들이 하나님의 인도를 인간의 생각에 대한 대체물, 심지어 생각이라는 성가신 일을 하지 않아도 되게 해 주는 편리한 수단으로 여긴다. 그들은 하나님이 그들의 지성은 무시해 버리고, 마음속 화면에 그들의 질문에 대한 대답이나 문제에 대한 해결책을 떠올려 주시기를 기대한다. 물론 하나님은 얼마든지 그렇게 하실 수 있다. 때로는 그렇게 하기도 하신다. 그러나 성경은 하나님이 통상적으로 우리를 인도하시는 방식은 비합리적인 것이 아니라 합리적인 것, 즉 그분이 우리 안에 창조하신 사고 과정을 통한 것이라고 주장할 만한 근거를 제시해 준다.

시편 32편은 이것을 분명하게 말하고 있다. 8절에는 하나님의 인도에 대한 놀라운 삼중의 약속이 담겨 있는데, 거기서 하나님은 이렇게 말씀하신다. "내가 너의 갈 길을 가르쳐 보이고 너를 주목하여 훈계하리로다." 그렇지만 하나님은 이러한 약속을 **어떻게** 지키시는가? 9절에서는 계속해서 이렇게 말씀하신다. "너희는 무지한 말이나 노새같이 되지 말지어다. 그것들은 자갈과 굴레로 단속하지 아니하면 너희에게 가까이 가지 아니하리로다." 그 약속과 금지 사항을 종합하면 하나님이 우리에게 말씀하시는 바는 이런 것이다. '나는 너희를 인도하며 너에게 갈 길을 보여 줄 것을 약속한다. 하지만 내가 너희를 말이나 노새같이(즉 지성이 아니라 강제적 힘에 의해) 인도하리라고 기대하지는 말아라. 왜냐하면 너희는 말도 노새도 아니기 때문이다. 그것들에게는 **이해력**이 없지만 너희는 그렇지 않다. 실로 나는 너희에게 이해력이라는 귀중한 선물을 주었다. 그것을 사용하라! 그러면 너희의 지성을 **통해** 내가 너희를 인도할 것이다.' (1992b:117)

577. 맛디아를 선택하다

이 문제에서 하나님의 뜻을 발견하는 데 기여한 요소들을 자세히 살펴보면 좋은 교훈을 얻을 것이다. 먼저, 대신할 사람을 뽑아야 한다는 성경의 일반적인 인도가 제시된다(행 1:16-21). 다음으로, 그들은 유다를 대신할 사람이 똑같은 사도의 직무를 수행해야 한다면 똑같은 자격(예수님을 직접 목격한 경험과 예수님이 직접 임명하신 것을 포함해서)을 지녀야 한다는 상식을 이용했다. 이러한 건전하고 연역적인 추론에 의해 요셉과 맛디아가 지명되었다. 셋째로, 그들은 기도했다. 왜냐하면 비록 예수님은 가셨지만 그들은 여전히 기도로 그분께 가까이 갈 수 있었으며, 그분은 그들이 갖지 못한 사람의 마음을 아는 지식을 가진 분으로 인정되었기 때문이다. 마지막으로, 그들은 제비를 뽑았다. 예수님이 선택하신 자를 제비뽑기를 통해 알게 해 주시리라고 믿었기 때문이다. 이 네 번째 요소를 제쳐 둘 때(이제는 성령님이 우리에게 주어졌으므로), 성경과 상식과 기도라는 나머지 세 요소는 하나님이 오늘날 우리를 인도하는 수단이 되는 요소

들의 건전한 결합이다. (1990b:58)

578. 서두르지 않고

하나님 앞에서 서두르거나 조급해 하는 것은 잘못이다. 그분이 아브라함에게 하신 약속이 그리스도의 탄생으로 성취되는 데는 이천 년이 걸렸다. 그분이 모세를 필생의 사역을 위해 준비시키는 데는 팔십 년이 걸렸다. 그분이 한 성숙한 인간을 만드는 데는 약 이십오 년이 걸린다. 그렇기 때문에 만일 우리가 어떤 기한까지 결정을 내려야 한다면 그렇게 해야 한다. 그러나 그렇지 않다면, 그리고 앞길이 여전히 불투명하다면 기다리는 것이 더 현명하다. 나는 하나님이 요셉과 마리아를 아기 예수와 함께 이집트로 보내면서 하신 말씀을 우리에게도 하신다고 생각한다. "내가 네게 이르기까지 거기 있으라"(마 2:13). 내 경험에 따르면, 꾸물거림 때문이 아니라 성급한 행동 때문에 더 많은 실수를 범하게 된다. (1992b:131)

579. 사랑과 섬김

사랑과 진리가 서로 묶여 있고, 사랑과 은사들이 묶여 있다면, 사랑과 섬김도 마찬가지다. 참된 사랑은 언제나 섬김으로 표현되기 때문이다. 사랑하는 것은 섬기는 것이다. 그렇다면 우리는 끊어질 수 없는 고리를 형성하는 삶의 네 가지 측면을 갖게 된다. 그것은 사랑, 진리, 은사들, 섬김이다. 사랑은 섬김으로 나타나고, 섬김에는 은사가 사용되며, 최고의 은사는 진리를 가르치는 것이고, 진리는 사랑으로 말해야 하기 때문이다. 각각이 다른 것을 포함하며, 어디서 시작하든 네 가지가 모두 작용

한다. 하지만 "그중의 제일은 사랑이다"(고전 13:13). (1975b:117)

580. 고통이 없으면 얻는 것도 없다

왜 우리는 그리스도인의 삶과 섬김이 쉬우리라고 **기대**하는가? 성경은
조금도 그러한 기대를 갖게 하지 않으며, 오히려 그 반대다. 성경은 십
자가가 없으면 면류관도 없고, 규칙이 없으면 월계관도 없으며, 고통이
없으면 얻는 것도 없다고 말한다. 그리스도를 낮은 자로 태어나 고난의
죽음을 당하고 부활하셔서 하늘에서 다스리시도록 한 것은 바로 이러
한 원리다. 바울이 족쇄를 차고 감옥에 갇힘으로써 선택받은 자들이 예
수 그리스도 안에서 구원을 얻게 된 것도 이런 원리 때문이다. 군사가
기꺼이 곤경을 견디고, 운동선수가 훈련을, 농부가 수고를 견디는 것도
이 원리 때문이다. (1969a:83)

581. 오직 두 길

궁극적으로는 오직 두 개의 지배적인 야망이 있으며 다른 모든 야망은
이 두 가지로 축소시킬 수 있다. 하나는 우리 자신의 영광을 향한 것이
며, 다른 하나는 하나님의 영광을 향한 것이다. 요한복음 기자는 이 둘
을 서로 화해할 수 없이 대립된 것으로 보며, 그렇게 함으로써 그리스
도와 바리새인들 사이의 근본적 불화의 원인을 드러낸다. 그는 이렇게
썼다. "그들은 사람의 영광을 하나님의 영광보다 더 사랑하였더라"(요
12:43). (1970b:192)

존 스토트의 기독교 강요
Authentic Christianity

582. 대조적인 야망

자기 중심적 경건과 하나님 중심적 경건이라는 두 종류의 경건이 있듯이, 야망에도 오직 두 가지 종류가 있다. 우리 자신을 위해 야망을 가지거나 하나님을 위해 야망을 가지거나 둘 중 하나다. 세 번째 대안은 없다. (1978f:172)

583. 모든 것이 사용되도록

내가 보기에 다음과 같이 말하는 것은 창조와 구속이라는 기독교 교리와 전혀 모순되지 않는다. '나는 독특한 사람이다(이것은 자만이 아니라 사실이다. 모든 눈송이 하나하나와 풀잎 하나하나가 독특하다면 모든 인간은 얼마나 더 독특한가?). 나의 독특함은 유전적 자질, 물려받은 성품과 기질, 혈통, 가정과 학교에서의 교육, 재능, 성향, 중생과 영적 은사로 인한 것이다. 하나님의 은혜로 나는 지금의 내가 되었다. 그렇다면 하나님이 만드신 독특한 인간으로서 내가 어떻게 그리스도와 사람들을 섬기는 일에 마음껏 나 자신을 **펼쳐** 그분이 내게 주신 모든 것을 하나도 낭비하지 않고 사용할 수 있겠는가?' (1992b:144)

584. 참된 위대함

왜 예수님은 위대함을 섬김과 같은 것으로 생각하셨는가? 그것은 인간의 내재적 가치와 관계가 있지 않을까? 이 가치는 예수님의 희생적인 사랑의 사역 배후에 놓인 전제였으며, 기독교적 관점의 본질적 요소다. 인간이 하나님의 형상을 닮은 존재라면 그들은 착취가 아니라 섬김을 받아야 하며, 조작이 아니라 존중을 받아야 한다. (1990a:376)

585. 예수 그리스도께 하듯이

어떤 어린 하녀는 자신이 회심한 그리스도인인지를 어떻게 아느냐는 질문을 받자 이렇게 대답했다. "그건 이렇지요. 예전의 나는 먼지를 매트 아래에다 쓸어 넣곤 했는데 이제는 그렇게 하지 않아요." 우리는 마치 예수 그리스도를 만나러 가는 것처럼 다른 사람을 방문하거나, 예수 그리스도가 읽으실 것이라 생각하고 편지를 쓰거나, 예수 그리스도가 물건을 사러 오신 것처럼 손님을 응대하거나, 예수 그리스도가 병원 침상에 누워 계신다고 생각하고 환자를 돌볼 수 있다. 마치 우리가 부엌에 있는 마르다이고 예수 그리스도가 음식을 잡수시는 분인 것처럼 식사를 준비할 수도 있다. (1991b:79)

586. 섬김과 기다림

회심한 사람들의 체험에서 '섬김'과 '기다림'이 공존한다는 사실은 주목할 만하다. 처음에 이것은 꽤 놀랍게 느껴진다. 왜냐하면 '섬김'은 적극적인 것이지만, '기다림'은 그리스도께서 하늘로부터 오시는 것을 고대하는 것이기 때문이다. 그러나 둘은 서로 양립할 수 있으며, 각각은 서로의 균형을 잡아 준다. 한편으로, 우리가 아무리 열심히 일하고 섬길지라도 우리가 성취할 수 있는 것에는 한계가 있다. 우리는 단지 사회를 개선시킬 수 있을 뿐이며 사회를 완벽하게 만들 수 없다. 우리는 결코 이 땅에서 유토피아를 건설할 수 없을 것이다. 지상에 유토피아를 건설하려면 그리스도께서 오시기를 기다려야 한다. 그때에 가서야 의롭고 평화로운 하나님의 통치가 최종적으로 승리할 것이다. 다른 한편으로, 그리스도의 오심을 기대하며 기다리는 우리는 팔짱 끼고 눈을 감고 세상 사람들의 필요에 무관심한 채 마냥 한가한 모습으로 기다릴 수 없다. 우리는 기다리는 동안에도 열심히 일해야 한다. 왜냐하면 우리는 살아 계시고 참되신 하나님을 섬기도록 부름받았기 때문이다.

따라서 일과 기다림은 공존한다. 그것들은 서로 결합하여, 우리가 모든 것을 할 수 있다고 생각하는 교만과 아무것도 할 수 없다고 생각하는 비관론으로부터 우리를 구해 준다. (1991c:41)

587. '우리가 자유를 얻게 될 때…'

자유는 심한 오해를 받고 있다. 자유에 대해 가장 목소리를 높여 장황하게 말하는 사람조차도 먼저 잠시 멈추어 자신이 말하고 있는 것이 무엇인지 규정해 보려 하지 않는다. 이에 대한 두드러진 예는, 혁명 이후에 모두가 누리게 될 자유에 대하여 거리 모퉁이에서 화려한 열변을 토하던 한 마르크스주의 연설가의 이야기다. 그는 곁을 지나가는 한 부유한 신사를 가리키면서 이렇게 외쳤다. "우리가 자유를 얻게 될 때, 여러분은 저 사람처럼 시가를 피울 수 있습니다."

"나는 내 싸구려 담배가 더 좋소"하고 야유하는 소리가 들렸다.

그 마르크스주의자는 그런 방해를 무시하고 자기 주장에 더욱 열중하면서 계속해서 외쳤다. "우리가 자유를 얻을 때 여러분은 저 사람처럼 자동차를 몰 수 있을 것입니다." 곁을 지나가는 화려한 메르세데스 승용차를 가리키면서 한 말이다.

"나는 내 자전거가 더 좋소." 야유하던 사람이 또 소리쳤다.

이런 식으로 계속되다가 마침내 그 마르크스주의자는 자신을 괴롭히는 그 사람을 더 이상 감당할 수 없을 지경에 이르렀다. 그는 그 사람에게 돌아서서 이렇게 말했다. "우리가 자유를 얻게 될 때, 당신은 시키는

대로 하게 될 것이오." (1992b:47)

588. 참된 자유

참된 자유는 자신을 위해 살기 위해 하나님과 다른 사람들에 대한 책임
으로부터 자유로워지는 것이 아니라, 하나님과 다른 사람들을 위해 살
기 위해 자신으로부터 자유로워지는 것이다. (1991c:91)

589. 구원과 자유

예수 그리스도에 의해 구원받는 것은 자유롭게 되는 것이다. (1992b:47)

590. 자유라는 환상

창세기의 처음 두 장에 따르면, 하나님은 남자와 여자를 도덕적으로 책
임이 있고(계명을 받고), 또한 자유로운(사랑의 순종을 권유 받지만 강요받지 않
는) 존재가 되도록 창조하셨다. 그러므로 우리는 방종(책임을 부인하는 것)
도 노예 상태(자유를 부인하는 것)도 묵인할 수 없다. 그리스도인들은 성경
과 경험을 통해서, 권위라는 맥락 없이는 인간의 성취가 불가능함을 안
다. 무제한적 자유란 환상일 뿐이다. 지성은 진리의 권위 아래에서만 자
유로우며, 의지는 의의 권위 아래에서만 자유롭다. 우리가 그리스도께
서 약속하신 안식을 발견하는 것은 그리스도의 멍에를 버릴 때가 아니
라 그 멍에 아래 있을 때다. (1982a:56)

591. 하나님이 창조하신 규범들

하나님이 창조하신 규범들로부터의 '해방'은 있을 수 없다. 참된 해방은

오직 그 규범들을 받아들일 때 발견된다. (1990:348)

592. 내적 자유

예수 그리스도는 가장 억압적인 폭군도 파괴할 수 없는 심령의 내적 자유를 주신다. 감옥에 있던 바울을 생각해 보라. 그는 진정으로 자유롭지 않았는가? (1975c:100)

593. 고상하게 하는 선물

"내가 너를 권하노니…"(계 3:18). 먼저 우리는 자신의 피조물들에게 조언해 주기를 기뻐하시는 하나님이 계시다는 사실을 주목할 수 있다. 나는 이 구절을 읽을 때마다 예외 없이 기묘한 감동을 받게 된다. 그분은 우주를 펼치시는 위대한 하나님이다. 그분은 수많은 별로 이루어진 은하들을 손쉽게 처리하실 수 있는 분이다. 하늘과 하늘의 하늘이라도 그분을 담을 수 없다. 그분은 만물의 창조주이자 유지자이며, 전능하신 여호와 하나님이다. 그분은 우리에게 순종하라고 명령을 내릴 권리가 있으시다. 그런데 그분은 우리가 주의를 기울이지 않아도 되는 조언을 주시는 편을 선호하신다. 그분은 명령을 내릴 수도 있지만, 권하는 쪽을 택하신다. 그분은 자유를 존중하시며, 그 자유는 우리를 고상하게 만든다. (1990c:119)

594. 진리의 권위

지성을 자유롭게 해 주는 유일한 권위가 바로 진리의 권위다. 거짓을 믿고 있다면 지성은 자유롭지 않다. 실상 그것은 공상과 거짓에 속박되어 있다. 지성은 진리를 믿고 있을 때만 자유로우며, 그것이 과학의 진리든 성경의 진리든 마찬가지다. (1991b:60)

595. 참된 권위와 거짓 권위

그리스도인들은 참된 권위와 거짓 권위, 즉 우리 인간성을 짓밟는 폭압과 진정한 인간적 자유를 주는 합리적이고 자애로운 권위를 구분한다. (1982a:52)

596. 자유와 권위

폭압은 자유를 배제하며, 그렇기 때문에 진정한 인간됨과 근본적으로 반대된다. 하지만 권위는 폭압과 다르다. 그리스도인이라면, 폭압이 자유를 파괴한다면 올바른 권위는 자유를 보장해 준다는 점을 덧붙이고 싶을 것이다.…그리스도와의 복종의 관계는 우리의 개성을 말살하기는 커녕 개성이 발달할 수 있게 해 준다. 어린아이들이 안전하고 행복한 가정의 자애로운 훈육 안에서 가장 자연스럽게 성숙하는 것처럼, 그리스도인들은 그리스도 안에서, 그리고 그분의 사랑의 권위 아래서 성숙하게 된다. 그리스도를 섬기는 일에 몰두하는 것은 우리 자신을 찾는 길이다. 우리 삶에 대한 그리스도의 주권은 좌절이 아니라 성취와 자유를 가져온다고 그리스도인은 확신한다. (1991b:48)

597. 확신과 회의

기독교적 지성은 질문을 던지고, 문제를 면밀히 조사하며, 무지를 고백하고, 당혹함을 느낀다. 하지만 이 모든 것은 하나님과 그리스도의 실재에 대한 심오하고 점점 확고해지는 확신 속에서 이루어진다. 우리는 초보적 수준에서 고질적으로 회의에 빠져 있는 상태가 마치 정상적인 그리스도인의 특징인 듯 받아들여서는 안 된다. 그것은 오히려 우리 시대 영적 질병의 한 증상이다. [1982a:86]

598. 지성의 회심

지적으로 회심하지 않은 사람은 누구든 참으로 회심한 것이 아니다. 그리고 주님이신 예수님의 권위에 지성을 굴복시키지 않은 사람은 지적으로 회심했다고 주장할 수 없다. [1977h:22]

599. 그리스도의 멍에

지성을 그리스도의 멍에 아래 놓는 것은, 이성을 부인하는 것이 아니라 그리스도의 계시에 복종하는 것이다. [1991b:53]

600. 가득 찬 가슴과 텅 빈 머리

기독교는 지식의 중요성을 강조한다. 우리를 부정적이고 무력하게 만드는 반지성주의를 비난하며, 우리의 문제 중 많은 것이 무지 때문이라고 본다. 마음은 가득 차고 머리는 텅 빌 때 위험한 광신주의가 야기된다. (1991d:41)

601. 용인된 기준?

텔레비전은 직접적인 선동보다 좀 더 교묘하고 교활하게 도덕적으로 '혼란'을 불러일으킨다. 우리의 도덕적 판단력이 날카롭게 깨어 있지 않으면, '정상적인 것'에 대한 이해가 수정되기 시작한다. '누구나 다 한다'는 느낌, 그리고 오늘날에는 아무도 하나님이나 진리와 선 같은 절대적인 것을 믿지 않는다는 느낌 때문에 우리의 방어벽은 낮아지고 가치관은 감지하기 힘든 방식으로 변화된다. 우리는 물리적 폭력(누군가가 우리를 성나게 할 때), 성적 방종(홍분될 때), 사치스러운 소비(유혹을 받을 때)가 20세기 서구 사회에서 용인된 기준이라고 생각하기 시작한다. 우리는 속고 있는 것이다. (1982a:73)

602. 신학적 탐구

우리는 그리스도인 학자들이 학문의 미개척지에서 토론에 참여하는 동시에 믿음의 공동체에 계속 활발하게 참여하도록 권장해야 한다. 나는 이것이 미묘한 문제이며, 자유로운 탐구와 확고한 믿음 사이의 올바른 관계를 규정하기가 쉽지 않음을 안다. 하지만 나는 고립되어 있는 일부 그리스도인 학자들을 보며 안타까움을 느낀다. 그들이 교제권에서 떨어져 나갔든 교제권이 그것을 허용했든, 어떤 경우든 그들의 고립은 불건전하며 위험하다. 그리스도인 학자들은 온전함을 유지하는 하나의 방식으로서, 개방성과 헌신 사이의 긴장을 유지하고 그리스도의 몸 안에서 어느 정도의 상호 책임을 받아들여야 한다. 그같이 서로 돌보는 공동체에서 우리는 한편으로는 상처 입는 사람을 줄일 수 있고, 다른 한편으로는 더 많은 신학적 창의성을 목격할 수 있을 것이다. (1982a:87)

603. 반지성주의

반지성주의와 성령 충만은 양립할 수 없다. 왜냐하면 성령은 진리의 영이기 때문이다. (1990b:82)

604. 고립의 위험

어떤 사상가가 노출될 수 있는 가장 큰 위험은 그의 상아탑에서 고립되는 것이다. (1978c:180)

605. 아는 것과 여기는 것

거룩한 삶의 비결은 우리의 옛 자기가 그리스도와 함께 십자가에 못 박혔음을 **아는** 데 있다(롬 6:6). 또 그리스도와 합하여 세례를 받은 것이 그리스도의 죽으심과 부활에 합하여 세례받은 것임을 **아는** 데 있다(3절). 또한 그것은 그리스도 안에서 우리가 죄에 대하여 죽었고 하나님에 대하여 살았다고 **여기는** 것, 곧 지적으로 인식하는 것에 있다(11절). 우리는 이러한 것들을 알고 묵상하며, 그것이 사실임을 인식해야 한다. 우리의 마음은 우리가 그리스도와 합하여 죽었다가 다시 살아났다는 사실과 그 중요성을 너무나 분명하게 알게 된 나머지, 옛 생활로 되돌아간다는 것은 생각할 수도 없다. 어른이 어린아이 시절로, 결혼한 사람이 독신 시절로, 석방된 죄수가 감옥으로 다시 돌아가려고 생각하지 않는 것과 마찬가지로, 거듭난 그리스도인은 옛 생활로 돌아가려고 생각할 수 없다. (1966c:50)

606. 지성뿐 아니라

사람들이 지성을 사용하도록 하기 위해 감정을 억누르도록 촉구할 필요는 없다. 나는 종종 런던 현대 기독교 연구소의 학생들에게 우리가 하는 일이 '올챙이를 키우는' 일이 아니라고 말하곤 한다. 올챙이는 머리만 클 뿐 그 외에는 거의 아무것도 없는 조그만 생물이다. 우리 주위에는 분명 올챙이 그리스도인들이 있다. 그들의 머리는 건전한 신학으로 불룩해져 있지만 그것이 그들이 가진 전부다. 그렇다. 우리는 사람들이 기독교적 지성뿐 아니라 기독교적 감정, 기독교적 영성, 기독교적 양심, 기독교적 의지를 계발하도록, 실로 그리스도의 주권 아래 철저히 통합된 온전한 그리스도인이 되도록 돕는 일에 관심을 가지고 있다. (1992b:119)

607. 지성과 성품

믿음은 삶과 관련되어야 한다. 그리스도인의 지성은 그리스도인의 성품이 없다면 쓸모없는 것이다. (1981c)

608. 사랑에 빠지는 것

나는 여러분에게 이른바 사랑에 빠지는 것에 압도되고 또 그것 자체가 결혼을 위한 적합한 기초가 된다고 생각하는 것을 경계하라고 촉구하고 싶다. 우리는 다른 사항들, 이를 테면 지적 적합성 같은 것들도 고려해야만 한다. 내가 사랑에 빠진 그 사람은 그리스도인인가? 그렇다면 헌신되고 성숙한, 성장하고 있는 그리스도인인가? 그 사람은 자녀들에게 훌륭한 부모가 될 것인가? 훌륭한 동반자가 되겠는가? 육체적으로 끌릴 뿐 아니라 내가 존경할 수 있는가? 이러한 것들은 사랑의 감정이 내부에서 치솟기 시작할 때 지성이 물어야만 하는 질문이다. 사랑은 신뢰할 수 없는 감정으로, 하나님의 말씀으로 검토해야 하는 것이다. 여러 사람이 개인적으로 상담하기 위해 나를 찾아왔는데, 한번은 기혼자가 찾아와서는 이렇게 말했다. "저는 제 아내와 이혼해야만 합니다. 저는 다른 여자와 사랑에 빠졌는데 이 여자야말로 나에게 적합한 사람입니다. 나도 그 여자에게 어울립니다. 우리는 천생연분입니다. 현재의 제 아내와 결혼한 것은 실수였습니다. 저는 새로 만난 이 여자를 몹시 사랑하고 그것은 옳은 일입니다." 나는 이렇게 말해 주었다. "아니요. 그 반대입니다. 그것은 분명 잘못된 것입니다. 당신에게는 이미 아내가 있지 않습니까?" (1980g:11)

609. 마지막 보루

나는 때로 우리의 지성이 예수님께 항복해야 할 마지막 보루가 아닌가 생각한다. 물론 현대의 해석학적 논쟁에서 여전히 해결되어야 할 주요 질문들이 남아 있는 것은 사실이다. 하지만 우리는 그리스도를 주님으

376

존 스토트의 기독교 강요
Authentic Christianity

로 존중함으로써 그리스도께 영광을 돌리지 않는 어떤 해석학적 방법이나 결론도 기독교적이지 않다고 자신 있게 말할 수 있다. (1981f)

9부
하나님의 교회

610. '그리스도 안에' 있는 사람

신약 기독교에서 근본이 되는 것은 하나님의 백성이 그리스도와 연합한다는 개념이다. 하나님의 새로운 사회 구성원들을 독특하게 만드는 것은 무엇인가? 그들은 예수님을 흠모하고 예배하며, 교회의 교리에 동의하고, 특정한 도덕적 기준들을 따라 살지만 이런 점이 그들을 독특하게 만드는 것은 아니다. 그들을 독특하게 만드는 것은 '그리스도 안에' 있는 사람으로서 갖게 된 새로운 결속이다. 그들은 그리스도와 연합함으로 실제로 그리스도의 부활과 승천과 다스리심에 참여했다. 정사와 권세가 작용하는 곳(엡 3:10; 6:12), 그리스도가 주권을 가지고 다스리시는 곳(1:20)인 영적 실체의 보이지 않는 세계인 '하늘'에서, 하나님은 그리스도 안에 있는 자기 백성들에게 복을 주셨으며(1:3), 그들을 그리스도와 함께 앉히셨다(2:6). 우리가 하늘에서 그리스도와 함께 있다면, 우리가 어디에 앉아 있는지에 대해서는 의문의 여지가 없다. 그것은 바로 보좌다! 더구나 부활하고 승귀하신 그리스도와 연합한다는 이 말은 한갓 무의미한 기독교적 신비주의가 아니다. 그것은 그리스도께서 한편으로는 새 생명을(하나님의 실재에 대한 민감한 인식과 하나님 및 그 백성들에 대한 사랑과 함께), 그리고 다른 한편으로는 새로운 승리를(악이 점차 우리 발아래 놓이게 되면서) 주셨다는 산 체험을 증언한다. 우리는 죽었지만 영적으로 살아나 깨어나게 되었다. 우리는 포로였으나 왕위에 올랐다. (1979e:81)

611. 다양성과 조화

다인종적이고 다문화적인 공동체인 교회는 아름다운 태피스트리와 같다. 교회의 구성원들은 아주 다채로운 배경을 가진 사람들로 이루어져 있다. 다른 어떤 공동체도 이와 같지 않으며 그 다양성과 조화는 독특한 것이다. 그것은 하나님의 새로운 사회. 그리고 교회의 다채로운 교제는 하나님의 다채로운(프랜시스 톰슨의 표현을 빌리면 '수많은 광채의') 지혜를 반영한다. (1979e:123)

612. 성취된 약속들

구약 약속들의 참된 성취는 문자적인 것이 아니라 영적인 것이다. 그 약속들은 오늘날 일부 세대주의자들이 주장하듯이 유대 국가에서 성취된 것도, 브리티시 이스라엘리트(British Israelite)[17]가 가르치듯이 영국이나 앵글로색슨계 사람들에게서 성취된 것도 아니다. 그것은 그리스도와 그분을 믿는 백성에게서 성취되었다. 우리 그리스도인들은 아브라함의 후손들에게 약속된 복을 유업으로 받는 아브라함의 씨다.…우리가 그리스도의 것이라면 하나님이 구약에서 그의 백성들에게 하신 모든 약속은 우리의 것이 된다. (1968c:128)

---

17 영국인이 이스라엘의 잃어버린 열 지파의 자손이라고 믿는 단체에 속한 사람—옮긴이 주

613. 고백적 교회

보편 교회든 지역 교회든 하나님은 기독 교회가 **고백적** 교회가 되도록
하셨다. 교회는 "진리의 기둥과 터"(딤전 3:15)다. 이처럼 계시된 진리는
하나의 건물에 비유되며, 교회의 소명은 그 건물의 '터'(그것이 움직이지 않
도록 굳게 붙잡는)와 '기둥'(모든 사람이 볼 수 있도록 높이 받쳐 올리는)이 되는 것
이다. [1970b:26]

614. 사랑과 수용

'수용'이라는 말은 오늘날 매우 인기 있는 말이며 그 인기는 정당한 것
이다. 신학적으로 하나님이 우리를 받아들이신다는 것은 칭의를 나타
내는 훌륭한 현대적 용어다. 하지만 현대인들이 이야기하는 '무조건적
수용'이라는 말에는 주의를 기울여야 한다. 아무런 질문도 던지지 않고
아무런 조건도 없이 모든 사람에게 교인 자격을 주는 '개방 교회'(open
church)의 개념이 토의되는 요즘은 특히 그러하다. 분명히 하나님의 사
랑은 무조건적이지만, 그분이 우리를 받아들이시는 것은 무조건적이
아니기 때문이다. 그것은 우리가 회개하고 예수 그리스도를 믿는 것
에 달려 있다. 우리는 하나님이 "받으셨기" 때문에(롬 14:3) 연약한 자
를 받아들일 것을 고려하고(14:1), "그리스도께서 우리를 받으신" 것처
럼(15:7) 서로를 받아들일 것을 고려할 때 이 점을 염두에 두어야 한다.
[1994:359]

615. 복음의 구현

어떤 지역 교회가 복음적인 교회가 되려 한다면, 복음을 받아서 그것을

전할 뿐만 아니라 상호간의 사랑을 통해 공동체 생활 안에서 그것을 구현해야 한다. (1991c:135)

616. 하나님의 교회와 하나님의 복음

바울의 마음속에서는 하나님의 교회에서 하나님의 복음으로 이동하는 것이 자연스러운 일이었다. 왜냐하면 어느 하나도 다른 것 없이는 생각할 수 없었기 때문이다. 교회는 복음에 의해 존재하며, 복음은 교회에 의해 전파된다. 각각은 서로에게 의존하고 서로를 섬긴다. (1991c:32)

617. 그리스도 안에서의 평등

교회를 하나로 연합시켜 주는 것은 그리스도에 대한 믿음과 성령을 공유하는 것이다. 이러한 본질적인 것들을 빼면 그리스도인들에게는 아무 공통점도 있을 수 없다. 우리는 기질, 성격, 교육, 피부색, 문화, 시민권, 언어 등 수많은 면에서 서로 다르다. 우리가 서로 다르다는 것을 두고 하나님께 감사하라. 교회는 놀랍도록 폭넓은 교제권을 갖고 있다. 그 안에서는 "유대인이나 헬라인이나 종이나 자유인이나 남자나 여자"가 없다(갈 3:28). 다시 말해 그리스도 안에서 우리는 평등하다. (1970b:183)

618. 진리와 사랑

사랑은 참되고 살아 있는 교회의 첫 번째 표지이며, 진리는 두 번째 표지다. 성경은 사랑과 진리를 균형 있게 결합시키고 있기 때문이다. 어떤 그리스도인들은 사랑을 최고로 만드는 데 집중한 나머지, 계시된 진리의 신성함을 잊고 이렇게 촉구한다. '형제 사랑의 바다 속에 우리의 교리적 차이를 빠뜨려 버리자!' 또 어떤 사람들은 사랑을 희생시켜 진리만 추구함으로써 같은 실수를 저지른다. 하나님 말씀에 대한 열심이 너무나 완고한 이들은 가혹하고 격렬하며 애정이 없다. 사랑은 진리에 의해 강화되지 않으면 감상적이 되며, 진리는 사랑에 의해 부드럽게 되지 않으면 가혹해진다. 우리는 사랑 가운데 진리를 주장하고, 진리 안에서 사람들을 사랑하며, 사랑뿐 아니라 분별력에서도 자라나라고 말하는 성경의 균형을 유지할 필요가 있다. (1990c:44)

619. 본질적인 것과 비본질적인 것

로마서 14장에서 바울이 전개하는 특별한 두 원리는, 특히 결합되었을 때 모든 시대 모든 장소의 모든 교회에 적용될 수 있다. 첫째는 믿음의 원리다. 바울은 모든 것을 "믿음을 따라" 행해야 한다고 쓴다(14:23). 또한 "각각 자기 마음으로 확정할지니라"(14:5). 그러므로 우리는 하나님의 말씀으로 우리 양심을 교육해서, 확신과 그리스도인의 자유가 자라는 가운데 믿음이 강해지도록 해야 한다. 둘째로, 사랑의 원리가 있다. 모든 것은 사랑으로 행해야 한다(14:15). 그러므로 우리는 동료 그리스도인들이 누구인지를 기억하고, 특히 그들이 그리스도께서 대신하여 죽으신 자매와 형제라는 사실을 기억해야 한다. 그래서 그들을 멸시하는 것이 아니라 존중하고, 해를 끼치는 것이 아니라 그들을 섬기며, 특별히 그들의 양심을 존중해야 한다.

믿음과 사랑 사이의 이러한 구분이 작동하는 한 가지 영역은, 기독교 교리와 실천에서 본질적인 것과 비본질적인 것의 차이를 규명하는 일이다. 이 구분이 언제나 쉽지는 않지만, 안전한 구분법이 있다. 우선, 성경이 분명하게 말하는 진리들은 본질적인 것으로 인정한다. 반면 성경적인 그리스도인들이 성경을 이해하고 순종하고자 똑같이 애쓰면서 서로 다른 결론에 도달했을 경우, 이것들은 비본질적인 것으로 간주하는 것이다. 어떤 사람들은 어떤 교파들의 '포괄성'을 자랑으로 여긴다. 하지만 포괄성에는, 원칙 있는 포괄성과 원칙 없는 포괄성이 있다.

알렉스 비들러(Alex Vidler) 박사의 묘사에 따르면, 후자는 "서로 견해 차이를 인정하기로 동의하면서 다양한 기독교의 믿음과 관습들을 모두 수용하고 결국 교회를 일종의 종교 동맹, 최근의 표현으로 일종의 '연합 종교'(United Religion)로 간주하기로 결의하는 것이다. 이같이 원칙 없는 혼합주의에 대해서는 아무 할 말이 없다." 다른 한편으로, 참된 포괄성의 원리는 "교회가 믿음의 근본을 고수하면서 부차적 문제들, 특히 의식과 예식에 대해서는 의견과 해석의 차이를 허용하는 것이다.···"[18]

그렇다면 근본적인 것들에서는 믿음이 우선이며, 사랑을 본질적 믿음을 부인하는 구실로 삼아서는 안 된다. 하지만 근본적이지 않은 것들에 대해서는 사랑이 우선이며, 믿음에 대한 열심을 사랑을 저버리는 구실로 삼아서는 안 된다. 믿음은 양심을 훈육하고 사랑은 타인의 양심을 존중한다. 믿음은 자유를 준다. 사랑은 그 자유의 사용을 제한한다. 루퍼트 멜데니우스(Rupert Meldenius)보다 이 점을 잘 표현한 사람은 없을 것이다.

본질적인 것에서는 일치를,

---

18 Alec Vidler, *Essays in Liberality*(SCM, 1957), p. 166.

비본질적인 것들에서는 자유를,

모든 것에 사랑을.

(1994:374)

620. 하나님 안에, 또한 세상 안에

하나님의 교회는 데살로니가에 살고 있었고, 데살로니가인의 교회는 하나님 안에 살고 있었다. 분명 '안에'라는 전치사는 이 두 진술에서 서로 다른 뉘앙스를 지니고 있다. 왜냐하면 교회가 하나님 '안에' 있다는 것은 그 생명의 원천이 하나님이라는 의미인 반면, 그것이 세상 '안에' 있다는 것은 단지 거하는 영역이 세상 안이라는 의미이기 때문이다. 그럼에도 불구하고 모든 교회는 두 개의 집, 두 개의 환경, 두 개의 거주지를 갖는다고 말하는 것은 옳다. 교회는 하나님 안에 살며 또한 세상 안에 산다.[19] (1991c:28)

621. 교회라는 소금통

사람들이 하나님에 대해 알고 있는 바를 거부할 때, 하나님은 그들이 왜곡된 개념과 비뚤어진 열정을 갖고 있도록 내버려두시고, 결국 사회의 악취가 하나님과 모든 선한 사람들에까지 진동하게 된다.

그리스도인들은 이런 과정을 막도록 하나님이 세상에 두신 사람들이다. 하나님은 우리가 세상에 침투해 들어가도록 하신다. 그리스도인이

---

19 참고. "그리스도 예수 안에서 빌립보에 사는 모든 성도"(빌 1:1), "골로새에 있는 성도들 곧 그리스도 안에서 신실한 형제들"(골 1:2).

라는 소금은 교회라는 우아하고 조그만 소금통에 편안히 있을 권리가 없다. 우리의 역할은 소금이 고기 안에 녹아 들어가는 것처럼 세속 사회에 녹아 들어가 사회의 부패를 막는 것이다. 사회가 이미 상해 버렸을 때 우리 그리스도인들은 경건한 혐오감에서 손을 들어 올리며 비기독교 세계를 비난하는 경향이 있지만, 오히려 우리 자신을 비난해야 하는 것이 아닐까? 소금을 치지 않은 고기가 상하는 것을 두고 비난하기는 어렵다. 고기는 어떤 일도 할 수 없다. 정말로 물어야 할 질문은 '소금은 어디 있는가?'다. (1978f:65)

622. 성령과 교회

우리는 개인적 선택의 타당함을 부인할 수 없지만, 그 선택은 성령과 교회와의 관계 속에서 이루어져야만 안전하고 건전하다. 바나바와 사울이 선교 사역을 '자원했다'는 증거는 없다. 그들은 교회를 통해 성령에 의해 '보냄'받았다. 오늘날에도 여전히 모든 지역 교회(특별히 그 지도자들)는 성령님이 누구에게 은사를 주시며 또 누구를 부르시고 계시는지를 발견하기 위해 그분께 민감해야 할 책임이 있다. (1990b:218)

623. 잘못된 독립

바리새인들은 존칭을 좋아했다. 그것은 그들을 우쭐하게 했고 다른 사람보다 우월하다는 느낌을 갖게 해 주었다. 이와 대조적으로, 예수님은 그의 제자들이 사칭하거나 들어서는 안 되는 세 가지 호칭이 있다고 말씀하셨다. 바로 '랍비'(선생님)와 '아버지'와 '주인'이라는 호칭이다. 이 말씀은 무슨 의미인가? 아버지는 자녀들이 그에게 의존하고 있다는 사실 때문에 자녀들에게 권위를 행사한다. 내 생각에 예수님이 말씀하시는 것은, 우리가 교회 안의 동료들에게 결코 자녀가 아버지에게 갖는 것과 같은 의존의 태도를 취해서는 안 되며, 다른 사람들이 우리에게 영적으로 의존하도록 요구해서도 안 된다는 뜻인 것 같다. 이것이 바로 예수님의 의도라는 것은 그 말씀에 덧붙이신 이유에 의해 확증된다. "너희의 아버지는 한 분이시니 곧 하늘에 계신 이시니라." (1961:73)

624. 이론만으로는 충분하지 않다

나는 기도나 복음 전도 같은 주제들에 대한 성경적인 설교나 가르침은 절대적으로 필요하다고 생각한다. 하지만 그러한 실제적 활동들은 이론을 이해하는 것만으로는 충분하지 않다. 우리는 기도함으로써만, 특히 기도 그룹에서 기도함으로써만 기도를 배울 수 있다. 그리고 좀 더 숙련된 그리스도인과 함께 노방 전도나 방문 전도를 나감으로써만 복음 전하는 법을 배울 수 있다. 나아가 신약에 묘사된 교회의 의미를 배우기 위해서는 그리스도의 몸의 정식 구성원이 되어야 한다. 친교 모임은 개인이 받아들여지고 환영받고 사랑받는 기회다. 이때 용서, 화해, 교제 등의 추상적 개념들이 구체적 형태를 지니고, 전파된 진리가 생명을 얻게 된다. (1982a:79)

625. 교회의 징계

신약에서는 징계에 대해 분명한 교훈을 준다. 한편으로 그것이 교회의 거룩함을 위해 필요하고, 다른 한편으로 건설적인 목적, 즉 가능하다면 범죄한 교인을 '얻고' '회복시키기' 위한 목적을 갖는다는 것이다. 예수님도 징계의 목적은 당사자를 소원하게 만들거나 굴욕을 주기 위한 것이 아니라 제자리로 돌려놓는 데 있음을 분명히 말씀하셨다. 예수님은 단계별로 행할 수 있는 절차를 규정하셨다. 첫 번째 단계는 죄를 범한 사람과 사적으로 일대일 대면을 하는 것이다. 이때 그가 듣는다면 그를 얻게 될 것이다. 만일 거부하면, 두 번째 단계는 책망을 더 분명히 하기 위해 다른 몇몇 사람을 데리고 가는 것이다. 그래도 듣지 않으면 교회에 말해서 그가 세 번째로 회개할 기회를 갖도록 해야 한다. 그래도 여전히 완강하게 들으려 하지 않을 때 그를 출교시켜야 한다(마 18:15-17). 바울의 가르침도 비슷하다. 어떤 교인이 "범죄한 일이 드러나면" 그를 온유하고 겸손한 마음으로 "바로잡아야" 한다. 이것은 서로의 짐을 져서 그리스도의 법을 성취하는 하나의 예가 될 것이다(갈 6:1-2). 심지어 "사탄에게 내준 것"(아마도 극악한 범죄자를 출교시킨 것을 말하는 듯하다)도 긍정적인 목적이 있는데, 그것은 그가 "신성을 모독하지 못하게" 하거나(딤전 1:20), 적어도 "영은 주 예수의 날에 구원을 받게"(고전 5:5) 하기 위함이다. 따라서 모든 징계 행위는 십자가의 사랑의 정의를 보여 주기 위한 것이다. (1986a:297)

626. 영적으로 가난한 자

교회는 영적으로 가난한 자들로 구성되어 있다. 유일한 입회 조건은 궁핍함이며, 부자들은 빈손으로 떠나가게 될 것이다. 우리는 자신의 영적 파산 상태, 곧 자신을 구원하기 위해 내세울 만한 공로도 연줄도 힘도 전혀 없음을 인정해야 한다. 예수님은 그런 사람들에게 "심령이 가난한 자는 복이 있나니, 천국이 그들의 것"이라고 말씀하신다. (1981a)

627. 경험이 아니라 가르침에서

사도행전에 나오는 두 단락에서, 누가는 예루살렘의 초기 그리스도인들이 그들의 소유 중 많은 것을 팔고 남은 것은 공유했으며, 물건과 돈을 "각 사람의 필요를 따라" 나눠 주었다고 말한다(2:44-45; 4:32-37). 우리는 이로부터 그들이 모든 그리스도인이 따라야 하는 모범을 설정했으며, 그리스도인에게는 사유 재산이 금지되어 있다는 결론을 이끌어 내야 하는가? 어떤 집단들은 그렇다고 생각해 왔다. 분명 그 초기 그리스도인들의 관대함과 상호 돌봄은 본받아야 한다. 신약은 여러 번에 걸쳐 우리에게 서로 사랑하고 섬기라고, 또 관대하게 (심지어 희생적으로) 주라고 명하고 있기 때문이다. 하지만 초대 예루살렘 교회의 관행으로 볼 때 그리스도인들은 모든 사유 재산권을 폐지해야 한다는 주장은 성경에서 옹호될 수 없다. 이는 같은 문맥에 나오는 사도 베드로의 말(행 5:4)과, 다른 곳에 나오는 사도 바울의 말(예를 들면, 딤전 6:17)과도 명백하게 모순되는 것이다. 이러한 예는 우리로 하여금 정신을 차리게 한다. 우리는 믿음과 행위의 기준들을 신약의 가르침에서 이끌어 내야 하며, 성경에서 묘사하는 관행과 경험에서 이끌어 내서는 안 된다. [1975b:16]

628. 뒤엎는 사람들

우리가 그리스도 안에서 가진 모든 것과 우리의 존재는 하나님으로부터 오며 하나님께로 돌아간다. 그것은 하나님의 뜻으로부터 시작되며, 하나님의 영광으로 끝난다. 그것이 만물이 시작되고 끝나는 곳이기 때문이다.

하지만 그러한 기독교의 이야기는 세상의 인간 중심성이나 자기중심성과 격렬하게 충돌한다. 자신의 좁은 자아에 갇혀 있는 타락한 인간은 자기의 의지력에 대한 거의 무한한 확신과 자기의 영광을 찬양하고자 하는 만족할 줄 모르는 욕구를 가지고 있다. 하지만 하나님의 백성은 이런 것들을 뒤엎기 시작했다. 새로운 사회는 새로운 가치관과 새로운 이상을 가지고 있다. 하나님의 백성은 하나님의 뜻에 따라 그리고 하나님의 영광을 위해 사는 하나님의 소유이기 때문이다. (1979e:50)

말씀, 예배, 성례

629. 형식과 권능

참된 종교는 형식과 권능을 결합시킨다. 그것은 권능 없는 외적 형식이 아니며, 도덕적 권능을 강조한 나머지 적절한 외적 형식을 무시하거나 생략하지도 않는다. 그것은 둘을 결합시킨다. 참된 종교에서 드리는 예배는 마음으로부터 우러나는 본질적으로 '영적'인 것이지만, 공적인 공동 예배를 통해 표현되며, 도덕적 행동을 불러일으킨다. 그렇지 않으면 그것은 무가치할 뿐 아니라 여호와께서 몹시 싫어하시는 것이다. (1973b:88)

630. 교회의 이중적 과업

교회의 소명은 하나님과 세상에 열중하는 것이다. 하나님은 그분의 교회가 예배하고 증언하는 공동체가 되게 하셨다. (1967e:59)

631. 그리스도인의 열광

그리스도인들이 하나님 안에서 열광하는 까닭은, 우리가 그분께 요구할 것이 아무것도 없다는 부끄러움의 인식에서 출발한다. 그리고 우리가 아직 죄인이며 원수 되었을 때 그리스도께서 우리를 위해 죽으신 것을 놀라워하는 예배로 이어지고, 그분이 시작하신 일을 그분이 완성하시리라는 겸손한 확신으로 끝난다. 그러므로 하나님 안에서 크게 기뻐하는 이유는 우리의 특권 때문이 아니다. 우리는 그분의 자비를, 우리가 그분을 소유한 것이 아니라 그분이 우리를 소유하심을 기뻐한다. (1994:147)

632. 예배와 성경

교회는 부단히 하나님의 말씀을 들을 필요가 있다. 그래서 공예배에서 설교가 중심적인 위치를 차지하는 것이다. 설교는 예배에 끼어드는 것이 아니라 예배에 필수불가결한 것이다. 왜냐하면 하나님께 드리는 예배는 언제나 하나님 말씀에 대한 반응이기 때문이다. (1982b:57)

633. 말씀의 종교

설교는 기독교에 필수불가결한 것이다. 설교가 없으면 기독교의 진정성을 이루는 필수적인 부분이 없어지는 것이다. 기독교는 본질상 하나님 말씀의 종교이기 때문이다.…말씀하시는 성부와 성자와 성령의 삼위일체적 진술, 즉 성경적이고 성육신하시고 현대적인 하나님 말씀의 삼위일체적 진술은 기독교에서 근본이 된다. 그리고 우리가 말해야 하는 이유는 하나님이 말씀하셨기 때문이다. 우리는 하나님이 말씀하신 것을 말해야 한다. (1982a:15)

634. 강해의 본질

기독교의 설교는 인간의 의견을 자랑스럽게 공표하는 것이 아니다. 그것은 하나님의 말씀을 겸손하게 해설하는 것이다. 성경 강해자들은 성경에 있는 것들을 끄집어내고, 본문에 없는 것을 끼워 넣기를 거부한다. 그들은 닫힌 것처럼 보이는 것을 비집어 열며, 불명료한 것을 명백하게 만들고, 얽힌 것을 풀며, 단단하게 포장된 것을 펼쳐 놓는다. 강해 설교에서 성경 본문은 다른 주제에 대한 설교를 여는 관례적인 서론도, 잡다한 생각들이 담긴 주머니를 걸어 두는 말뚝도 아니다. 그것은 말할 것을 지시하고 통제하는 주인이다. (1981d)

635. 진리를 위한 다리

강해 설교자는 하나님의 말씀과 인간의 마음 사이에 다리를 놓고자 하는 중재인이다. 그는 성경을 아주 정확하고 분명하게 해석하고 설득력 있게 적용해서, 진리가 그 다리를 건너가도록 전력을 다해야 한다. (1961:25)

636. 진정한 비결

강해 설교의 진정한 비결은 특정한 기술들을 정복하는 것이 아니라, 특정한 확신들에 의해 정복되는 것이다. (1978e:159)

637. 연구와 강단

어떤 사람은 이렇게 주장한다. '나는 설교하기 전에 준비할 필요가 없다. 나는 성령님이 주시는 말씀에 의지한다. 예수님은 그럴 때 우리가 말해야 할 것을 주겠다고 약속하셨다.' 성경을 잘못 인용하는 것은 마귀의 장난임을 깨닫기 전까지는 꽤 그럴듯하게 들리는 말이다. 사실 이것은 선포의 때가 아니라 핍박의 때에 대해, 교회의 강단이 아닌 법정 피고석에 대해 예수님이 하신 말씀이다. 성령님을 의지한다는 것은 준비하는 수고를 덜려는 시도가 아니다. 성령님은 우리가 갑자기 말씀을 전하도록 요청 받아서 준비할 기회가 전혀 없을 때 실제로 할 말을 주실 수 있다. 하지만 성령님은 또한 우리가 연구할 때 사고를 명확하게 하고 지시해 주시는 분이다. 경험에 비추어 볼 때, 성령님은 강단에서보다 우리의 연구실에서 더 잘 역사하신다. (1975c:126)

638. 준비된 마음

설교자에게 하나님을 아는 것보다 더 필요한 것은 없다. 하나님이 그에게 실재이고 그가 그리스도 안에 머무르는 법을 배웠음이 명백하기만 하다면, 웅변술과 예술적 기교가 부족하거나 이야기 구성이 엉성하거나 메시지가 제대로 잘 전달되지 못했다 하더라도 상관이 없다. 마음의 준비가 설교 준비보다 훨씬 중요하다. 설교자의 말이 아무리 분명하고 설득력 있다 해도 경험에서 우러나온 확신을 가지지 않는다면 참되게 들리지 않을 것이다. (1961:68)

639. 진정함의 광채

영향력 있는 설교자의 첫 번째 필수적 자질로서 영적 체험의 신선함을 꼽을 수 있다. 아무리 많은 설교 기술도 하나님과의 개인적이고 친밀한 동행의 공백을 메울 수 없다. 하나님이 우리 입에 새 노래를 주지 않으신다면, 가장 세련된 설교라도 진정함의 광채는 없을 것이다. (1986c:xxix)

640. 들을 필요성

가장 좋은 설교자는 자기 교구의 회중을 알고 인간의 모든 고통과 즐거움, 영광과 비극의 현장을 이해하는 부지런한 목회자다. 그리고 그같이 할 수 있는 가장 빠른 방법은 입을 닫고(강박감에 사로잡힌 설교자에게는 어려운 과업이다), 눈과 귀를 여는 것이다. 하나님이 우리에게 두 개의 귀와 두 개의 눈을 주셨지만 입은 하나만 주신 것은, 우리가 말하는 것의 두 배만큼 보고 듣도록 하기 위한 것이라는 말은 옳다. (1982a:192)

641. '그는 우리를 안다'

설교자가 사랑을 품고 사람들에게 접근하면 그들을 더 잘 이해하게 될 것이다. 그렇게 함으로써 자기 회중과 그들의 문제를 알려고 노력하게 되기 때문만이 아니라, 그들을 알 때 그들을 제대로 인식할 수 있기 때문이다. 사랑은 신비한 직관적 능력을 가지고 있다. 우리 주 예수님은 그러한 능력을 완전하게 가지고 계셨다. 성경에는 예수님이 사람들의 생각을 알고 계셨다는 말이 되풀이해서 나온다. 실제로 사도 요한은 "이는 친히 모든 사람을 아심이요, 또 사람에 대하여 누구의 증언도 받으실 필요가 없었으니, 이는 그가 친히 사람의 속에 있는 것을 아셨음이니라"라고 쓴다. 사람들은 직감적으로 예수님이 그들을 아신다는 것을 느꼈다. 예수님은 위대한 '카디오그노스테스'(kardiognōstēs) 혹은 마음을 아는 분으로, '마음과 생각을 감찰'하신다. 우리는 예수님께 그분과 똑같이 되고 똑같이 할 수 있는 통찰력을 달라고 구해야 한다. 사랑, 즉 상대방을 알고 그렇기 때문에 돕기를 열망하는 이타적 관심은 의사소통의 가장 큰 비결 중 하나다. 사람들은 설교자가 자기들을 사랑할 때 설

존 스토트의 기독교 강요
Authentic Christianity

교자에 대해 이렇게 말할 것이다. '그는 우리를 안다.' (1961:79)

642. 권위와 겸손

우리는 설교를 할 때 "여호와께서 이같이 말씀하시니라"고 말하지 않고 (우리에게는 영감을 받은 구약 예언자들과 같은 권위가 없으므로), "내가 너희에게 이르노니"라고 말하지도 않는다(우리에게는 예수 그리스도와 그의 사도들과 같은 권위가 없으므로). 지혜로운 방법은 대부분의 경우 '우리'라는 말을 이용해서 설교하는 것이다. 그렇게 되면 우리가 먼저 자신에게 설교하지 않는 것은 다른 사람에게도 설교할 수 없다는 것과, 권위와 겸손은 서로 배타적이지 않다는 사실이 분명해질 것이기 때문이다. (1982a:58)

643. 본문과 구실

엄밀하게 말해서, 오늘날 예언자와 사도는 없지만 거짓 예언자와 거짓 사도는 있는 것 같다. 그들은 하나님의 말씀 대신 자신의 말을 한다. 그 메시지는 마음속에서 만들어 낸 것이다. 이런 사람들은 종교·윤리·신학·정치 등에 대한 자신의 의견을 공표하기를 좋아한다. 그들은 전통적 양식을 따라 성경 본문을 가지고 설교를 시작할지 모르지만, 그 본문은 다음에 이어지는 설교와 거의 또는 전혀 관계가 없으며, 본문을 전후 문맥에 맞게 해석하려는 시도도 전혀 없다. 그같이 문맥(context)에서 벗어난 본문(text)을 구실(pretext)이라고 말한 것은 옳다. (1961:13)

644. 건강의 시금석

모든 회중의 건강은 다른 무엇보다 설교 사역의 질에 달려 있다.

(1982b:62)

645. 거룩함과 겸손

어떤 조건에서 설교자는 신적 권능의 매개물이 되기를 바랄 수 있을까? 우리는 성경을 해설하고 십자가를 전파하면서 하나님의 말씀을 다루는 일에 신실해야 한다. 하나님의 말씀과 그리스도의 십자가에는 권능이 있기 때문이다. 하지만 우리는 어떻게 성령의 권능의 통로가 될 수 있을까? 우리의 가장 깊은 곳에서 "생수의 강"이 흘러 나와 다른 사람들에게 흘러넘치리라는 요한의 약속이 어떻게 성취될 수 있을까?(요 4:14) 나는 두 가지 필수 조건이 있다고 생각한다. 그것은 거룩함과 겸손이다. (1961:107)

646. 설교의 영광

나는 손에 성경을 들지 않고, 혹은 하나님의 말씀이라기보다는 누더기에 불과한 성경을 가지고 강단에 올라가는 설교자를 불쌍하게 생각한다. 그는 성경을 해설할 수 없다. 해설할 성경을 가지고 있지 않기 때문이다. 그는 말할 수가 없다. 말할 만한 가치 있는 것을 가지고 있지 않기 때문이다. 하나님이 말씀하셨다는 확신과 하나님이 자신의 말씀을 기록하게 하셨고 우리가 그 영감된 본문을 손에 가지고 있다는 확신을 갖고 강단에 올라간다면, 놀랍게도 그때 하나님의 말씀을 손과 입술에 가졌다는 그 순전한 영광으로 머리는 아찔해지기 시작하고, 심장은 뛰고, 피는 요동치며, 눈은 반짝이기 시작할 것이다. (1992b:210)

647. 설교와 예배

말씀과 예배는 분리할 수 없게 서로에게 속해 있다. 모든 예배는 하나님의 계시에 대한 지적이고 사랑에 찬 반응이다. 그것은 하나님의 이름을 찬미하는 것이기 때문이다. 그러므로 받으실 만한 예배는 설교 없이는 불가능하다. 설교는 여호와의 이름을 알게 하는 것이며, 예배는 알려진 여호와의 이름을 찬양하는 것이기 때문이다. 하나님의 말씀을 읽고 설교하는 것은 예배에 끼어드는 이질적인 것이 아니라 예배에 필수불가결한 것이다. 둘은 분리될 수 없다. 실로 현대의 많은 예배가 수준이 낮은 것은 말씀과 예배를 부자연스럽게 분리시켰기 때문이다. 우리의 예배가 빈약한 것은 하나님에 대한 지식이 빈약하기 때문이며, 지식이 빈약한 것은 설교가 빈약하기 때문이다. 하지만 하나님의 말씀이 온전히 해설되고 회중이 살아 계신 하나님의 영광을 알아차릴 때, 그들은 하나님의 보좌 앞에 엄숙한 경외심과 즐거운 경이감으로 엎드리게 될 것이다. 이 일을 완수하는 것이 설교, 곧 하나님의 영의 권능으로 하나님의 말씀을 선포하는 것이다. 바로 그 때문에 설교는 독특하며 다른 것으로 대체될 수 없다. (1982a:82)

648. 형식과 자유

공예배는 지역 교회의 삶의 중대한 부분이다. 그것은 지역 교회 정체성의 본질적인 부분이다. 그런데 '자발성'에 중점을 두다 보면 예배 의식에 종종 내용과 형식이 모두 결여되어, 산만하거나 부주의하거나 경건치 못하거나 따분한 분위기 가운데 이루어지게 된다. 대부분의 교회는 예배를 준비하기 위해 더 많은 시간과 노력을 들일 수 있다. 자유와 형식이 서로 배타적이라고 생각하거나, 성령이 형식의 적이며 자유의 친구라고 생각하는 것은 잘못이다. (1991c:124)

649. 무조건적 찬양?

그리스도인의 자유와 승리의 주요 비결은 무조건적인 찬양이라는 것, 즉 남편은 아내가 간음한 것에 대해, 아내는 남편이 술에 취한 것에 대해 하나님을 찬양해야 한다는, 심지어 삶의 가장 소름끼치는 재난마저도 감사와 찬양의 주제가 되어야 한다는 이상한 개념이 일부 기독교 집단에서 인기를 얻고 있다. 그러한 주장은 기껏해야 위험한 반쪽 진리이며, 최악의 경우에는 터무니없는 것, 심지어 신성모독이다. 물론 하나님의 자녀들은 고난을 당할 때 하나님과 논쟁하지 않고 그분을 신뢰하는 법, 그리고 실로 악까지도 선한 목적으로 바꾸실 수 있는 하나님의 사랑의 섭리(예를 들어, 롬 8:28)에 감사하는 법을 배워야 한다. 하지만 그것은 하나님이 하나님 되심으로 인해 하나님을 찬양하는 것이지, 악으로 인해 하나님을 찬양하는 것이 아니다. 악을 인해 하나님을 찬양하는 것은 사람들의 고통에 무감각하게 반응하는 것이며(성경에서는 우는 자들과 함께 울라고 말하고 있다), 악을 너그럽게 보아주고 심지어 조장하는 것이다(성경은 악을 미워하고 마귀에게 저항하라고 말한다). 하나님은 악을 싫어하신다. 우리는 하나님이 싫어하시는 것에 대해 하나님을 찬양하거나 감사할 수 없다. (1979e:207)

650. 상실된 차원

어떤 예배 의식은 너무 형식적이고 잘 정돈되어 있고 따분하다. 또 어떤 현대적인 모임은 경건의 차원이 완전히 상실되어 마음이 불편하다. 어떤 사람들은 성령님이 임재하시는 핵심적인 증거가 시끄러운 소리라고 생각하는 것 같다. 바람과 불뿐만 아니라 비둘기 역시 성령님을 상징한다는 사실을 우리는 잊어버렸는가? 성령님은 권능으로 자기 백성을 방문하실 때 때로 조용함, 침묵, 경건, 경외감을 가져오신다. 그분은 작고 조용한 음성을 들려주신다. 그러면 사람들은 살아 계신 하나님의 엄위 앞에 놀라움으로 엎드려 경배한다. "오직 여호와는 그 성전에 계시니 온 땅은 그 앞에서 잠잠할지니라"(합 2:20). [1975a:39]

651. 마음으로

마음에서 우러나는 예배의 첫 번째 특징은 합리적이라는 것이다. 지성이 예배에 온전히 참여한다. 성경에서 '마음'(heart)이란 오늘날 일반적인 용례에서 그렇듯이 단지 감정과 동일한 말이 아니기 때문이다. 성경적 사고에서 '마음'은 인간의 인격의 중심이며, 종종 지성이 감정보다 강조되는 방식으로 사용된다. 따라서 잠언 23:26에 나오는 "내 아들아, 네 마음을 내게 주며"라는 권고는 종종 우리의 사랑과 헌신을 간청하는 것으로 해석되어 왔다. 그것은 전심을 다하는 제자도에 대한 설교에 편리한 본문으로 많이 사용되었다. 하지만 사실상 그것은 듣고 주의를 기울이고 일어나 앉아서 주목하라는 명령, 즉 헌신보다는 집중에 대한 요청이다. [1970b:162]

652. 성경과 성례

하나님은 말씀을 통해 두 가지 방식으로 말씀하신다. 하나는 우리가 말씀을 읽고 해설하는 것이고, 다른 하나는 복음서에 나오는 두 개의 성례 곧 세례와 성만찬에서 말씀을 극화하는 것이다. '말씀과 성례'라는 결합이 일반적이긴 하지만 가장 정확한 최선의 표현은 아닐 것이다. 왜냐하면 엄밀히 말해서 성례 자체가 말씀이기 때문이다. 아우구스티누스에 따르면 그것은 '가시적인' 말씀이다. 다른 무엇보다도 교회를 든든히 세우는 것은, 성경과 성례(그것이 올바른 결합이다)를 통해 귀로 들을 수 있고 눈으로 볼 수 있게 선포와 극적 형태로 우리에게 주어지는 하나님의 말씀이다. (1990b:321)

653. 설교와 성례

엄밀히 말해서, 성례 자체는 예배가 아니다. 설교가 예배가 아닌 것과 마찬가지다. 설교와 성례는 모두 방향 면에서 하나님을 향한 것이기보다는 인간을 향한 것이다. 그것들은 죄인을 구원하신 하나님의 은혜의 영광을 각각 청각적이고 시각적으로 설명해 준다. 그러므로 그것들 자체가 예배 행위는 아니지만, 예배로 이끌어 준다. 곧 자신의 백성을 위해 자신을 주셨으며, 오늘날 자기 백성을 위해 자신을 주시는 하나님에 대한 경배로 이끈다. (1970b:164)

654. 눈과 귀

말씀과 성례는 모두 그리스도를 증언한다. 모두 그리스도 안에서의 구원을 약속하고, 그리스도에 대한 믿음을 북돋운다. 그리고 마음속으로 그리스도를 의지하여 살아갈 수 있도록 한다. 둘의 주된 차이점은 한 메시지는 귀를 향한 것이며, 다른 하나는 눈을 향한 것이라는 점이다. 그

존 스토트의 기독교 강요
Authentic Christianity

러므로 성례는 그것을 해석해 줄 하나님의 말씀을 필요로 한다. 말씀과 성례의 사역은 하나의 사역이다. 곧 하나님의 말씀은 하나님의 약속들을 선포하며, 성례는 그 약속들을 극적으로 표현하는 것이다. 하지만 말씀이 우선이다. 말씀이 없으면 표적은 (완전히 효력을 잃지는 않는다 해도) 의미가 모호해지기 때문이다. (1982a:114)

655. 표적과 약속

성례는 구원을 극적으로 보여 주지만 그 자체가 자동적으로 구원을 주지는 않는다. 아우구스티누스는 성례를 '가시적 말씀'이라고 불렀으며, 후커(Hooker)는 그것을 '약속이 수반된 표적'이라고 불렀다. 그러므로 우리가 깨끗하게 되고 성령을 받는 것은 단지 외적으로 시행하는 물세례에 의한 것이 아니고, 십자가에 못 박히신 그리스도를 의지하여 살아가는 것도 성찬 때 받는 빵과 포도주 때문이 아니다. 단지 하나님이 이처럼 가시적으로 표현하신 약속들에 대한 믿음, 이러한 표적을 겸손하고 신뢰하는 마음으로 받는 것으로 표현되는 믿음이 필요할 뿐이다. 하지만 우리는 표적을 그것이 나타내는 약속과 혼동해서는 안 된다. 약속을 받지 않은 채 표적을 받을 수도 있으며, 또한 표적을 받는 것과 별도로 약속을 받을 수도 있다. (1970b:121)

656. 세례: 그리스도와의 연합

세례는 그리스도, 특별히 십자가에 못 박히고 다시 살아나신 그리스도와의 연합을 의미한다. 물론 세례는 우리가 죄로부터 깨끗해졌다는 것과 성령을 선물로 받았음을 포함하는 다른 의미들도 가지고 있다. 하지만 세례의 본질적 의미는 우리를 그리스도와 연합시키는 것이다. 그래서 '에이스'(*eis*, '…와 합하여')라는 전치사가 사용되고 있다. 세례가 제정될 때는 성부와 성자와 성령의 이름으로 받도록 되어 있었던 것이 사실이다(마 28:19). 하지만 다른 곳에서는 "주 예수의 이름으로"(행 8:16; 19:5) 혹은 "그리스도와 합하기 위하여"(갈 3:27; 롬 6:3) 세례를 받는다고 기록되어 있다. 그리고 그리스도와 합하여 세례를 받는 것은 그분과 관계를 맺는다는 의미다. (1994:173)

657. 세례: 복음주의적 교리

복음주의 신자의 주장은 세례에 대한 자신의 교리가 **성경적 교리**라는 것이다. 그는 세례와 관련해 어떤 식으로든 **성경적** 교리와 별도로 **복음주의적인** 교리가 존재한다는 것을 생각할 수 없다. 그의 우선적 관심사는 성경적 교리를 이해하고 자신의 생각과 실천을 그 교리에 맞추는 것이기 때문이다. 세례에 대한 소위 '복음주의적인' 교리가 비성경적이라고 입증된다면, 그 복음주의 신자는 좀 더 성경적인 것으로 입증될 수 있는 교리를 지지하며 원래의 것을 버릴 준비가 되어 있다.…우리는 모두 요리문답에 주어진 성례의 정의에 동의할 것이다(라고 나는 생각한다). "우리에게 주어진 내적이고 영적인 은혜를 나타내는 외적이고 가시적인 표시…우리가 똑같은 것을 받는 수단이며, 우리에게 그것을 보장해 주는 보증이다."

복음주의적 견해에 따르면, 표적은 선물을 나타낼 뿐 아니라 그것을 인 치거나 보증해 준다. 그리고 표적은 실제로 선물 자체를 전달해 주는 것이 아니라, 그 선물의 권리 증서를 전달하는 식으로 그것을 보장해 준다. 세례받는 사람은 **믿음으로** 그 선물을 받고(그렇게 보증을 받고) 그것은 성례를 시행하기 전이나 시행하는 동안, 혹은 시행한 후에 이루어질 수 있다. (1963:87)

658. 하나님의 은혜를 받아들임

복음의 성례가 구현하는 기본적 방향은 인간에게서 하나님께로 향하는 것이 아니라 하나님으로부터 인간에게로 향하는 것이다. 세례에서 물은 죄로부터 깨끗해지고 성령의 부으심을 받는 것(관수식으로 집행된다면) 혹은 그리스도의 죽음과 부활에 참여하는 것(침례로 집행된다면), 혹은 양자 모두를 나타낸다. 우리는 자신에게 세례를 주지 않는다. 우리는 세례를 받으며, 우리에게 가해진 행동은 그리스도의 구원 사역을 상징한다. 마찬가지로 성만찬의 극적 형식의 본질은 떡을 취하여 축사하고 떼어서 주는 것과, 포도주를 취하여 축사하고 부어서 주는 것으로 되어 있다. 그 떡과 포도주를 우리가 우리에게 주는 것이 아니라(주어서도 안 된다), 그것들이 우리에게 주어진다. 우리는 그것들을 받는 것이다. 그리고 우리가 육체적으로 그 떡을 먹고 포도주를 마시는 것과 마찬가지로, 믿음에 의해 영적으로 십자가에서 죽으신 그리스도의 살을 먹는 것이다. 따라서 두 성례 모두에서 우리는 다소 수동적으로, 주는 자가 아니라 받는 자이며 시혜자가 아니라 수혜자다. (1986a:259)

659. 우리의 제사와 그리스도의 제사

신약 저자들도 우리의 제사가 그리스도의 제사와 연합된다는 개념을 표현한 적은 없다. 그들은 우리에게 세 가지 방법을 통해 사랑에서 나온 순종으로 우리 자신을 (제사로) 하나님께 드리라고 권고할 뿐이다. 첫째로, 그리스도**처럼** 드려야 한다. "그리스도께서 너희를 사랑하신 것같이 너희도 사랑 가운데서 행하라. 그는 우리를 위하여 자신을 버리사 향기로운 제물과 희생 제물로 하나님께 드리셨느니라"(엡 5:2). 그가 자신을 드린 것은 우리의 모델이 되어야 한다. 둘째로, 우리가 하나님께 드리는 영적 제사는 우리 구세주요 중보자이신 그리스도로 **말미암아**(벧전 2:5) 드려져야 한다. 제사들은 모두 자기중심적으로 오염되어 있으므로, 그것은 그리스도를 통해서만 받으실 만한 것이 된다. 셋째로, 그 사랑의 강권을 받아 그리스도가 우리에게 주신 죽음으로부터 건진 새로운 삶을 그분만을 위해 살기 위해, 제사 안에서 자신을 '그리스도께로' 또는 그리스도를 **위하여** 드려야 한다(고후 5:14-15). 이처럼 우리는 그리스도**처럼**, 그리스도로 **말미암아**, 그리스도를 **위하여** 우리 자신을 드려야 한다. 신약은 결코 우리의 제사가 그리스도 '안에서' 또는 그리스도와 '함께' 드려질 수 있다고 시사하지 않는다. [1986a:270]

660. 영적 제사

그렇다면 그리스도의 제사가 유일하다는 것은 우리가 드릴 제사가 없다는 뜻이 아니라 그 특성과 목적이 서로 다르다는 뜻이다. 우리가 드리는 제사는 물질적인 것이 아니라 영적인 것이다. 그리고 그 목적은 화목을 위한 것이 아니라 감사의 응답을 표현하는 성만찬적인 것이다. 이는 크랜머(Cranmer)의 입장을 뒷받침해 주는 두 번째 성경적 근거다. 신약에서는 교회가 제사장적 공동체로서 '거룩한 제사장'이자 '왕 같은 제사장'이라고 말한다. 그 안에서 하나님의 모든 백성은 똑같이 '제사장들'

이라고 묘사된다. 이것이 바로 종교개혁자들이 강조했던 유명한 '만인 제사장설'이다. 이 보편적 제사장직의 결과로, '제사장'(*biereus*)이라는 말은 신약에서 결코 안수받은 목사를 가리키지 않는다. 왜냐하면 목사 역시 사람들이 드리는 제사를 함께 드릴 뿐이며, 그들이 드리는 제사가 다른 사람들이 드리는 것과 다른 점이 전혀 없기 때문이다. (1986a:263)

661. 칭의와 성만찬

일관성 있는 신학자들이었던 영국 종교개혁자들은 칭의 교리와 성만찬 교리가 서로 모순되지 않아야 한다고 결정했다. 그들은 성찬의 빵과 포도주에 그리스도가 정말로 임재하신다는 화체설을 전적으로 부인했다 ["그분의 참된 몸이 참으로 그분을 받아들이는 사람에게 참으로 임재하지만, 영적으로 임재한다"(크랜머)/ "변화되는 것은 본질이 아니라 존엄성이다"(라티머)]. 그리고 미사가 화목을 이루는 희생 제사가 될 수 있다는 것도 전적으로 부인했다[그렇게 되면 "이 성례는 그리스도의 수난의 직무를 스스로 떠맡게 되며, 그로 인해 그리스도가 헛되이 죽으셨다는 결론이 나올 수도 있으므로"(리들리)]. 그들은 또한 (우리가 마땅히 그래야 하듯이) 어휘 선택에서도 일관성이 있었는데, 장로는 제단에서 제사를 드리는 제사장이 아니라 식탁에서 성만찬을 수종하는 사역자라고 믿었다. (1983c:xiv)

662. 의미 변화

성례는 우리의 믿음을 고무하기 위해 주어졌다. 사실 성례가 은혜의 수단인 것은, 그것이 믿음의 수단이라는 이유 때문이다. 그리고 성만찬은 우리 죄를 사하기 위해 그리스도께서 우리의 죄를 위해 죽으셨다는 복된 소식을 극적인 시각적 상징으로 설명하기 때문에 믿음의 수단이다. 영국의 종교개혁 당시 위대한 설교자였던 휴 라티머는 화형대로 가기 전 옥스퍼드에서 열린 그의 재판 때 이 상징을 다음과 같이 설명했다.

— 빵과 포도주에 변화가 일어납니다. 그것은 전능하신 하나님 외에는 어떤 힘으로도 일으킬 수 없는 변화입니다. 이전에는 빵이었던 것이 이제는 그리스도의 몸을 표시하는 존엄성을 지니게 됩니다. 그렇지만 빵은 여전히 빵이며 포도주는 여전히 포도주입니다. 변화되는 것은 본질이 아니라 존엄성이기 때문입니다.

이것은 때로 '화체설'(transubstantiation)과 구분하여 '의미 변화'(transignification)라고 불린다. 여기에서 유념하는 변화는 본질의 변화가 아니라 의미의 변화이기 때문이다. 집전자들이 우리 몸에 빵과 포도주를 주는 것과 마찬가지로, 그리스도는 우리 영혼에 자신의 몸과 피를 주신다. 우리의 믿음은 상징을 넘어 그것이 나타내는 실재를 바라본다. 그리고 빵과 포도주를 받아서 그것을 먹고 마심으로 입 속에 그것을 품듯이, 우리는 믿음으로 십자가에 달리신 그리스도를 마음에 품고 살아간다. 그 대비는 매우 인상적이며, 집행 시 대응되는 단어들은 매우 인격적이어서, 받아들이는 순간이 성찬을 받는 많은 사람들에게는 예수 그리스도와 직접적으로 믿음의 조우를 하는 순간이 된다. (1991d:134)

663. 우리의 참여
우리는 그리스도의 희생에 동참한다는 의미에서가 아니라, 그 희생이 주는 유익을 공유한다는 의미에서만 그리스도의 희생에 참여한다.
[1991d:138]

664. 그리스도인에 대한 개념

나는 성찬을 받는 사람들이 무릎 꿇고 있는 모습이 참 좋다. 이것은 그리스도인을 생각할 때마다 떠오르는 이미지다. 칼을 휘두르는 군인도, 경주를 하기 위해 옷을 벗은 운동선수도, 쟁기를 든 채 결코 뒤돌아보지 않고 바람과 비에 용감하게 맞서고 있는 농부도 아니다. 물론 이 모든 이미지가 다 적절하다. 하지만 무릎을 꿇고 머리를 숙이고 눈을 감은 채 선물을 받기 위해 빈손을 들어 올린 회개하는 죄인의 모습이야말로 그리스도인을 나타내는 대표적인 이미지다. [1970b:131]

665. 예배와 선교

선교를 잉태하지 않는 예배는 위선이다. 우리에게 하나님의 가치를 선포하려는 열망이 없다면, 그것에 찬사를 바칠 수도 없다. [1967e:28]

666. 하나님의 교회

하나님은 인간을 돌보거나 감독하는 일을 위임하시면서, 혹은 인간을
통해 그 일을 행하시면서 자신은 그 일을 놓아 버리신 것이 아니다. 교
회는 여전히 하나님의 교회이며, 여전히 하나님이 감독하신다. 하나님
이 교회를 만드셨고, 사셨으며, 소유하고 감독하신다. 교회는 여전히 새
이스라엘, 하나님의 유업, 하나님의 양 떼, 하나님이 소유한 백성이다.
(1966a:11)

667. 관리인과 전령

자신의 메시지가 하나님으로부터 온 것이며 '그의' 복음이 실상은 '하나
님'의 복음이라는 것이 바울의 확신이었다. 그가 복음을 만들어 낸 것이
아니었다. 그는 복음을 위탁 받은 청지기일 뿐이며, 그것을 선포하도록
위임받은 전령일 뿐이다. 그는 무엇보다도 신실해야 한다.

　모든 진정한 그리스도인의 사역은, 이와 같이 우리가 관리인과 전령
으로서 하나님의 말씀을 다루도록 부름받았다는 확신으로 시작된다. 우
리는 '하나님으로부터 온 좋은 소식'에 대한 대체물로서 '하나님에 대한
풍문'에 만족해서는 안 된다. 왜냐하면 칼뱅이 말하듯 "복음은⋯추측과

는 하늘과 땅만큼이나 거리가 멀기"[20] 때문이다. 물론 우리는 바울과 같은 의미에서 그리스도의 사도는 아니다. 그러나 우리는 신약에 사도들의 가르침이 보존되어 있으며, 이제 완성된 형태로 우리에게 전해 내려오고 있음을 믿는다. 그러므로 우리는 하나님의 말씀이자 그것을 믿는 자 안에서 강력하게 역사하는 이 사도적 믿음을 위탁 받은 사람들이다. 우리의 임무는 그것을 간직하고 연구하며, 해설하고 적용하고 순종하는 것이다. [1991c:68]

668. 다른 그리스도는 없다

우리가 그리스도를 믿게 된 것은 사도들의 가르침을 통한 것이다. 사도들이 예수 그리스도에 대한 독특한 증언을 하지 않았다면, 그리고 그들의 독특하고 직접적인 증언이 신약에 기록되고 보존되지 않았다면, 우리는 결코 예수님을 믿을 수 없었을 것이다. 우리가 현대의 어떤 그리스도인(설교자, 친척, 친구)의 증언을 통해 믿게 되었는지는 모르지만, 그들의 증언은 이차적인 증언, 즉 사도들의 증언을 개인적 체험을 통해 보증한 것일 뿐이다. 그들이 증언한 그리스도는 사도들의 그리스도, 신약이 증언한 그리스도였다. 다른 그리스도는 없다. [1971b:82]

669. '사도'의 세 가지 의미

'사도'라는 단어는 신약에서 세 가지 주된 의미를 가지고 있다. 첫 번째

---

20 John Calvin, *The Epistles of Paul the Apostle to the Romans and to the Thessalonians*(Oliver and Boyd, 1961), p. 347.

의미만이 모든 개별 그리스도인에게 적용되는 것 같다. 예수님은 "종이 주인보다 크지 못하고 보냄을 받은 자[apostolos]가 보낸 자보다 크지 못하다"(요 13:16)고 말씀하셨다. 그러므로 모든 그리스도인은 종이며 또한 사도다. '아포스텔로'(apostellō)라는 동사는 '보내다'라는 의미이며, 모든 그리스도인은 그리스도의 대사와 증인으로서, 전 교회의 사도적 사명을 공유하기 위해 세상으로 보냄을 받는다.

둘째로, '교회의 사도들' 곧 교회가 선교사로 혹은 다른 일로 보낸 사자들이 있다. 셋째로, '그리스도의 사도'가 있었는데, 그들은 열두 제자(유다를 대신한 맛디아를 포함해서), 바울, 주의 형제 야고보, 그리고 한두 명의 다른 사람들로 구성된 매우 소수의 구별된 집단이다. 그들은 예수님이 개인적으로 택하시고 권한을 부여하셨으며, 부활하신 주님을 목격한 증인이 되어야 하는 사람들이었다. [1979e:160]

670. 네 가지 독특함

예수님의 사도들은 네 가지 독특함을 지니는 것 같다. 첫째로, 그들은 예수님이 개인적으로 부르시고 권한을 부여한 사람들이었다. 이것은 열두 제자들의 명백한 특징이며, 바울도 이에 필적하는 무엇인가를 가지고 있다고 주장했다. 바울은 자신이 사도가 되도록 위임받은 것이 "사람들에게서 난 것도 아니요 사람으로 말미암은 것도 아니요 오직 예수 그리스도와…하나님 아버지로 말미암은"(갈 1:1) 것이라고 주장하면서, 자신의 사도적 권위를 맹렬하게 주장하고 변호했다.

둘째로, 그들은 그리스도를 직접 목격하는 경험을 했다. 열두 제자들은 "자기와 함께 있게 하시고 또 보내사 전도도 하게" 하도록 지명되었다고 마가는 말한다. 여기서 '보냈다'라는 동사는 역시 '아포스텔레인'(*apostellein*)이며, 그들이 사도의 일을 하기 위한 필수 조건은 '그리스도와 함께 있는 것'이었다. 마찬가지로 예수님은 죽음 직전에 제자들에게 이렇게 말씀하셨다.

— 너희도 처음부터 나와 함께 있었으므로 증언하느니라. (요 15:27)

셋째로, 그들은 성령님의 특별한 영감을 받았다. 우리는 앞 장에서 성령의 내주와 조명은 하나님의 모든 자녀가 갖는 특권임을 살펴보았다. 이 특권은 사도들에게 국한되지 않았다. 그렇지만 그리스도께서 사도들에게 약속하신 성령의 사역은 다음 말씀에서 분명히 알 수 있듯이 매우 독특한 것이었다.

— 내가 아직 너희와 함께 있어서 이 말을 너희에게 하였거니와, 보혜사 곧 아버지께서 내 이름으로 보내실 성령 그가 너희에게 모든 것을 가르치고 내가 너희에게 말한 모든 것을 생각나게 하리라.…
내가 아직도 너희에게 이를 것이 많으나 지금은 너희가 감당하지 못하리라. 그러나 진리의 성령이 오시면 그가 너희를 모든 진리 가운데로 인도하시리니. (요 14:25-26; 16:12-13)

넷째로, 그들은 기적을 행할 권능을 가지고 있었다. 사도행전은 '사도들의 행전'이라고 불리는데 이는 적절한 이름이다. 또한 바울은 자신이 행한 "표적과 기사와 능력"을 "사도의 표가 된 것"이라고 부른다(고후 12:12). 더 나아가 사도들에게 기적을 행하는 권능이 주어진 목적은, 그들이 사도로 위임받았으며 사도적 메시지를 가지고 있음을 입증하기 위한 것이었다.…

이 네 가지 면에서 사도들은 독특했던 것 같다. [1984d:149, 150]

671. 독특한 권위

오늘날 그리스도의 사도들이 지녔던 독특한 권위에 대한 이해를 회복하는 것은 지극히 중요하다. 현대의 교회에는 사도가 없기 때문이다. '사도적' 사역을 한다고 말할 수 있는 선교사와 여러 종류의 교회 지도자들은 분명히 있다. 하지만 부활하신 주님을 목격했던 열두 제자와 바울 같은 사도는 없다. [1982b:32]

672. 독특한 증언

그러므로 우리가 주장하는 것은 이것이다. 그리스도에 대한 사도들의 증언은 정확하며(오염되지 않았고), 그리스도(교회가 아니라)께서 인증하신 것이며, 유일하다(되풀이될 수 없다). 교회는 그리스도 사건의 독특성뿐 아니라 그리스도 사건에 대한 사도들의 증언의 독특성을 주장할 필요가 있다. 우리는 사도들이 준 것 외에는 그리스도에 대해 아무것도 알지 못한다. 우리는 사도들을 통하지 않고는 다른 어떤 식으로도 그리스도를 알거나 그리스도께 이를 수 없다. 우리가 그리스도를 믿게 되고 그리스도의 이름으로 생명을 받게 되는 것은 사도들의 증언을 통해서다. [1967b:58]

673. 모든 것에서의 권위

사도의 권위는 그가 인기 없는 진리를 가르치기 시작할 때도 사라지지 않는다. 신약에 나오는 사도적 교리들을 읽을 때 우리가 원하는 것만을 선택해서 읽을 수는 없다. 어떤 사도가 가르치는 것이 마음에 들 때는 천사에게 하듯 경의를 표하고, 그가 가르치는 것이 싫을 때에는 원수처럼 미워하고 거부할 수 없다. 우리가 그들의 가르침을 좋아하든 아니든, 예수 그리스도의 사도들은 그들이 가르치는 모든 것에서 권위를 지닌다. (1968c:115)

674. 목회적 감독의 시작

비록 신약에 어떤 고정된 성직 서열이 규정되어 있지는 않지만, 지역의 필요에 맞춘 어떤 형태의 목회적 감독(*episkopē*)이 교회의 복지에 필수적인 것으로 간주되었다. 우리는 그것이 지역적이었으며 또한 복수적이었음을 알 수 있다. 곧 장로들이 외부에서 유입되는 것이 아니라 회중 내에서 선택된다는 점에서 지역적이었으며, '한 교회에 한 목사'라는 현대의 익숙한 유형이 당시에는 알려져 있지 않았다는 점에서 복수적이다. 각 교회에는 목회 팀이 있었는데, 그 안에는 아마도 (교회의 규모에 따라) 전임 사역자와 시간제 사역자, 보수를 받는 직원과 자원봉사자, 장로, 남성과 여성 집사 등이 포함되어 있었을 것이다. 바울은 후에 글을 쓰면서 그들의 자격에 대해 규정하고 있다(딤전 3장; 딛 1장). 이 자격들은 대부분 도덕적 정직성에 대한 것이다. 그러나 사도들의 가르침에 충실한 것과 그것을 가르치는 은사 역시 매우 중요했다(딛 1:9; 딤전 3:2). 이처럼 목자들은 그리스도의 양들을 먹임으로 그 양들을 보살폈다. 다시 말해 그

들을 가르침으로써 돌보았다. (1990b:236)

675. 은사와 직무

어떤 교회에서나 목회 사역을 행하도록 안수받는 것은, 두 가지 의미를
지닌다. 첫째, 하나님이 그 사람을 부르시고 은사를 주셨음을 공적으로
인정하는 것을 의미한다. 둘째, 성령님께 능력 주시는 은혜를 달라고 기
도함으로써, 그 사람이 부르심에 순종하고 은사를 발휘하도록 공적으로
권한을 부여하는 것을 의미한다. 그러므로 우리는 하나님이 결합하신
것을 나누려 해서는 안 된다. 한편으로 교회는 하나님이 사람들에게 주
신 은사를 인정해야 하며, 그 은사를 공적으로 인허하고 사역에서 그것
을 사용하도록 고무해야 한다. 다른 한편으로, 신약에서는 교회가 하나
님이 부르지도 능력을 주지도 않으신 사람에게 어떤 사역을 위임하고
허가하는 기이한 상황을 결코 상정하지 않는다. 은사와 직무, 하나님의
권한 부여와 교회의 위임은 결합되어 있다. (1979e:165)

676. 기독교의 목사

목사는 일차적으로 교사다. 그렇기 때문에 목회 서신들에서는 감독 직
분의 두 가지 자격 조건을 지적하고 있는 것이다. 첫째로, 후보자는 "가
르치기를 잘해야"(딤전 3:2) 한다. 둘째로, 그는 "미쁜 말씀의 가르침을
그대로 지켜야 하리니, 이는 능히 바른 교훈으로 권면하고 거슬러 말하
는 자들을 책망하게 하려 함이다"(딛 1:9). 이 두 가지 자격 조건은 서로
결합되어 있다. 목사들은 사도들의 가르침(*didachē*)에 충성해야 하며, 또
한 그것을 가르치는(*didaktikos*) 은사를 가지고 있어야 한다. 그리고 무리

나 회중을 가르치든, 그룹을 가르치든, 개인을 가르치든(예수님은 이 세 가지 상황 모두에서 가르치셨다), 그들의 목회 사역을 구분해 주는 것은 그것이 언제나 말씀의 사역이라는 것이다. (1992b:286)

677. 두 가지 의무

그리스도의 양 떼를 먹이는 사람들은 두 가지 의무를 지니고 있다. 그것은 양을 먹이는 것(진리를 가르침으로)과 이리로부터 보호하는 것(잘못에 대해 경고함으로)이다. 바울이 디도에게 말했듯이, 장로들은 사도들이 가르쳐 준 확실한 말씀을 굳게 잡아서 "바른 교훈으로 권면하고 거슬러 말하는 자들을 책망할"(딛 1:9) 수 있어야 한다. 이러한 강조점은 요즈음에는 인기가 없다. 가르침은 언제나 긍정적이어야 하며 결코 부정적이어서는 안 된다는 이야기를 우리는 종종 듣는다. 그러나 이렇게 말하는 사람들은 신약을 읽지 않았거나 읽었다 하더라도 그것에 동의하지 않는 사람들이다. 왜냐하면 주 예수와 그의 사도들은 잘못을 논박했고 우리에게도 똑같이 하라고 촉구하기 때문이다. 현대의 신학이 혼란에 빠진 것은 바로 이러한 의무를 소홀히 한 것에 주된 원인이 있지 않을까? 거짓된 가르침이 팽배할 때 기독교 지도자들이 한가하게 앉아서 아무것도 하지 않는다면, 또는 꽁무니를 빼고 달아난다면, 그들은 그리스도의 양 떼를 돌보지 않는 '삯꾼'이라는 가공할 만한 칭호를 얻게 될 것이다(요 10:12 이하). 그리고 이스라엘이 그랬던 것처럼 우리의 신자들도 "목자가 없으므로 그것들이 흩어지고 흩어져서 모든 들짐승의 밥이 되고"(겔 34:5) 말 것이다. (1990b:328)

678. 사도적 메시지에 충실하기

목사에 대한 회중의 태도는 사도적 메시지에 대한 그의 충성에 의해 결정될 것이다. 가시적 교회에서 어떤 목사가 아무리 높은 계급에 있다 해도, 그는 예수 그리스도의 사도가 아니다. 그러나 그가 사도들의 가르침에 충실하다면, 경건한 회중은 그의 메시지를 받고 그것에 복종할 것이다. 그들은 그 메시지에 분개하거나 그것을 거부하지 않을 것이다. 그들은 하나님의 천사와 예수 그리스도께 어울릴 경의를 표하며 그 메시지를 환영할 것이다. 그 목사의 메시지가 그의 메시지가 아니라 예수 그리스도의 메시지임을 인정하기 때문이다. (1968c:118)

679. 가장 우선되는 것

모든 기독교 사역자에게 제일 먼저 말해야 할 것은, 그들이 사람들 '위에'(주인은 차치하고 지도자로서) 있기보다는 그들의 '아래에'(종으로서) 있다는 사실이다. 예수님은 이것을 아주 분명하게 말씀하셨다. 그분은 그리스도인 지도자의 주된 특징이 권위가 아니라 겸손이며 권세가 아니라 온유함이라고 역설하셨다. (1991c:120)

680. 참된 모델

'사역'은 '섬김'(비천하고 낮은)을 의미한다. 그러므로 그것을 자랑할 일로 변질시키는 것은 대단히 부당한 일이다. 예수님은 '지배'와 '섬김', '권위'와 '사역'을 확실하게 구분하셨으며, 지배와 권위는 이교도들의 특징이지만, 예수님의 제자의 특징은 섬김과 사역이 되어야 한다고 덧붙이셨다. "이방인의 집권자들이 그들을 임의로 주관하고 그 고관들이 그들에게 권세를 부리는 줄을 너희가 알거니와 너희 중에는 그렇지 않을지니, 너희 중에 누구든지 크고자 하는 자는 너희를 섬기는 자가 되고 너희 중에 누구든지 으뜸이 되고자 하는 자는 모든 사람의 종이 되어야 하리라. 인자가 온 것은 섬김을 받으려 함이 아니라 도리어 섬기려 하고 자기 목숨을 많은 사람의 대속물로 주려 함이니라"(막 10:42-45). 그러므로 기독교 사역자는 주인이 되기를 더 좋아하는 이방인(혹은 바리새인)이 아니라 섬기러 오신 그리스도를 모델로 삼아야 한다.

이것은 사역에 어느 정도의 권위가 부여된다는 점을 부인하는 것이 아니라 그 권위를 규정하고 제한하려는 것이다. 그것은 건전한 가르침과 일관된 모범에 내재하는 권위다. (1970b:195)

681. 가장 훌륭한 교사들

어떤 지식의 분야에서든, 가장 훌륭한 교사는 평생 동안 학생으로 남아 있는 사람이라는 것은 의심의 여지가 없다. (1982a:180)

682. 기독교적 상담

참된 목회자는 언제나 훌륭한 신학자이며, 목회 상담가가 '기독교적인' 상담가가 되는 것은 하나님의 말씀을 능숙하게 적용할 때다. (1991c:115)

683. 여러 형태의 감독 제도

독특한 군주적 감독직의 **역사적** 정당성을 어떤 식으로든 주장할 수 있을지라도, 그것에 대한 명백한 **성경적** 근거는 없다. 찾아볼 수 있는 가장 오래된 사례는 신약에서 팔레스타인의 야고보(만일 그가 사도였다면), 아시아의 요한과 같은 일부 거주 사도들에 의해, 그리고 에베소의 디모데와 그레데의 디도같이 사도들의 위임을 받은 자들에 의해 광범위한 감독이 시행된 것이다. 그리고 이 개략적인 사례는 칭호 없이 직무만 나타나 있다. 이를 통해, 이후 군주적 감독직이 발전한 것을 성경의 씨에서 자라난 꽃으로 인식할 수도 있을 것이다. 하지만 그것은 단지 한 가지 형태의 '에피스코페'(*episkopē*, 감독 제도)일 뿐이며 유일한 형태라고 주장할 수는 없다. 신약에 나오는 통상적인 '에피스코페'는 감독에 의한 것이 아니라 회중에 의한 것이며, 군주적인 것이 아니라 복수적인 것이었다. (1966a:12)

684. 역사적 감독직

성공회 복음주의자들은 역사적인 감독직을 받아들일 만한 성경적 형태의 '에피스코페'로 간주할 수 있다(비록 그것이 항상 성경적인 목회적 감독의 개념을 따라 온 것은 아니지만). 그들은 또한 감독직을 교회의 연속성의 상징이며 연합의 초점으로 귀중히 여길 수도 있을 것이다. 하지만 교회 내의 한 제도로서 그것이 가지는 잠재적 가치를 인정하는 것과, 그것을 다른 모든 교회와의 협상 불가능한 연합의 조건으로 주장하는 것은 아주 다르다. 이런 사람들은 교회가 연합을 위해 나아가는 것을 방해할 뿐 아니라, 교회의 주님이 규정하신 원리를 침해하는 것이다. 그들은 인간의 교훈을 교리로 가르치면서, 전통을 성경에 종속시키는 일에 실패하고 있다. (1970b:89)

685. 사제인가 목사인가?

'목사'(pastor)라는 신약의 명칭을 회복하는 것이 도움이 될 것이다. '사역자'(minister)는 오해하기 쉬운 말이다. 그것은 구체적이기보다는 포괄적인 단어이며, 그렇기 때문에 어떤 종류의 사역인지를 나타내기 위해서는 수식하는 형용사가 필요하다. '사제'(priest)라는 말은 불행히도 모호하다. 영어 어원학에 대해 아는 사람들은 '사제'가 그저 '장로'를 뜻하는 presbyter의 축약형임을 안다. 이 말은 희생 제사를 드리는 제사장을 뜻하는 헬라어 '히에레우스'(*hiereus*)를 번역할 때도 사용되지만, '히에레우스'가 신약에서 기독교 사역자를 지칭하는 것으로 쓰인 적은 한 번도 없다. 성직자를 '사제'라고 부르는 것(이는 로마 가톨릭, 루터교, 성공회 등에서 흔한 관행이다)은 그들의 사역이 일차적으로 하나님을 향하고 있다는 잘못된 인상을 주는 반면, 신약에서는 그 사역이 일차적으로 교회를 향한 것으로 묘사된다. 그러므로 '목사'라는 말이 정확한 용어다. 물론 이 말이 '목자'를 의미하고 양과 목자라는 말은 20세기의 혼잡한 도시에는 적절하지 않다는 반대도 있을 수 있다. 이에 대해서는 주 예수님이 자신을 '선한 목자'라고 부르셨다는 것, 도시에 거주하는 그리스도인이라 해도 언제나 예수님을 목자라고 생각하리라는 것, 예수님의 목회 사역(친밀한 앎, 희생, 지도, 보호, 돌봄 등의 특징을 가진)은 모든 목사에게 영구적인 모델로 남으리라는 것 등을 상기시킴으로써 답변할 수 있다.

[1982a:117]

686. 사제인가 장로인가?

왜 16세기에 영국 국교회를 포함한 일부 개혁교회들이 사역자를 지칭

할 때 '사제'라는 명칭을 고집했는지 의문이 제기될 수 있을 것이다. 그 대답은 일차적으로 어원학적인 것이다. priest(사제)라는 영어 단어는 presbyter(장로)에서 파생한 축약형 단어로 알려져 있었다. 따라서 그것은 '히에레우스'(*hiereus*, 제사장)가 아니라 '프레스비테로스'(*presbyteros*, 장로)를 번역한 것이다. 그러므로 priest라는 말이 통용된 것은 단지 그 의미가 신학적으로 문제 될 것이 없고 presbyter가 아직 일반적으로 쓰이는 영어가 아니었기 때문이다. 그런데 종교개혁가들이 좀 더 분명한 단어인 presbyter를 선호했으리라는 증거가 있다. 노먼 사이크스(Norman Sykes) 교수의 말에 따르면, "명명의 문제에서 그들 사이에 상당한 일치가 이루어지고 있었기" 때문이다.[21] 예를 들어, 칼뱅은 《기독교 강요》(*Institutes*)에서 로마의 감독들이 성직 서임을 통해 "사람들을 이끌고 먹이는 장로[presbyter]가 아니라, 제사 의식을 수행하는 제사장[priest]을" 만들어 냈다고 문제를 제기했다.[22] 영국의 리처드 후커는 기도서가 priest를 계속 사용하고 있다고 비판하는 청교도들에게 답하면서, 자신은 presbyter를 선호하고 있음을 표명한다. 그는 "실제로 presbyter가 priest보다 예수 그리스도의 전체 복음의 취지에 잘 들어맞고, 또 말의 적절성 면에서도 적합한 것 같다"[23]고 썼다. 16세기 말에 상황이 그러했다면, 현대에는 더욱더 그럴 것이다. 왜냐하면 오늘날에는 priest가 presbyter의 축약형임을 아는 사람이 거의 없으며, priest라고 말하면

---

21 Norman Sykes, *Old Priest, New Presbyter*(Cambridge University Press, 1956), p. 43.

22 Calvin, *Institutes*, IV.v.4.

23 Richard Hooker, *Laws of Ecclesiastical Polity*(1593-1597), Book V.1xxviii.3.

서 presbyter를 떠올리는 지적 훈련을 할 수 있는 사람은 더욱 없기 때문이다. 그러므로 priest라는 단어를 아예 삭제해 버리는 것이 신학적 명료성이나 성경적 충실함을 확보하는 데 도움이 될 것이다. 그리고 나면 우리는 남인도와 북인도와 파키스탄의 연합된 교회들이 지혜를 발휘한 것처럼, 세 계층의 성직을 '감독, 장로, 집사'로 칭할 수 있을 것이다. (1992b:274)

687. 목양자

사도행전 20장에서 이 연설을 듣는 지도자들은 '장로'(17절), '목사'(28절 상), '감독'(28절하)으로 불리고 있으며, 이 용어들이 같은 사람을 의미하는 것은 분명하다. '목사'라는 말은 그들의 역할을 묘사하는 포괄적 용어다. 목회 사역의 본질과 목적에 대해 많은 혼란이 있고, 목사가 사회 복지사인지 심리치료사인지, 교육자나 촉진자, 행정가인지에 대해 많은 의문이 제기되는 오늘날에는 그리스도의 양 떼를 돌보고 먹이고 보호하도록 부름받은 목자를 나타내는 '목사'라는 숭고한 단어를 회복하는 것이 중요하다. 지역 교회 회중에 대한 이런 목회적 책임은 집사(비록 보조하는 역할이지만)와, 장로(유대 회당에서 차용한 단어) 또는 감독(*episkopoi*, 그리스 배경에서 차용한 단어)이라고 불린 사람에게 주어졌던 것 같다. 이들은 종종 '장로-감독'(presbyter-bishop)이라는 적절한 이름으로 불렸다. 사도 시대에는 이 두 칭호가 동일한 직무를 언급하고 있었기 때문이다. 당시에는 단지 '장로-감독과 집사'만 존재했는데, 감독제 교회에 속하면서 세 직분(감독, 장로, 집사)이 성경적이라고 믿는 사람들은 '에피스코포이'(*episkopoi*)라는 단어에 기초해서 그런 주장을 하는 것이 아니다. 그것은 비록 '감독'이라고 불리지는 않았지만 교회의 장로-감독과 집사를 선택하고 임명하는 권위와 함께 몇몇 교회를 감독하고 관할했던 디모데와 디도 같은 사람들에 근거한 것이다. (1990b:323)

688. 사역의 책임

그리스도인의 사역의 비결 중 가장 중요한 것은, 그 사역이 근본적으로 하나님 중심이어야 한다는 점이다. 복음을 위탁 받은 자는 교회나 종교 회의 또는 교회 지도자들 앞에서가 아니라 하나님 앞에서 우선적으로 책임을 져야 한다. 한편으로 이러한 사실은 우리를 당황스럽게 만든다. 왜냐하면 하나님은 우리 마음과 그 안에 있는 비밀들을 모두 감찰하시며, 그분의 기준은 매우 높기 때문이다. 다른 한편으로 이것은 우리에게 굉장한 자유를 가져다준다. 왜냐하면 하나님은 어떤 사람이나 교회 법정이나 위원회보다 더 통찰력 있고, 공평하며, 자비로운 재판관이시기 때문이다. 그분 앞에서 어떤 일에 책임을 진다는 것은 인간의 비판이라는 폭군으로부터 해방되는 것이다. (1991c:50)

689. 거짓 교사들의 도전

주님과 주님의 사도들은 필요할 때면 거짓 교사들을 폭로하고 타도하는 일에서 뒷걸음치지 않았다. 그 일은 싫고 심지어 위험한 일이지만, 우리가 양심적이라면 우리 역시 그와 같은 과업을 피할 수 없다. 실로 많은 극악한 이리들에 의해 약탈당하고 있는 오늘날의 교회는, 양들을 먹일 뿐만 아니라 이리를 쫓을 선하고 신실한 목자가 필요하다. (1966a:15)

690. 사역의 독특성

기독교 사역자는 목사, 그리스도의 양 떼를 지키는 목자다. 이것이 그들의 본질적 독특성이다. 물론 그들 자신 또한 그리스도의 양이지만 그들은 목자라고 불린다. 교회는 보편적인 제사장직이며, 또한 보편적인 집사직이다. 모든 하나님의 사람은 '디아코니아'로 부름받았기 때문이다. 하지만 교회가 보편적인 목사직은 아니다. 모든 하나님의 사람은 제사장이고 모든 사역자는 종이지만, 하나님은 그중 일부를 "목사와 교사로 삼으셨다"(엡 4:11). (1969b:45)

691. 평신도의 본분

평신도들이 교회의 삶과 일에 더 많이 참여해야 하는 세 가지 실용적인 이유가 있다. 그것은 필요, 두려움, 시대정신이다. 그것들은 건전한 이유가 되기는 하지만 부적절하다. 평신도들이 책임 있고 활발하며 건설적인 교회 구성원이 되기를 기대하는 진정한 이유는 실용적인 것이 아니라 성경적인 것으로, 편의에 근거한 것이 아니라 신학적 원리에 근거한다. 그것은 성직자에게 평신도의 도움이 필요하거나 평신도들이 유용한 존재가 되고 싶어 하기 때문이 아니다. 그것은 하나님이 그분의 뜻으로 계시하셨기 때문이다. 나아가 평신도들이 교회 안에서 그들의 양도할 수 없는 권리와 의무를 보고 받아들이는 유일한 길은, 하나님의 말씀 안에서 그것을 하나님 백성을 위한 하나님의 뜻으로 인식하는 것이다. (1969b:12)

692. 양, 이리, 목자

목사의 직위와 사역을 무시하거나, 성직자를 불필요한 존재로 단언하는 비성경적 경향을 따라서는 안 된다.…목회적 감독은 교회의 영구한 특징이다. 신약은 목사직에 대한 상세한 청사진을 제공하지 않지만, 승천하신 그리스도는 여전히 자신의 교회에 목사와 교사를 주신다.

그리고 목사들과 교사들은 오늘날의 교회에 절대적으로 필요하다. 세계 여러 곳에서 양들이 늘어남에 따라, 양을 먹이거나 가르치는 더 많은 목사들이 긴급하게 필요해졌다. 그리고 이리가 늘어남에 따라, 오류를 반박할 수 있는 힘을 제공함으로써 이리를 쫓아낼 목사들이 더 많이 필요하다. 이렇듯 양과 이리가 계속 늘어남에 따라 양 떼를 먹이고 보호하는 더 많은 목자가 필요하다. (1989b:10)

693. 교회와 성직자

평신도에 대한 지나치게 낮은 견해는 성직자에 대한 지나치게 높은 견해에 기인한 것이며, 성직자에 대한 지나치게 높은 견해는 교회에 대한 지나치게 낮은 견해에 기인한 것이다. (1969b:13)

694. 교권주의

교권주의가 참으로 수치스러운 것이라는 사실은, 하나님 백성의 평등함과 하나됨이라는 배경에 비추어 볼 때만 드러난다. 교권주의가 하는 일은 권세와 특권을 성직자의 수중에 집중시킴으로써, 하나님 백성의 본질적 하나됨을 모호하게 하고 최악의 경우에는 무효화시키는 것이다. 극단적 형태의 교권주의는 특권 개념이 폐지된 유일한 인간 공동체에 감히 특권의 개념을 재도입한다. 그리스도께서 둘을 하나로 만드신 그 곳에서, 교권주의적 마음은 다시 둘을 만든다. 그래서 하나는 더 높고 하나는 더 낮아지고, 하나는 능동적이고 하나는 수동적이 되며, 하나는 교회의 삶에 필수적이기 때문에 정말로 중요하고 다른 하나는 그렇지 않기 때문에 덜 중요해진다. 나는 교회를 특권적인 성직자 계급이나 계층적 구조로 해석하는 태도가 신약의 교회론을 파괴한다고 주저 없이 말할 수 있다. (1969b:19)

695. 구비시키는 사역

신약에 나오는 목사의 개념은 모든 사역을 탐욕스럽게 자기 손아귀에 움켜쥐고 평신도들의 모든 주도권을 성공적으로 억누르는 사람이 아니라, 모든 사람이 은사를 발견하고 개발하고 발휘하도록 돕고 격려하는 사람이다. 그의 가르침과 훈련은, 하나님의 사람들이 소외와 고통으로 가득 찬 세상에서 그들의 은사를 따라 활발하고도 겸손하게 섬기는 사람들이 되게 하는 데 목적이 있다. 따라서 그는 모든 사역을 독점하는 대신에 사역들을 증식시킨다. (1979e:167)

696. 건전한 독립

성직자들은 사람들이 점점 더 하나님께 의지하여 강건하고 건전한 독립심을 개발하도록 격려하는 대신에, 사람들을 자신에게 의존하는 존재로 만들 위험에 처해 있다. 예수님이 우리에게 어떤 사람도 땅에서는 우리의 '아버지'나 '선생'이나 '지도자'라고 부르지 말라고 경고하셨을 때 (마 23:8-12), 바로 이것을 언급하신 것이다. 우리는 교회 안의 누구에 대해서도 자녀와 부모, 학생과 선생, 종과 주인의 관계에 암시된 종속적인 태도를 취해서는 안 된다. 또한 어떤 사람도 우리에게 그러한 태도를 취하라고 요구해서는 안 된다. 우리는 모두 형제다. 우리는 우리의 아버지이신 하나님, 주님이신 그리스도, 선생이신 성령님께 의지해야 한다. 모든 사역자가 회중에 대해 가지는 야심은, 그들이 목사에게 의존하는 것이 아니라 "그리스도 안에서 완전한 자로 세우기" 위해 각 사람을 권하고 모든 지혜로 가르치는 것이 되어야 한다(골 1:28). 이따금 목사에게 자문을 구하는 것은 유익이 될 수 있지만, 목사를 자주 찾아다님으로써(고백을 위해서든 의논을 위해서든) 참된 영적 성숙이 일어나는 모습을 나는 보지 못했다. (1964:82)

697. 서로 돌보라

하나님이 자신의 백성을 감독하는 일을 목사들에게만 맡기셨으며, 평신도는 그 일에 전혀 참여할 수 없다고 가정하는 것은 잘못이다. 히브리서 12:15은 다음과 같은 권고를 담고 있다. "너희는 돌아보아 하나님 은혜에 이르지 못하는 자가 있는가 두려워하고"(개역한글). '돌아보라'는 말은 '에피스코푼테스'(*episkopountes*)를 번역한 것이다. 이는 지역 교회의 교인들에게 주는 것으로, 서로에 대해 책임을 지며, 서로 돌보라는 일반적인 권고다. 몰튼(Moulton)과 밀리건(Milligan)은 이 동사를 편지 말미에 쓰는 통상적인 인사말로 사용한 파피루스의 예들을 인용한다. 이것은 '몸조심하세요', '아무개를 보살펴 주세요'라고 말하는 것과 같다. 이런 의미에서…각 신자는 또한 감독이다! (1966a:13)

698. 사역의 포괄성

우리가 목사직을 '사역'(the ministry)이라고 언급할 때, 이를테면 목사 안수를 받는 것을 '사역에 첫발을 디디는 것'이라는 식으로 말할 때, 우리는 교회에 큰 해를 끼치고 있는 것이다. 이처럼 정관사를 사용하는 것은 안수받은 목사의 직무만이 유일한 사역임을 암시한다. 하지만 '디아코니아'라는 말은 섬김을 나타내는 포괄적인 단어다. 그것에 '목회적' '사회적' '정치적' '의료적' 등의 수식하는 형용사가 덧붙여지기 전에는 어떤 특별한 성격을 지니지 않는다. 모든 그리스도인은 '섬김을 받으러 온 것이 아니라 섬기러 오신' 그분의 제자이므로 예외 없이 사역에 부르심을 받는다. 그것은 실로 자신의 삶을 드리는 사역이다. '전임 기독교 사역'은 결코 교회 일이나 선교 사역으로 제한되어서는 안 되며, 정부와 보도 기관에서, 직업 세계에서, 사업과 산업 영역에서, 가정에서 수행될 수 있다. 우리는 하나님이 그의 백성을 부르시는 이 광대하고 다양한 사역들에 대한 이와 같은 시각을 회복해야 한다. [1990b:122]

699. 은사 없는 그리스도인은 없다

모든 그리스도인이 은사를 가지고 있으며 그렇기 때문에 책임을 가지고 있다는 사실과, 은사가 없는 그리스도인은 없다는 사실은 신약 교회론의 근본이다. [1975b:105]

700. 은사의 목적

하나님이 교회 내에서 영적 은사들을 나누어 주시는 목적을 둘러싸고 많은 오해가 있다. 어떤 사람들은 영적 은사를 '사랑의 은사들'이라고 부른다. 마치 그 은사들의 주된 목적이 그 은사를 받은 사람들을 풍성하게 만드는 것이며, 그 은사들을 자신의 유익을 위해 사용해야 하기라도 하듯이 말이다. 다른 사람들은 그것을 '예배의 은사들'이라고 생각한다. 마치 그 은사들의 주된 목적이 하나님을 예배하는 것이며, 그것들이 주로 공예배의 집행에 사용된다는 듯이 말이다.

하지만 성경에서는 그 은사가 '섬김의 은사들'로서, 일차적인 목적은 교회를 '가르치고' 세우는 것이라고 단언한다. (1975b:111)

701. 서신 사역

내가 아는 현대의 모든 그리스도인 지도자 중에서 그 사람처럼 편지 쓰기의 가치에 대해 사도 바울과 같은 확신을 가졌던 사람은 없다. 내쉬 목사는 결코 필기도구를 손에서 놓은 적이 없다. 특히 '선교 여행' 중에는 더욱 그랬다. 전시에도 그는 계속해서 여행했다. 때로는 적은 수의 사람들, 심지어 단 한 명의 소년을 방문하기 위해 먼 거리를 여행했고 전시의 불규칙한 철도편을 이용하기도 했다. 그에 대해 내가 간직하고 있는 가장 독특한 기억은 등화관제로 어두컴컴한 철도 위에서 무릎 위에 서류 가방을 놓고 편지를 쓰면서 '시간을 아끼는' 모습이다. (1992e:84)

702. 한 분 아버지, 한 가족

교회의 근본적인 영적 연합은 신성의 근본적인 연합과 마찬가지로 파
괴할 수 없는 것이다. 신성의 연합을 분리할 수 없는 것처럼 교회의 연
합도 분리할 수 없다. 한 분 하나님이 오직 하나의 가족을 창조하신다.
한 분 주님이신 예수님이 한 믿음과 한 소망과 한 세례를 창조하신다.
그리고 한 분 성령님이 하나의 몸을 창조하신다. (1972c:209)

703. 어떤 종류의 기독교인가?

내가 확신하는 바로는 (각 지역이나 나라의) 교회의 가시적인 연합은 성경
적으로 옳고 현실적으로도 바람직하다. 그러므로 우리는 그러한 연합
을 적극적으로 추구해야 한다. 동시에 우리는 스스로 간단하고도 엄중
한 다음과 같은 질문을 던져 보아야 한다. 우리가 연합 기독교 전선으로
그리스도의 적을 맞아야 한다면, 어떤 종류의 기독교로 그들과 대면할
것인가? 복음을 대적하는 자들을 쓰러뜨릴 수 있는 유일한 무기는 복음
자체다. 우리가 그들을 쓰러뜨리기 바라면서 병기고의 유일하게 효과적
인 무기가 떨어져 버린다면 비극일 것이다. 연합되어 있긴 하지만 참된
기독교가 아닌 것은, 비기독교적 세력들을 이기고 승리를 얻는 대신 그

세력들에 굴복하게 될 것이다. (1970b:20)

704. 공통적인 진리와 공통적인 생명

그리스도가 요한복음 17:20-23에서 기도하신 그리스도인의 연합은 일차적으로 서로간의 연합이 아니라 사도들(공통적인 진리)과의 연합이며 성부와 성자(공통적인 생명)와의 연합이었다. 교회의 가시적이고 구조적인 연합은 적절한 목표다. 그러나 그것은 더욱 심오한 어떤 것, 즉 진리와 생명 안에서의 연합에 대한 가시적 표현일 때만 하나님을 기쁘시게 할 것이다. 그러므로 우리가 교회의 연합에 관심을 가질 때, 사도들이 전한 진리와 성령을 통한 신적 생명을 추구하는 것보다 더 중요한 것은 없다. 윌리엄 템플이 말했듯이, "비록 회의실에서 공식화 작업이 필요할 때가 있지만, 기독교 세계가 연합할 수 있는 것은 회의실에서가 아니다. 그 연합은 예수님과 성부의 연합에 견줄 수 있을 만큼 깊고 생생한 주님과의 인격적 연합을 통한 것이다."[24] (1992b:267)

705. 복음에 대한 충실성

오직 복음에 충실해야만 교회의 연합이 가능하다. (1994:25)

706. 진리 안에서의 연합

복음주의자들은 기독교적 연합의 본질에 대해, 그리고 가시적이고 조직적인 교회 연합이 바람직한 목표인지에 대해 서로 다른 견해를 가지

---

24 William Temple, *Reading in St John's Gospel* (Macmillan, 1947), p. 327.

고 있다. 하지만 모든 복음주의자는, 재연합을 지향하는 운동들이 동시에 개혁을 지향하는 운동이 아니라면, 하나님을 기쁘시게 하거나 교회에 유익이 될 수 없다는 데 의견이 일치할 것이다. 참된 연합은 언제나 진리 안에서의 연합이 될 것이며, 진리는 성경적 진리를 의미한다. 교회 지도자들이 성경을 소중히 여긴다면, 사도적 전통(이것은 성경적인 것이다)과 교회적 전통(성경적인 것이 아니다)을 분명하게 구분하기만 한다면, 그리고 서로에게 사도적 전통을 요구하는 동시에 교회적 전통에 대한 자유를 허용한다면, 즉각적이고 확실한 진보가 이루어질 것이다. (1970b:87)

707. 진리에 근거함

기독교의 사랑은 기독교의 진리에 근거한 것이므로, 우리가 공통으로 견지하는 진리를 감소시키면서 우리 사이에 존재하는 사랑을 증가시켜서는 안 된다. 교회 연합을 위한 현대 운동에서, 우리는 결코 참 사랑과 연합이 유일하게 의존하는 그 진리를 타협해서는 안 된다. (1988g:206)

708. 참된 사도적 계승

현대 교회의 왁자지껄하고 혼란한 목소리에 거의 귀가 멍멍해져 버린 우리는 누구를 따라야 할지를 어떻게 결정하는가? 그 대답은 우리가 그 목소리들을 사도들의 가르침으로 시험해야 한다는 것이다. "이 규례를 행할" 때 교회에 "평강과 긍휼"이 있을 것이다(갈 6:16). 실로 이것만이 우리가 받아들일 수 있는 유일한 사도적 계승이다. 이는 사도들로부터 이어져 내려와 그들의 후손임을 주장하는 일련의 감독이 있다는 의미가 아니라(사도들은 권한의 위임 면에서나 영감 면에서 유일무이한 존재들이었으며, 후계자가 없다), 신약의 사도적 교리에 대한 충성을 가리키는 것이다. 신약에 영구적으로 보존된 사도들의 가르침은, 모든 세대 교회의 믿음과 실천 사항을 규정하는 것이다. 이 때문에 교회가 성경 위에 있는 것이 아니라 성경이 교회 위에 있는 것이다. 신약의 저자인 사도들은 교회의 위임을 받은 것이 아니라 그리스도의 위임을 받았으며, 교회의 권위가 아니라 그리스도의 권위로 글을 썼다. 성공회 감독들이 1958년 람베스 회의에서 말했듯이, "교회는 언제나 그 권위(즉 사도들의 권위) 앞에 엎드려야 한다." 그렇다면 하나님을 기쁘시게 하고 교회에 유익이 되는 유일한 교회 연합 계획은, 먼저 사도적 전통들과 교회적 전통들을 구분하고, 그다음에 후자를 전자에 종속시키는 것이다. [1968c:186]

709. 도약의 길

성경은 '기록된 하나님의 말씀'(성공회 조항 제20조)이라는 것, 성경의 권위는 모든 인간의 전통(아무리 유서 깊다 할지라도)보다 뛰어나다는 것, 성경이 교회를 개혁하고 갱신하도록 허용해야 한다는 것에 동의할 수만 있다면, 우리는 교회의 연합으로 즉각 도약할 수 있을 것이다. 하나님의 말씀에 따른 개혁은 재연합에 필수불가결하다. [1992b:182]

710. 교회의 주님

교회가 결국 머리 되신 그리스도 아래서 연합한다면(엡 1:10), 어떤 다른 방식으로도 연합해서는 안 된다. 교회가 계속해서 분열하는 것은 궁극적으로 이 한 가지, 곧 "머리를 붙드는"(골 2:19) 데 실패했기 때문이 아닐까? 분명 많은 사람들은 이것을 지나치게 어리석은 단순화라고 무시해 버릴 것이다. 하지만 나는 내 입장을 쉽게 바꾸지 않을 것이다. 교회의 연합을 방해하는 끈질긴 장애물들은 성경에 나오지 않는 전통들을 신봉하거나(로마 가톨릭 교회의 특징), 성경에 있는 교리들을 버리는 것(자유주의적 개신교의 특징)이다. 나는 다음과 같은 간단한 질문으로 계속해서 되돌아간다. 곧 예수 그리스도가 교회의 주님이시기 때문에 교회가 아무리 구미에 맞지 않더라도 예수님의 가르침에 복종하는가? 아니면 교회가 예수 그리스도의 주인이라서 그리스도의 가르침을 구미에 맞는 것으로 만들기 위해 그것을 교묘히 조작하는가? 교회가 겸손하고 순종하는 마음으로 예수 그리스도의 말을 듣는가, 아니면 경솔한 풋내기처럼 주인의 뜻과 상반되게 행동하고, 잘못된 행동을 옳다고 우기는가? 교회가 그리스도 '위에' 있는가, 아니면 그리스도 '아래' 있는가? (1991b:58)

711. 새로운 이해를 통한 새로운 연합

우리는 자신의 문화적 편견을 인식하고 그 편견이 기꺼이 도전을 받고 변화될 수 있다는 마음으로 성경 본문으로 나아와야 한다. 우리가 물려받은 믿음과 관습이 모두 옳다는 교만한 전제를 가지고 성경으로 나아온다면, 우리는 성경에서 우리가 발견하고 싶어 하는 것, 즉 현상 유지를 가능하게 하는 편안한 확증만을 발견하게 될 것이다. 그 결과 우리는 다른 배경과 확신을 가지고 성경으로 나아오는 사람들과 첨예하게 충돌하고, 그러한 불일치에 대한 확증을 발견한다. 아마도 이보다 더 흔한 불일치의 근원은 없을 것이다. 용감하고 겸손하게, 하나님의 영이 하나님 말씀을 통해 우리가 가장 소중히 여기는 견해들에 철저히 의문을 제

기하시도록 할 때만, 새로운 이해를 통한 새로운 연합을 이룰 수 있을 것이다. (1982b:50)

712. 거룩하고 보편적이며 사도적인 한 교회

어떤 의미에서 교회는 나누어져 있지 않으며, 나누어질 수 없다. 심지어 우리의 외적인 분열들조차 교회를 갈기갈기 찢을 수 없다. 한 분 성령님이 그 안에 내주하시기 때문이다. 항구의 부두들은 항구를 여러 부분으로 나누어 배들이 서로 떨어져 있도록 할 수 있지만, 그 밑으로는 같은 바닷물이 흐르고 불어난다. 우리가 만든 인위적인 교파들 역시 우리를 외적이고 가시적으로 분리시키지만, 내적이고 비가시적인 성령님의 물결이 우리를 하나로 묶고 있다. 니케아 신경은 교회를 "하나의 거룩하고 보편적이며 사도적인 것"으로 규정하는데, 이는 교회의 네 가지 전통적 '표지' 혹은 '특징'이다. 그리고 그것들은 사실이다. 교회는 하나이며 또한 거룩하다. 성령님이 그것을 하나님께 속하도록 구별하여 연합시키고 성화시키셨기 때문이다. 실제로 교회는 종종 분리되고 거룩하지 못할 때가 많지만 말이다. 교회는 또한 보편적이며(모든 신자와 모든 진리를 포괄하는 면에서), 사도적이다(사도들의 가르침을 확증하고 선교에 관여하는 면에서). 실제로는 교회가 고백해야 하는 믿음과 그것이 추구해야 하는 선교를 부인할 때가 많지만 말이다. (1991d:83)

713. 개신교인과 가톨릭교인

그리스도인임을 고백하면서 서로 의견이 일치하지 않는 사람들이 취해야 하는 적절한 태도는, 차이를 무시하거나 감추거나 최소화하기보다 그 차이점들에 대해 토의하는 것이다. 로마 교회를 예로 들어 보자. 나는 개신교인과 로마 가톨릭 교인들이 어떤 공통적인 예배 혹은 증언 행위를 통해 연합하는 것을 볼 때 마음이 괴롭다. 그렇게 되면 외부 사람들에게 의견의 불일치가 이제 해소되었다는 인상을 주기 때문이다. 순진한 구경꾼은 이렇게 말할 것이다. '봐. 이제 그들은 함께 기도하고 선포할 수 있어. 이제 그들을 분리하는 것은 하나도 남아 있지 않겠지?'

하지만 그처럼 연합된 모습을 공개적으로 보이는 것은 흉내내기 놀이일 뿐이며 진짜가 아니다. 분명 우리는 로마 가톨릭 교회 내에서 완고함이 느슨해지고 성경을 더 많이 의식하고 있다는 표시가 나타나는 것에 매우 감사할 수 있다. 그 결과 많은 가톨릭교인들은 이전보다 더 많은 성경적인 진리들을 깨닫게 되었고, 일부는 양심을 위해 그들의 교회를 떠났다. 제2차 바티칸 공의회가 교회 내에서 성경을 너무 개방해 놓았기 때문에, 그 최종적 결과가 어떻게 될지는 아무도 짐작하지 못한다.…

이러한 것들에 비추어 볼 때, 오늘날 개신교인과 가톨릭교인들 사이에 필요한 것은 성급한 외적 연합을 보여 주는 것이 아니라 솔직하고 진지한 '대화'다. 일부 개신교인들은 로마 가톨릭 교인들과의 이러한 대화를 타협으로 여긴다. 하지만 반드시 그렇게 생각할 필요는 없다. '대화를 나눈다'는 말의 기원이 되는 헬라어 동사는 사도행전에서 성경을 가지고 사람들과 함께 논하는 것에 사용되었다. 그 대화의 목적은 (개신교인들에게는) 두 가지다. 첫째로, 로마 가톨릭이 말하는 것을 주의 깊게 듣고 이해함으로써 상대를 진지하게 대하려는 것이다. 둘째로 성경의 진리를 자신이 받고 깨달은 대로 명백하고 확고하게 증언하려는 것이

다. (1970b:22, 23)

714. 근면의 필요성

교회가 파괴할 수 없이 연합되어 있다는 사실은 교회가 실제로 연합되어 있지 않다는 비극을 묵인하는 핑계가 아니다. 그와 반대로, 사도 바울은 "성령이 하나 되게 하신 것을 힘써 지키라"(엡 4:3)고 말한다. '힘써'라는 말에 해당하는 헬라어 동사 '스푸다존테스'(*spoudazontes*)는 매우 단호한 말이다. 그것은 "노력을 아끼지 말아야"(NEB) 한다는 의미다. 또한 그것은 현재분사이므로 지속적이고 근면한 활동에 대한 요구다. (1979e:153)

715. 성숙한 예배

우리를 사랑하시는 하나님은 자신의 사랑에 대한 반응이 없을 때 슬퍼하시며, 우리가 지속적이고 갈수록 깊어지며 성숙해 가는 예배를 드리기를 갈망하신다. 그렇다면 사랑은 참되고 살아 있는 교회의 첫 번째 표지다. 사랑하는 교회가 아니라면 살아 있는 교회가 아니다. 그리스도인의 삶은 본질적으로 예수 그리스도와의 사랑의 관계다. 처치 아미(Church Army)의 설립자이자 대표인 윌슨 칼라일(Wilson Carlile)은 이렇게 썼다. "예수님을 알게 된 것은 내게 연애 사건과 같다." [1990c:23]

716. 교회의 실패

우리는 교회의 실패들을 유념할 필요가 있다. 이 실패들이 그리스도와 세상에 얼마나 거슬리는 것인지 깨닫고, 교회의 말과 행함 사이에 놓인 신뢰성의 격차를 슬퍼하기 위해, 실패들에 대해 쉽게 변명하고 심지어 너그럽게 눈감아 주는 것을 회개하기 위해, 그리고 그것에 대해 무엇인가를 하기 위해서다. 그리스도의 영광과 복음의 전파를 위해, 교회가 하나님의 목적과 그리스도께서 이루신 것에 의해 이미 성취된 모습(새로운 인류, 인간 공동체의 모델, 아버지이신 하나님과 서로를 사랑하는 화해한 형제자매들로 이루어진 가족, 하나님의 영이 거하시는 곳)이 되고, 또 그것을 사람들에게 보이는 것보다 오늘날 더 긴급한 일이 있을까? 그럴 때만 세상 사람들은 그리스도를 평화를 이루는 분으로 믿게 될 것이다. 그럴 때만 하나님은 그분 이름에 합당한 영광을 받으시게 될 것이다. (1979e:111)

717. 진정한 관계

청년들은 진정한 사랑의 관계를 갈망한다. 일리노이 대학교의 정신의학과 명예 교수이자 저명한 프로이트 비판자인 호버트 모러(Hobart Mowrer)는 비록 자신은 그리스도인도 유신론자도 아니지만, '교회와 사랑싸움'을 하고 있다고 묘사한 바 있다. 그 말이 무슨 뜻이냐고 묻자, 그는 자신이 십대였을 때 교회가 자신을 버렸으며, 지금도 계속해서 버리고 있다고 대답했다. 왜냐하면 "교회는 공동체의 비결을 배우지 못했기 때문이다." 교회들 중에는 진정한 공동체가 있을 것이기에, 이것은 아마도 부당한 말일 것이다. 하지만 이것이 그의 견해이고, 분명 쓰라린 경험에서 나왔을 것이다. 나는 이것이 내가 들은 비판들 중에서 교회를 가장 손상시키는 비판이라고 생각한다. (1977a)

718. 예수님과 청년들

신용할 수 없는 것들에 대해 강한 혐오감이 있는 청년들은 교회와 교회 설립자 간의 어떤 분열도 재빨리 탐지해 낸다. 예수님은 언제나 끊임없이 그들을 매혹시키셨다. 그들은 예수님을 장로들의 전통과 사회의 인습을 용납하지 않는 급진주의자, 현재의 종교 체제에 대한 냉혹한 비판자로 보고 그 점을 좋아한다. 하지만 교회는 어떠한가? 그들이 보기에 교회는 그리스도의 '냄새'를 잃어버렸다. 그래서 많은 사람들은 발로 자기 의견을 표현한다. 그들은 나가 버린다. (1977a)

719. 이상과 현실

당신은 교회가 무엇이라고 생각하는가? 당신의 대답은 아마도 이상을 생각하느냐 아니면 현실을 생각하느냐에 따라 달라질 것이다. 이상적으로 본다면 교회는 가장 놀라운 하나님의 새 창조물이다. 그것은 역사와 현대 사회에서 유일무이한, 다인종적이고 다국적이며 다문화적인 조화를 즐기는 예수님의 새로운 공동체다. 교회는 심지어 '새로운 인류' 곧 구속되고 새롭게 된 인류의 선구다. 교회는 지상에 사는 동안(또한 영원히) 하나님과 다른 사람들을 사랑으로 섬긴다. 얼마나 고상하고 아름다운 이상인가! 그러나 현실의 교회는 바로 우리다. 곧 끊임없이 하나님의 이상에 미치지 못하고, 심지어 그 이상에 가까워지는 것조차 실패하는, 죄 많고 틀리기 쉬우며 서로 싸우고 말다툼하며, 어리석고 얄팍하고 산만한 오합지졸인 우리 그리스도인이다. (1982b:53)

720. 모순된 정체성

교회가 세상을 따르는 한, 그리고 외부인이 보기에 교회 공동체와 세상 공동체가 단지 모양만 다를 뿐 같아 보이는 한, 교회는 자신의 참된 정체성에 모순된다. '하지만 너도 다른 사람들과 전혀 다를 바가 없어'라는 말보다 그리스도인에게 상처를 입히는 말은 없다. (1978f:17)

721. 버림받지 않기 위해

어떤 사람들은 전적으로 예수 그리스도와의 개인적 관계만 있고 교회와는 아무런 관계도 없는 기독교를 고안해 낸다. 또 어떤 사람들은 교회의 구성원이 되어야 할 필요는 마지못해 인정하지만, 교회라는 소망 없는 제도를 포기해 버렸다고 덧붙인다. 교회가 물려받은 구조와 전통들 중 많은 것에 대해 비판을 가하는 것은 이해할 만하며, 심지어 불가피하다. 모든 장소, 모든 시대에 있는 모든 교회는 개혁되고 새로워져야 한다. 하지만 하나님의 교회를 멸시하고 역사에 나타난 하나님의 사역에 대해 눈 멀지 않도록 주의해야 한다. 하나님은 교회로 인해서 아무리 마음이 상하셨다 해도 자신의 교회를 버리지 않으신다. 하나님은 여전히 교회를 세우시며 정련하신다. 그리고 하나님이 교회를 버리지 않으셨는데 어떻게 우리가 교회를 버릴 수 있단 말인가? (1979e:126)

722. 끈기 있는 성경적 개혁

제도적인 교회에 대해 성령님이 사용하시는 방법은, 조급한 거부가 아니라 끈기 있고 성경적인 개혁이다. (1977g:163)

723. 교회와 하나님의 말씀

교회가 하나님의 말씀에 의존하고 있다는 것은 모든 사람이 쉽게 받아들일 수 있는 교리는 아니다. 예를 들어 로마 가톨릭 내 논쟁이 활발하던 초기, 논쟁술에 뛰어난 사람들은 '교회가 성경을 썼고' 따라서 교회가 성경에 대해 권위를 가진다고 주장했다. 오늘날에도 여전히 우리는 이런 극단적으로 단순한 논증을 듣게 된다. 물론 구약과 신약 모두 믿는 자들의 공동체라는 맥락 안에서 쓰였으며, 하나님의 섭리 가운데 신약의 내용은…어느 정도 지역 교회 회중의 필요에 의해 결정된 것이 사실이다. 따라서 성경은 그것이 생겨난 환경으로부터 분리될 수 없으며, 그것과 분리해서 이해될 수도 없다. 그럼에도 불구하고 개신교인들이 언제나 강조해 왔듯이, '교회가 성경을 썼다'는 말은 오해를 불러일으키기 쉬워 거의 오류라고 해도 무방하다. 사실은 그와 정반대로 '하나님의 말씀이 교회를 창조했다.' 하나님의 백성은 하나님의 말씀이 아브라함에게 임하여 그를 부르시고 언약을 맺었을 때 생겨났다고 말할 수 있기 때문이다. 마찬가지로, 하나님의 백성이 성령 충만한 그리스도의 몸이 된 것은 오순절에 성령의 능력을 입은 사도들이 하나님의 말씀을 전한 설교를 통해서였다. (1982a:109)

724. 귀먹은 교회

귀먹은 교회는 죽은 교회다. 그것은 불변의 원리다. 하나님은 말씀으로 자신의 백성을 소생시키고, 먹이며, 영감을 불러일으키고, 인도하신다. 성경이 진실하게 체계적으로 해설될 때마다, 하나님은 백성들에게 비전(그것이 없으면 그들은 망한다)을 주기 위해 성경을 이용하시기 때문이다. (1982a:113)

725. 교회와 성경

모든 시대, 모든 곳의 교회가 직면하는 영속적인 문제들은 교회와 성경의 관계와 관련되어 있다. 하나님의 백성과 하나님의 말씀은 어떻게 관련되어 있는가? 하나님의 말씀이 교회를 만들었는가? 아니면 교회가 하나님의 말씀을 만들었는가? 교회는 성경 위에 있는가, 아래에 있는가?
로마 가톨릭과 그리스 정교회와 개신교회는 이 질문에 서로 다르게 대
답한다. 서로의 차이는 다른 무엇보다 이 점에서 깊고 넓다.

데살로니가후서 3장은 이러한 논란에 대해 한 줄기 밝은 빛을 비추
어 준다. 그것은 하나님 말씀의 탁월성을 보여 주기 때문이다. "주의 말
씀이 달음질하여 승리하고"(RSV)라는 시작 기도는 모든 편협함을 잠재
우며 우리에게 세계적 비전과 세계 선교에 대한 헌신을 발전시키도록
도전한다. 그리고 바울의 반복되는 명령들(순종에 대한 기대를 내포한)은 하
나님 말씀에 대해 주관적이고 선택적인 태도를 가진 교회들에 비난을
가한다. 그들은 정원사가 화단에서 꽃을 꺾듯이 여기에서 한 구절을 택
하고 저기에서 한 구절을 버리면서 성경 속을 헤매고 다닌다. 그들에게
는 성경을 철저하게 공부한다거나 그 가르침에 성실하게 따른다는 개
념이 없다. 그런 교회들은 주님의 복을 받을 것으로 생각지 말라! 왜냐
하면 하나님의 말씀을 무시하는 것은 말씀의 주님을 무시하는 것이며
그분의 신실함을 불신하고 그분의 권위를 무시하는 것이기 때문이다.
(1991c:198)

726. 미숙한 교회

기독 교회가 오늘날 한 가지 명백한 특징을 가지고 있다면 그것은 불확
실성, 확신의 결핍이라고 주장하고 싶다. 실로 나는 이름뿐인 가시적인
기독 교회는 확실히 미성숙한 불안정성을 갖는다는 말이 사실이라고
생각한다. 오늘날의 교회야말로 미숙함의 표본이다. 자신에 대해 확신
이 없고, 불안정하며, 자신들이 누구인지 모르고, 왜 여기에 있는지 혹

은 어디로 가고 있는지 알지 못한다. [1971d:4]

727. 불화의 뿌리

자기애는 모든 관계를 손상시킨다.…오늘날 모든 지역 교회에 있는 대부분의 불화의 뿌리에는 개인적인 자만심이 도사리고 있다. [1988g:231]

728. 교회 내의 이질성

교회 성장 전문가들이 상기시키듯이, 사람들은 사실상 자신의 일가친척이나 자신과 같은 부류의 사람들과 함께 예배드리기를 좋아한다. 그리고 모든 장애물 중 가장 큰 장애물인 언어에 따라 회중이 나뉘는 것에 대해서는 묵인해야 할 필요가 있을지도 모른다. 하지만 이질성은 교회의 본질이다. 교회는 그리스도께서 모든 벽을 허물어 버리신, 이 세상의 유일무이한 공동체이기 때문이다. 승리한 교회에 대해 우리에게 주신 비전은 "각 나라와 족속과 백성과 방언에서" 나아와 모두 한목소리로 하나님을 찬양하는 무리다(계 7:9 이하). 그러므로 우리는 동질적인 교회는 어딘가 불완전한 교회이며, 끊임없이 회개하며 이질성을 향해 나아가야 한다.[25] [1994:397]

729. 교회의 의사 결정 과정

지역 교회가 하나님 나라의 표적이 되고 그리스도의 다스림을 입증하

---

25 The Pasadena Consultation on the Homogeneous Unit Principle(Lausanne Occasional Paper no. 1, 1978)을 보라.

기를 바란다면, 그 교회의 의사 결정 과정이라는 일상적인 문제에서도 그것이 드러나야 한다. 모든 지역 교회는 (가장된 경건이 아니라 실제적인 겸손함으로) '그것은 성령님과 우리에게 합당한 것이다'라고 말할 수 있어야 한다. 그렇다면 왕이신 하나님은 자신의 백성들을 어떻게 인도하시는가? 필요한 조건으로 단지 기도와 인내만을 언급하겠다. 하지만 종종 그것은 우리가 하나님의 뜻을 발견하기 바란다는 형식적이고 부분적으로만 진지한 인식에 그치고 만다. 그 대신, 기도하는 기간을 갖는 것은 어떨까? 위원회가 함께 기도하는 법을 배우지 못했다면, 과연 함께 토론할 수 있겠는가? 우리는 회의가 난국에 처했을 때 빛과 지혜를 간구하는 기도를 하기 위해 도중에 중단해 본 적이 있는가? 그다음은 인내다. 참된 기독교 집단이라면 절대로 소수 의견을 짓밟지 않을 것이다. 아직 사람들의 마음이 혼란하고 양심이 고민하고 있는데, 예고 없이 표결에 부쳐 토론을 끝내 버리고 다수결로 결정하는 것은 교회의 일을 세속적 방식으로 처리하는 것이다. 그것은 하나님에 대한 불신과 의견을 달리하는 사람들에 대한 경멸을 나타낸다. 우리는 연합의 성령님을 믿지 않는가? 그렇다면 우리는 성령께서 우리가 같은 마음을 갖도록 해주실 때까지 참을성 있게 기다리고, 서로의 말을 경청하며, 서로의 관심사와 망설임을 이해해야 한다. 지역 교회는 신정 체제이며(이스라엘과 같은 특별한 의미에서가 아니라, 하나님을 왕으로 따른다는 일반적인 의미에서), 또한 형제 관계다. 동료 신자의 다른 의견을 짓밟아 버리려는 시도는 이러한 진리들을 침해하는 것이며, 교회의 본질과 상반되는 것이다. 그것은 세상과 같이 권세를 사용하는 것이며, "그리스도의 온유와 관용"(고후 10:1)을 잊어버리는 것이다. (1979b)

730. 교회와 복음

특별히 관심을 끄는 것은 사도가 묘사하는 교회와 복음의 상호작용이다. 왜냐하면 이것은 모든 시대, 모든 장소에 있는 기독교 공동체에 적용되기 때문이다. 바울은 어떻게 복음이 교회를 만들어 내고, 어떻게 교회가 복음을 전파하며, 또한 교회가 복음에 합당한 삶을 살려고 애쓸 때 어떻게 복음이 교회의 형태를 만들어 가는지를 보여 준다. (1991c:20)

731. 부활의 종교

예수 그리스도의 교회는 오늘날 주요한 믿음의 위기에 직면하고 있다. 위험에 처한 것은 다름 아닌 기독교의 본질적 특성이다. 기독교는 자연적 종교인가 초자연적 종교인가? 초자연성을 제거하고 우리를 당혹스럽게 하는 기적을 없앤 후 기독교를 재구성하려는 갖가지 시도들이 이루어지고 있다. 하지만 이러한 노력들은 오도된 것인 만큼 또한 무익한 것이 될 것이다. 우리는 어떤 것을 파괴함으로써 그것을 재구성할 수는 없다.

진정한 기독교, 곧 그리스도와 그의 사도들의 기독교는 초자연적 기독교이다. 그것은 약간의 종교와 몇 가지 진부한 도덕으로 구성된 단조롭고 무해한 윤리가 아니다. 오히려 그것은 부활의 종교, 하나님의 권능에 의해 사는 삶이다. (1970b:63)

732. 거룩한 세속성

역사를 이어 오며 교회는 극단으로 가는 경향이 있었다. 때로 교회는 거룩하게 되려고 결심한 나머지(이는 타당한 것이다) 세상으로부터 물러나 세상과의 접촉을 끊어 버렸다. 또 어떤 때는 접촉을 끊지 않으려 결심하고

(이 역시 타당한 것이다) 세상에 순응하여 사실상 세상과 구별할 수 없게 되었다. 하지만 그리스도가 생각하시는 교회의 거룩함은 물러남도 순응도 아니다. (1992b:262)

733. 개혁, 부흥, 갱신

우리는 교회 생활의 모든 차원에서 전체적이고 통합적인 갱신의 비전을 갖는 것이 필요하다.

이를 나타내는 로마 가톨릭의 단어(적어도 제2차 바티칸 공의회 이래로)는, '현대화'(aggiornamento) 즉 현대 세계의 도전에 반응하기 위해 교회를 새롭게 하는 과정이다. 이것은 급속하게 변하고 있는 세계에서 교회가 살아남으려면, 자신의 기준을 타협하거나 세상의 기준에 따르지 않으면서도 변화에 발맞추어 가야 한다는 의미다.

개신교에서는 계속적으로 요구되는 교회의 회복과 새롭게 되는 과정을 다양한 어휘로 묘사한다. 우리가 좋아하는 두 단어는 '개혁'과 '부흥'이다. 개혁이란 16세기에 일어났던 것과 같이 성경에 따라 신앙과 삶을 개혁한다는 의미이고, 부흥은 하나님이 확신과 회개와 고백과 죄인들의 회심과 믿음을 떠난 자들의 회복을 일으키시면서 교회나 공동체를 완전히 초자연적으로 방문하시는 것을 나타낸다. '개혁'은 보통 하나님의 말씀의 능력을 강조하고, '부흥'은 교회를 회복시키는 사역에서 나타나는 성령의 능력을 강조한다. 아마도 우리는 성령에 의한 부흥과 말씀에 따른 개혁을 결합시키는 운동을 묘사하기 위해 '갱신'이라는 말을 쓰는 것이 좋을 것이다. 하나님의 말씀은 성령의 검이므로, 그중 하나를 다른 하나 없이 생각하는 것은 불균형적이기 때문이다. (1992b:258)

734. 역사적 기독교 신앙

나는 지나친 단순화의 위험과 교만하다는 비난을 받을 위험을 무릅쓰
고, 복음주의적 신앙은 다름 아닌 역사적 기독교 신앙이라고 주장하고
자 한다. 복음주의 그리스도인은 원칙에서 벗어나는 이탈자가 아니라,
하나님의 은혜로 하나님이 그리스도와 성경 안에서 자신에 대해 계시
하신 바에 충실하고자 애쓰는 충성된 자다. 복음주의 신앙은 기독교 신
앙의 특이하고 난해한 하나의 버전이 아니라, 기독교 신앙 **그 자체**다. 그
것은 최근에 새로 도입된 것이 아닌, 고유하고 성경적이며 사도적인 기
독교다. (1983b:3)

735. 먼저 헌신된

복음주의자들의 특징은 흠잡을 데 없는 말이 아니라 순종적인 마음이
다. 즉 성경이 가르쳐 주는 것은 무엇이든 믿고 순종하려는 선험적 결
의다. 그들은 나중에 성경이 무엇이라고 말하는지 알게 되기 전에 먼저
성경에 헌신한다. 그들은 믿음과 행동을 멋대로 규정할 자유를 주장하
지 않는다. 그들은 이같이 겸손하고 순종적인 자세야말로 그리스도께서
그들 삶의 주님이 되신다는 것을 나타내는 필수적인 표시라고 여긴다.

(1988d:104)

736. 가톨릭과 자유주의의 전통

가톨릭의 전통과 자유주의 전통은 둘 다 인간의 지성과 선함을 높이며, 따라서 인간이 자신의 계몽과 구원을 위해 무엇인가 기여하기를 기대하는 경향이 있다. 반면에 복음주의자들은 인간이 하나님의 형상을 지니고 있다고 확고하게 주장하지만 인간이 유한하고 타락했다는 사실을 강조하며, 따라서 계시 없이는 하나님을 알 수 없으며 구속 없이는 하나님께 도달할 수 없다고 주장한다.

　바로 이 때문에 복음주의의 본질적 요소는 성경과 십자가, 그리고 이 둘의 필수불가결성에 초점을 맞춘다. 바로 이런 것들을 통해서 우리에게 하나님의 말씀이 주어졌고, 하나님의 역사가 이루어졌기 때문이다. 실로 하나님의 은혜는 삼위일체적인 형태를 지니고 있다. 첫째로, 성경과 십자가라는 두 영역 모두에서 성부 하나님이 주도권을 쥐신다. 하나님은 그분이 가르쳐 주지 않았다면 알 수 없었을 것들을 우리에게 가르쳐 주시고, 하나님이 주시지 않았다면 가지지 못했을 것들을 우리에게 주신다. 둘째로, 두 영역 모두에서 성자 하나님이 한 분 중보자로서 독특한 역할을 수행하셨다. 성자 하나님을 통해 성부 하나님이 주도권을 발휘하셨다. 성자는 육신이 되신 말씀으로서, 그분을 통해 성부 하나님의 영광이 나타났다. 성자는 죄 없는 분이시지만, 성부 하나님이 우리를 그분과 화해시키도록 우리를 위해 죄가 되셨다. 더구나, 하나님이 그리스도를 통해 하신 말씀과 그리스도를 통해 행하신 역사는 영단번에 (hapax) 완성되었다. 둘 중 어느 것에든 무엇인가를 덧붙이면 하나님의 말씀과 그리스도를 통한 역사의 완전성을 훼손하게 된다. 셋째로, 계시와 구속에서 성령님의 사역이 필수적이다. 하나님이 그리스도 안에서 계시하신 것을 이해하도록 우리 마음을 조명하는 분은 바로 성령님이며, 하나님이 그리스도를 통해 이루신 것을 받아들이도록 우리 마음을 감동시키시는 분도 성령님이다. 따라서 이 두 영역 모두에서 성부 하나님은 성자 하나님을 통해 행동하셨으며, 성령 하나님을 통해 지금도 행동하신다. (1988d:336)

737. 주류 기독교

복음주의자들은 '성경 안에 계시된 복음'뿐만 아니라 성경의 전체 계시를 필수적인 것으로 여긴다. 단지 '그리스도께서 우리를 위해 죽으셨다'는 것이 아니라, 그리스도께서 '우리의 죄를 위해' 죽으셨다는 것, 곧 어떤 의미에서는 우리 대신 객관적으로 그 죄들을 지셔서, 회개하는 신자들을 하나님의 거룩한 사랑으로 용서하실 수 있도록 해 주셨음을 필수적인 것으로 여긴다. 또한 우리가 성령을 받았다는 사실뿐 아니라 성령이 우리 안에서 신약에 '중생' '부활' '재창조' 등으로 다양하게 묘사된 초자연적 역사를 행하신다는 점 또한 필수적인 것으로 여긴다.

여기에 하나님이 주도권을 쥐시는 세 가지 측면이 있다. 바로 하나님이 그리스도 안에서 그리고 그리스도에 대한 성경 전체의 증언 안에서 하나님 자신을 계시하시는 것, 하나님이 우리를 위해 죄와 저주가 되신 그리스도를 통해 세상을 구속하시는 것, 하나님이 그분의 영의 내적 작용에 의해 죄인들을 철저히 변화시키는 것이다. 이렇게 진술된 복음주의 신앙은 중심에서 일탈하는 기독교가 아니라, 역사적이고 중심에 있는 삼위일체적 기독교다. 우리는 스스로 새로운 기독교를 제시하고 있는 것이 아니라 교회에 원래의 기독교를 상기시키고 있다고 생각하기 때문이다. (1988d:39)

738. 성공회 복음주의 그리스도인

우선, 무엇보다 순전한 하나님의 은혜로 나는 예수 그리스도를 따르고자 애쓰는 그리스도인이다. 둘째, 나는 복음주의 그리스도인이다. 나는 복음주의의 원리들(특히, '오직 말씀으로'와 '오직 은혜로')이 진정한 기독교에 필수적이라고 확신하며, 복음주의 그리스도인이 되는 것은 신약의 그리스도인이 되는 것이고, 신약의 그리스도인이 되는 것은 곧 복음주의 그리스도인이 되는 것이라고 확신한다. 셋째로, 나는 성공회 복음주의 그리스도인이다. 나는 영국 국교회라는 특정한 역사적 전통 혹은 교파에 속해 있기 때문이다. 하지만 내가 일차적으로 성공회 교인인 것은 아니다. 나는 교파주의를 옹호할 수 없기 때문이다. 내가 보기에, 나 같은 사람을 복음주의 성공회 교인(여기서는 복음주의가 성공회 교인을 수식한다)이라고 부르기보다는, 성공회 복음주의자(여기서는 성공회가 복음주의자를 수식한다)라고 부르는 것이 더 정확하다. (1986d:17)

739. 복음주의 신학

'복음주의적'이라는 말이 신학을 묘사한다면, 그 신학은 성경 신학이다. 자신은 분명한 성경적 그리스도인이고, 성경적 그리스도인이 되기 위해서는 복음주의적 그리스도인이 되어야 한다는 것이 복음주의자들의 주장이다. 교만하고 배타적으로 들릴 수도 있겠지만 이것이야말로 그들이 진지하게 주장하는 믿음이다. 복음주의자들의 진지한 바람은 성경적 그리스도인이 되는 것 그 이상도 이하도 아니다. 그들의 의도는 당파심 강한 사람이 되려는 것이 아니며, 하나의 '당'으로서 정체성을 유지하기 위해 특정 교의에 집착하는 것도 아니다. 그와 반대로, 그들은 자신이 간직하는 믿음이 비성경적이라는 것이 밝혀진다면 언제라도 그 믿음의 일부 혹은 전부를 수정하거나 심지어 내버릴 각오가 되어 있음을 늘 표명해 왔다.

그러므로 복음주의자들은 교회의 재연합에 이르는 단 한 가지 길은 성경적 개혁의 길뿐이라고 여긴다. 그들의 견해에 따르면, 교회들이 연합하기 위한 유일한 조건은 그들이 하나님의 말씀으로 판단 받고 개혁되기 위해 말씀의 권위 아래 함께 앉는 것이다. (1970b:32)

740. 유명무실한 교회

참된 교회, 아브라함으로부터 자신들의 영적 혈통을 찾는 그리스도인 신자들에 대한 핍박은 반드시 세상(우리와 관련이 없는 낯선 사람들)에 의한 것만은 아니다. 핍박은 우리 이복형제인 종교적인 사람들, 유명무실한 교회에 의해 늘 일어났다. 예수님은 자신의 민족에게 호된 반대를 당하셨고, 거부와 조롱과 정죄를 당하셨다. 바울을 미행하고 싸우도록 부추기면서 그를 가장 맹렬하게 반대한 사람들은 공식 교회인 유대인들이었다. 중세 교황 제도의 획일적 구조는 무자비하고 끈질긴 광포함으로 모든 개신교 소수 집단을 핍박했다. 그리고 오늘날 복음주의 신앙의 가장 큰 적은 불신자들(그들은 복음을 듣고 종종 그 복음을 받아들인다)이 아니라 교회, 체제, 성직 체계다. (1968c:127)

741. 진리를 행하기

복음주의자들은 경건에는 강하지만 실천에는 약한 경향이 있다. 우리 모두는 신학적 성찰이 필수적이라는 데 동의할 것이다. 하지만 나는 우리가 신학을 행동으로 옮기는 것 역시 동일하게 필수적이라는 데 동의하기를 바란다. 성경 지식은 결코 그 자체가 목적이 될 수 없다. 우리는 진리를 '믿을' 뿐 아니라, 또한 그 진리를 '행하도록' 혹은 '순종하도록' 부름받았다. (1978c:181)

742. 학자인가 사상가인가?

제임스 바(James Barr)의 《근본주의》(Fundamentalism)에서 가장 날카로운 독화살은 우리 복음주의자들의 신학의 부재를 겨냥한 것이다. 그는 우리가 신선한 신학이 아니라 묵은 전통을 가지고 있다고 주장한다. "근본주의[그는 근본주의와 복음주의를 거의 구분하지 않는 것 같다]는 신학이 없는 운동이다." 그는 계속해서 만일 우리가 신학이라는 것을 가지고 있다 해도 그것은 '형식화'되었거나 '화석화'되었다고 말한다. 이러한 비난은 광범위한 일반화로서, 모든 일반화가 그렇듯 부정확한 말이다. 하지만 그것은 불편한 진리를 포함하고 있다. 다시 부상한 복음주의 운동은 창조적 사상가들보다는 성경 신학자들을 낳았기 때문이다. (1978c:180)

743. 삶 전체

우리[복음주의자들]는 구속에 대해서는 좋은 교리를, 그리고 창조에 대해서는 나쁜 교리를 가지는 경향이 있었다. 물론 우리는 하나님이 만물의 창조주라는 진리에 말로는 동의했다. 하지만 그것의 함의에 대해서는

존 스토트의 기독교 강요
Authentic Christianity

이해가 부족했던 것 같다. 우리가 믿는 하나님은 너무 '종교적'이다. 마치 하나님의 주된 관심사가 교인들이 참석하는 예배와 기도회뿐인 것처럼 말이다. 내 말을 오해하지 말기 바란다. 하나님은 자기 백성들이 드리는 기도와 찬양을 **기뻐하신다**. 하지만 이제 우리는 하나님을 (성경이 언제나 묘사하듯) 창조주로서, 교회뿐만 아니라 세속 세계에도 관심을 갖는 분으로, 그리스도인뿐만 아니라 모든 사람을 사랑하시는 분으로, 종교뿐 아니라 삶 전체에 관심을 가지신 분으로 보아야 한다. [1975a:45]

744. 보수적인 복음주의자들

'보수적인'(conservative)이라는 말이 복음주의자에게 적용될 때, 그 말의 적절한 뜻은 우리가 신약에서 주어진 그리스도와 사도들의 가르침을 확고히 붙잡으며, 전체 성경 진리를 '보존하기로'(conserve) 결정했다는 것이다. 이것이 바로 사도 바울이 디모데에게 지시한 것이었다. "부탁한 것을 지키라." 그것을 보존하라. 그것을 유지하라. 결코 그것을 잡은 손을 놓거나 그것이 너의 손에서 새어나가지 않도록 하라. [1967a]

745. 메마른 제자도

나는 반드시 성경에 대한 고상한 견해를 가져야만 예수님의 제자가 될 수 있다고 말하는 것이 아니다. 명백히 그렇지 않기 때문이다. '복음주의자'가 아니고, 성경에 대한 확신이 약하거나 최소한의 확신밖에 없고, 과거 전통이나 현재 교회의 가르침 또는 이성이나 체험을 더 믿으면서 예수 그리스도를 따르는 제자들도 있다. 나는 그리스도인이라고 고백하는 그들의 진실성을 부인하고 싶은 생각이 없다. 그러나 나는 성경에 대해 그런 태도를 가진다면 제자도가 결국 메마를 수밖에 없음을 감히 덧붙이고 싶다. 성경을 통해 전달된 주님의 가르침이 갖는 권위에 순종하지 않는다면, 완전하고 균형 잡힌 성숙한 제자도는 불가능하기 때문이다. (1992b:173)

746. 복음주의와 복음 전도

사람들은 흔히 '복음주의적'(evangelical)이라는 용어를 '복음 전도적'(evangelistic)이라는 단어와 동의어라도 되는 듯이 사용한다. 최근 내 동료 한 명이 예정된 강연에 대한 지시문을 받았는데, 편지를 보낸 사람은 청중이 모두 그리스도인이므로 "복음주의적인 것은 어떤 것도 원하지 않는다"고 썼다. 물론 그 말은 복음 전도적 강연을 요청하지 않는다는 의미였다. 하지만 '복음주의적'이라는 말과 '복음 전도적'이라는 말을 혼동해서는 안 된다. '복음 전도적'이라는 형용사는 복음을 전파하는 활동, 즉 복음 전도 캠페인과 복음 전도 예배 같은 것들을 설명한다. 반면 '복음주의적'이라는 말은 신학을 묘사하는 것으로, 이 신학은 사도 바울이 "복음의 진리"(갈 2:5, 14)라고 부른 것이다. (1970b:27)

747. 궁극적으로 중요한 것

결국 복음주의자에게 가장 중요한 것은 호칭이나 별칭이 아니다. 파티의 초대권도, 심지어 성경과 복음도 아니다. 그들에게 가장 중요한 것은 예수 그리스도의 명예와 영광이다. (1977i:14)

10부
온 세상으로

748. 보내시는 하나님

'선교'란 하나님의 성품에서 생겨나는 하나님의 활동이다. 살아 계신 성경의 하나님은 보내시는 하나님이다. 이것이 바로 '선교'라는 말의 의미다. 하나님은 예언자들을 이스라엘에 보내셨다. 하나님은 자신의 아들을 세상에 보내셨다. 하나님의 아들은 사도들과 70인의 제자와 교회를 보내셨다. 그분은 또한 성령님을 교회에 보내시며, 오늘날 우리 마음속으로 성령님을 보내신다. (1975e:66)

749. 선교의 기초

일신론은 여전히 선교의 본질적인 기초다. 하나님이 **"모든 사람"**이 구원을 받으며 [같은] 진리를 아는 데 이르기를 원하시는" 가장 주요한 이유는 "하나님은 **한 분**이시요 또 하나님과 사람 사이에 중보자도 한 분이시니 곧 사람이신 그리스도 예수라. 그가 모든 사람을 위하여 자기를 대속물로 주셨기" 때문이다(딤전 2:4-6). 이 본문의 논리는 '모든 사람'과 '한 분 하나님'의 관계에 근거하고 있다. 우리가 '모든 사람'에게 충성을 요구하는 근거는 오직 '한 분 하나님'이 계시며, 하나님과 모든 사람 사이에 오직 '한 분 중보자'가 있다는 것이다. 하나님의 단일성과 그리스도

의 유일성이 없다면 기독교 선교는 없다. (1967e:23)

750. 선교의 종교

성경은 다섯 부분으로 나눌 수 있다. 구약의 하나님은 선교의 하나님으로, 땅의 모든 족속에게 복을 주시기 위해 한 가족을 부르셨다. 복음서의 그리스도는 선교의 그리스도다. 그리스도는 증언을 위해 교회를 보내셨다. 사도행전에 나오는 성령님은 선교의 성령이다. 성령님은 교회를 예루살렘에서 로마로 이끄셨다. 서신서들의 교회는 선교하는 교회로, 세계적 사명을 가진 세계적 공동체다. 요한계시록의 종말은 선교적 종말로서, 모든 나라로부터 헤아릴 수 없이 큰 무리가 모이는 것이다. 그러므로 나는 성경의 종교는 선교의 종교라고 말해야 한다고 생각한다. 그 증거는 압도적이며 논박할 수 없다. 선교는 관용이나 예의에서 벗어난 것이 아니며, 교회 내의 몇몇 광신적인 괴짜들의 취미로 여겨질 수 없다. 선교는 하나님의 마음 한가운데 자리하고 있으며, 따라서 교회의 가장 핵심에 자리하고 있다. 선교 없는 교회는 더 이상 교회가 아니다. 그것은 교회 정체성의 본질적인 부분과 모순된다. **교회는 선교다.** (1980g:46)

751. 위임

우리에게 주어진 세계 복음화의 명령은 성경 전체에서 찾을 수 있다. 그 것은 하나님의 창조에서(그 창조 때문에 모든 인간은 하나님 앞에 책임 있는 존재다), 하나님의 성품에서(그분은 개방적이고 사랑이 많으시며 자비롭고 어느 누구도 멸망하는 것을 원치 않으시고 모든 사람이 회개에 이르기 원하신다), 하나님의 약속들에서(열방이 아브라함의 씨를 통해 복을 받을 것이며 메시아의 유업이 될 것이다), 하나님의 그리스도에서(그분은 지금 우주적 환호를 받기 위해 높이 오르셔서 온 우주의 권세를 갖고 계신다), 하나님의 영에서(그분은 죄를 깨닫게 하시고, 그리스도를 증언하시며, 교회로 하여금 복음을 전하지 않을 수 없도록 하신다), 하나님의 교회에서(그리스도께서 다시 오실 때까지 복음을 전하라는 명령을 받은, 다국적이고 선교적인 공동체) 발견할 수 있다. (1981h:4)

752. 모두를 위한 예수

예수님은 **세상**의 빛이다. 그러므로 예수님을 우리만 간직하고 있을 수는 없다. 우리가 감히 그리스도를 독점하려 해서는 안 된다. 불가피하게도 기독교는 부끄러움 없는 선교적 신앙이다. (1966b:54)

753. 그리스도의 우주적 권세

모든 기독교 선교 사업의 근본적 기초는 '하늘과 땅을 다스리는' 예수 그리스도의 우주적 권세다. 만약 예수 그리스도의 권세가 땅에 제한되어 있다면, 예수님이 많은 종교적 선생이나 유대인 예언자들 중 하나라면, 육화되어 나타난 여러 영적 존재들 가운데 하나일 뿐이라면, 우리는 예수님을 세상의 주님이요 구세주로 열방에 제시하라는 명령을 받지 않을 것이다. 만일 예수님의 권세가 하늘에 국한되어 있다면, 예수님이 정사와 권세를 결정적으로 쓰러뜨리지 않으셨다면, 우리는 여전히 예수님을 열방에 제시할지는 모르지만 결코 그들을 "어둠에서 빛으로, 사탄의 권세에서 하나님께로 돌아오게"(행 26:18) 할 수는 없을 것이다.

땅의 모든 권세가 그리스도께 속하였기 때문에 우리는 감히 열방으로 간다. 하늘의 모든 권세 역시 그리스도의 것이기 때문에 우리에게는 성공에 대한 소망이 있다. 온 세상을 그리스도께 돌아오도록 하기 위해 적은 수의 팔레스타인 시골뜨기들을 보낸다는 것은 우스꽝스러운 일처럼 보였을 것이다. 그리스도를 알지 못하고 인정하지도 않는 수십억의 사람들에 비해 수적으로 열세인 오늘날의 교회에도 그 과제는 똑같이 엄청난 것이다. 우리에게 모든 족속을 제자로 삼도록 애쓸 권리와 확신을 주는 것은, 예수 그리스도의 유일하고 우주적인 권세다. 이 땅에서의 그리스도의 권세 앞에 모든 민족은 엎드려 경배해야 한다. 하늘에서의 그리스도의 권세 앞에서 어떤 마귀도 그분을 가로막을 수 없다. (1967d:46)

754. 성령과 교회

죄인들에게 죄와 죄책을 깨닫게 하고, 눈을 열어 그리스도를 보게 하며, 그리스도께로 이끌고, 회개하고 믿을 수 있도록 하며, 죽은 영혼에 생명을 불어넣으시는 분은 성령님이다. 그리스도께서는 교회를 세상으로 보내기 전에 교회에 성령님을 보내셨다. (1967d:56)

755. 성령님의 증언

다락방에서 예수님은 하나님 아버지께서 보내실 성령님의 독특하신 사역은 자기 자신 곧 성자와 관련될 것이고, 성령은 다른 무엇보다도 성자를 영광스럽게 하며 성자를 나타내는 것을 기뻐하실 것이며(요 16:14), 따라서 복음을 전파할 때 성령님이 최고의 증인이 될 것임을 강조하셨다. "그가 나를 증언하실 것이요." 이 말을 하신 후에야 예수님은 사도들에게 "너희도…증언하느니라"고 덧붙이셨다(요 15:26-27). 일단 이 순서의 중요성을 파악한다면, **성령의 증언 없이는 우리의 증언이 무익하다**는 말에 동의하는 데 전혀 어려움이 없을 것이다. [1975d:34]

756. 그리스도인의 생활양식

선교란 하나님의 위임에 대한 인간의 반응이다. 그것은 복음 전도와 사회적 책임을 모두 포함하는 그리스도인의 총체적 생활양식이다. 하나님 아버지께서 그리스도를 세상으로 보내신 것과 마찬가지로 그리스도께서 우리를 세상으로 보내시며, 그렇기 때문에 우리는 세상으로 가야 한다는(그리스도를 위해 살고 일하기 위해) 확신에 사로잡힌 삶이다. [1990a:15]

757. 하나님의 선교에 동참하다

하나님은 세상에서 자신이 행하시는 선교에 동참하도록 우리를 부르신다. 첫째로, 하나님은 자기 아들을 보내셨다. 다음으로, 자신의 성령님을 보내셨다. 이제 하나님은 자신의 교회, 곧 우리를 보내신다. 하나님은 자신의 아들의 구원을 알리기 위해, 자신의 성령에 의해, 우리를 자신의 세상으로 보내신다. 하나님은 구원을 이루기 위해 아들을 통해 일하셨다. 하나님은 그것을 알리기 위해 우리를 통해 일하신다. [1967e:18]

758. 하나님의 이름과 영광

예수님 앞에 모든 이가 무릎 꿇고 모든 입이 그분을 고백하는 것이 하나님의 열망이라면 우리 역시 그것을 열망해야 한다. 우리는 그분 이름의 존귀함 때문에 '질투해야'(성경에서 때로 그렇게 표현하듯이) 한다. 그 이름이 알려지지 않을 때 괴로워하고, 그 이름이 무시될 때 상처를 받으며, 그 이름이 모욕당할 때 분개하고, 언제나 그 이름이 마땅히 받아야 할 영광과 존귀를 받기를 열망하고 결단해야 한다. 선교의 모든 동기 중 가장 고상한 것은 대위임령에 대한 순종이나(그것이 중요하긴 하지만) 소외되고 멸망하는 죄인들에 대한 사랑(특별히 하나님의 진노를 심사숙고해 볼 때, 그것이 강력한 동기이기는 하지만)이 아니다. 그것은 예수 그리스도의 영광에 대한 불타는 열심이다.

어떤 복음 전도는 얄팍하게 위장한 형태의 제국주의에 지나지 않는다. 우리의 진짜 야심이 국가와 교회, 조직 또는 자신의 명예를 위한 것일 때 언제나 그렇게 될 수 있다. 오직 한 형태의 제국주의만이 기독교적인데, 그것은 위대한 황제이신 예수 그리스도와 그분의 제국 혹은 그 나라의 영광에 관심을 둔다. 요한은 최초의 그리스도인들이 "그의 이름을 위하여"(요삼 7절)[26] 나갔다고 하는데, 누구의 이름을 말하는지 구체적으로 밝히지 않는다. 하지만 우리는 안다. 그리고 바울도 우리에게 말해 준다. 그것은 바로 비할 데 없는 예수님의 이름이다. 이러한 최상의 목표 앞에서 모든 하찮은 동기는 시들어 죽어 버린다. [1994:53]

759. 하나님의 교회와 말씀

바울과 바나바가 미지의 곳으로 첫 번째 선교 여행을 떠났을 때, 그들은 (아브라함, 요셉, 모세가 그랬던 것처럼) 하나님이 그들과 함께 계심을 발견했다. 그것이 바로 그들이 돌아와서 보고한 내용이다(행 14:27; 15:12). 이

---

26 한글성경 번역본들은 '주' 혹은 '그리스도'의 이름으로 번역했다―옮긴이 주

러한 확신은 선교에 필수불가결한 것이다. 변화란 우리 모두에게 고통스러운 것이다. 특히 그것이 우리가 소중히 여기는 건물과 관습에 영향을 끼칠 때는 더욱 그렇다. 그러나 참된 기독교적 급진주의는 변화에 개방적이다. 그것은 하나님이 그의 교회(결코 떠나지 않겠다고 약속하심으로)와 그의 말씀(그것이 결코 소멸하지 않을 것이라고 약속하심으로)에 결합되어 계심을 안다. 하지만 하나님의 교회는 건물이 아니라 사람을 뜻하며, 하나님의 말씀은 전통이 아니라 성경을 뜻한다. 이러한 본질적인 것들이 보존되는 한 건물과 전통은 필요하다면 폐지될 수 있다. 우리는 그런 것들이 살아 계신 하나님을 감금하거나 세상에서 그분의 선교를 방해하게 해서는 안 된다. (1990b:143)

760. 선교로의 부르심

그리스도인의 부르심은 (세상에 산다는 의미에서) 세속성과 (세상의 악으로부터 보호된다는 의미에서) 거룩함과 (종과 증인으로서 그리스도의 이름으로 세상에 나간다는 의미에서) 선교로의 동시적 부르심이다. (1971b:81)

761. 진정한 선교

하나님의 아들은 인간의 죄와 비극에서 멀리 떨어진 하늘 나라의 안전한 상태에 머물지 않으셨다. 그분은 실제로 우리가 사는 세상으로 들어오셨다. 그분은 자신의 영광을 버리고, 섬기기 위해 자신을 낮추셨다. 그분은 우리와 같은 본성을 입고, 우리와 같은 삶을 사셨으며, 우리가 겪은 시험을 당하고, 우리의 슬픔을 경험하고, 우리의 상처들을 느끼셨으며, 우리 죄의 짐을 지고 우리의 죽음을 죽으셨다. 그분은 우리의 인간됨을 깊이 있게 꿰뚫어 보셨다. 그분은 그분이 피할 것으로 여겨졌던 사람들과 결코 멀리 떨어져 있지 않으셨다. 그분은 사회의 낙오자들과 친구가 되셨는데, 심지어 상대해서는 안 된다고 여겨진 천민들과도 접촉하셨다. 그분은 철저하게 우리와 하나가 되셨고, 그 이상의 하나됨은 생각할 수도 없을 것이다. 그것은 사랑에서 나온 철저한 동일화였다.…

그러나 그리스도께서 우리와 동일화되셨을 때 그분은 자신의 정체성을 양도하거나 어떤 식으로든 바꾸신 것이 아니었다. 왜냐하면 우리 중 하나와 같이 되시면서도 그분은 여전히 그분 자신이었기 때문이다. 그분은 인간이 되셨다. 그러나 그렇다고 해서 하나님이 아닌 것은 아니었다.

아버지께서 그분을 세상에 보내신 것같이, 이제 그분은 우리를 세상에 보내신다. 다시 말해 우리의 선교는 그분의 선교를 모델로 해야 한다. 실로 모든 진정한 선교는 성육신적 선교다. 그것은 정체성을 상실하지 않으면서 동일화할 것을 요구한다. 그것은 우리의 기독교적 확신과 가치관과 기준을 타협하지 않으면서 그분이 우리의 세계에 들어오신 것처럼 다른 사람들의 세계에 들어가는 것을 의미한다. (1992b:357)

762. 선교의 맥락

'세상으로' 간다는 것은 반드시 먼 나라나 원시 부족에게로 간다는 의미가 아니다. '세상'이란 세속적이고 믿음이 없는 사회이며, 도처에 있다. 우리가 그리스도를 모르거나 존중하지 않는 사람들 속에 있게 될 때, 그분은 우리를 '세상에' 보내신 것이다. 그곳은 우리가 사는 동네일 수도 있고, 사무실이나 가게, 학교, 병원이나 공장, 심지어 자신의 가정일 수도 있다. 그리고 세상 속에서 우리는 사랑하고 섬기며 진실하고

희생적인 우정을 제공하도록 부름받는다. 역설적으로 말해서, 세상이
야말로 우리가 증언할 수 있는 진정으로 기독교적인 유일한 맥락이다.

(1967e:67)

763. 진정한 복음 전도

하나님은 성경을 통해 우리에게 말씀하시면서 인간의 언어를 사용하셨다. 그리고 그리스도 안에서 우리에게 말씀하시면서 인간의 육신을 입으셨다. 하나님은 자신을 계시하기 위해 자신을 비우고 낮추셨다. 이것이 바로…성경이 제공하는 복음 전도의 모델이다. 진정한 복음 전도에는 반드시 자신을 비우는 일과 자신을 낮추는 일이 포함되어 있다. 그렇지 않다면 우리는 복음에 상반되는 행동을 하는 것이며, 그리스도를 잘못 전달하는 것이다. (1981h:7)

764. 예수님의 선교

예수님의 선교는 긍휼의 선교였다. **선교**와 **긍휼**은 항상 함께 묶여 있어야 하는 단어다. 그 의미가 서로에게 밀접하게 속해 있기 때문이다. 우리는 복음서에서 예수님이 '민망히 여기셨다'는 말을 되풀이해서 읽게 된다. 그분은 이끄는 자가 없는 혹은 굶주린 무리를 보고, 병든 자들을 보고, 단 한 명의 나병 환자를 보고, 외아들을 잃은 과부를 보고 민망히 여기셨다. 예수님의 긍휼을 불러일으킨 것은 언제나 인간의 필요(어떤 형태로 그런 필요들과 마주치게 되었든)였다. 그리고 곤경에 처한 사람들에 대한 긍휼로 인해 예수님은 행동하셨다. 예수님은 복음을 전파하셨고, 사람들을 가르치셨고, 주린 자를 먹이셨고, 나병 환자를 깨끗하게 하셨고, 아픈 자를 고치셨고, 죽은 자를 살리셨다. 이 모든 것은 예수님의 선교의 일부였다. 예수님은 섬김을 받으러 온 것이 아니라 섬기러 오셨다고 말씀하셨다(막 10:45). 물론 예수님의 자기희생적 섬김의 절정은 속죄의 죽음이다. 그 죽음으로 인해 예수님은 우리의 구원을 확보하신 것이다. 그럼에도 불구하고 예수님의 긍휼의 선교는 여기에 국한되지 않는다. 인간의 필요가 이에 국한되지 않기 때문이다. 예수님은 섬기기 위해 부르심을 받았다. 그리고 그 섬김의 형태는 인간의 필요에 대한 긍휼에서 우러나온 민감함으로 결정되었다. (1977d:54)

765. 섬기는 사랑

예수님은 하나님 아버지께서 자신을 세상에 보내신 것처럼, 자신도 우리를 세상에 보내신다고 말씀하신다. 그러므로 우리의 선교는 예수님의 선교와 마찬가지로 섬김의 선교다. 예수님은 자신의 지위를 벗어 버리고 종의 형체를 취하셨다. 그러므로 예수님의 겸손한 마음이 우리 안에도 있어야 한다(빌 2:5-8). 예수님은 우리에게 완벽한 섬김의 모델을 제공해 주시며, 섬기는 교회가 되도록 자신의 교회를 세상에 보내신다. 이러한 성경의 강조점을 회복하는 것이야말로 우리에게 필수적인 일 아닐까? 그리스도인들이 취하는 태도나 기독교적 사업의 관행을 보면, 우리(특히 유럽과 북미에 사는 사람들)는 종이 되기보다는 우두머리가 되는 경향이 있어 왔다. 하지만 우리는 종의 역할을 감당함으로써만 복음 전도와 사회적 책임을 올바르게 통합할 수 있을 것이다. 그리스도께서 그러하셨던 것처럼, 우리에게도 복음 전도와 사회적 책임은 섬기는 사랑의 진정한 표현이 되어야 하기 때문이다. (1975c:25)

766. 두 가지 명령

아마도 그것이 예수님이 하나님 아버지께로 돌아가시기 전에 우리에게 주신 마지막 명령이기 때문에 우리의 기독교적 사고에서 대위임령이 지나친 위치를 차지하는 것이라고, 나는 감히 말할 수 있다. 내 말을 오해하지 말기 바란다. 나는 전 교회가 모든 족속에게 복음을 전파하라는 주님의 지상 명령에 순종할 의무를 가지고 있다고 확고하게 믿는다. 하지만 나는 또한 이것을 예수님이 우리에게 남겨 주신 유일한 명령으로 여겨서는 안 된다고 생각한다. 예수님은 레위기 19:18의 "네 이웃 사랑하기를 너 자신과 같이 사랑하라"는 명령을 인용하시면서, 그것을 '둘째로 큰 계명'이라고 부르셨으며(중요성 면에서 우리의 전 존재를 다해 하나님을 사랑하라는 최고의 명령 다음이다), 산상수훈에서 그것을 자세히 설명하셨다. 산상수훈에서 예수님은 하나님이 말씀하시는 이웃이란 우리의 원수를 포함하며, 사랑은 '선을 행하는' 것 즉 이웃의 복지를 위해 적극적으로 헌신하는 것을 포함한다고 역설하셨다.

그렇다면 여기에 예수님의 두 가지 명령이 있다. 바로 "너희 이웃을 사랑하라"는 대계명과 "가서 제자 삼으라"는 대위임령이다. (1975c:29)

767. 참된 동기

모든 영역에서 동기는 매우 중요하다. 우리는 이성적 인간이므로 행동의 내용뿐 아니라 행동의 이유도 알아야 한다. 선교의 동기는 특히 중요하다. 요즘처럼 종교에 대한 비교 연구가 많은 사람들로 하여금 예수 그리스도의 궁극성과 독특성을 부인하고, 사람들에게 복음을 전파하고 회심시킨다는 개념 자체를 부인하도록 만드는 때에 그 중요성은 더욱 커진다. 그렇다면 복음 전도에 대한 반대가 점점 커져 가는 상황에 직면해서, 그리스도인들은 어떻게 세계 복음화의 지속을 정당화할 수 있는가? 가장 흔한 대답은 대위임령을 제시하는 것이다. 또한 실제로 대위임령에 순종하는 것은 강력한 자극을 제공해 준다. 그러나 긍휼은 순종보다 고귀한 것이다. 그것은 예수 그리스도를 모르기 때문에 소외되고 목표를 잃고 길을 잃은 사람들에 대한 사랑이다. 그러나 무엇보다도 가장 고귀한 동기는 예수 그리스도의 영광을 위한 열심 혹은 질투다. 하나님은 모든 무릎과 모든 입이 그분의 주권을 인정하도록 하기 위해 그분을 최고의 영광스러운 자리로 높이셨다. 그러므로 그분이 사람들의 삶에서 차지해야 할 올바른 위치가 부인될 때마다 우리는 내적으로 상처 받고 그분의 이름을 위해 질투해야 한다. (1990b:279)

768. 섬김과 고난

우리는 섬김에서 고난이 차지하는 위치와 선교에서 수난이 차지하는 위치를 거의 가르치지 않는다. 하지만 효과적인 복음 전도와 선교의 가장 큰 비결은 기꺼이 고난 받고 죽으려는 마음이다. 그것은 인기에 대한 죽음(인기 없는 복음을 신실하게 전파함으로써)이 될 수도 있고, 교만에 대한 죽음(성령님께 의지하며 겸손한 방법들을 사용함으로써), 인종적·민족적 편견에 대한 죽음(다른 문화에 동일화됨으로써), 물질적 안락에 대한 죽음(검소한 생활양식을 채택함으로써)이 될 수도 있다. 하지만 열방에 빛을 가져오려면

종은 반드시 고난을 받아야 하며, 씨가 증식되려면 반드시 죽어야 한다. (1986a:322)

769. 복음 전도의 우선성

나는 우리가 "희생적 섬김이라는 교회의 사명에서 복음 전도가 최우선이다"라는 로잔 언약의 진술(6항 "교회와 복음 전도")에 동의해야 한다고 생각한다. 그리스도인들은 인간이 어떤 식으로든 억압 받거나 소홀히 여겨질 때 그들이 박탈당한 것이 시민적 자유든, 인종적 존중이든, 교육이든, 의학이든, 고용이든, 적절한 의식주든 심각한 양심의 고통을 느껴야 한다. 인간의 존엄성을 침해하는 모든 것을 불편하게 여겨야 한다. 하지만 복음을 모르거나 거부했기 때문에 하나님으로부터 소외되는 것만큼 인간의 존엄성을 파괴하는 것이 또 있을까? 그렇다면 우리가 어떻게 정치적·경제적 해방을 영원한 구원과 동일하게 중요하다고 심각하게 주장할 수 있단 말인가? (1975c:35)

770. 전도와 사회적 행동

굳이 하나를 선택해야 할 경우 나는 영원한 구원이 일시적 복지보다 더 중요하다고 주장할 것이다. 이 점에 대해서는 논박의 여지가 없다고 생각한다. 그러나 보통은 선택이 필요하지 않다는 점 또한 덧붙이고자 한다. 윌리엄 템플이 표현한 대로, "우리가 한 개인을 그리스도인으로 만드는 것과 사회 질서를 좀 더 기독교적으로 만드는 것 중에 선택해야 한다면, 전자를 택해야 한다. 그러나 이와 같은 대립은 존재하지 않는다." (1979c:21)

771. 동기와 근원

복음 전도는 사랑에서 태어난다. (1967f:5)

772. 하나님의 세상을 향한 하나님의 말씀

나는 우리가 '이중적 귀 기울임'이라는 어렵고도 고통스러운 과업으로 부름받는다고 믿는다. 우리는 충실함과 민감함을 모두 갖추고 고대의 말씀과 현대 세계를 연결하기 위해 둘 모두에(물론 존중의 정도는 다르지만) 주의 깊게 귀 기울여야 한다.…나는 우리가 만약 이중적 귀 기울임의 능력을 개발할 수만 있다면, 불성실과 부적절함이라는 서로 반대되는 함정들을 피하면서, 오늘날 하나님의 세상을 향해 하나님의 말씀을 효과적으로 전할 수 있으리라 확신한다. (1992b:13)

773. 복음의 진수

'복음 전도'라는 말은 문자적으로 '좋은 소식을 가져오거나 퍼뜨리다'라는 의미인 헬라어에서 유래한다. 그러므로 좋은 소식의 내용에 대해 이야기하지 않고 복음 전도에 대해 이야기하기는 불가능하다. 그 내용은 무엇인가? 간단히 말해서, 그것은 **예수님**이다. 예수 그리스도 그분이 복음의 진수다. (1975d:12)

774. 사실, 교리, 복음

'예수님을 선포하는 것'으로는 충분하지 않다. 오늘날에는 여러 다른 예수들이 제시되고 있기 때문이다. 신약의 복음에 따르면, 그분은 **역사적**이며(그분은 실제로 역사의 장 속에서 사셨고 죽고 부활하고 승천하셨다), **신학적**이고(그분의 삶과 죽음과 부활과 승천은 모두 구원의 의미를 지닌다), **현대적인**(그분은 지금도 살아 계시고 통치하면서 그분께 응답하는 자들에게 구원을 내려 주신다) 분이다. 이처럼 사도들은 같은 예수님의 이야기를 세 가지 측면에서 이야기했다. 예수님의 이야기는 (그들의 눈으로 목격한) 역사적 사건이고, (성경에 의해 해석된) 신학적 의미를 지니는, (사람들이 결단의 필요성에 직면하게 하는) 현대적인 메시지다. 우리도 오늘날 예수님의 이야기를 사실과 교리와 복음으로서 말해야 할 똑같은 책임을 지고 있다. [1990b:81]

775. 복음 전도의 정의

복음 전도는 사람들을 회심시키는 것도, 그들의 영혼을 얻는 것도, 그들을 그리스도께로 데려오는 것도 아니다. 물론 그것들은 복음 전도의 첫 번째 목표다. 하지만 복음 전도의 정의는 복음을 전파하는 것이다. [1975c:39]

776. 합당한 영광

복음 전도의 가장 큰 동기는 인간의 필요가 아니라 하나님의 영광이다. 인간이 구원을 받아야 한다는 것이 아니라, 인간이 영원히 하나님을 인정하고 송축하면서 그 이름에 합당한 영광을 하나님께 돌려야 한다는 것이다. [1988e:69]

777. 하나님이 하나님 되시게 하라

오늘날 복음 전도에서 가장 필요한 것은 하나님이 하나님 되시게 하는 겸손이다. 그것은 결코 복음 전도를 무력하게 만들지 않는다. 오히려 그것만큼 복음 전도를 풍성하고 깊게 하며 권능을 부여하는 것은 없다.

우리의 동기는 교회의 영광이나 자신의 영광이 아니라, 하나님의 영광에 대한 관심이어야 한다.

우리의 메시지는 인간의 전통이나 의견이 아니라 그리스도와 사도들이 주신 하나님의 복음이어야 한다.

우리의 인적 자원은 복음 전도를 특권으로 간직하고 싶은 혜택 받은 소수가 아니라, 하나님의 교회와 모든 구성원이어야 한다.

우리의 원동력은 인간의 성격, 조직, 웅변술이 아니라 성령님이어야 한다. 이러한 우선순위가 없다면 우리는 목소리를 내야 할 때 침묵하게 될 것이다. (1967e:117)

778. 거리 두기

사람들과 친밀하게 접촉하면 우리의 단점이 그들에게 드러나게 된다. 교제를 나눌 때나 증언할 때는 거리를 두는 편이 훨씬 낫다. 그렇게 하면 사람들에게 찬탄을 받을 가능성이 더 많기 때문이다. 가까이 접근할 때, 찬탄의 대상이었던 사람이 실상 진흙투성이임을 발견하게 된다. 우리는 기꺼이 사람들이 우리에게 가까이 와서 우리가 정말로 어떤 존재인지를 발견하며 우리를 있는 그대로 알도록 하려는 마음이 있는가? 참된 증언은 우정에서 나오는 것으로, 사랑뿐만 아니라 극도의 거룩함을 요구한다. 사실 사람들에게 가까이 갈수록 그리스도에 대해 말하기가 더 어려워진다. 바로 이 때문에 가족에게 증언하는 일이 가장 어려운 것 아닐까? 그들은 우리를 너무나 잘 안다. (1962g:16)

779. '누구든지…할 수 없느니라'

복음 전도의 목적이, 죄인들을 부추겨서 그들이 정신을 차리고 전념한 다면 완벽하게 잘할 수 있는 어떤 것을 하게 하는 것이라고 주장한다면 심각한 잘못이다. 성경은 이것을 단호하게 부인한다. 다음 두 진술을 살펴보라. "성령으로 아니하고는 누구든지 예수를 주시라 할 수 없느니라"(고전 12:3). "아버지께서 이끌지 아니하시면 아무라도 내게 올 수 없으니"(요 6:44). 교회는 사람이 자연적으로는 그리스도를 믿거나 그리스도께로 나아올 수 없다는 말을 훨씬 더 많이 들려주어야 한다. 오직 성령님만이 사람들에게 그리스도를 나타내 보이실 수 있고, 오직 성부만이 사람들을 그리스도께로 이끄실 수 있다. 성부와 성령의 이러한 이중의 역사 없이는 누구도 성자께 이를 수 없다. 예수님은 또한 "너희가 영생을 얻기 위하여 내게 오기를 원하지 아니하는도다"(요 5:40)라고 말씀하셨는데, 인간의 마음은 이러한 '할 수 없음'과 '하려 하지 않음' 사이의 긴장을 결코 완전히 해결할 수 없다. 하지만 할 수 없다는 것과 하려 하지 않는다는 것은 둘 다 옳은 말이며, 인간의 거부가 은혜 없이는 올 수 없다는 사실을 무효화하지는 않는다. (1967e:113)

780. 최고의 복음 전도자

누가 사자가 되어야 하는가?

이 질문에 대한 첫 번째 근본적인 대답은 '하나님 자신'이라는 것이

존 스토트의 기독교 강요
Authentic Christianity

다. 복음은 하나님의 복음이다. 하나님이 복음을 창안하셨다. 하나님이 그 복음에 내용을 부여하셨다. 하나님이 그것을 공표하셨다. 그분이 우리에게 "화목하게 하는 직분"과 "화목하게 하는 말씀"(고후 5:18-19)을 부탁하셨다는 사실도 이것을 바꾸지는 못한다. 하나님은 화목을 이루기 위해 '그리스도를 통해' 행동하셨으며, 이제 그것을 알리기 위해 '우리를 통해' 행동하신다. 하지만 여전히 하나님이 화목을 이루고 말씀을 전하는 분이시다.

하나님은 구원을 공표하는 일을 부분적으로 교회에게 위임하시기 전에 그 일을 할 좀 더 고상한 대행자들을 이용하셨다. 구약의 예언자들과 별개로 복음을 처음으로 알린 사자는 천사였다. 그리고 복음을 최초로 공표한 때에 그에 수반해서 여호와의 영광이 나타났고, 하늘의 천군 천사가 예배하며 맞이했다.

그다음에 하나님은 자기 아들을 보내셨다. 그 아들은 사자(messenger)인 동시에 메시지(message)다. 하나님은 "예수 그리스도로 말미암아 화평의 복음을 전하사 이스라엘 자손들에게…말씀"을 보내셨기 때문이다 (행 10:36). 그러므로 예수님은 하나님과 인간, 유대인과 이방인 사이에 '평화를 만드셨을' 뿐 아니라, 또한 '평화를 전하셨다'(엡 2:14-17). 예수님은 하나님 나라의 복음을 전하시며 팔레스타인을 두루 다니셨다.

그다음에 하나님은 그리스도를 증언하도록 자신의 영을 보내셨다. 그러므로 성부가 성령을 통하여 성자를 증언하신다. 그리고 나서야 하나님은 증언에 참여하는 특권을 교회에 주셨다. "그리고 너희 또한 증언할 것이다"(요 15:27, 저자 사역).

우리를 겸손하게 하는 이러한 진리들을 기억하는 것은 매우 중요하다. 최고의 복음 전도자는 성부 하나님이시다. 하나님은 복음을 전파하는 과업을 인간에게 위탁하시기 전에 천사와 아들과 자신의 영을 통해 그 과업을 행하셨다. 이것이 바른 순서다. 교회는 순서의 제일 마지막이며, 교회의 증언은 언제나 성령님의 증언에 종속될 것이다. (1967e:57)

781. 설득자 바울

바울의 복음 제시는 진지하고 논리 정연했으며 설득력이 있었다. 그는 복음이 참된 것이라고 믿었기 때문에 듣는 사람들의 지성에 호소하기를 두려워하지 않았다. 그는 그저 그의 메시지를 '받아들이거나 말거나' 하라는 식으로 선포하지 않았고, 그의 주장을 지지하고 설명하기 위한 논증을 잘 정돈했다. 그는 사람들을 회심시키기 위해 그들을 확신시키려 애썼으며, 실제로 누가가 명백하게 기술하고 있듯이 많은 사람들이 '설복되었다.' 누가는 고린도에서도 바울이 이런 방법을 사용했다고 진술하고 있다. 그가 고린도에서 부인한 것은(고린도전서 1장과 2장을 보라) 하나님의 지혜가 아니라 세상의 지혜였으며, 논증의 사용이 아니라 그리스의 수사학이었다. 물론 논증이 성령의 사역을 대체하지는 않는다. 그러나 성령을 신뢰하는 것 역시 논증을 대체하지 않는다. 우리는 결코 둘을 대립시켜서는 안 된다. 그렇다. 성령은 진리의 영이시며, 그분은 사람들이 증언에 주의를 기울이도록 마음을 여신다. 그러면 사람들은 증언에도 불구하고 믿는 것이 아니라 증언 때문에 예수님을 믿게 된다. (1990b:312)

782. 지성의 동의

전도 설교가 결정을 내릴 근거가 될 만한 내용은 전혀 없이 회중에게 결단을 촉구하는 내용으로 구성되는 경우가 너무 흔하다. 하지만 복음은 근본적으로 사람들에게 무엇인가를 하도록 권유하는 것이 아니다. 그것은 사람들의 구원을 위해 십자가에 달리신 그리스도 안에서 하나님이 행하신 일에 대한 선포다. 선포를 하기 전에는 제대로 초청할 수 없다. 사람들은 진리에 반응하도록 요청 받기 전에 진리를 이해해야 한다. 인간의 지성이 유한하며 타락한 것은 사실이다. 하지만 절대로 인간에게 지성을 억누르도록 요구해서는 안 된다. 회개와 믿음으로 예수 그리스도께 나온다면 지성이 완전히 동의한 가운데 그렇게 해야 한다. 전도 집회 이후에 회심자들이 많이 빠져나가는 것은 복음 전도자들이 이를 무시하기 때문이다. 인간의 지성은 어두워졌으므로 전도 설교에서 그것을 고려할 수 없다고 누군가가 말한다면, 나는 사도들은 다른 견해를 가지고 있었다고 대답할 수 있을 뿐이다. [1961:48]

783. 재판을 받으시는 예수

예수 그리스도는 오늘날에도 재판을 받으신다. 공회 앞이나 본디오 빌라도 혹은 헤롯 안티파스 앞이 아니라, 세상의 의견이라는 법정에서 재판을 받으시는 것이다. 성경적 언어로 말하자면 세속적이고 불경하며 비기독교적인 사회를 의미하는 '세상', 때로는 헌신되지 않았으며, 때로는 적대적인 '세상'이 재판관 역할을 한다. 세상은 예수 그리스도께 갖가지 판결을 내리면서 끊임없이 그분을 심판하고 있다. 마귀는 온갖 추한 거짓말로 예수님을 고발하며, 자신의 거짓 증인들을 모아들인다. 성령님은 '파라클레이토스'(*paraklētos*), 곧 피고를 위한 변호인이다. 성령님은 우리가 그분의 주장을 입증하는 증인이 되도록 부르신다. 그리스도인 설교자는 예수 그리스도를 변호하고 그분의 이야기를 전하며, 법관들이 판결을 제시하기 전에 반드시 듣고 생각해 보아야 할 증거를 제시함으로써 예수 그리스도를 위해 증언할 특권을 갖는다. (1961:54)

784. 참된 간증

오늘날 소위 '간증'(testimony)이라 불리는 것들은 자기 이야기일 뿐이며 심지어 얄팍하게 은폐된 자기선전인 경우가 너무 많으므로, 우리는 적절한 성경적 관점을 되찾을 필요가 있다. 모든 참된 간증은 예수 그리스도께서 세상의 재판정 앞에 서 계실 때 그분을 증언하는 것이다. (1961:57)

785. 그리스도에 대한 증언

'증언'과 '간증'이라는 말은 매우 평가절하 되었으며, 때로는 종교적 자서전에 나오는 수필에 불과한 것을 묘사하는 데 사용되기도 한다. 하지만 그리스도인은 그리스도를 증언하는 증인이다. 그리고 우리가 증언할 책임이 있는 그리스도는 우리가 개인적으로 체험한 그리스도일 뿐 아니라 역사적 그리스도, 사도들이 증언한 그리스도다. 다른 그리스도는 없다. 그러므로 성경이 증언으로 이끈다면, 증언은 또한 성경에 의존한다. (1984d:191)

786. 우리의 그릇된 침묵

주 예수 그리스도를 위해 말할 기회는 계속해서 주어지는데 우리는 잠잠히 있다. 그리고 우리 각자의 태도가 전체 교회를 특징 짓고, 그것이 교회를 마비시키는 것 같다.

우리의 그릇된 침묵의 원인은 무엇인가?

어떤 답을 내리든 그것은 지나친 단순화로 보일 것이다. 이에 대한 이유는 매우 많기 때문이다. 하지만 나는 네 가지 주요 원인이 있다고 생각한다. 그것은 우리가 말하려고 노력하게 만드는 강력한 동기가 없거나, 무엇을 말해야 할지 모르거나, 그것이 우리의 일이라는 확신이 없거나, 능력의 근원을 잊어버린 나머지 자신이 어떤 도움이 될 것이라 생각하지 않기 때문이다. (1967e:14)

787. 하나님의 목적

신약은 아무리 어리거나 미성숙하다 해도 모든 신자를 증인, 영혼을 구원하는 자로 여긴다. 하나님의 목적은 모든 지역 교회 회중이 예배뿐만 아니라 증언을 위해 조직되는 것이며, 모든 그리스도인이 그 일에 참여하는 것이다. (1954b:xiv)

788. 복음 전도와 성경

세계 복음화에 대한 교회의 헌신도는 성경의 권위를 확신하는 정도와 비례한다는 것이 과거와 현재의 역사에서 관찰할 수 있는 사실이다. 그리스도인들이 성경에 대한 확신을 잃어버리면 복음 전도에 대한 열심도 잃어버린다. 반대로 성경에 대한 확신을 가지면 복음 전도에 대한 의

지도 결연해진다. (1981b)

789. 대화를 통한 전도

대화는 복음 전도의 동의어도 그것의 대체물도 아니다. 대화는 말하고 가르칠 뿐 아니라 듣고 배울 준비도 하면서 진지하게 소통하는 것이다. 그러므로 그것은 온전함을 연습하는 것이다. (1992b:111)

790. 말씀을 주는 것

초대 교회는 부지런하고 체계적으로 메시지를 선포해야 하는 그들의 과업을 알고 있었다. 하나님의 몫이 능력을 주는 것이었다면, 그들의 몫은 말씀을 주는 것이었다. (1973a:4)

791. 연합된 복음 전도

가장 기본적이고 단순하게 표현하자면, 복음 전도는 좋은 소식을 나누는 것이다. 그러므로 나누어야 할 좋은 소식에 대한 우선적 동의 없이 연합된 복음 전도는 불가능하다. (1980f)

792. 구원하시려는 하나님의 뜻

하나님의 주권적 뜻과 자비에 의한 선택의 교리는 신비한 것이며, 그로 인해 어느 누구도 복음 전도나 믿음이 불필요하다고 말해서는 안 된다. 오히려 반대로, 복음 전도가 조금이라도 성공할 수 있는 소망이 있는 것도, 믿음이 가능해지는 것도, 구원하시려는 하나님의 자비로운 뜻 때문이다. 하나님은 복음 전파라는 정하신 수단을 통해, 세상을 창조하기 전에 그리스도 안에서 선택한 사람들을 무지와 속박에서 해방하고 자유롭게 예수님을 믿게 하심으로써 하나님의 뜻이 이루어지도록 하신다. (1979e:48)

793. 복음 전도와 선택

선택의 교리는 복음 전도를 불필요하게 만드는 것이 아니라 필수불가결하게 만든다. 왜냐하면 하나님의 비밀스러운 목적이 계시되고 알려지는 일은 바로 복음의 전파와 수용을 통해서만 이루어지기 때문이다. (1991c:31)

794. 에베소에서의 복음 전도

아시아의 모든 길은 에베소로 모여들었다. 아시아의 모든 주민은 물건을 사고 팔기 위해, 친척을 방문하기 위해, 공중목욕탕에 출입하기 위해, 경기장에서 열리는 경기를 관람하기 위해, 극장에서 연극을 보기 위해, 여신을 예배하기 위해 에베소를 방문했다. 그리고 에베소에 있는 동안, 매일 낮에 다섯 시간 동안 강의를 하고 질문에 답하기도 하는 이 바울이라는 그리스도인 강연자에 대해 들었다. 많은 사람이 그곳을 방문해서 그의 강연을 듣고 회심했고, 거듭난 신자가 되어 자신의 성읍과 마을로 돌아갔을 것이다. 이처럼 복음은 리커스 계곡으로, 주요 성읍인 골로새와 라오디게아와 히에라볼리(에바브라는 방문했으나 바울은 방문한 적이 없는)와 아마도 요한계시록 2장과 3장에 나오는 일곱 교회 중 나머지 다섯 교회, 서머나, 버가모, 두아디라, 사데, 빌라델비아 교회에 퍼져 나갔을 것이 분명하다. 이것은 세상의 큰 대학과 주요 도시들에 대한 훌륭한 전략이다. 만일 복음이 도시의 중심지에서 합리적이고 체계적으로 철저하게 설명된다면 방문객들이 그것을 들을 것이며, 받아들일 것이며, 그것을 그들의 고향에 가지고 갈 것이다.

현대의 복음 전도를 바울의 복음 전도와 비교해 보면 그 피상성이 금방 드러난다. 우리의 복음 전도는 너무 교회적인(사람들을 교회로 초청하는) 경향이 있는 반면, 바울은 복음을 세상으로 가지고 나갔다. 우리의 것은 너무 감정적인(적절한 이해의 기초 없이 결단에 호소하는) 반면에 바울은 가르치고 변론했으며 설득하려 애썼다. 우리의 것은 너무 피상적인(짧은 시간 만나고 재빠른 결과를 기대하는) 반면에, 바울은 고린도와 에베소에서 5년 동안 머물면서 신실하게 복음의 씨를 뿌리고 때가 되어 수확을 거두었다. (1990b:314)

795. 모든 교회가 신실했다면

하나님은 모든 교회가 복음의 진동이 반사되는 공명판과 같이 되기를, 혹은 먼저 메시지를 받고 그다음에 그것을 전달해 주는 통신 위성같이 되기를 원하신다. 사실상 이것이야말로 세계 복음화를 위한 하나님의 가장 간단한 계획이다. 만일 모든 교회가 신실했다면 세계는 오래전에 복음화되었을 것이다. (1991c:43)

796. 거룩한 소문

우리는 미디어에 관심이 많은 세대다. 우리는 대중매체가 대중의 정신에 어떤 영향을 미치는지를 잘 알고, 그래서 복음 전도에 미디어를 이용하고자 한다. 인쇄물과 테이프로, 영상과 음향으로, 라디오와 텔레비전으로 우리는 세상을 복음으로 흠뻑 적시고 싶어 한다. 그리고 그런 마음을 갖는 것은 옳다. 원칙적으로 어느 누구도 이러한 야망에 대해 이의를 제기해서는 안 된다. 우리는 복음을 전하는 일에서 우리가 이용할 수 있는 모든 현대의 의사소통 매체를 이용해야만 한다.

그럼에도 불구하고 또 다른 방법이 있는데, 이것이 (꼭 둘을 비교해야 한다면) 훨씬 효과적인 방법이다. 그것은 복잡한 전자 기계 장치를 필요로 하지 않는다. 매우 간단하다. 조직화된 것도 아니고 전산화된 것도 아니다. 자연발생적이어서 비용이 들지도 않는다. 한마디로 아무것도 필요없다. 우리는 그것을 '거룩한 소문'(holy gossip)이라고 부를 수 있을 것이다. 그것은 좋은 소식이 사람들에게 주고 있는 영향을 흥미진진하게 입에서 입으로 전달하는 것이다. '00에게 어떤 일이 일어났는지 들어 보셨어요? 00이 하나님을 믿고 완전히 바뀌었다는 거 아세요? 희한한 일이 일어나고 있대요.' (1991c:37)

797. 믿음의 상실

내 생각에 오늘날 효과적인 전도가 그처럼 부족한 주된 이유는 대체로 성직자들이 복음 전도를 믿지 않기 때문이다. 우리는 더 이상 도덕적 기적이 일어나는 것을 기대하지 않는다. (1952:4)

798. 가장 큰 장애물

우리는 예수 그리스도를 알고 사랑하며 따른다고 주장한다. 그리고 그리스도가 구세주이며 주님이고 친구라고 말한다. 그런데 세상은 '그리스도는 이 그리스도인들에게 어떤 차이를 만드는가?'라고 신랄하게 질문한다. '그들의 하나님은 어디 있는가?' 모순에 대한 두려움 없이 말할 수 있는 것은, 오늘날 세상에서 복음 전도의 가장 큰 장애물은 교회가 스스로의 삶과 사역에서 하나님의 구원하시는 능력에 대한 증거를 제시하지 못하는 것이라는 점이다. (1988e:68)

799. 부활하신 주님

교회가 복음 전도의 명령에 불순종하는 가장 큰 이유 가운데 하나는 의심에서 비롯된다. 우리는 자신의 죄가 용서받았는지, 복음이 참인지 확신하지 못한다. 그리고 의심하기 때문에 입을 닫는다. 우리는 그리스도의 평화의 말씀을 다시 한 번 듣고, 그분의 손과 옆구리를 다시 바라볼 필요가 있다. 일단 주님을 뵙고 기뻐한다면, 그 주님을 십자가에 달리시고 다시 살아나신 구세주로 분명하게 인식한다면, 그 무엇도 우리를 침묵시킬 수 없을 것이다. (1967d:39)

57

800. 예수 그리스도의 능력

예수님은 인간의 길 잃은 상태를 육체적 불구에 빗대어 설명하신다. 우리는 하나님의 진리에 눈멀고, 하나님의 목소리에 귀먹었다. 우리는 절름발이이기 때문에 하나님의 길로 걸을 수 없다. 우리는 벙어리이기 때문에 하나님을 찬양할 수도 대변할 수도 없다. 우리는 심지어 허물과 죄가운데 죽어 있다. 더구나 우리는 얼간이, 사탄의 종이다. 물론, 이것이 과장되거나 '신화적'이거나 명백히 그릇된 것이라고 생각한다면, 우리는 초자연적 능력에 대한 필요를 전혀 느끼지 못하고 자신의 자원이 적절하다고 생각할 것이다. 하지만 실제로 인간이 영적으로 도덕적으로 눈멀고, 귀먹고, 벙어리이고, 절름발이이고, 심지어 죽어 있다면(사탄의 포로라는 것은 말할 것도 없고) 스스로 인간적인 설교를 통해 그러한 곤경에 빠져 있는 사람들에게 다가가거나 그들을 구조할 수 있다고 가정하는 것은 극도로 어리석은 일일 것이다.···오직 예수 그리스도만이 성령님에 의해 눈과 귀를 열고, 절름발이를 걷게 하며, 벙어리를 말하게 하고, 양심을 찌르며 마음을 조명하고, 마음에 불을 지피며, 의지를 자극하고, 죽은 자에게 생명을 주며, 사탄의 속박에서 구해 내실 수 있다. 설교자 자신의 경험에서 알듯이, 그리스도는 이 모든 것을 하실 수 있고 또 행

하신다. (1982a:329)

801. 하나님에 대한 교리

설교라는 개념과 설교 행위의 배후에는 하나님에 대한 교리, 곧 하나님의 존재와 행동과 그분의 목적에 대한 확신이 있다. 우리가 믿는 하나님이 어떤 종류의 하나님인가 하는 것이 우리가 하는 설교의 종류를 결정한다. (1982a:93)

802. 육신이 되신 말씀

참된 복음 전도, 곧 예수님의 사역을 본받는 복음 전도는 선포 없는 동일화가 아닌 것처럼 동일화 없는 선포도 아니다. 복음 전도는 선포와 동일화를 모두 포함한다. 예수 그리스도는 하나님의 말씀, 하나님의 선포다. 하지만 그 말씀은 선포되기 위해 육신이 되셨다. (1967d:41)

803. 문화를 가로질러

아프리카에 선교사로 보내진 한 미국인을 상상해 보자. 그는 스스로에게 이러한 질문을 던져야 할 것이다. '앵글로색슨 문화의 산물인 내가 어떻게 하면 유대교와 그리스-로마 문화에서 쓰인 복음을, 이슬람 문화든 아프리카 전통 종교의 문화든 제3의 문화에 속한 아프리카인들에게 메시지를 왜곡하거나 모호하게 만들지 않고 잘 전달할 수 있을까?' 문화 간 의사소통이라는 흥미진진하지만 엄격한 과목을 구성하는 것은 이 세 문화(성경의 문화, 선교사의 문화, 청중의 문화)의 상호작용이다. (1981g:40)

804. 의미와 메시지

본문의 **의미**를 발견하는 것은, 그것이 오늘날을 향해 던지는 **메시지** 혹은 (일부 신학자들이 선호하는 표현으로) '의의'를 분별하지 않는다면 순전히 학문적인 관심사일 뿐이다. 하지만 먼저 본문의 원래 의미를 올바로 깨달으려 애쓰지 않고 본문이 현대에 주는 메시지를 찾는 것은 금지된 지름길을 가려고 시도하는 것이다. 그것은 하나님을 무시하고(하나님이 특정한 역사적·문화적 배경을 선택하여 그것을 통해 자신을 계시하시는 방식을 무시하므로), 하나님의 말씀을 오용하고(말씀을 마치 연감이나 마술 주문처럼 취급하므로), 하나님의 백성을 잘못 인도한다(성경 해석과 관련해 혼동을 일으키므로).
[1982a:221]

805. 말은 중요하다

우리는 말에 대한 현대의 환멸을 묵인해서는 안 된다. 단어는 중요하다. 그것은 우리가 의사소통하는 수단인 문장을 이루는 구성 요소다. 그리고 복음은 독특한 내용을 가지기에, 분명한 단어로 표현되어야 하는 것이다. 물론 복음은 극화될 수도 있으며 또한 극화되어야 한다. 왜냐하면 이미지는 때로 단어보다 강력하기 때문이다. 그러나 이미지는 또한 단어로 해석되어야 한다. 그러므로 공적 설교든 개인적 증언이든 복음을 전할 때 우리는 단어를 선택하는 데 많은 수고를 들일 필요가 있다.
[1991c:33]

806. 설교에서의 민감성

성경적 설교는 현대 세계에 대한 민감성을 요구한다. 하나님은 고유의 언어와 문화를 가진 고대 세계에서 말씀하셨지만, 그분의 의도는 그분의 말씀이 모든 사람을 위한 것이 되도록 하는 것이다. 이는 강해자가 단순한 주석가 이상임을 의미한다. 주석가는 본문의 원래 의미를 설명한다. 강해자는 더 나아가 그것을 현대 세계에 적용한다. 그렇다면 우리는 하나님이 우리가 그 안에 살도록 부르신 급속하게 변화하는 세계를 이해하기 위해, 그 세계를 형성한 주요한 사상적 운동들을 파악하기 위해, 그 세계의 불화하는 목소리와 의문들, 항변, 고통의 외침을 듣기 위해, 그것의 혼란과 절망의 심각성을 느끼기 위해 분투해야 한다. 이것들이 모두 기독교적 민감성의 일부이기 때문이다. (1992b:213)

807. 청지기와 전령

우리는 하나님이 말씀하신 것에 대한 청지기이며, 하나님이 행하신 것에 대한 전령이다. 우리는 완성된 계시에 대한 청지기로 살아가지만, 완성된 구속이라는 복된 소식을 선포하는 전령이 되어야 한다. (1961:30)

808. 전파와 선택

선택의 교리가 전파하는 일을 불필요하게 만들지는 않는다. 그와 반대로, 그것은 전파를 필수적인 것으로 만든다. 바울은 사람들이 "예수 안에 있는 구원을 영원한 영광과 함께 받게 하려고"(딤후 2:10) 그것을 전파하고 그것을 위해 고난 받기 때문이다. 선택받은 자들이 그리스도 안에서 구원을 얻는 것은, 그리스도를 전파하는 것과 별개가 아니라 그리스도를 전하는 것을 통해서다. (1973b:62)

809. 복음 전파의 대가

하나님이 영광을 받으시는 유일한 복음 전파(그것을 통해 하나님의 지혜와 능력이 나타나는)는 기꺼이 연약하고 어리석은 자가 되고자 하는 사람의 것이다. 하나님은 연약하고 어리석은 사람을 구원하기 위해 택하실 뿐 아니라, 또한 그들을 구원하기 위해 연약하고 어리석은 설교자들 혹은 적어도 세상 사람들에게 연약하고 어리석어 보이는 데 만족하는 설교자들을 택하신다. (1961:109)

810. 율법의 전파

우리는 복음을 전파하기 전에 반드시 율법을 전파해야 한다. 권위에 대한 반감이 만연한 오늘날보다 이것이 더 필요했던 적은 없다. 복음은 율법이 정죄하는 사람들만을 의롭다 할 수 있다. 이것이 바로 율법과 복음의 기능이다. 루터가 말했듯이, '두렵게 하는 것'이 율법의 할 일이고, '의롭다 하는 것'이 복음의 할 일이다.[27] 따라서 모든 사람의 영적 여정은 하나님이 인류를 다루시는 방식을 보여 주는 축도다. 하나님은 즉각적으로 자기 아들을 보내지 않으셨고, 우리 역시 즉각적으로 그리스도를 전파할 수 없다. 오랜 기간의 교육과 준비 과정이 먼저 있어야 한다. 특히 죄의 사실성과 중대함을 드러내기 위해 율법이 주어졌고 율법은 지금도 같은 기능을 수행한다. 디트리히 본회퍼는 옥중에서 이렇게 썼다. "어떤 사람이 율법에 복종할 때만 그 사람은 은혜에 대해 말할 수 있다.…나는 신약에 너무 일찍 혹은 너무 직접적으로 이르고자 하는 것

---

27 *Commentary on the Epistle to the Galatians*(Clarke, 1953), p. 423.

은 기독교적이지 않다고 생각한다."[28] 율법을 우회해 가는 것은 복음을 값싸게 만드는 것이다. 우리는 그리스도를 만날 준비가 되기 전에 모세를 만나야 한다. (1967e:98)

811. 법과 양심

우리는 사람들이 의식하고 있는 필요에 대해 다루어야 하며, 그들이 느끼지 않는 죄책감을 끌어내리려고 애써서는 안 된다고 흔히들 말한다. 이것은 사실이다. 하지만 동시에 그릇된 생각이다. 인간은 도덕적 존재로 창조되었다. 즉 우리는 우리가 옳다고 생각하는 일을 행하게 만드는 내적 충동을 경험할 뿐만 아니라, 잘못임을 아는 일을 행했을 때 죄책감과 양심의 가책을 느낀다. 이것은 인간성의 본질적 특징이다. 물론 거짓된 죄책감도 있기는 하다. 하지만 나쁜 일을 함으로써 생겨난 죄책감은 유익한 것이다. 그것은 인간성을 저버린 것에 대해 우리를 책망하며, 그리스도 안에서 용서를 구하도록 강권한다. 따라서 양심은 우리의 동맹이다. 나는 복음 전도를 할 때마다 '상대방의 양심은 내 편이다'라고 마음속으로 생각하면서 용기를 낸다. (1994:88)

812. 십자가를 전파하기

이에 대해 우리의 입장은 분명하다. 곧 인간의 구원은 십자가라는 사실에 달려 있으며, 십자가에 대한 설교자의 해석이나 십자가에 대한 청중의 이해에 달려 있지 않다는 것이다. 우리가 바라는 것은 사람들이 우

---

28 *Letters and Papers from Prison*(ET SCM Press, 1959), p. 50.

리의 설명을 받아들이는 것이 아니라 그 사실을 믿는 것이다. '그리스도께서 우리 죄를 위하여 죽으셨다'는 것은 어떤 해설을 덧붙이지 않아도 그것만으로 충분하다. 나아가 우리가 호소하는 것은 십자가에 대한 하나의 이론을 받아들이라는 것이 아니라, 그들을 위해 죽으신 그분을 받아들이라는 것이다. 이를 위해 우리는 십자가에 달리신 그리스도를 계속해서 전파할 것이다. 그것은 지식인들에게는 어리석은 것이고 도덕주의자에게는 거리끼는 것이지만, 여전히 하나님의 지혜와 능력이기 때문이다(고전 1:23-24). (1956a:37)

813. 과거의 역사와 현재의 실재

하나님이 과거의 역사를 현재의 실재로 만드시는 것은 설교를 통해서다. 십자가는 과거에 일어난 유일무이한 역사적 사건이며, 언제나 그러할 것이다. 그리고 하나님 그분이 그 십자가를 오늘날의 사람들에게 생생하고 적절한 것으로 만들지 않으신다면, 그것은 계속해서 과거와 책들 속에만 남아 있을 것이다. 사람을 통해 사람에게 호소하는 설교를 통해서, 하나님은 기적을 이루신다. 하나님은 그들의 눈을 열어 십자가의 참된 의미와 그것의 영원한 가치와 그것의 영속적인 공로를 보게 하신다. (1961:46)

814. 거슬리는 십자가

'십자가의 거리끼는 것'은 여전히 남아 있다. 죄인들은 십자가를 미워한다. 십자가는 그들이 스스로 구원할 수 없다고 말하기 때문이다. 설교자들은 십자가를 피하고 싶은 유혹을 받는다. 교만한 자에게 십자가가 거슬리기 때문이다. 그리스도의 공로보다는 사람의 공로에 대해 설교하기가 더 쉽다. 사람들은 그렇게 하는 것을 훨씬 더 좋아하기 때문이다. (1967e:40)

815. 참된 설교의 표지

핍박이나 반대는 참된 그리스도인 설교자의 표지다.…아모스, 예레미야, 에스겔, 다니엘 같은 구약의 예언자들은 그 사실을 알았고, 신약의 사도들도 마찬가지였다. 그리고 오늘날까지 수십 세기 동안 교회가 이어져 오면서 은혜의 복음을 왜곡하거나 희석하기를 거부하는 그리스도인 설교자들은 그들의 신실함 때문에 고난을 당해야 했다. 십자가에 달리신 그리스도에 대한 복된 소식은 여전히 인간의 교만에 크게 상처를 입히는 '거침돌'(*skandalon*)이다. (1968c:137)

816. 복음의 호소

하나님은 십자가에서 이미 화해의 사역을 이루셨다. 하지만 죄인이 회개하고 믿음으로 '하나님과 화해하는' 것은 여전히 필요하다. 또한 죄인이 '하나님과 화해해야 할' 필요가 있지만, 하나님 편에서 화해의 일이 이미 성취되었음을 인식해야 한다. 만약 이 두 가지가 언제나 구분되어야 한다면, 그것은 모든 참된 복음 전파에서도 구분되어야 한다. 철저하게 정통적인 화해 교리를 설명한다 하더라도, 사람들에게 그리스도께로 오라고 호소하지 않는다면 충분하지 못한 것이다. (1986a:201)

817. 열정의 부재

어떤 설교자들은 감정에 치중하는 태도에 혐오감을 갖고 있다. 나도 마찬가지다. 이것이 수사학적 기교나 다른 장치들에 의해 인위적으로 감정을 불러일으키는 것을 의미한다면 말이다. 하지만 진정한 감정을 두려워해서는 안 된다. 십자가에 달리신 그리스도를 전하면서 전혀 감동받지 않을 수 있다면, 마음이 정말로 굳어 있음이 분명하다. 감정보다 더 두려워해야 하는 것은 차가운 직업의식, 마음도 영혼도 없는 무미건조하고 초연한 설교다. 인간의 곤경과 그리스도의 구원이 자신에게 아무런 의미가 없기 때문에 그것에 대해 생각할 때 마음속에 아무런 열정도 일어나지 않는 것은 아닐까? [1961:51]

11부
사회 문제에 대한 기독교적 사고

58

복음 전도와 사회적 행동

818. 비성경적 이원론

복음 전도와 사회적 책임이 경쟁 관계에 있는 것처럼 여기는 최근의 논쟁은 전혀 불필요한 것이다. 그것은 몸과 영혼, 이생과 내세 간의 비성경적 이원론을 표현한 것이다. 어쨌든 우리는 증언하고 섬기도록 부름받으며, 이는 모두 그리스도인의 사역과 선교의 일부다. [1991d:145]

819. 누가 나의 이웃인가?

최근까지 복음주의자들에게 사회적 관심이 결여되었던 모습과, 복음 전도와 사회적 행동에 대해 벌인 논쟁은 불필요할 뿐 아니라 부적절했다. 물론 복음주의적 그리스도인들이 구원의 좋은 소식을 사회 개량의 메시지로 대체하는 소위 '사회 복음'(social gospel)을 거부한 것은 매우 올바른 일이다. 그러나 우리가 복음 전도와 사회 활동을 서로에 대한 대체물로 여겨야 한다는 것은 믿을 수 없는 일이다. 양자는 모두 진정한 이웃 사랑의 표현이 되어야 한다. 그러면 나의 이웃은 누구인가? 나는 누구를 사랑해야 하는가? 그는 육체 없는 영혼도, 영혼 없는 육체도 아니며, 사회적 환경으로부터 격리된 개인도 아니다. 하나님은 인간을 육체적이고 영적이고 사회적인 존재로 만드셨다. 우리의 이웃은 사회 내의 영적·육체적 존재(a body-soul-in-community)다. 우리가 이웃의 영혼이나 육체나 사회 중 한 측면에만 관심을 가진다면 우리는 이웃을 사랑한다고 주장할 수 없다. [1975f:16]

820. 복음 전도의 동반자

내가 생각하기로 복음 전도와 사회적 행동의 관계를 진술하는 참으로 기독교적인 방식이 하나 있는데, 그것은 사회적 행동을 **복음 전도의 동반자**로 이해하는 것이다. 둘은 동반자로서 서로에게 속해 있으며 동시에 서로 독립되어 있다. 둘은 함께 나란히 독립적으로 서 있다. 어느 것도 상대방에 이르는 수단이 되거나 심지어 상대방을 나타내는 표현이 아니다. 각각 그 자체가 목적이며, 둘 다 진실한 사랑의 표현이다. [1975c:27]

821. '사회 복음'은 없다

하나님의 나라는 기독교화된 사회가 아니다. 그것은 그리스도를 인정하는 사람들의 삶에 나타나는 하나님의 통치다. 그리스도는 하나님 나라란 그리스도에 대한 겸손하고 회개하는 믿음으로 '받고' '들어가고' '상속받는' 것이라고 말씀하셨다. 그리고 중생 없이는, 그 나라에 들어가기는커녕 그 나라를 볼 수조차 없다. 하지만 어린아이처럼 그 나라를 받는 사람들은 자신이 새로운 메시아 공동체의 일원임을 발견하게 된다. 그 공동체는 이 땅에서 하나님 통치의 이상을 보여 주기 위해, 그럼으로써 대안적 사회의 실재를 세상에 제시하기 위해 부름받는다. 하나님 나라 복음의 이러한 사회적 도전은 '사회 복음'과는 전혀 다른 것이다. 라우

센부시(Rauschenbusch)가 하나님 나라를 정치화했을 때, 그에 대한 반작용으로 복음주의자들이 복음 전도와 개인적 자선에 집중하고, 사회 정치적 행동을 피한 것은 (유감스럽긴 하지만) 이해할 만한 일이다. (1990a:7)

822. 회심의 한 측면

사회적 책임은 기독교 선교뿐 아니라 그리스도인의 회심의 한 측면이다. 이웃에게 회심하지 않고 참으로 하나님께 회심하기란 불가능하다. (1975c:53)

823. 사랑과 공의

십자가는 하나님의 사랑뿐 아니라 그분의 공의를 나타낸다. 바로 그 때문에 십자가의 공동체는 사랑에서 우러난 자선뿐 아니라 사회 정의에도 관심을 가져야 하는 것이다. 불의한 상황 그 자체를 변화시키기 위해 아무 일도 하지 않으면서 불의의 희생자를 불쌍히 여기는 것만으로는 충분하지 않다. 강도 만난 사람을 돕는 선한 사마리아인은 언제나 필요하지만, 예루살렘에서 여리고로 가는 길에서 산적을 쫓아낸다면 훨씬 좋을 것이다. (1986a:292)

824. 순수한 긍휼

우리는 예수님처럼 섬기기 위해 세상에 보냄받았다. 이것이 이웃에 대한 사랑의 자연스러운 표현이기 때문이다. 우리는 사랑하고, 가고, 섬긴다. 이 일을 하는 데 숨은 동기란 없다(혹은 없어야 한다). 우리가 복음을 단지 전파하기만 하면 복음의 가시성은 결여되며, 우리가 영혼에만 관심

존 스토트의 기독교 강요
Authentic Christianity

이 있고 사람들의 육체적 측면이나 상황, 공동체의 복지에는 관심이 없다면 복음의 신빙성이 결여된다. 하지만 우리가 사회적 책임을 받아들이는 일차적 이유는 복음의 가시성이나 신빙성 때문이 아니라 순수한 긍휼 때문이다. 사랑은 자신을 정당화할 필요가 없다. 그것은 필요를 볼 때마다 섬김으로 표현될 뿐이다. (1975c:30)

825. 말씀과 행위

예수님의 사역에서 말씀과 행위, 복음 전파와 긍휼에서 나온 섬김은 연결되어 있었다. 예수님의 행위는 자신의 말씀을 표현했으며, 말씀은 행위를 설명했다. 우리도 마찬가지다. 말은 추상적이기에 사랑의 행위로 구체화되어야 한다. 행위는 명료하지 않기에 복음 선포에 의해 해석되어야 한다. 교회의 섬김과 증언에서 말과 행동을 늘 연결하라. (1980i:23)

826. 변화의 도구

복음 전도는 사회 변화의 주요한 도구다. 복음은 사람을 변화시키며, 변화된 사람은 사회를 변화시킬 수 있기 때문이다. (1990a:71)

827. 완전한 사회는 없다

예수님의 제자들은 낙관주의자이기는 하지만 유토피아주의자는 아니다. 사회를 개선하는 것은 가능하다. 하지만 완전한 사회가 되려면 예수 그리스도가 재림하실 때까지 기다려야 한다. (1989d)

828. 교회와 지역 사회

나는 복음 전도와 사회적 행동 사이에서 다소 순진한 선택을 피하도록 촉구하지만, 모든 개별 그리스도인이 반드시 둘에 똑같이 참여해야 한다는 뜻은 아니다. 그것은 불가능하다. 게다가 우리는 하나님이 각 사람을 서로 다른 사역들로 부르시며, 부르심에 적절한 은사를 주신다는 사실을 인식해야 한다.…

비록 모든 개별 그리스도인이 하나님이 어떻게 자신을 부르시고 어떤 은사를 주셨는지 발견해야 하지만, 나는 지역 교회 전체가 지역 사회 전체에 관심을 가져야 한다고 감히 주장한다. (1975a:46)

829. 양극화와 특수화

복음 전도와 사회적 행동에 관해 세 가지 인식이 필요하다.

(1) 둘은 기독교 선교에 있어 동반자라는 인식, 곧 '별개이면서 동등한' 동반자라는 인식이다. 어느 하나가 다른 것을 하는 이유가 되거나, 다른 것을 은폐하는 구실이 되거나, 그것의 수단이 될 수는 없다. 각각은 기독교적 사랑의 표현으로서 독자적으로 존립하고, 모두 지역 교회의 프로그램에 포함되어야 한다.

(2) 둘 모두 모든 그리스도인의 책임이라는 인식이다. 모든 그리스도인은 증인이며 따라서 기회가 주어질 때마다 증언해야 한다. 또한 모든 그리스도인은 종이며 따라서 섬김의 기회가 주어질 때 단지 복음 전도를 위한 방편으로 간주하지 않고 성실하게 반응해야 한다. 하지만 실존적 상황은 종종 두 가지 책임 중 어느 하나에 우선권을 두도록 할 것이다. 예를 들어 강도에게 희생된 유대인에 대한 선한 사마리아인의 사역

은 호주머니에 전도지를 넣는 것이 아니라 상처에 기름을 바르는 것이었다. 그 상황이 그것을 요구했기 때문이다.

(3) 둘 모두 교회와 그리스도인의 의무의 일부이긴 하지만, 하나님은 각 사람을 서로 다른 사역으로 부르시며 그들에게 적절한 은사를 부여하신다는 인식이다. 이것은 그리스도의 몸인 교회의 본질에서 필연적으로 추론되는 내용이다. 우리는 복음 전도와 사회적 행동의 **양극화**를 거부해야 하지만 **특수화**를 거부해서는 안 된다. 모든 사람이 모든 것을 할 수는 없다. 어떤 사람은 복음 전도자가 되도록, 또 다른 사람은 사회복지사가 되도록, 또 다른 사람은 정치활동가가 되도록 부름받는다. 한 지역에 있는 그리스도의 몸으로서 복음 전도와 사회적 행동에 헌신하는 각 지역 교회 내에는, 전문가와 전문가 그룹이 위치할 적절한 자리가 있다. (1979c:22)

59

기독교, 종교, 문화

830. 역사적이고 경험적인 종교

기독교는 역사적이면서 경험적인 종교다. 실로 기독교의 위대한 자랑거리 중 하나는 역사와 경험의 결합, 과거와 현재의 결합이다. 우리는 결코 그것들을 분리해서는 안 된다. 우리가 오늘날 그리스도의 은혜와 평화를 누리는 것은 그리스도의 사역 없이는, 그리고 그리스도의 사도들의 증언 없이는 불가능하다. (1968c:19)

831. 옛 것과 새로운 것

기독교는 오래된 것이며, 해마다 더 오래된 것이 된다. 하지만 그것은 또한 아침마다 새로워진다. 요한은 말했다. "사랑하는 자들아, 내가 새 계명을 너희에게 쓰는 것이 아니라 너희가 처음부터 가진 옛 계명이니…다시 내가 너희에게 새 계명을 쓰노니 그에게와 너희에게도 참된 것이라. 이는 어둠이 지나가고 참 빛이 벌써 비침이니라"(요일 2:7-8). 요한이 계명에 대해 쓴 것은 기독교 전체에 똑같이 적용될 수 있다. 그것은 옛 것이며 동시에 새로운 것이다.…역사의 예수는 우리가 알고 사랑하며 믿고 순종하는, 믿음의 그리스도시다. (1970b:37)

832. 한 쌍의 기초

기독교를 지탱하는 두 개의 기초는 하나님의 은혜와 그리스도의 죽음이다. 기독교의 복음은 하나님의 은혜의 복음이다. 기독교의 신앙은 십자가에 달리신 그리스도에 대한 신앙이다. (1968c:66)

833. 최종적이고 보편적인

누가가 복음의 보편성에 대해서, 바울이 복음의 선물에 대해서 가르친다면, 히브리서 저자는 복음의 최종성에 대해 가르친다. 그의 위대한 주제는 예수 그리스도가 세상에 대한 하나님의 마지막 말씀이며, 바로 그분이 구약에 나오는 전조들을 모두 성취하셨으므로 더 이상 일어날 것은 아무것도 없다는 것이다. 기독교는 완전한 종교다. 기독교는 결코 다른 것으로 대체될 수 없다. 그리스도는 그분의 영원한 제사장직과 유일무이한 희생을 통해 우리에게 "영원한 구원"(히 5:9)을 가져다주셨다. (1954c:79)

834. 기독교는 그리스도다

'그리스도인'이라는 말은 성경에 단 세 번밖에 나오지 않는다. 이 말이 자주 오용되기 때문에, 사용하지 않는 것이 유익할 수도 있다. 예수 그리스도와 사도 바울은 그 단어를 사용하지 않았으며 적어도 기록된 가르침에서는 한 번도 사용한 적이 없다. 참된 예수님의 제자들을 구분하는 것은 그들의 신조도, 도덕률도, 의식이나 문화도 아닌 그리스도다. 그리고 종종 '기독교'라고 잘못 불리는 어떤 것이 있는데, 그것은 본질적으로 하나의 종교도 제도도 아니다. 그것은 한 분 인격, 곧 나사렛 예

수다. (1983a)

835. 독특한 강조

그리스도와의 연합을 강조하는 것은 세계 종교들 가운데서 매우 독특한 부분이다. 다른 어떤 종교도 신자들에게 그 종교의 설립자와 인격적으로 연합하라고 권하지 않는다. 불교도들은 부처를 안다고 주장하지 않으며, 유교주의자들이 공자를, 이슬람교도들이 무함마드를, 마르크스주의자들이 칼 마르크스를 안다고 주장하지 않는다. 하지만 그리스도인들은 예수 그리스도를 안다고 (겸손하게, 하지만 확신 있게) 주장한다. (1991b:38)

836. 세 종류의 관용

그렇다면 우리는 다른 종교들을 어떻게 생각해야 하는가? 대부분의 사람들의 마음속에 즉각 떠오르는 단어는 '관용'이다. 하지만 그 말의 의미가 항상 규정되어 있지는 않다. 세 종류의 관용을 구분하는 것이 도움이 될 것이다. 첫 번째는 **법적** 관용이라고 부를 수 있다. 이는 모든 소수 집단의 종교적·정치적 권리(보통 '고백과 실행과 선전'의 자유로 요약되는)를 법률로 적절히 보호하도록 보장하는 것이다. 이것은 분명히 옳다. 두 번째는 **사회적** 관용이다. 이는 사람들이 어떤 견해를 견지하든 모든 사람을 존중하며, 그들의 입장을 이해하고 인정하려 애쓰도록 격려하는 것이다. 이것 역시 그리스도인들이 길러야 하는 덕목이다. 그것은 모든 인간이 하나님의 피조물이며 하나님의 형상을 지니고 있다는, 그리고 우리가 우호적 관계 속에서 공존해야 한다는 인식에서 자연스럽게 우러나는 것이다. 하지만 세 번째인 **지적** 관용은 어떤가? 너무나 광범위하게 지성을 개발한 나머지, 모든 의견에 대해 거부해야 할 어떤 것도 걸러내지 않은 채 관용하는 것은 미덕이 아니다. 그것은 어리석음이라는 악덕이다. 그것은 진리와 오류를, 그리고 선과 악을 원칙 없이 뒤섞으며 혼돈에 빠지게 한다. 그리스도 안에서 진리와 선이 계시되었다고 믿는 그리스도인들은 그것들과 도저히 타협할 수 없다. (1985:69)

837. 비기독교 종교들

그렇다면 복음을 모르는 사람들은 어떻게 되는가? 우리는 그런 사람들 (다른 종교를 믿는 사람들을 포함해서)이 하나님에 대해 전혀 무지하다고 말해야 하는가? 그렇지 않다. 우리는 **모든 사람이 하나님에 대해 어느 정도 알고 있음을 인정한다.** 이같이 (부분적이기는 하지만) 보편적인 지식은 하나님의 자기 계시로 인한 것이다. 신학자들은 이러한 자기 계시가 모든 사람에게 나타났다는 이유로 **하나님의 일반 계시**라고 부른다. 그것이 우주 안에 외적으로, 또한 인간의 양심 안에 내적으로 표현됨으로써 **자연 속에서** 나타났다는 이유로 '자연' 계시라고 부르기도 한다. 하지만 하나님에 대한 그 같은 지식은 구원하는 지식이 아니다. 우리는 **이러한 지식이 구원할 수 있음을 부인한다.** 그것이 하나님의 권능, 신성, 거룩함에 대한 계시이기는 하지만 죄인들을 향한 하나님의 사랑에 대한 계시나 구원 계획에 대한 계시가 아니기 때문이다. 또 부분적인 이유로는, 인간들이 그들이 가진 지식에 따라 살지 않기 때문이다. (1975d:10)

838. 비교할 수 없는 예수

세계의 종교적 상황은 크게 바뀌지 않았다. 그리스와 로마의 옛 신들은 이미 오래전에 의심받고 폐기된 것이 사실이다. 그러나 새로운 신들이 나타났으며, 다른 고대의 신앙들도 다시 부상했다. 현대적인 의사소통 매체들과 쉬워진 여행으로 많은 나라들은 점차 더 다원적인 양상을 띤다. 사람들이 원하는 것은 안이한 혼합주의, 종교 간 경쟁의 중단, 모든 종교로부터 최선의 것만 뽑아 뒤섞는 것이다. 그러나 우리 그리스도인들은 예수 그리스도의 최종성도 유일성도 포기할 수 없다. 그와 같은 분은 없다. 그분의 성육신과 속죄와 부활은 유례가 없는 것이다. 따라서 그분은 하나님과 인간 사이의 유일한 중보자이시다(딤전 2:5). 이러한 배타적 주장을 듣고 사람들은 강력히 분개한다. 많은 사람들은 그것을 참을 수 없을 만큼 편협한 주장으로 여긴다. 그러나 진리를 주장하는 것이 아무리 다른 사람들의 기분을 상하게 한다 해도 우리는 그것을 지속하지 않을 수 없다. (1992b:64)

839. 다른 길들?

그러므로 우리는 비기독교적 체제들 안에 진리의 요소가 있으며, 자연 안에 하나님의 일반 계시의 흔적이 있음을 부인하지 않는다. 우리가 격렬히 부인하는 것은 이것들이 구원을 위해 충분하며, 또한 (더욱 격렬히 부인하는 것은) 기독교 신앙과 비기독교 신앙들이 하나님께 이르는 여러 개의 타당한 길이라는 생각이다. 다른 믿음을 가진 사람들과 '대화'를 나눌 만한 중요한 이유가 있지만…비기독 종교의 부적절함과 허위성을 폭로하고, 주 예수 그리스도의 적절성과 진리, 절대성과 최종성을 나타

내기 위해 그들과 '만나고' 심지어 '대결할' 필요가 있다. (1975c:69)

840. '다른 중보자는 없나니…'

예수 그리스도가 유일하신 분이라고 주장하는 것은, 다른 종교와 이데올로기에는 전혀 진리가 없다는 말이 아니다. 다른 종교와 이데올로기 안에도 진리는 있다. 우리는 하나님의 일반 계시와 일반 은총을 믿기 때문이다. 하나님의 말씀(Logos)은 여전히 세상에 와서 모든 사람들을 비추는 '참 빛'이시다(요 1:9). 바울이 로마서 1장과 2장에서 논하듯이, 모든 사람은 창조 세계로부터 하나님의 영광을 어느 정도 알며, 그들 자신의 본성으로부터 하나님의 율법을 어느 정도 안다. 하지만 이 논증은 이후 어떻게 펼쳐지는가? 하나님을 아는 그들의 지식이 그들을 구원하는 것이 아니라 그와 정반대다! 그들이 그 지식을 억누르기 때문에 그것이 그들을 정죄한다. "그들이 핑계하지 못할지니라. 하나님을 알되 하나님을 영화롭게도 아니하며."

예수 그리스도에 대한 복된 소식이 눈부신 아름다움으로 빛나는 것은, 바로 이런 인류의 우주적 반역과 죄와 심판이라는 어두운 배경 위에서다. 하나님과 인간 사이에는 죄인들을 위해 대속물로 죽으신 예수 그리스도 외에는 다른 중보자가 없기 때문이다(행 4:12; 딤전 2:5-6).

이런 식으로 모든 혼합주의를 확고하게 거부하고 예수 그리스도의 유일성과 최종성을 주장하는 것은 사람들의 말처럼 '교리적 우월감'이나 제국주의가 아니다. 계시된 진리에 대한 확신은 교만이 아니다. 그것의 적절한 이름은 '청지기 의식'이다. 곧 자신이 '복음을 전하도록 부탁받았음'을 아는 교회의 겸손하고 순종적인 청지기 의식이다. (1976a)

841. 뉴 에이지 운동

그리스도인으로서는 뉴 에이지의 생각을 순진하고 무해한 탈선 정도로 무시하기 쉬울 것이다. 하지만 우리는 그것을 심각하게 여겨야 한다. 처음부터 끝까지 뉴 에이지 운동은 자기에 대한 몰두와 심취를 표명한다. 더구나, 주저 없이 말하건대 뉴 에이지의 근본적인 자기중심성은 신성 모독적이다. 그것은 자기를 하나님의 위치에 놓으며, 심지어 우리를 하나님이라고 단언한다. 뉴 에이지를 추구하는 사람들은 에덴 동산에서 그랬던 것처럼 하나님과 같이 되려는 태곳적 유혹에 굴복하여 하나님을 효과적으로 폐위시켰다. 뉴 에이지 운동은 삼위일체를 제거한다. 첫째로, 뉴 에이지는 성부 하나님을 우주와 동일화해 버림으로써, 초월적 창조주인 성부 하나님을 제거한다. 하지만 우리에게는 피조물을 창조주와 구분하고, 우리가 피조물로서 창조주 하나님께 종속되어 있다고 단언하는 것이 매우 중요하다.

둘째로, 뉴 에이지 운동은 우리의 유일한 구속주이신 성자 하나님을 제거한다. 우리 인간이 처한 곤경은 무지가 아니라 죄이며 그에 대한 해결책은 우리 내부에 있는 것이 아니라 외부에 있다. 참된 복음은 신성을 가진 참된 자기를 향해 깨어나는 것이 아니라, 그리스도 예수가 죄인들을 구원하기 위해 세상에 오셨다는 것이다.

뉴 에이지는 이따금 '구속'에 대해 말한다. 하지만 그들은 원래 모습을 알아볼 수 없을 만큼 그 의미를 왜곡시켜 버린다. 속죄(atonement)가 하나임(at-one-ment)과 동일하다는 그들의 말은 옳다. 하지만 그들은 이것을 우리를 위해 죽으신 그리스도를 통해 하나님과 인격적으로 화해하는 것으로 해석하지 않고 '일자(the One)와의 하나됨'으로 해석한다.

셋째로, 뉴 에이지 운동은 우리 안에 내주하여 우리를 성화시키는 성령이 필요 없다. 그들에게 '변혁'은 사람의 도덕이나 행위와는 아무 관계가 없다. 그것은 오히려 그들의 의식의 변혁, 자신의 잠재력을 발견하고 개발하는 것을 말한다.

하지만 예수 그리스도의 제자들에게 '변혁'은 우리 자신을 발견하는 것이 아니라 그리스도와 같이 되는 것이다. 바울은 이렇게 썼다. "그와 같은 형상으로 변화하여 영광에서 영광에 이르니 곧 주의 영으로 말미암음이니라"(고후 3:18). 삼위일체를 제거하고 그렇게 함으로써 창조와 구속과 성화를 무색하게 만드는 뉴 에이지 운동의 제멋대로인 자기중심적 사변에 대항해서, 그리스도인의 기본적인 믿음을 다시 고백하는 것은 위안을 준다.

우리는 두 개의 서로 상반되는 복음 사이에서 선택해야 한다. 한편에는 '나', 나의 정체성, 나의 잠재력을 중심으로 한 뉴 에이지의 거짓 복음이 있다. 다른 한편에는 하나님, 우리를 사랑하시는 성부, 우리를 위해 죽으신 성자, 우리에게 내주하시며 우리를 변화시키시는 성령을 중심으로 한 참된 복음이 있다. 이 두 복음 사이에서 타협할 가능성은 없다. 참된 새 시대(New Age)는 예수님의 초림 때 예수 그리스도에 의해 시작되었다. 소위 말하는 '뉴 에이지' 운동은 가짜이며 사기다. (1989a)

842. 문화와 종교

문화의 다양성을 존중하며 수용한다는 것은 **종교**의 다양성을 똑같이 받아들인다는 의미가 아니다. 각각의 특정한 문화가 가지는 풍성함은 인정해야 하지만, 그 중심에 있을 수 있는 우상숭배를 인정해서는 안 된다. 왜냐하면 우리는 하나님이 충분하게 그리고 최종적으로 그리스도 안에서 말씀하셨다는 것과, 그리스도만이 죽으셨다가 다시 살아나셨으며 언젠가 세상을 심판하기 위해 다시 오시리라는 사실을 믿기 때문이다. 예수 그리스도에게는 어떤 경쟁자도 허용할 수 없다. [1990a:224]

843. 문화의 모호성

인간이 모호하기 때문에 문화는 모호하다. 인간은 고상하면서(하나님의 형상으로 지어졌기 때문에) 동시에 비열하다(타락했고 죄 많은 존재이기 때문에). 그리고 인간의 문화는 이 두 측면을 충실하게 반영한다. [1975d:26]

844. 문화 평가하기

문화는 복잡하고 아름다운 무늬를 가진 태피스트리에 비유할 수 있다. 그것은 특정한 사회에 의해 공동의 정체성을 나타내는 방식으로 짜인 것이다. 그 태피스트리의 색과 패턴은, 과거로부터 내려와 현대의 예술로 풍성해지고 공동체를 하나로 묶는 역할을 하는 공통의 믿음과 관습들이다. 우리 각자는 예외 없이 특정한 문화에서 태어나 자랐다. 그 문화는 우리가 자란 환경의 일부이면서 또한 우리 자신의 일부이기에, 그 문화의 바깥에서 그것을 기독교적으로 평가하기란 매우 어렵다. 하지만 우리는 그렇게 하는 법을 배워야 한다. 예수 그리스도께서 만유의 주님이 되어야 한다면, 우리의 문화적 유산도 예수님의 주권에서 제외될 수 없기 때문이다. 그리고 이것은 개인뿐 아니라 교회에도 적용된다. [1975d:26]

845. 국가의 권위

바울이 국가의 '권위'와 '직무' 모두에 대해 쓴 내용에 대단히 깊은 인상을 받았음을 고백해야겠다. 세 번에 걸쳐 그는 국가의 권위는 하나님의 권위라고 단언한다. 그리고 세 차례에 걸쳐 그는 국가와 그 관원들을 하나님의 사역자로 묘사하는데, 그것은 다른 곳에서 그가 사도와 복음 전도자로서의 자신의 사역 및 그리스도의 사역에 적용하는 두 단어(*diakonos*와 *leitourgos*)를 사용한 것이다.[29] 나는 이 점을 부인할 방법(예를 들어 그 단락을 정치적 권세의 실체를 마지못해 묵인하는 것으로 해석하는 것)이 있다고는 생각하지 않는다. 그렇다. 자신이 개인적으로 잘 알고 있었던 로마 정부의 결함에도 불구하고, 바울은 그 권위와 직무가 하나님의 것이라고 힘주어 선포했다. 그리스도인이 국가의 권위에 순종하는 것이 '양심'의 문제가 되는 이유는 그 기원이 하나님께 있기 때문이다(롬 13:5).

그럼에도 불구하고 국가의 권위가 하나님에 의해 위임되었으며 따라

29　*diakonos*가 그리스도께 적용된 것은 로마서 15:8, 바울에게 적용된 것은 고린도후서 6:4을 보라. *leitourgos*가 그리스도께 적용된 것은 히브리서 8:2, 바울에게 적용된 것은 로마서 15:16을 보라.

서 내재적인 것이 아니라 다른 권위에서 유래한 것이라는 사실은, 그것이 결코 절대화되어서는 안 된다는 의미다. 경배는 하나님 한 분께만, 그리고 모든 정사와 권세의 주시며(엡 1:21-22) "땅의 임금들의 머리"(계 1:5; 참고 19:16)이신 그리스도께만 돌려야 한다. 국가는 신적 제도로서 존중되어야 한다. 하지만 국가에 맹목적으로 무조건적 충성을 바치는 일은 우상숭배가 될 것이다. 초기 그리스도인들은 가이사를 '주'라 부르기를 거절했다. 그 호칭은 오직 예수님께만 속한 것이다. (1986a:305)

846. 성경적 개념

성경에서 사용된 '권위'라는 말은 '폭압'의 동의어가 아니다. 사회에서 권위 있는 지위를 가진 사람들은 그 권위를 그들에게 맡기신 하나님과, 자신들이 받은 권위로 유익을 끼쳐야 할 사람들에 대해 책임이 있다. 한마디로, 권위에 대한 성경적 개념은 폭압이 아니라 책임을 의미한다. (1979e:219)

847. 교회와 국가의 모델

교회와 국가의 관계는 기독교가 생겨난 이래 수십 세기에 걸쳐 많은 논란을 불러일으킨 것으로 유명하다. 아주 단순하게 말한다면, 네 가지 주요 모델이 제시되어 왔다. 곧 국가가 교회를 통제한다는 에라스투스주의, 교회가 국가를 통제한다는 신정정치, 국가가 교회에 호의를 베풀고 교회는 계속 그 호의를 받기 위해 국가의 편의를 도모해 주는 타협안으로서 콘스탄티누스주의, 교회와 국가가 건설적인 협력 정신으로 하나님이 주신 각자의 독특한 책임을 인정하고 격려하는 동반자 관계가 그것

이다. 네 번째가 로마서 13장에 나오는 바울의 가르침과 가장 일치하는 듯하다. (1994:339)

848. 하나님과 국가의 사역자

국가에 대한 균형 잡힌 성경적 이해를 개발하려 할 때 가장 기본이 되는 것은 국가의 권위와 직무가 하나님에 의해 주어졌다는 진리다. 더구나 바울은 국가의 직무에 대해 쓰면서 두 번이나 그가 다른 곳에서 교회의 사역에 대해 사용했던 단어인 '디아코노이'(*diakonoi*: 세 번째에는 일반적으로 '제사장'이라는 의미로 사용되지만 '관리'라는 의미로 쓰일 수도 있는 단어 *leitourgoi*를 사용했다)를 사용한다.…'디아코니아'는 매우 다양한 직무를 포괄하는 일반적인 용어다. 국회의원, 공무원, 행정관, 경찰, 사회복지사, 세입징수관 등으로 국가를 섬기는 사람들도 목사, 교사, 복음 전도자, 관리자로 교회를 섬기는 사람들과 마찬가지로 '하나님의 사역자'다. (1994:343)

849. 권위의 한계

법률이 하나님의 율법과 반대되어 제정될 때, 법률에 불복종하는 것은 그리스도인의 의무가 된다. 성경에는 그에 대한 주목할 만한 예들이 있다. 파라오가 히브리 산파들에게 갓난 사내아이들을 죽이라고 명했을 때 그들은 순종하기를 거부했다. "산파들이 하나님을 두려워하여 애굽 왕의 명령을 어기고 남자 아기들을 살린지라"(출 1:17). 느부갓네살 왕이 모든 신하에게 금 신상에 엎드려 절하라는 포고를 내렸을 때 사드락과 메삭과 아벳느고는 순종하기를 거부했다(단 3장). 다리우스 왕이 삼십 일

동안 아무도 자기 외에 "어떤 신에게나 사람에게" 기도해서는 안 된다는 칙령을 내렸을 때 다니엘은 순종하기를 거부했다(단 6장). 그리고 공회가 예수의 이름으로 전파하는 것을 금했을 때 사도들은 순종하기를 거부했다(행 4:18 이하). 이 모든 것은 그 칙령에 따르는 위협들에도 불구하고 행했던 영웅적인 거부였다. 이러한 경우에 불순종은 생명을 잃을 가능성을 포함해서 커다란 개인적 위험을 초래하는 것이었다. 각각의 경우에 그 목적은 "정부에 대한 저항이 아니라 하나님에 대한 그들의 복종심을 보여 주려는 것"[30]이었다. (1994:342)

850. 사람보다 하나님을

사도들의 관심사는 그들 자신을 변호하는 것이 아니라 그리스도를 높이는 것이었다. "사람보다 하나님께 순종하는 것이 마땅하다"고 그들은 말했으며(행 5:29), 그렇게 함으로써 시민적·교회적 불복종의 원리를 규정했다. 분명 그리스도인들은 양심적인 시민이 되고, 일반적으로 말해서 인간의 권위에 순복해야 한다. 하지만 만일 당국이 하나님이 주신 권세를 오용해서 하나님이 금하신 것을 명하거나 하나님이 명하신 것을 금한다면, 하나님의 권위에 순종하기 위해 인간적 권위에 불순종하는 것이 그리스도인의 의무다. (1990b:116)

---

30 Charles W. Colson, *Kingdoms in Conflict, An Insider's Challenging View of Politics, Power and the Pulpit*(William Morrow/Zondervan, 1987), p. 251.

851. 그리스도인 시민의 불복종

제자도는 때로 불복종을 요구한다. 시민 불복종은 성경적 교리다. 성경에 그에 대한 너덧 가지의 주목할 만한 예가 나오는데, 그것은 예수님은 주님이시라는 주장으로부터 자연스럽게 생겨나는 것이다. 원리는 분명하다. 비록 그 원리를 적용하기 위해서 신자들이 양심의 고뇌를 겪을 수도 있지만 말이다. 우리는 국가에 복종해야 한다. 국가의 권위는 하나님으로부터 온 것이며, 관원들은 하나님의 사역자들이기 때문이다. 그러나 국가에 대한 순종이 하나님에 대한 불순종이 된다면 이야기는 달라진다. 그런 경우 그리스도인들의 의무는 하나님께 순종하기 위해 국가에 불순종하는 것이다. 만일 국가가 하나님이 부여하신 권위를 잘못 사용하고, 감히 하나님이 금하신 것을 명하거나 하나님이 명하신 것을 금한다면, 우리는 그리스도께 '예'라고 하기 위해 국가에 '아니오'라고 말해야 하기 때문이다. 베드로가 말하듯이 "사람보다 하나님께 순종하는 것이 마땅하다." 또는 칼뱅이 말하듯이 "인간에 대한 순종이 하나님에 대한 불순종이 되어서는 안 된다." (1992b:96)

852. 하나님이 바라시는 것

하나님은 의로운 분이시기 때문에, 단지 기독교 공동체뿐 아니라 모든 인간 공동체에서 의로움을 바라신다. (1978f:171)

853. 용서와 처벌

로마서 12장과 13장에서 바울은 악행을 저지르는 자를 사랑하고 섬겨야 하는 시민의 의무와, 그를 재판에 회부해 유죄를 선고받으면 처벌하는 하나님의 진노의 공식적 대행자로서 관리의 의무를 구분한다. 이 두 원리는 서로 상반되는 것이 아니며, 우리는 십자가에 달리신 예수님 안에서 두 원리가 함께 작용하는 것을 볼 수 있다. 한편으로 예수님은 "욕을 당하시되 맞대어 욕하지 않으셨다." 다른 한편으로 예수님은 하나님의 공의가 이길 것을 확신하고 "오직 공의로 심판하시는 이에게 부탁하셨다"(벧전 2:23; 참고. 시 37:5 이하). [1994:337]

854. 사회적 의

성경에 나오는 '의'라는 말이 하나님과의 올바른 관계와 도덕적으로 의로운 성품만을 의미한다고 가정하는 것은 잘못이다. 성경적 의는 사적이고 개인적인 문제 이상의 것이기 때문이다. 그것은 또한 사회적 의도 포함한다. 사회적 의는 우리가 율법과 예언자들로부터 배운 바대로, 법정에서는 인권과 정의를, 사업상 거래에서는 정직함을, 가정과 가정사에서는 존중을 도모하는 것과 함께, 인간이 억압에서 해방되도록 애쓰는 것과 관계된다. 그리스도인들은 의로우신 하나님을 기쁘시게 하기 위한 방법으로, 전체 인간 공동체에서 의를 위하여 애쓰는 일에 헌신해야 한다. [1978f:45]

855. 민주주의의 정의

민주주의란 논쟁에 의한 설득의 정치적 표현이다. 절대주의는 비관적이어서 법을 임의로 부과하고, 무정부주의는 낙관적이어서 법 전체를 폐기한다. 반면 민주주의는 창조된 동시에 타락한 인간에 대한 현실적 견해를 가지고 있어서 법을 제정하는 데 국민을 관여시킨다. 적어도 이론상으로는 그렇다. 실제로는, 특히 문맹률이 높은 나라에서는 매체가 아주 쉽게 그들을 조종할 수 있다. 그리고 모든 민주주의에는 소수 집단이 짓밟힐 위험이 상존한다. (1990a:59)

856. 예수님과 정치

'정치'와 '정치적'이라는 단어에 대해서는 넓은 의미의 정의와 좁은 의미의 정의를 내릴 수 있다. 넓은 의미로 말해서, '정치'란 도시(polis)의 삶과 시민(politēs)의 책임을 나타낸다. 그러므로 그것은 인간 사회 내의 우리 삶 전체와 관련된 것이다. 정치는 공동체 내에서 함께 살아가는 기술이다. 하지만 좁은 의미의 정의에 따르면, 정치는 통치의 기술이다. 그것은 입법을 위해 특정한 정책들을 개발하고 채택하는 것과 관련되어 있다. 그것은 사회적 변화를 위한 권력 획득에 대한 것이다.

일단 이러한 구분이 분명해지면 우리는 예수님이 정치에 관여하셨는지 질문할 수 있다. 후자의 좀 더 협소한 의미에서 보면 예수님은 분명 정치에 관여하지 않으셨다. 예수님은 정당을 구성한 적도, 어떤 정치적 프로그램을 채택한 적도, 정치적 반대 운동을 조직한 적도 없었다. 가이사나 빌라도나 헤롯의 정책에 영향을 주기 위해 어떤 조치도 취하지 않으셨고, 오히려 정치적 경력을 포기하셨다. 하지만 좀 더 넓은 의미에서 말하면 예수님의 사역 전체가 정치적인 것이었다. 예수님은 인간 공동체의 삶에 동참하기 위해 이 세상에 오셨으며, 그와 똑같이 하도록 제자들을 세상에 보내셨기 때문이다. (1990a:11)

857. 사회 개혁가들

역사상 가장 영향력 있던 지도자들과 사회 개혁가들, 선구자들은 **행동하는** 사람들이었다. 그들은 **생각**과 **열정**을 지닌 사람들이었기 때문이다.

(1978c:182)

858. 기독교의 정치적 영향력

직접 정치적 행동에 참여하는 것이 어떤 교회나 교파 자체의 책임은 아니지만 각 그리스도인과 그리스도인 집단들은 정치에 참여해야 하며, 목사들은 강단에서 정치 참여를 격려해야 한다. 그리스도인들은 자유방임주의(어떤 그리스도인도 국가의 정치적 안녕에 기여하지 못하도록 하는 것)와 정치적 강제(금주법 기간 동안 미국 주류법이 그랬던 것처럼, 원하지 않는 다수에게 소수의 견해를 강요하는 것)라는 두 극단을 피해야 한다. 그 대신에 민주주의가 사람들의 동의에 의한 것이고 '동의'란 다수의 공적 의견이라는 것, 공적 의견이란 그리스도인도 영향을 끼칠 수 있는 변화 가능한 의견이라는 점을 기억해야 한다. 비관주의자들은 인간의 본성이 부패했으며(실제로 그렇다) 유토피아는 이룰 수 없는 것이므로(실제로 그렇다) 사회 정치적 활동은 시간 낭비라고(그렇지 않다) 대답할 것이다. 그리스도인이 영향을 끼쳐 사회의 개선이 이루어지기는 불가능하다고 말하는 것은 정말 어리석다. 역사적 기록은 그와 정반대이기 때문이다. 기독교 복음이 승리한 곳마다, 교육에 대한 새로운 관심, 의견을 달리하는 사람들에게 귀를 기울이려는 관심, 정의를 시행하는 공명정대한 기준, 자연 환경에 대한 새로운 청지기 의식, 결혼과 성에 대한 새로운 태도, 여성과 어린이에 대한 존중, 가난한 사람을 구제하고 병든 자를 고치며 갇힌 자를 복귀시키고 노인과 죽어가는 자를 돌보려는 자비로운 결의가 생겨났다. 더구나 기독교적 영향력이 커짐에 따라, 이러한 새로운 가치관은 자선 사업뿐만 아니라 인도적인 법 제정으로도 표현되었다. (1982a:166)

859. 긍휼과 정의

긍휼에는 도덕적 지침이 필요하다. 정의라는 요소가 없다면 긍휼은 반드시 길을 잃을 것이다. (1980d)

860. 반전론과 핵무기

제2차 세계대전이 발발하기 직전인 십대 후반에 예수 그리스도께 회심한 나의 당시 모습을 묘사해 본다면, 본능적인 반전론자였다고 말할 수 있겠다. 산상수훈을 처음으로 깊이 생각하며 읽고 나자, 보복하지 말라는 예수님의 말씀은 전쟁에 참여하는 일에 대한 전면적 금지를 수반하는 것이 자명해 보였다. 하지만 성경을 서로 대조하는 법을 배우면서 그 문제는 내게 점차 덜 명쾌해졌다. 국가가 악행 하는 자를 벌주고 그 일을 행하는 데 무력을 사용할 권한을 하나님께 받았다는 사실을 확신하게 된 것은 로마서 12:17-13:5을 주의 깊게 연구한 후였다. 이로 인해 나는 성공회 반전론자 모임을 그만두었다. 하지만 이후 핵무기가 발전되고 확산되자, 나는 이것이 내가 받아들였던 정당한 전쟁이라는 사고 범주에 들어맞지 않음을 깨달았다. 나의 양심은 재래식 무기의 무차별한 사용(독일 도시들에 대한 융단 폭격과 같은)과 모든 종류의 무차별적 무기들(핵무기뿐 아니라 화학무기 및 생물학적 무기)의 사용을 정죄했다. 그런 것들은 무죄한 피 흘림을 금하는 성경에 위배되기 때문이다. 그것들은 차별의 원리뿐 아니라 통제와 비례라는 정당한 전쟁의 원리들을 위반한다. 그리고 그것들은 헤이그 협약과 제네바 의정서에서 만장일치로 금지되었다. 성경과 전통과 상식이 연합해서 어떤 것을 정죄한다면, 그 논거는 압도적인 것이다. (1986b:xi)

861. 도덕과 현실주의

나는 핵무장 반대론자임에도 불구하고 핵무기 군축에 대해서는 다각적 접근을 지지하는 개인적 딜레마에 빠져 있다. 기독교의 도덕적 측면에서 보면 핵무기 사용은 부도덕한 것이라고 말하겠지만, 기독교적 현실주의 측면에서 보면 핵무기의 조건적 소유를 옹호하게 되는 것이다. 일방적 군축론(적어도 핵무기를 즉각적이고 전면적으로 철거하라고 주장하는 종류의)은 핵전쟁 가능성을 더 높일 가능성이 있다. 그럴 경우 한 가지 인식된 악(핵무기)을 폐기함으로써 훨씬 더 큰 악(핵 대학살)을 일으킬 것이다. 그러므로 균형 잡히고 다각적이며 확인 가능한 군축을 추구하는 것은 교황 요한 바오로 2세가 '대담한 평화의 제스처'(정체된 상황을 타개하려는 의도의 단독적 제스처)라고 부른 것과 함께, 일방적 군축론보다 신중하고 도덕적인 자세인 듯 보인다. (1988f:46)

862. 현대전에서의 도덕적 문제들

화생방(atomic, biological, chemical)의 세 무기는 때로 ABC 무기라고 불린다. 이제까지 떠올렸던 것 중 가장 섬뜩한 알파벳이다. ABC 무기, 특히 핵폭탄의 발명과 정련은 전쟁의 도덕성에 대해 생각해야 하는 맥락을 철저하게 변화시켰다. 그것은 '정당한 전쟁' 이론의 적실성에 도전을 가한다. 전쟁은 여전히 정당한 원인과 정당한 목표를 지닐 수 있을 것이다. 하지만 적어도 대규모 무기가 사용된다면, 그 '전략적인' 혹은 '전술적인' 목표를 이룰 만한 타당한 가능성은 사라지고(핵전쟁은 이길 수 없는 전쟁이므로), 수단은 정당하지 않을 것이다. 핵무기는 균형 잡히지도, 차별적이지도, 통제되지도 않기 때문이다. 수많은 비전투원들이 죽음을 당할 것이다. 핵 대학살에서는 무죄한 피가 흐를 것이다. 그러므로 그리스도인의 양심은 무차별적인 핵무기와 화학무기와 세균무기의 사용은 부도덕한 것이라고 단언해야 한다. 핵전쟁은 결코 정당한 전쟁이 될 수 없다. (1990a:95)

863. 선으로 악을 이김

악한 침략자가 국가의 안전을 위협할 때 그리스도인들은 양극화될 가능성이 많다. 정당한 전쟁 이론들은 악에 저항하고 악을 처벌할 필요성에 집중하며, 악을 '이기라'는 또 다른 명령을 잊어버리는 경향이 있다. 다른 한편, 반전론자들은 선으로 악을 이길 필요성에 집중하면서 성경에 따르면 악이 처벌받아 마땅하다는 것을 잊어버리는 경향이 있다. 이러한 성경의 두 가지 강조점은 서로 조화를 이룰 수 있는가? 적어도 우리는 다음과 같은 것에 동의해야 한다. 만일 어떤 나라가 악에 저항하고 악을 처벌하기 위해 전쟁에 나가는 것이 정당하다고 믿는다면, 그리스도인들은 국가의 적을 패배시키고 굴복시키는 것을 넘어, 적국의 회개와 갱생의 필요성을 강조할 것이다. 악을 처벌하는 것은 세상을 다스리는 하나님의 도덕적 통치의 본질적인 일부분이다. 하지만 응보적 정의와 회복적 정의는 함께 있어야 한다. 악에 대한 태도 중 가장 높고 고귀한 태도는 선으로 악을 이기려는 것이다. (1984c:55)

864. 보복과 복수

예수님을 따르는 이들에게는 보복과 복수가 절대적으로 금지되었다. 예수님 자신도 말로나 행동으로 갚으신 적이 없다. 그리고 우리의 타고난 보복적 성향(아이들의 치고받는 싸움에서부터 성인들의 더 정교한 복수에 이르기까지)에도 불구하고 예수님은 우리에게 자신을 본받으라고 명하신다. 분명 법정에서 행악자들은 처벌을 받아야 하고, 바울은 로마서 13장에서 이것에 대해 다룬다. 하지만 개인적인 행동에서는, 결코 우리에게 상처 입힌 사람들에게 상처를 되돌려 주어서는 안 된다. 보복하지 않는 것은 기독교의 윤리적 전통에서 매우 초기의 특징이며, 이것은 예수님의 가르침과 그 이전으로는 구약 지혜서의 가르침까지 거슬러 올라간다.

하지만 기독교 윤리는 전적으로 부정적인 것만은 아니다. 로마서 12장에서 바울의 네 가지 부정 명령에는 각각 긍정 명령이 뒤따른다. 우리는 저주하지 않고 축복해야 한다(14절). 우리는 보복하는 것이 아니라 옳은 일을 행하고 평화롭게 살아야 한다(17-18절). 원수를 갚지 말고 그것을 하나님께 맡기며, 한편으로는 그들을 섬겨야 한다(19-20절). 악에게 지지 말고 선으로 악을 이겨야 한다(21절). [1994:334]

865. 폭력과 비폭력

성경의 하나님은 구원의 하나님인 동시에 심판의 하나님이다. 하지만 그것들을 하나님 본성에 대한 유사한 표현으로 인식해 동등하게 여겨서는 안 된다. 성경은 심판을 하나님의 '비상한 일'(strange work)이라고 불렀기 때문이다. 하나님이 기뻐하시고 그분을 특징 짓는 일은 구원 혹은 화평케 하는 일이다. 예수님은 사람들의 강퍅한 외고집에 분노로 대응하셨고, 위선자들에게는 통렬한 경고를 하셨으며, 환전상들을 성전에서 내쫓고 그들의 상을 엎으셨다. 하지만 또한 아무런 저항 없이 채찍질과 십자가 처형이라는 수치와 만행을 참으셨다. 이렇게 우리는 예수님 한 분의 사역 안에서 폭력과 비폭력을 보게 된다. 하지만 예수님이 말과 행동으로 폭력에 의지한 것은 이따금 일어난 이질적인 일이었으며 그분의 특징이 아니었다. 예수님의 특징은 비폭력이었다. 예수님의 사역의 상징은 채찍이 아니라 십자가였다. [1983d:56]

866. 어떠한 희생을 치르더라도?

'어떤 희생을 치르고서라도 얻는 평화'는 성경적 평화가 아니다. 성경적 평화는 유화가 아니라 명예로운 평화, 정의로운 평화이기 때문이다. 바로 그 때문에 평화는 '이루어져야' 하며, 예수 그리스도께서 그 평화를 이루셔야 했다. 예수님은 '평화를 이루기 위해' 막힌 벽들을 허무셨다. 이러한 화해의 일에 참여하는 것, 다른 사람들에게 예수 그리스도를 통한 평화라는 복된 소식을 전하는 것, 그럼으로써 화평케 하는 자가 되는 것은 우리의 특권이다. [1970a:11]

867. 화평케 하는 자로 부름받다

모든 그리스도인은 화평케 하는 자로 부름받는다. 팔복은 하나를 선택할 수 있는 여덟 가지의 선택지가 아니다. 어떤 사람은 온유하기로 선택하고, 어떤 사람은 긍휼히 여기기로, 또 어떤 사람은 화평케 하기로 선택하는 것이 아니다. 그것들은 모두 하나님 나라의 구성원들에 대한 그리스도의 묘사다. 우리가 지상에 유토피아를 건설할 수 없고, 그리스도의 의와 평화의 나라가 역사 속에서 우주적으로 편만해지지 않을 것은 분명하다. 그리스도가 오셔야만 칼이 보습이 되고 창이 낫으로 바뀔 것이다. 하지만 이러한 사실은 칼과 창을 제조하는 공장들이 급격히 늘어나는 것에 대한 정당한 근거를 제공하지 못한다. 그리스도가 기근을 예언하셨다고 해서 식량을 좀 더 공평하게 분배하려는 우리의 노력이 방해를 받는가? 예수님이 전쟁에 대해 예고하셨다고 해서 평화 추구의 노력이 방해를 받을 수는 없다. 그러므로 하나님의 자녀요 그리스도의 제자가 되고자 한다면 또한 화평케 하는 자가 되어야만 한다. (1990a:108)

868. 값비싼 부르심

화평케 하는 일의 동기는 사랑이다. 하지만 정의가 무시되면 그 일은 언제나 화를 누그러뜨리는 것으로 전락해 버리고 만다. 용서하고 용서를 구하는 것은 모두 큰 희생을 요구하는 훈련이다. 진정한 기독교적 평화는 사랑과 정의를(따라서 십자가의 고통을) 드러낸다. (1986a:296)

869. 값싼 평화

화평케 하는 일의 또 다른 예는 재연합과 복음 전도다. 즉, 한편으로는 교회들이 연합하고, 다른 한편으로는 죄인들을 그리스도께 데려오는 일이다. 그런데 두 경우 모두에서 참된 화해가 값싼 평화로 전락할 수 있다. 교회의 가시적 연합은 그리스도인들이 추구해야 할 적절한 목표이지만, 교리를 희생하면서까지 연합을 추구해서는 안 된다. 예수님은 자기 백성들이 하나가 되도록 기도하셨지만, 또한 그들이 악한 자로부터 보호받고 진리를 지키도록 기도하셨다. 우리는 그리스도로부터 교리와 행동의 순결함이 배제된 연합을 추구하라는 명령을 받은 적이 없다. '값 싼 재연합'이라는 것이 있다면, '값싼 복음 전도' 즉 제자도의 대가가 없 는 복음 선포, 회개 없는 믿음에 대한 요구도 있다. 이러한 것들은 금지 된 지름길이다. 그것들은 전도자를 사기꾼으로 변질시켜 복음을 값싸게 만들고 그리스도의 대의에 손상을 입힌다. (1978f:51)

일, 부, 가난, 인권

870. 일의 기원

일은 타락의 결과가 아니라, 창조의 결과다. (1980g:20)

871. 인간됨의 일부

창세기 1:26의 두 문장은 하나로 묶여 있다. 바로 "우리의 형상을 따라 사람을 만들자"와 "그들로 다스리게 하자"이다. 우리가 하나님의 다스림에 동참하는 것은 하나님의 형상을 지니고 있기 때문이다. 그러므로 창조적인 일을 할 수 있는 잠재력은 하나님을 닮은 인간성의 본질적인 부분이다. (1979a)

872. 부자의 죄

우리 모두는 국제 경제의 거대한 복잡성을 아무것도 하지 않는 것에 대한 평계로 이용하려는 유혹에 빠진다. 부자가 나사로를 강탈하거나 착취했기 때문에 나사로의 가난에 대해 책임이 있다는 암시는 전혀 없다. 그 부자의 죄는 자기 문 앞에 있는 거지를 무시했으며, 그 거지의 궁핍함을 경감시키기 위해 아무것도 하지 않았다는 것이다. 그는 경제적으로 엄청나게 불평등한 상황을 묵인했다. 나사로가 완전한 인간적 삶을 누리지 못하게 했던 그 불평등에 대해, 그 부자는 무엇이든 할 수 있었다. 나사로의 상처를 핥은 떠돌이 개들이 부자보다는 더 나은 동정심을 보여 주었고 부자는 그런 무관심 때문에 지옥에 갔다. (1980b)

873. 우리의 맹점

그리스도인 선조들의 맹점에 대해 비난하기는 쉽지만 우리 자신의 맹점을 발견하기는 어렵다. 우리 후손들이 20세기 후반 그리스도인들의 주된 맹점으로 무엇을 꼽을지는 나도 잘 모르겠다. 하지만 제3세계의 경제적 억압과 그것을 기꺼이 너그럽게 용인하고 묵인한 것과 관련되어 있지 않을까? 우리의 기독교적 양심은 북대서양 국가들과 남미, 아프리카, 아시아 같은 남반구 국가들 사이의 엄청난 경제적 불평등에 거의 자극을 받지 않는다. 완전한 평등주의는 성경적 이상이 아닐지도 모른다. 하지만 세계의 많은 사람들이 영양 부족에 시달리고 사회경제적 혜택을 받지 못하고 있는 이때, 우리는 사치와 낭비가 변호할 여지가 없는 악이라고 단호히 선포해야 하지 않을까? 훨씬 더 많은 그리스도인들이 지구촌에서 정의를 추구하는 일에 가담하기 위한 경제적정치적 자질을 획득해야 한다. 그리고 절제하는 생활양식(어떤 용어로 규정하든)은 가난한 자들과 자비의 연대를 맺는 우리에게 성경이 부과하는 의무다. 물론 우리는 이런 의무에 저항하고, 심지어 그 저항을 변호하기 위해 성경을 이용(오용)할 수도 있다. 이 상황의 끔찍함은 우리의 풍요로운 문화가 우리를 마비시켰다는 데 있다. 우리는 더 이상 다른 사람들의 궁핍함으로 인한 고통을 느끼지 않는다. 여기서 기독교적 온전함을 회복하는 첫걸음은, 우리 문화가 우리를 눈멀고 귀먹게 하며 속이고 있음을 인식하는 것이다. 그렇게 되면 우리는 하나님이 그분의 언어로 항상 우리에게 말씀하시는 것을 보고 듣고 느낄 수 있을 때까지 우리의 눈과 귀를 열고 둔한 양심을 깨워 달라고 부르짖기 시작할 것이다. 그다음에 우리는 행동을 취할 것이다. (1981g:36)

874. 검소함의 원리

물질주의는 물질적인 것들에 사로잡히는 것이다. 금욕주의는 창조주 하나님이 주신 좋은 선물들을 부인하는 것이다. 바리새주의는 자신을 포함한 모든 사람을 규칙으로 얽어매는 것이다. 우리에게 필요한 것은 원리를 고수하는 것이다. 검소함의 원리는 분명하다. 검소함은 만족과 긴밀하게 연결되어 있으며, 그 좌우명은 "우리가 세상에 아무것도 가져오지 않았으므로 아무것도 가져가지 않는다"이다. 그리고 그것은 우리가 순례자들임을 인정한다.

그것은 우리의 **필요**에 집중하며, 우리가 **사용**하는 것으로 필요를 측정한다. 그것은 창조의 좋은 것들을 기뻐하지만 낭비와 탐욕과 잡다함은 싫어한다. 그것은 말씀의 씨가 얼마나 쉽게 '세상의 염려와 부유함'에 묻혀 버리는지 안다. 그것은 하나님과 다른 사람들을 사랑하고 섬기기 위해, 산만함으로부터 자유로워지기 원한다. (1981a)

875. 증가하는 불의

구약은 빈곤이 때로 게으름, 폭식, 사치로 인한 것임을 인정하지만, 일반적으로 다른 사람들의 죄로 인한 것이라고 본다. 더구나 불의는 악화되는 경향이 있다. 가난한 자들에게는 그 상태를 변화시킬 힘이 없기 때

문이다. (1981e)

876. 가난에 대한 세 가지 접근

그리스도인들은 현대 세계의 빈곤이라는 가혹한 사실에 어떻게 접근해야 하는가?

첫째로, 우리는 냉정한 통계학적 초연함을 가지고, **이성적으로** 그 문제에 접근할 수 있다. 우리는 바로 여기서 출발해야 한다. 지구상에는 50억의 인구가 있는데, 그중 5분의 1은 가난한 상태에 있다.…그 5분의 1은 생존에 필요한 기본 필수품조차 없는 반면, 다른 5분의 1이 약간 넘는 사람들은 풍요롭게 살면서 세계 소득의 약 5분의 4를 소비한다. 1988년에 이들 부유한 나라들에서 제3세계로 보낸 "총 지출액은 920억 달러에 달했다"(이는 전 세계적으로 군비에 지출한 금액의 10퍼센트 미만이다). "하지만 이것은 1,420억 달러에 달하는 총 부채로 인해 상쇄되었으며, 그 결과 500억 달러의 순 이전금액이 제3세계에서 선진국들로 넘어가는" 결과를 낳았다.[31] 부와 빈곤의 불균형은 그리스도인의 양심이 타협할 수 없는 사회적 불의다.

둘째로, 우리는 빈곤의 현상에 **감정적으로**, 곧 인간의 곤경을 보고 듣고 냄새 맡을 때 일어나는 격한 분노를 가지고 접근할 수 있다. 내가 마지막으로 캘커타 공항을 방문했던 때를 기억한다. 해는 이미 져 있었고, 불에 소똥을 태우는 악취와 연기의 장막이 시가지의 공기를 온통 채우고 있었다. 공항 밖에서는 바짝 마른 한 여인이 바짝 마른 아기를 꼭 안

---

31 세계은행 연례 보고서 1989, p. 27.

고 바짝 마른 손을 내밀어 구걸하고 있었다. 두 다리가 모두 무릎에서 절단된 한 남자가 손을 땅에 짚고 몸을 끌며 다가왔다. 나는 후에 25만 명이 넘는 노숙자들이 거리에서 잠을 자며, 낮 동안에는 (종종 그들의 유일한 소유물인) 담요를 가까운 난간에 걸쳐 두고 있다는 것을 알게 되었다. 내가 본 가장 비참한 장면은 사람들이 마치 개처럼 도시의 쓰레기더미에서 먹을 것을 찾아 헤매는 모습이었다. 극도의 빈곤은 사람을 비천하게 만들고 인간을 동물의 수준으로 떨어뜨린다. 그리스도인들은 분명 바울이 아테네에 있는 우상들을 보았을 때 그랬던 것처럼 힌두교 도시의 우상숭배에 화가 나서 복음 전도를 하고자 하는 마음이 들어야 한다. 하지만 예수님이 굶주린 무리를 보셨을 때 그랬던 것처럼, 그들을 먹이고자 하는 긍휼로 마음이 움직여야 한다.

우리의 이성과 감정을 동시에 자극하는 제3의 길은 빈곤의 문제에 **성경적으로** 접근하는 것이다. 우리는, 하나님 그분과 그분의 뜻이 계시된 책으로 다시 돌아가면서 이렇게 물어야 한다. 우리는 부와 빈곤에 대해 어떻게 성경적으로 생각해야 하는가? 하나님은 가난한 자들의 편이신가? 우리도 가난한 자들의 편이 되어야 하는가? 성경은 무엇이라고 말하는가? 나아가 우리는 이러한 질문들을 던지면서 하나님의 말씀을 조작하지 않고 그 말씀을 주의 깊게 경청하기로 결심해야 한다. 우리는 우리의 편견을 유지하기 위해 성경 말씀이 주는 불편한 도전을 피할 자유도, 또 가장 최근의 인기 있는 해석들을 무비판적으로 묵인할 자유도 없다. (1990a:230)

877. 긍휼의 마음

우리는 예수님이 느끼셨던 것(굶주린 자들의 극도의 고통, 무력한 자들의 소외감, 세상의 비참한 자들이 느끼는 굴욕)을 느껴야 한다. 궁극적으로 북반구와 남반구의 용인할 수 없는 불평등은 정치적인 것도 경제적인 것도 아니고, 오히려 도덕적인 것이기 때문이다. 우리가 세계적인 사회 불의에 대한 도덕적 의분과 세계에 만연한 인간의 고통에 강한 긍휼을 느끼기 전까지, 우리가 행동을 취할 마음이 들지 심히 의심스럽다. [1980c]

878. 그리스도인의 생활양식

우리는 우리가 누리도록 주신 좋은 것들에 대해 창조주이자 아버지이신 하나님께 감사해야 한다. 부정적인 금욕주의(그 자체가 목적인 자기 부인)는 성경적 창조 교리에 반하는 것이다. 그것은 "우리에게 모든 것을 후히 주사 누리게 하시는"(딤전 6:17) 하나님의 관대하심을 간과하기 때문이다. 동시에 우리는 부(교만과 물질주의, 그릇된 안정감을 쉽게 불러일으키는)의 위험과 탐욕이라는 악, 특권의 불평등을 용인하는 불의에 대한 성경의 수많은 경고들을 기억해야 한다. 나 자신을 포함한 우리 대부분은 세계 복음화뿐 아니라 원조와 개발에 더욱 관대하게 헌금해야 한다. 그리고 그렇게 하기 위해서는 검소한 생활양식을 더 개발해야 한다. 로잔 언약 (1974)에서 가장 많은 토론의 주제가 되었던 두 문장은 다음과 같다. "우리 모두는 수많은 사람들의 빈곤과 그것을 조장한 불의에 충격을 받는다. 풍요한 환경에 사는 우리는 구제와 복음 전도 모두에 관대하게 기부하기 위해 검소한 생활양식을 개발할 필요가 있음을 받아들인다." [1980c]

879. 인류와 인종

우리를 공통의 인류가 되게 하는 다음의 다섯 가지 기초를 생각해 보라. 우리 모두는 인종과 계층, 신앙 고백과 피부색과 문화가 어떠하든지, 한 사람으로부터 모든 나라를 만드신 같은 창조주, 모든 나라의 역사를 결정하시는 같은 주님, 가까이 계셔서 우리가 그분을 더듬어 찾고 발견하게 하시는 같은 하나님, 우리를 보존해 주시는 생명의 수여자, 종말에 우리에게 책임을 물으실 같은 심판자를 모시고 있다.

그렇다면 처음(창조)을 회고해 보거나, 종말(심판)을 생각해 보거나, 혹은 그 사이의 세상 역사를 생각해 보더라도 결론은 같다. 인류학(인류의 기원들)을 연구하든, 역사, 종교, 심리학, 의학을 연구하든, 인간에 대한 연구 분야들은 모두 같은 방향을 가리킨다. 모든 것(죄, 자기, 교만, 편견을 제외한 모든 것)이 인류의 하나됨을 선포한다. 나는 인종적 편견에 어느 정도 오염되는 것으로부터 자유로울 수 있는 사람은 아무도 없다고 감히 말한다. 어떤 사람도 죄로부터 자유롭지 않기 때문이다. 인종적 우월감은 우리 모두에게 자연스러운 것이다. 비록 은밀하고 발견되지 않는 것이지만 말이다. 게다가 백인의 인종 차별뿐만 아니라 흑인의 인종 차별도 있다. 모든 사람은 자신의 인종과 피부색이 표준이며, 다른 사람들은 비정상이고 기준에서 벗어났다고 추정한다. 이것은 명백히 죄로 말미암은 자기중심성이다. 하지만 인간의 피부색에 표준은 없다. 새의 깃털색에 표준이 없는 것과 마찬가지다. 표준은 인류이며, 인종은 그것의 변형들이다.

이는 모든 형태의 인종 차별이 잘못이라는 의미다. 그것은 창조와 역사의 하나님, 종교와 자연과 심판의 하나님에 대한 범죄다. [1968b]

880. 계시와 인종

참된 신학, 하나님에 대한 성경적 계시만이 우리를 인종적 교만과 편견에서 구해 줄 수 있다. 하나님은 창조의 하나님이시기 때문에 우리는 인류의 하나됨을 확증할 수 있다. 그분은 역사의 하나님이시기 때문에 우리는 인종적 문화의 다양성을 확증할 수 있다. 그분은 계시의 하나님이시기 때문에 우리는 예수 그리스도의 최종성을 확증할 수 있다. 그리고 그분은 구속의 하나님이시기 때문에 우리는 기독 교회의 영광을 확증할 수 있다. 인종적 통합에 대한 어떤 정책이 개발되더라도 우리는 그 정책들에 반드시 이러한 교리들이 반영되도록 애써야 한다. 인류는 하나이기 때문에 우리는 소수 인종에게도 동등한 권리를 부여하고 그들을 동등하게 존중할 것을 요구한다. 인종 집단은 다양하기에 우리는 문화적 제국주의를 거부하며, 그리스도의 주권과 양립할 수 있는 인종 간 교류의 모든 문화적 부요함을 보존하고자 애쓴다. 그리스도의 최종성 때문에 우리는 복음 전파의 권리를 포함하는 종교적 자유를 단언한다. 교회의 영광 때문에 우리는 자신에게 남아 있는 모든 인종 차별을 제거하고, 다인종의 꿈이 실현되는 인종 간 조화의 모델을 만들기 위해 애써야 한다. (1990a:225)

881. 정곡을 찌른 비유

선한 사마리아인 비유의 요점은 그것이 인종의 문제를 비틀고 있다는 것이다. 그것은 단순히 이웃 사랑이 인종적·국가적 장벽을 뛰어넘는다는 사실을 넘어, 예수님의 이야기 안에서 어떤 유대인도 사마리아인에게 행하리라고 상상한 적이 없는 일을 사마리아인이 유대인에게 했다

는 점을 보여 준다. (1990a:140)

882. 생명의 권리

태아의 생명은 성숙한 인간이 될 생명이므로, 우리는 어머니와 아직 태어나지 않은 어린아이를 서로 다른 발전 단계에 있는 두 명의 인간으로 생각하는 법을 배워야 한다. 의사와 간호사는 자신이 한 명이 아니라 두 명의 환자를 다룬다고 생각해야 하며, 그들의 안녕을 추구해야 한다. 법률가와 정치가들도 동일하게 생각할 필요가 있다. 국제연합의 '어린이 인권 선언'(1959)에 나와 있듯이, 어린이는 "출생 이후뿐 아니라 출생 이전에도 적절한 법적 보호를 포함한 특별한 보호와 돌봄을 필요로 한다." 그리스도인들은 '출생 전에는 더 많은 돌봄'이라는 말을 덧붙여야 할 것이다. 성경은 무방비 상태의 사람들에 대한 하나님의 관심에 대해 많은 것을 들려주며, 모든 사람 중 가장 무방비한 상태에 있는 사람은 바로 탄생하지 않은 어린이다. 그들은 자신을 위해 호소할 수 없으며, 자신의 생명을 보호할 힘이 없다. 그러므로 그들이 스스로 할 수 없는 것을 그들을 위해 해 주는 것이 우리의 책임이다. (1990a:327)

883. 낙태를 나타내는 어휘

널리 알려진 완곡어법은 진리를 더 감추기 쉽게 해 준다. 어머니의 자궁에 있는 것은 '임신의 산물'이나 '생식체 물질'이 아니라, 태어나지 않은 어린아이다. 심지어 '임신'이라는 말조차 여성이 '수태되었다'는 것 이상으로는 아무것도 말해 주지 않는다. 반면 구식 언어에 나타난 진리는 그녀가 '아이를 가졌다'는 것이다. 이때 종결되는 것이 어머니의 임신뿐 아니라 어린아이의 생명도 포함된다면, 어떻게 '임신의 종결'이라고 표현할 수 있겠는가? 그리고 임신이 치료를 요하는 질병이 아니고 오늘날 낙태가 초래하는 것도 치유가 아니라 죽음이라면, 어떻게 일반적인 낙태를 '치료'(본래 어머니의 생명이 달려 있을 때만 사용되던 단어)라고 묘사할 수 있겠는가? 낙태를 시행하는 것이 임신을 예방하는 것이 아니라 태아를 죽이는 일인데도 어떻게 낙태를 피임에 불과하다고 생각할 수 있는가? 우리는 정확한 언어 사용에 대한 용기를 가질 필요가 있다. 유도된 낙태는 태아 살해이며, 태어나지 않은 어린아이를 의도적으로 죽이고 무죄한 피를 흘리는 것이다. (1990a:328)

884. 동일함이 아니라 평등

성경이 말하는 평등은 전적인 평등주의가 아니다. 그것은 우리 모두가 똑같이 되어서, 똑같은 수입을 받고 똑같은 집에서 살며 똑같은 가구를 갖추고, 똑같은 옷을 입는 것이 아니다. 우리는 창조의 교리를 통해, 평등이 동일함이 아님을 알 수 있다. 하나님은 우리를 존엄성(모두가 하나님의 생명에 참여하고 하나님의 형상을 지닌다) 면에서는 평등하게 만드셨지만, 능력(지적·육체적·심리적) 면에서는 평등하지 않게 만드셨다. 새 창조는 '그리스도 예수 안에서 하나'인 우리에게 섬김을 위한 서로 다른 영적 은사 혹은 능력을 부여함으로써, 이러한 차이를 훨씬 더 증가시켰다.

그렇다면 우리는 이러한 성경적 연합과 다양성, 평등과 불평등을 어떻게 결합시켜야 하는가? 아마도 다음과 같은 식이어야 할 것이다. 즉 모든 사람은 다른 능력을 지니긴 했지만 같은 가치를 지니고 있으므로, 각자 하나님의 영광과 다른 사람들의 유익을 위해 자신의 특별한 잠재력을 개발할 기회를 평등하게 확보해야 한다. 특권의 불평등은 기회의 평등을 위해 폐지되어야 한다. 현재 하나님의 형상으로 지음받은 수많은 사람들이 문맹과 기아, 빈곤, 질병으로 자신의 잠재력을 개발하지 못하고 있다. 그러므로 모든 사람에게 교육(보편적 교육은 명백히 사회 정의를 위한 주된 수단이다), 무역(세계 시장에 대한 평등한 접근), 권력 분담(국제적인 경제 관계를 결정하는 영향력 있는 세계적 집단 속에서 발언권을 가지는 것) 면에서 평등한 기회를 보장하기 위한 노력은 근본적으로 기독교적인 것이다.

[1980b]

885. 평등한 수혜자들

처음부터, 그러니까 창세기 첫 장에서 시작하는 것이 중요하다.

> ─ 하나님이 이르시되, "우리의 형상을 따라 우리의 모양대로 우리가 사람을 만들고 그들로 바다의 물고기와 하늘의 새와 가축과 온 땅과 땅에 기는 모든 것을 다스리게 하자" 하시고, 하나님이 자기 형상 곧 하나님의 형상대로 사람을 창조하시되 남자와 여자를 창조하시고 하나님이 그들에게 복을 주시며 하나님이 그들에게 이르시되 "생육하고 번성하여 땅에 충만하라. 땅을 정복하라. 바다의 물고기와 하늘의 새와 땅에 움직이는 모든 생물을 다스리라" 하시니라. (창 1:26-28)

하나님의 결심("우리가 사람을 만들고…다스리게 하자…"), 하나님의 창조("하나님이…창조하시되…"), 하나님의 복("생육하고…땅에 충만하라. 땅을 정복하라")을 결합시키면, 인간에 대한 세 가지 근본적 진리를 알 수 있다. 즉 하나님이 자기 형상으로 그들을 만드셨다(그리고 만드신다)는 것, 하나님이 그들에게 생식이라는 즐거운 과업을 주시면서 그들을 남자와 여자로 만드셨다(그리고 만드신다)는 것, 그들에게 땅과 그 피조물을 다스릴 지배권을 주셨다(그리고 주신다)는 것이 강조된다. 따라서 태초부터 '사람'은 '남자와 여자'였으며, 남자와 여자는 하나님의 형상을 지녔다는 점과 땅을 다스린다는 점에서 동등한 수혜자였다. 본문에는 남성과 여성 중 어느 한쪽이 다른 한쪽보다 더 하나님을 닮았다거나 땅에 대해 더 책임이 있다는 암시는 없다. 그들이 하나님을 닮은 것과 하나님의 땅에 대해 청지기가 된 것(이는 서로 밀접하게 관련되기는 하지만 혼동해서는 안 된다)은 태초부터 평등하게 공유한 것이다. 남성과 여성은 둘 다 하나님에 의해 그리고 하나님을 닮도록 창조되었기 때문이다. (1990a:257)

886. 여성됨의 복음

누가복음은 여성됨의 복음이며, 여성에 대한 예수님의 자비롭고 정중한 태도와 그분의 사역에서 여성들에게 허용한 위치에 대해 다른 복음서들보다 많은 것을 말해 준다. 누가는 예수님의 기적적 수태와 탄생에 대해 신중함을 발휘하며 이야기하고 있다. 예수님의 어머니 마리아와 세례 요한의 어머니 엘리사벳은 친족 관계였으며, 이 이야기는 분명 직접적으로든 간접적으로든 마리아 자신이 들려주었을 것이다. 다른 복음서 기자들은 혈루병 앓는 여자, 야이로의 딸, 베드로의 아픈 장모, 베다니에서 기름 부은 여자에 대해서 이야기한다. 여성 예언자 안나, 나인성의 과부, 죄인이었던 여자, 사역하는 여자들, 마르다와 마리아, 사탄이 18년 동안 속박했던 여자, 예수님을 위해 울던 예루살렘의 딸들에 대해 쓴 사람은 누가가 유일하다. 마찬가지로 사도행전에서 누가는 '수많은 남자와 여자'가 복음을 받아들였다는 사실을 서너 번에 걸쳐 언급한다. 또한 베드로가 욥바에서 다시 살린 다비다와 빌립보 선교 당시 회심한

루디아 및 여종에 대해 말한다. (1954c:32)

887. 기초 원리

바울은 남편의 머리됨에 대한 논증의 근거를 주로 창조의 사실에서 찾고 있다(엡 5:22-23). 그래서 그의 논증은 영구적이고 보편적인 타당성을 지닌다. 따라서 그것을 문화적으로 제한된 것이라 여겨서는 안 된다. 그의 가르침에서 문화적 요소들은 원리를 적용하는 문제에서 발견할 수 있는데, '머리에 쓰는 것'이 그 예시이며 내 생각에는 '침묵'을 요구하는 것 역시 여기에 포함될 수 있다. 하지만 남자의 (그리고 특별히 남편의) '머리됨'은 어떤 원리에 대한 문화적 적용이 아니라, 기초가 되는 원리 그 자체다. 그것은 남성 우월주의가 아니라 창조론이다. 그리스도 안에서의 새 창조는 타락으로 인한 남녀의 왜곡된 관계(창 3:16)로부터 우리를 자유롭게 하고 창조의 원래 의도를 확립한다. 예수님은 바로 이 '처음'으로 되돌아가셨다(예를 들어, 마 19:4-6). 예수님은 창세기 1장과 2장의 가르침을 확증하셨다. 창조가 확립한 것은 어떤 문화도 파괴할 수 없다. (1979e:221)

888. 남성의 머리됨

남성의 머리됨에 대한 바울의 가르침을 제거하려던 시도들(그것이 잘못된 판단이거나, 혼란스러운 것이라거나, 문화적으로 제한되어 있다는 근거로)은 모두 실패했다고 선언해야 한다. 그것은 인간의 견해가 아니라 하나님의 계시에, 인간의 문화가 아니라 하나님의 창조에 근거한다. 그러므로 본질상 그것은 영구적이고 보편적인 권위를 가진 것으로 보존되어야 한다.

존 스토트의 기독교 강요
Authentic Christianity

(1990a:269)

889. 남편의 역할

우리는 '권위적인' 남편을, 모든 결정과 명령을 내리고 순종을 기대하며 아내를 억눌러 그녀가 자기 성취를 실현하는 성숙한 인간이 되는 것을 막는 압제자로 상상한다. 하지만 이것은 사도 바울이 묘사하는 '머리됨'(그 모델은 예수 그리스도다)이 아니다. 분명 '머리됨'은 그리스도가 신부에게 구애하고 애정을 얻기 위해 오셨을 때 보이셨던 어느 정도의 지도력과 주도권을 의미한다. 하지만 좀 더 구체적으로 그것은 그리스도가 신부에게 자신을 주셨을 때처럼, 사랑하는 자에게 희생적으로 자기를 내어 주는 것을 의미한다. 만일 '머리됨'이 어떤 의미에서든 '힘'을 의미한다면, 그것은 짓밟는 것이 아니라 돌보는 힘, 지배하는 것이 아니라 섬기는 힘, 자기 성취를 좌절시키거나 파괴하는 것이 아니라 촉진하는 힘이다. 그리고 이 모든 것에서 남편의 사랑의 기준은 그리스도의 십자가가 되어야 한다. 그 십자가 위에서 그리스도는 신부를 위한 헌신적 사랑으로 죽기까지 자신을 복종시키셨다. (1979e:232)

890. 머리됨과 책임

한편으로 머리됨은 평등과 반드시 양립해야 한다. '그리스도의 머리는 하나님'인 것처럼 '여자의 머리는 남자'라면, 성부와 성자가 평등하신 것처럼 남자와 여자는 평등해야 하기 때문이다. 다른 한편으로, 머리됨은 어느 정도의 지도력을 의미한다. 하지만 이 지도력은 '권위'가 아니라 '책임'이라는 관점에서 표현된다. (1990a:271)

891. 복종과 순종

내 생각으로는 1662년 기도서의 결혼 항목에서 신부의 서약문에 '순종하다'(obey)라는 단어를 포함시킨 것은 잘못이다. 명령을 내리는 남편과 남편에게 순종하는 아내라는 개념은 신약에서 전혀 발견할 수 없다. 가장 비슷한 근사치는 "아브라함을 주라 칭하여 순종한" 사라의 예다. 하지만 이 본문에서조차, 아내들에 대한 사도 베드로의 실제 교훈은 바울의 교훈과 같다. 즉 "자기 남편에게 순복하라"(벧전 3:1-6, 새번역)는 것이다. 또한…아내의 순복은 순종과는 사뭇 다르다. 그것은 사랑하는 자(그의 책임은 건설적 돌봄으로 규정된다)에게 자발적으로 자신을 주는 것이다. 그것은 사랑에 대한 사랑의 반응이다. (1979e:238)

892. 여성의 사역

하나님이 여성에게 영적 은사들을 주신다면(하나님은 실제로 주신다), 그럼으로써 공동의 선을 위해 그들의 은사를 발휘하도록 부르신다면(하나님은 그렇게 하신다), 교회는 하나님의 은사와 부르심을 인정해야 하며, 여성에게 적절한 섬김의 영역을 제공해야 한다. 그리고 하나님이 주신 사역을 적어도 팀이라는 환경에서 수행하도록 '안수'(즉, 위임과 권한 부여)해야 한다. 기독교적 창조론과 구속론은, 하나님은 은사를 받은 백성들이 좌절하는 것이 아니라 성취하고 그럼으로써 교회가 그들의 섬김을 통해 풍요롭게 되기를 바라신다고 말해 준다. (1990a:280)

893. 몇 가지 성경적 원리들

성경에 내재된 것은 특정한 질문들과 관련된 원리들이다. 결혼을 예로 들어 보자. 성경은 먼저 일반적인 지침을 제시하고 몇몇 쟁점을 미리 해결해 준다. 그것은 결혼이 인간을 향한 하나님의 선한 목적이며, 독신은 원칙이 아니라 예외라는 것, 결혼을 제정하신 우선적 목적 중 하나는 교제이며, 따라서 이것은 배우자에게서 찾아야 할 중요한 자질임을 말해 준다. 그리고 그리스도인은 오직 동료 그리스도인과 결혼할 수 있으며, 결혼(일생 동안 사랑하며 일부일처를 이루는 이성간의 헌신)만이 성교를 나눌 수 있도록 하나님이 정하신 유일한 관계라는 것이다. 이런 일반적 지침은 성경에 분명하게 규정되어 있다. 그러나 성경은 하나님이 누군가가 결혼하도록 부르셨는지 아니면 독신으로 남도록 하셨는지, 또는 (만일 그들이 결혼한다면) 누가 그들의 배우자가 되어야 하는지에 대해서는 말하지는 않는다. (1992b:130)

894. 결혼: 하나님의 아이디어

성경은 결혼이 우리가 아닌 하나님의 아이디어이며, 인간을 위해 제정하신 일반적인 규정임을 가르쳐 준다. 즉 그것은 부모를 떠나는 것(이미 물리적으로 '집을 떠난' 상태라 해도 심리적으로 이것은 여전히 중요하다)을 포함하며, 사랑과 교제를 표현하는 이성간의 일부일처주의이고, 이상적으로는 평생 지속되는 동반자 관계다. 그리고 결혼은 하나님이 주신 성적 즐거움을 누리고 생식하며 아이를 양육하는 맥락을 제공한다. 결혼의 이러한 측면들은 창조 때부터 있던 것이며 문화적인 것이 아니다. (1988d:269)

895. 결혼의 네 가지 특징

창세기 2:24에서는 결혼이 적어도 네 가지 특징을 지니고 있음을 시사한다. 그것은 배타적이며("남자가…그의 아내와"), 어떤 사회적 사건에 의해 공적으로 인정되고("부모를 떠나"), 영구적이고("그의 아내와 합하여"), 성교에 의해 완성되는("둘이 한 몸을 이룰지로다") 관계다. 그렇다면 결혼에 대한 성경적 묘사는 다음과 같다. '결혼이란 한 남자와 한 여자의 배타적인 이성간 언약으로, 하나님에 의해 정해지고 확증되며, 공개적으로 부모를 떠나는 것이 선행되고, 성적 연합에서 완성되며, 영구적으로 상호 지지적인 동반자 관계를 형성해, 보통은 자녀라는 선물로 절정에 이르는 것이다.' (1990a:289)

896. 인간의 계약 이상의 것

결혼 관계는 인간의 계약 이상의 것이다. 그것은 하나님이 주신 멍에이며 하나님은 일종의 신비한 연합을 창조함으로써가 아니라 말씀을 통해 자신의 목적을 선포하심으로써 이러한 멍에를 주신다. 결혼 관계의 파경은, 심지어 그것이 소위 말하는 관계의 '죽음'이라 해도 그 자체로 결혼을 취소할 근거로 간주될 수는 없다. 연합의 근거는 변덕스러운 인간의 경험('나는 당신을 사랑해, 나는 당신을 사랑하지 않아')이 아니라, 하나님의 뜻과 말씀(그들이 '한 몸이 될지니라')이기 때문이다. (1990a:292)

897. 결혼, 화해, 이혼

화해는 기독교의 핵심이다. 오랫동안 나는 하나의 간단한 규칙을 따라왔다. 어떤 사람이 나에게 이혼에 대해 질문을 던질 때, 나는 결혼과 화

존 스토트의 기독교 강요
Authentic Christianity

해라는 주제에 대해 먼저 이야기하고 그 질문에 대답한다. 이것은 예수님의 우선순위를 따르려는 간단한 시도다. 바리새인들이 예수님께 이혼의 근거에 대해 물었을 때 예수님은 그에 대한 대답 대신 결혼이라는 원래 제도에 대해 말씀하셨다. 우리가 결혼과 결혼의 이상 대신 이혼과 이혼의 근거들에 몰두한다면 바리새주의에 빠지는 것이다. 결혼에서 하나님의 목적은 이혼이 아니며 하나님의 복음은 화해의 복된 소식이기 때문이다. 우리는 성경에서 이혼이라는 분리된 주제만을 보는 것이 아니라 성경 전체를 보아야 한다. [1990a:303]

898. 예수님과 이혼

음란으로 인한 이혼은 의무가 아니라, 허용할 수 있는 것이다. 예수님은 결백한 쪽이 신실하지 못한 상대방과 **반드시** 이혼하라고 가르치신 것이 아니며, 성적 부정함 때문에 결혼이 즉각 취소되어야 한다는 말씀은 더더욱 하지 않으셨다. 그분은 부정함으로 인한 이혼을 권하거나 추천하신 적도 없다. 그와 반대로, 예수님의 전체적 강조점은 하나님의 목적 안에서 결혼이 영구하다는 것과 이혼과 재혼을 허용할 수 없다는 것에 있었다. 예수님이 예외 조항을 추가하신 이유는, 이혼 후의 재혼 중 간음에 해당하지 않는 유일한 재혼은 본인은 결백하나 상대방이 성적으로 부정한 경우임을 분명히 하기 위한 것이었다. 이 경우 죄를 범한 상대방이 이미 간통을 저질렀기 때문이다. 예수님의 목적은 이러한 이유로 인한 이혼을 권장하려는 것이 아니라 모든 이유로 인한 이혼을 금하려는 것이었다. [1990a:294]

899. 그저 인간일 뿐

우리는 모두 인간이다. 즉 '동성애적 인간' 같은 것은 없다. 오직 하나님의 형상으로 하나님을 따라 지음받았지만 타락해 버린 인간들이 있을 뿐이다. 그들은 성적 잠재력과 성적 문제들을 포함해 그러한 역설이 의미하는 모든 영광과 비극을 지닌 인간들이다. 또 우리가 동성애적 행위를 아무리 강하게 비난한다 해도 그런 행위에 관여하는 사람들을 비인간화할 자유는 없다. (1990a:336)

900. 동성애적 상태

그리스도인들은 동성애적 상태가 하나님의 규범에서 벗어난 것이므로 창조 질서의 표시가 아니라 타락한 무질서의 표시임을 안다. (1990a:357)

901. 독신으로 부르심

동성의 성적 상대를 받아들이거나 묵인하는 것은 성교가 '심리학적으로 필요하다'는 가정에 근거하고 있다. 그것은 성에 강박적으로 사로잡힌 현대 문화가 표현하는 내용이다. 하지만 과연 그것이 사실인가? 그리스도인들은 거짓말이라고 대답해야만 한다. 독신으로의 부르심이라는 것이 있고, 여기서는 성적 체험 없이도 진정한 성취가 가능하다. 기독교는 예수님이 비록 결혼하시지는 않았지만 온전한 인간됨을 지니셨다고 증언한다. 동성간의 우정은 물론 권장되어야 한다. 이것은 친밀하고 깊고 애정 어린 관계가 될 수 있다. 하지만 성적 결합, '한 몸'의 신비는 이성간의 결혼 관계에서만 누릴 수 있는 것이다. (1988d:272)

902. 온전히 인간적인

성이 결혼을 위한 것이라면, 성경은 독신에 대해서는 무엇이라고 말하는가? 먼저 성경은, 예수님은 하나님이 정하신 인간됨의 모델이지만 동시에 독신이었다는 점을 상기시킨다.

이것 때문에 독신을 미화해서는 안 되며(결혼이 인간에 대한 하나님의 일반적인 뜻이므로, 창 2:18), 오히려 독신인 동시에 온전한 인간이 될 수 있는 가능성을 주장해야 한다. 세상은 인간이 되기 위해서는 성적 체험이 필수적이라고 말할지 모르지만 성경은 그것을 단호히 거부한다.

둘째로, 예수님과 사도 바울은 독신이 몇몇 사람만을 위해 하나님이 주신 소명이라고 말한다(마 19:10-12; 고전 7:7). 바울은 결혼과 독신 모두 '카리스마' 곧 하나님의 은혜의 선물이라고 덧붙인다.

셋째로, 바울은 독신이 누리는 복 가운데 하나는 주 예수께 '나뉘지 않는 헌신'을 하게 해 주는 것이라고 말한다(고전 7:32-35).

진실은 이것이다. 결혼하지 않은 사람들이 독신 생활을 외롭게 여기더라도(극심한 외로움이 엄습할 때가 있다), 우리 삶에 대한 하나님의 뜻을 받아들인다면 신경증적 혼란에 매몰되지 않을 것이다. 불행은 단지 우리가 하나님의 뜻에 저항할 때 오는 것이다. (1993a:3)

12부
일시적인 것과 영원한 것

903. 중심에 계시는 그리스도

우리는 모두 학교에서 역사를 공부했으며, 아마도 (내가 그랬듯이) 지겹고 따분하게 여겼을지 모른다. 아마도 우리는 연대들의 목록이나 왕과 여왕의 이름을 외워야 했을 것이다. 하지만 역사의 의미는 무엇인가? 헨리 포드(Henry Ford)가 1919년 〈시카고 트리뷴〉(*Chicago Tribune*)과 명예 훼손 소송을 하면서 "역사는 허풍이다"라고 한 말은 과연 옳은가? 역사는 단지 사건들의 무작위적 연속, 결과에는 원인이 있고 원인에는 결과가 있지만 전체적으로는 종합적 패턴이 없고 오히려 인간들의 이야기를 무의미하게 전개한 것일 뿐인가? 마르크스가 역사적 과정을 변증법적으로 이해한 것은 옳은가? 아니면 역사는 어떤 다른 단서를 갖고 있는가?

그리스도인들은 다른 모든 견해와 달리, 역사(history)란 '그분의 이야기'(his story), 곧 하나님의 이야기라고 단언한다. 하나님은 영원 속에서 계획을 가지고 역사를 통해 일하고 계시하는 방식으로, 역사의 절정에 이르기까지, 그리고 그것을 넘어 미래의 또 다른 영원에 이르기까지, 움직이면서 일하시기 때문이다. 성경은 시간에 대해 이같이 직선적인 이해를 가지고 있다. 그리고 성경은 하나님의 영원한 역사적 계획의 중심은 예수 그리스도와 그분의 구속되고 화해된 백성이라고 말한다.
(1979e:127)

904. 역사의 하나님

어떤 사람은 "역사의 의미를 정교하게 그려 놓은 도표는, 잉크 묻은 발로 하얀 종이 위를 비틀거리며 왔다 갔다 하는 술 취한 파리의 족적일 뿐이다. 그것은 어떤 방향을 지향하지 않으며 어떤 의미의 패턴도 반영하지 않는다"고 말했다. 마찬가지로 루돌프 불트만(Rudolf Bultmann)은 "역사의 의미를 추구하는 것은 무의미한 일이 되어 버렸다"고 썼다.[32]

성경을 최종적 권위로 생각하는 그리스도인들은 이러한 부정적인 평가에 전혀 동의하지 않는다. 성경의 하나님은 역사의 하나님이시기 때문이다. 그분은 스스로를 '아브라함의 하나님, 이삭의 하나님, 야곱의 하나님'이라고 칭하셨다. 그분은 열방으로부터 이스라엘을 선택하셔서 그의 언약 백성이 되게 하셨으며, 아브라함에게 하신 약속을 메시아의 도래를 통해 성취하기 위해 이천여 년에 걸쳐 그들을 준비시키셨다. 무엇보다도 그분은 아우구스투스가 로마 황제였을 때 예수 그리스도 안에서 우리에게 오셨으며, "본디오 빌라도에게 고난을 받으사 십자가에 못 박혀 죽으시고 장사되셨다." 그리고 사흘 만에 다시 살아나셨으며, 성령을 보내신 후 또다시 이천 년 동안 세상 끝까지 복음을 가지고 가도록 자신의 교회를 세상으로 보내고 계신다. 언젠가(오직 하나님 아버지

---

32 George Eldon Ladd, *The Gospel of the Kingdom*(1959; Eerdmans, 1973), p. 131. Bultmann, *History and Eschatology*에서 인용.

만 아시는 그날에) 복음이 "모든 민족에게 증언되기 위하여 온 세상에 전파될"(마 24:14) 때 끝이 올 것이다. 그리스도께서 영광 가운데 다시 오실 것이며, 역사의 과정을 종결하고 그분의 통치를 완성하실 것이기 때문이다. (1991c:139)

905. 교회사
교회사는 제멋대로인 백성에 대한 하나님의 놀라운 인내의 이야기다.
(1992b:388)

906. 역사의 의미
인생이 무엇이며, 왜 예수 그리스도가 이 세상에 오셔서 살고 죽으시고 다시 살아나셨으며, 하나님은 주전과 주후에 걸쳐 지속되는 역사적 과정 속에서 무슨 일을 하시는지를 하나의 간단한 문장으로 요약해야 한다면, 이보다 간결한 설명을 찾기는 어려울 것이다. **하나님은 인간들이 좀 더 그리스도를 닮도록 하심으로 그들이 좀 더 인간적이 되도록 만들고 계신다.** 하나님은 우리를 자신의 형상으로 만드셨는데, 그 이후에 우리가 불순종으로 그것을 망치고 왜곡시켰기 때문이다. 지금 하나님은 그것을 회복하느라 바쁘시다. 그리고 하나님은 우리를 그리스도와 닮도록 만드심으로써 그 일을 하신다. 그리스도는 완전한 인간이며 또한 완전한 하나님의 형상이기 때문이다(골 1:15; 고후 4:4). (1991b:100)

907. '구원'사
신학과 역사를 대립시켜서는 안 된다. 성경이 그것을 거부하기 때문이다. 성경이 기록하는 역사는 '구원사'이며, 성경이 선포하는 구원은 역사적 사건들에 의해 성취되었다. (1985:21)

908. 하나님의 영원한 목적

어떤 사람들은 성경을 모순으로 가득한 길이 없는 정글, 관련성 없는 아이디어들이 얽히고설킨 덤불로 생각하는 듯하다. 그러나 사실은 그와 정반대다. 성경이 가진 최고의 아름다움 중 하나는 그것의 일관성이기 때문이다. 창세기부터 요한계시록까지 성경 전체는 하나님 은혜의 주권적 목적에 대한 이야기, 그리스도를 통한 구원의 종합적 계획을 말하고 있다.

사도 바울은 우리보다 훨씬 앞서 일어난 일들에 대한 광대한 비전으로 아브라함과 모세와 예수 그리스도를 결합시킨다. 여덟 개의 짧은 구절에서(갈 3:15-22), 그는 이천여 년을 망라한다. 그는 구약 전체의 풍경을 조망하면서 그것을 마치 하나의 산맥처럼 제시한다. 그 산맥의 높은 봉우리들은 아브라함과 모세이며, 최고봉은 예수 그리스도다. 그는 아브라함에게 주신 하나님의 약속이 어떻게 모세에 의해 확증되고 그리스도 안에서 성취되었는지를 보여 준다. 그는 성경, 특히 구약과 신약의 통일성을 가르쳐 준다.

오늘날의 교회에는 성경적이고 기독교적인 역사 철학이 절실하게 필요하다. 시야가 좁고 편협한 우리는 현재 일어나는 일들에 몰두한 나머지, 과거나 미래에 그리 큰 관심을 갖지 않는다. 우리는 나무만 보고 숲을 보지 못한다. 우리는 한 걸음 뒤로 물러나 하나님의 전체적인 뜻, 예수 그리스도를 통해 자기 백성을 구속하시는 하나님의 영원한 목적을 이해할 필요가 있다. 우리의 역사 철학은 그리스도 이후 세기뿐 아니라, 그리스도 이전의 세기들을 포함해야 한다. 아브라함과 모세뿐 아니라, 세상에 죄와 심판을 들여온 아담과 구원을 주신 그리스도를 위한 자리를 만들어야 한다. 또한 역사의 처음을 포함한다면, 그리스도께서 자신의 권세를 취하고 다스리기 위해 권세와 큰 영광으로 다시 오시는 역사의 완성도 포함해야 한다. 성경에 계시된 하나님은 하나의 계획에 따라 일하고 계신다. 하나님은 모든 일에서 "그의 뜻의 결정대로 일하시는"(엡 1:11) 분이다. (1968c:91)

909. 두 시대

성경은 역사를 두 시대로 나눈다. 구약의 관점에서는 그것들을 '현 시대'(악한 시대)와 '다가올 시대'(메시아의 시대)라고 불렀다. 게다가 두 시대는 때로 밤과 낮이라는 견지에서 묘사되었다. 현세는 길고 어두운 밤과 같지만, 메시아가 오실 때면 해가 떠오르고 날이 밝아 세상에는 빛이 넘칠 것이다.

또한 성경은 예수 그리스도가 사람들이 오랫동안 기다리던 메시아이며, 그분이 오셨을 때 새로운 시대가 시작되었다고 가르친다. 그분은 새 시대의 시작이었다. 그분은 날이 밝았음을 알리고 하나님 나라가 시작되었음을 선포하셨다. 그러나 옛 시대는 아직 끝나지 않았다. 요한은 이렇게 말했다. "어둠이 지나가고 참 빛이 벌써 비침이니라"(요일 2:8). 그래서 당분간 이 두 시대는 중복된다. 불신자들은 옛 시대에 속해 있으며 아직도 어두움 가운데 있다. 하지만 예수 그리스도께 속한 사람들은 새 시대로, 빛으로 옮겨졌다. 이미 그리스도 안에서 우리는 "내세의 능력을

존 스토트의 기독교 강요
Authentic Christianity

맛보았다"(히 6:5). 이미 하나님은 우리를 "어두운 데서 불러내어 그의 기이한 빛에 들어가게" 하셨다(벧전 2:9). 그리스도께서 영광 중에 오실 때만 현재의 중복이 끝날 것이다. 옛 시대는 마침내 사라질 것이고, 그 시대에 속한 자들은 멸망할 것이다. 새 시대는 완성될 것이고 그 시대에 속한 자들은 최종적으로 완전히 구속될 것이다. [1991c:111]

910. 이미 온 나라와 앞으로 올 나라

'지금'과 '아직'의 중간에서, 이미 온 하나님 나라와 앞으로 올 하나님 나라의 중간기에서 중요한 것은 하나님의 백성 가운데 계시는 성령님 이다. 한편으로 성령의 은사는 하나님 나라의 독특한 복이며, 새 시대가 밝았다는 두드러진 표시다. 다른 한편으로, 그분의 내주하심은 우리가 유업으로 받는 하나님 나라의 시작일 뿐이기 때문에, 나머지도 언젠가 우리 것이 되리라는 보증이다. 신약에서는 이것을 설명하기 위해 세 가지 비유를 사용한다. 성령님은 완전한 추수가 이루어질 것을 약속하는 '처음 익은 열매'이며, 완전한 지불이 이루어질 것을 약속하는 '보증' 또는 첫 불입금이며(고후 5:5; 엡 1:14), 언젠가 완전한 축제를 즐길 수 있을 것임을 약속하는 맛보기다(롬 8:23). 성령님은 "약속의 성취이며, 또한 성취의 약속이다. 즉 그분은 하나님의 새로운 세상이 올 것이라는 표시일 뿐 아니라, 또한 그 나라가 이미 시작되었다는 보증이다."[33] [1992b:382]

---

33 Johannes Blauw, *The Missionary Nature of the Church*(1962; Eerdmans, 1974), p. 89.

911. 역사는 변화다

현 세대보다 옛 것에 대해 의심하고 새 것에 대해 확신을 가지는 세대
는 지금껏 없었을 것이다. 현 세대는 과거로부터 이어져 내려온 것에 반
항하는(많은 경우 이해할 만하고 정당화될 수 있는 태도다) 세대다. 현 세대는 전
통을 싫어하며 혁명을 좋아한다. 엄격한 제도주의, 현상유지, 기성 사회
의 느낌을 주는 것은 모두 현 세대의 분노를 불러일으킨다.

옛 것에 대한 그 같은 무차별적 거부는 다소 고지식한 면이 있다. 그
러나 모든 변화에 저항하는 정반대 경향 역시 잘못이다. 시간은 정지되
어 있지 않다. 역사는 변화다. 그리스도인들은 이를테면 과학적 발견과
사회 정의의 영역에서 진보를 방해할 것이 아니라 전진의 선두에 서야
한다. [1970b:36]

912. 말세

바울의 '말세'(the last days)에 대한 언급을 미래에, 그리스도께서 다시 오
실 종말 직전의 날들에 적용하는 것은 자연스러워 보인다. 하지만 성경
의 용례를 보면 그렇게 할 수가 없다. 새로운 시대(구약에서 약속된)는 예
수 그리스도와 함께 도래했으며, 그렇기 때문에 그리스도의 오심과 함
께 옛 시대는 끝나기 시작했고 말세가 시작되었다는 것이 신약 저자들
의 확신이기 때문이다. 그래서 베드로는 오순절 날 '말세에' 하나님이
자신의 영을 모든 육체에게 부어 주실 것이라는 요엘의 예언을 인용했
으며, 이 예언이 이제 성취되었다고 선언했다. "이는 곧 선지자 요엘을
통하여 말씀하신 것이니." 다시 말해 예언이 언급한 '말세'가 왔다는 것
이다(행 2:14-17). 마찬가지로 히브리서는 옛적에 예언자들을 통해 조상

들에게 말씀하신 하나님이 "이 모든 날 마지막에"(in these last days) 자기 아들을 통해 우리에게 말씀하셨다는 주장으로 시작한다(1:1-2). 그러므로 우리는 말세에 살고 있다. 말세는 하나님의 아들이신 예수 그리스도에 의해 도래했다. (1973b:82)

913. '말세'의 마지막

신약 저자들은 마지막 때 혹은 종말의 연대를 묘사하기 위해 정확한 어휘를 사용하지 않는다. 그래서 그들이 어떤 종말론적 기간 혹은 사건을 언급하고 있는지 분별하기가 쉽지 않다. 분명한 것은 그들이 예수 그리스도의 초림을 새 시대를 열고 옛 시대의 종말을 확정시킨 사건으로 간주했다는 것이다. '다가올 시대'가 왔으며, 그러므로 '현 시대'는 끝나고 있다. 물론 이 기간은 영원히 지속되지 않을 것이다. 그것은 '말세' 또는 '마지막 때'라고 불리는 과도기였다. 그 시대의 시작을 묘사하는 신약 저자들은 이미 그것의 완성을 내다보고 있었다. '말세'는 그 자체의 '마지막', 곧 극악한 도덕적·종교적 타락의 기간을 가질 것이다. 마찬가지로 '마지막 때'는 불경하게 조롱하는 자들이 일어날 '마지막'을 갖게 될 것이다. 이것으로 그치지 않는다. '마지막 때'의 '마지막'은 우리의 영원한 유업이 드러날 절정이 될 것이다. 마찬가지로 '말세'도 그리스도께서 죽은 자 가운데서 살아나시고 세상을 다스리실 최종적 '마지막'을 맞게 될 것이다. (1988g:112)

914. 하나님의 프로그램

지금은 **억제**의 때로서 불법의 비밀스러운 힘이 저지되고 있는 때다. 그

다음은 **반역**의 때로서 법의 통제가 제거되고 불법한 자가 나타날 것이다. 마지막으로 **심판**의 때가 올 것인데, 이때 주 예수님은 적그리스도를 패배시키고 멸망시키실 것이며, 적그리스도의 거짓말을 믿은 사람들은 정죄를 받을 것이다. 이것이 하나님의 프로그램이다. 역사는 무의미한 사건들이 임의로 나열되는 것이 아니다. 그것은 역사의 주인이신 하나님의 주권적 법칙 아래서 기간들과 사건들이 연속되는 것이다. (1991c:173)

915. 역사의 심판자

역사의 주님이신 하나님은 또한 역사의 심판자시다. 모든 혁명적 운동들을 신적 갱신의 표시로 환영하는 것은 순진한 일이다. 혁명 이후에 나타나는 새로운 현상은 때로 그것이 제거한 것보다 더 큰 불의와 억압을 나타낸다. (1975c:18)

916. 반석이신 그리스도

베드로의 메시지는 바울의 메시지와 마찬가지로 예수님의 죽으심과 부활에 초점을 맞추고 있었다. 이 두 사건은 모두 실제로 일어난 것이며, 객관적이고 역사적인 것이다. 그리고 오늘날의 실존주의적 풍조에 대한 올바른 반응은, 경험을 위해 역사를 무시하는 유사한 기독교적 실존주의를 만들어 내고 부활을 실재와의 내적 만남으로 비신화화하는 것이 아니다. 오히려 주관성의 늪에 빠져 허우적거리는 현대 지성에게 확고한 역사적 사건으로서 죽으시고 부활하신 예수 그리스도라는 객관적 반석을 제시하는 것이다. (1975c:45)

917. 예언의 삼중적 성취

구약 예언의 성취라는 문제는 많은 오해와 불일치가 일어나는 어려운 문제다. 특히 중요한 것은 신약의 저자들이 구약의 예언을 단 한 번이 아니라 보통 **삼중적으로** 성취되는 것으로(과거, 현재, 미래에) 이해했다는 원리다. 과거의 성취는 이스라엘 국가의 삶에서 역사적으로 성취된 것이다. 현재의 성취는 중간에 그리스도와 그리스도의 교회 안에서 복음으로 성취된 것이다. 미래의 성취는 새 하늘과 새 땅에서 궁극적으로 혹은 종말론적으로 성취될 것이다. [1979f:24]

918. 하나님의 대변자들

성경이 사용하는 예언자라는 단어의 일차적 의미는 이러했다. 예언자는 "여호와의 회의에 참여"한 사람, 하나님의 말씀을 듣고 심지어 '본'[34] 사람, 그 결과 "여호와의 입에서 나온 것"을 말하며, 하나님의 말씀을 "성실함으로" 말한 사람이었다(참고. 렘 23:16-32). 다시 말해 예언자는 하나님의 대변자, 하나님의 직접적 계시를 전달하는 매개였다. 이런 의미에서 우리는 오늘날 예언자들이 없다고 주장해야 한다. 어떤 사람도 정경에 나오는 예언자들이 받은 것과 같은 영감을 받았다고 주장하거나, 예언자들이 사용했던 서론적 표현인 "여호와께서 이같이 말씀하시니라"는 말을 사용할 수 없다. 그것이 가능하다면, 우리는 그들의 말을 성경에 덧붙여야 할 것이며 교회 전체가 그 말을 듣고 순종해야 할 것이다. [1979e:161]

---

34 개역개정은 '알아들었다'고 번역한다—옮긴이 주

919. 이스라엘 국가

이스라엘의 미래에 대한 구약의 약속들이 문자적으로 성취되기를 기대해야 하는지 여부와, 현대의 이스라엘 국가가 성지를 점하고 있는 것이 적어도 그 약속들이 부분적으로 성취된 것인지에 대해서는 그리스도인들 사이에도 약간의 의견 차이가 있다. 분명 하나님은 유대인들을 위해 위대한 미래를 마련하고 계신다. 바울은 그것을 떨어져 나갔던 원래 가지들이 감람나무에 다시 접붙여지는 것으로 비유해서 묘사한다(롬 11:13-27). 하지만 신약에는 유대인들이 실제로 약속된 땅으로 돌아올 것이라는 언급이 전혀 없다. 신약에서 압도적으로 강조하는 것은 이제는 기독 교회가 '하나님의 이스라엘' '할례받은 자' '택하신 백성, 왕 같은 제사장, 거룩한 나라, 하나님께 소유된 백성'이라는 것, 그리고 후손과 땅에 대해 아브라함에게 하신 하나님의 위대한 약속은 그리스도와 그의 교회 안에서 영적으로 성취된다는 것이다. (1984d:181)

920. 역사하시는 하나님

우리 모두는 일차적으로 초자연적 방식이 아니라 자연 속에서, 기적이 아니라 역사 속에서 역사하시는 살아 계신 하나님에 대한 성경의 계시를 이해하는 것이 필요하다. 하나님은 인간 나라를 다스리는 지극히 높으신 분으로(단 4:32), 그분께는 "열방이 통의 한 방울 물과 같고…섬들은 떠오르는 먼지 같으며"(사 40:15), 그분은 "이를 낮추시고 저를 높이시면서" 재판을 행하신다(시 75:7). 해를 떠오르게 하시고 비를 보내시는 분(마 5:45), 계절들이 규칙적으로 돌아오게 하시는 분(창 8:22; 행 14:17), 거센 바다를 다스리는 분(시 89:9), 공중의 새를 먹이며 들의 꽃을 입히시는 분(마 6:26, 30), 인간의 호흡을 주장하시는 분(단 5:23) 역시 하나님이다.

일단 살아 계신 하나님이 역사와 자연의 과정을 통해 끊임없이 일하심을 보기 시작한다면, 우리는 (예를 들어) 아무 수단을 사용하지 않든 물리적·심리학적·외과적 수단을 사용하든 상관없이 **모든** 치유가 신적 치유임을 인식하기 시작할 것이다. 전자는 '기적적 치유'라고 이름 붙일 수 있으며, 후자는 비기적적 치유라고 부를 수 있지만, 둘 다 똑같이 '신적 치유'다. [1975b:96]

921. 성경에 나오는 기적들

성경은 일차적으로 기적에 대한 책이 아니다. 성경의 하나님은 일차적으로 기적의 하나님이 아니기 때문이다. 물론 우리가 알다시피 성경에는 기적 이야기들이 담겨 있다. 하지만 기적은 성경의 여러 곳에 균등하게 나타나지 않으며, 성경 역사의 전체 기간에는 기적이 없다. 기적은 의미 있게 무리를 지어 등장하기 때문에 기적에 대한 성경적 교리를 제안하는 것이 가능하다. 그것들은 하나님의 구속 계시의 주요한 네 시기와 각각의 주요 인물들과 연관되어 있다. 첫째는 출애굽과 율법 수여 기간의 모세, 둘째는 군주 정치 기간에 예언을 쏟아낸 선구자들이자, 여호와와 가나안 신들 간 대결에서 우승한 전사들인 엘리야와 엘리사(이후에 등장한 몇몇 예언자들도 물론 포함하여), 셋째는 하나님 나라를 시작하신 우리 주 예수님, 넷째로는 예수님이 교회를 설립하고 가르치도록 임명하고 권한을 위임하신 사도들이다. 이 때문에 우리는 사도행전을 '사도들의 행전'이라고 부르며, 그 때문에 바울은 자신의 기적을 '사도됨을 표시하는 것'이라고 부르는 것이다. [1988d:217]

922. 특별한 경우

특별히 율법 수여자 모세, 새로운 예언자적 증언의 선봉에 섰던 엘리야와 엘리사, 예수님의 메시아적 사역, 사도들의 시대와 같은 새로운 계시의 시대에 계시의 주된 기관을 중심으로 기적이 풍성하게 일어났다는 것이 성경의 요지다. 그래서 바울은 그의 기적들을 "사도의 표가 된 것"(고후 12:12)이라고 말했다. 오늘날에도 기적이 일어날 만한 상황들이 있다. 이를테면 그리스도와 적그리스도 간 권력 대결을 요구하는 선교의 변경 지대나 불신이 만연한 분위기 등이다. 그러나 성경은 이것이 '일상생활의 일부'보다는 특별한 경우임을 시사한다. (1990b:102)

923. 복음서에 나오는 기적들

정경 복음서에 나오는 예수님의 기적들은 온건하고 자제되어 있으며, 감각적이지 않고 깊은 영적 의미를 지닌다. 더구나 그 기적들은 사복음서와 그 복음서의 출처에 균등하게 분배되어 있어서 널리 입증된다. 예수님의 공적 사역과 복음서의 간행 사이에 경과된 시간은 전설이 발전할 정도로 길지 않았다. 많은 목격자가 여전히 살아 있었으므로, 만일 그 이야기들이 사실이 아니라면 말고의 오른쪽 귀와 바디매오의 시력이 회복된 이야기를 반박했을 것이다. (1988d:221)

924. '이미'와 '아직'

복음서에 나오는 기적들은 우리에게 익숙한 긴장, 곧 이미와 아직, 도래한 하나님 나라와 다가오고 있는 하나님 나라, 시작된 새 시대와 완성되는 새 시대 간의 긴장 속에서 이해하는 것이 가장 유용하지 않을까? (모든 기적을 의심하는) 회의주의자들에게 나는 '하지만 **이미** 우리는 다가올 시대의 권능을 맛보았다'고 말하고 싶다. 너무 쉽게 믿는 사람들(치유의 기적이 일상적으로 일어나는 것이라고 생각하는 사람)에게는 '하지만 **아직** 질병과 고통과 쇠약함과 장애와 죽음으로부터 자유로운 부활체를 받은 것은 **아니다**'라고 말하고 싶다. 시작과 끝의 중간 시기에 우리는 예수님과 그분의 사도들의 사역에서 기적들이 쏟아져 나왔던 것을 되돌아보며 몸과 우주의 최종적 부활을 내다본다. (1988d:233)

925. 오늘날의 기적들?

사도행전에는 오늘날에는 기대하기 힘든 기적들이 많이 있다. 사도들은 여전히 기적이 일어나는 분위기에서 살고 일했기 때문이다. '표적과 기사들'은 사도행전 곳곳에서 자주 언급된다. 아나니아와 삽비라는 극적으로 죽었고, 다비다는 죽었다가 살아났다. 천사에 의해 감옥의 문이 열렸고, 지진으로 죄수들의 족쇄가 풀렸다. 바울이 몸에 지녔던 손수건과 앞치마로 질병을 고쳤으며, 병든 자들은 베드로의 그림자로 몸을 덮도록 거리로 옮겨졌다. 베드로는 욥바의 지붕에서 이상한 환상을 보고 하나님의 음성을 들었으며, 바울은 다메섹 도상에서 해보다 더 밝은 빛 때문에 눈이 멀고 그리스도가 히브리어로 말씀하시는 것을 듣는다.…

　종종 사람들은 두 가지 극단적 입장을 취하는데, 그중 어느 것도 성경에서 확증되지 않는다. 첫째는 기적들이 오늘날 일어나지 않으며 일어날 수도 없다고 주장하는 것이다. 이것은 하나님의 자유와 주권을 부인하는 것이다. 다른 하나는 기적들이 그리스도와 사도들의 사역에서 일어난 것과 똑같이 빈번하게 일어난다고 주장하는 것이다. 이는 기적들의 주된 성경적 목적, 즉 계시의 새로운 단계를 입증하는 목적을 무시하는 것이다. 바울은 그의 기적들을 "사도의 표가 된 것"(고후 12:12)이라고 묘사했다. 그 기적들이 그의 사도적 권위를 확증해 주었기 때문이다.

(1973a:1)

926. 창조와 기적

현재 표적과 기사에 대한 논쟁이 가열되고 있다고 해서 그것들을 믿는 측과 믿지 않는 측으로 순진하게 양극화해서는 안 된다. 출발점은 우리

가운데 존재하는 넓은 일치의 영역이 되어야 한다. 모든 성경적 그리스도인들은 비록 창조주의 신실하심이 그가 지으신 우주의 동일성과 규칙성(과학에 필수불가결한 기초)에 드러나 있지만, 그분은 또한 이따금 자연의 규범들에서 벗어나 우리가 '기적'이라고 부르는 변칙적 현상을 일으키심을 믿는다. 하지만 그것을 '자연으로부터의 일탈'이라고 생각하는 것은, (18세기 이신론자들처럼) 그것들이 '자연을 위배한 것'이며 그렇기 때문에 일어나지도 않았고 지금도 일어나지 않는다고 생각하는 것과 다르다. 하나님이 원래 무에서 모든 것을 만드셨다는 성경적 창조 교리는 이런 종류의 회의주의를 배제한다. 캠벨 모건(Campbell Morgan)이 말하듯이, "성경 첫 번째 구절을 인정한다면, 기적에 대해 문제 될 것이 전혀 없다." (1990b:101)

927. 하나님께 마음을 여는 것

성경을 우리의 지침으로 삼을 때, 우리는 반대되는 양극단을 피하게 될 것이다. 우리는 기적들을 '결코 일어나지 않는' 것으로도 '날마다 일어나는' 것으로도 묘사하지 않을 것이며, '불가능한' 것으로도 '통상적인' 것으로도 보지 않을 것이다. 그 대신에 우리는 자연을 통해서, 또 기적을 통해서 일하시는 하나님께 전적으로 마음을 열 것이다. 그리고 어떤 사람이 치유의 기적이 일어났다고 주장할 때, 우리는 그것이 복음서와 사도행전에 나온 기적들과 유사한, 의료적이거나 외과적인 수단을 사용하지 않고 즉각적이고 완전하게 어떤 신체 조직의 병이 치유된 현상이기를 기대할 것이다. 그리고 불신자들에게도 그것을 살펴보도록 권유하고 믿음을 설득할 수 있을 것이다. (1990b:104)

928. 오늘날의 구원

나는 질병과 죽음이 외부에서 하나님의 선한 세계에 들어온 침입자라는 것을 부인하지 않는다. 또한 하나님이 자연적 수단을 사용해서 치유하시며 때로는 초자연적으로 치유하신다는 사실도 부인하지 않는다. 모든 치유는 신적 치유이기 때문이다. 또한 그리스도 안에서 우리가 누리는 새 생명은, 스트레스와 분노, 근심 등으로 인해 생기는 몸과 마음의 질병들을 치료할 수 있기 때문에 새로운 육체적·정서적 안녕을 가져올 수 있다는 것도 부인하지 않는다. 또한 종말의 때에 우리가 새로운 몸을 받고 새로운 사회에 들어갈 때 질병과 죽음이 영원히 우리에게서 없어지리라는 것도 부인하지 않는다. 내가 말하는 것은, 오늘날 예수 그리스도 안에서 그리고 예수 그리스도를 통해 제공되는 구원은 심신의 완전한 회복이 아니라는 것이다. 그렇다고 주장하는 것은 부활을 앞지르는 것이다. (1975e:73)

929. 부활을 앞지르기

예수의 생명이 계속해서 우리 몸에 나타나야 하고, 하나님이 사람의 몸에 질병과 싸우며 건강을 회복시키는 놀라운 치료의 과정을 넣어 주셨고, 하나님은 기적적인 치료(아무 수단도 사용하지 않고 즉각적이며 영구적으로)를 하실 수 있고 가끔 그렇게 하시며, 모든 치료는 하나님이 하시는 치료라는 사실을 우리는 확신을 가지고 단언해야 한다. 그러나 죄인이 용서를 기대하듯이 언제나 아픈 자의 병이 치료되고 죽은 자가 살아날 것을 기대하는 것은, '아직'을 무시하고 '이미'만을 강조하는 것이다. 왜냐하면 그것은 부활을 앞지르는 태도이기 때문이다. 부활이 일어나기 전까지 우리 몸은 질병과 죽음을 완전히 벗어나지 못할 것이다.
(1986a:246)

930. 새로운 지평

몸과 마음과 영혼의 완전한 치유는 이생에서는 일어나지 않을 것이다.
우리에게는 어느 정도의 불완전함과 장애가 남아 있다. 하지만 영원토
록 그런 것은 아니다. 그리스도인의 지평은 이생에 제한되지 않기 때
문이다. 예수님은 다시 오신다. 우리의 몸은 구속될 것이다. 죄와 고통
과 죽음은 사라질 것이다. 우리와 우주는 모두 변화될 것이다. 그럴 때
우리는 마침내 우리의 존재를 더럽히거나 왜곡시키는 모든 것으로부
터 해방될 것이다. 바로 이러한 기독교적 확신이 현재 우리가 처한 고
통을 견디도록 도와준다. 고통이 있지만, 평화 한가운데 있기 때문이다.
(1990a:359)

931. 십자가의 하나님

인간의 유한한 지성이 활동할 수 있는 영역에는 한계가 있다. 사람은 질
병의 본질, 원인, 발병률, 증상, 치료책 등을 연구할 수 있지만, 어떤 실
험실에서도 질병의 의미나 목적을 발견할 수 없을 것이다. 나는 심지
어 하나님이 이러한 신비를 계시하지 않는 이유 중 하나는 교만한 인간
들을 겸손하게 지키기 위해서라고 믿는다. 우리의 넓은 시야는 하나님
이 보시기에는 협소한 것이다. 우리의 광대한 지식은 하나님께는 매우
작다. 우리의 위대한 두뇌는 하나님이 보시기에는 매우 제한되어 있다.
하나님은 욥에게 말씀하셨듯이 우리에게도 말씀하신다. "내가 땅의 기

초를 놓을 때에 네가 어디 있었느냐? 네가 눈 곳간에 들어갔었느냐? 네가 묘성을 매어 묶을 수 있으며 삼성의 띠를 풀 수 있겠느냐? 네가 번개를 보내어 가게 하되 번개가 네게 우리가 여기 있나이다 하게 하겠느냐?"(욥 38:4, 22, 31, 35)

고난에 대한 유일하게 올바른 태도는 예배와 겸손한 자기 포기다. 이는 비굴한 굴욕이 아니라 진지한 겸손이다. 이것은 지적·도덕적 자살이 아니라, 유한한 지성의 한계를 인정하는 것이다. 한마디로 하나님이 하나님 되시게 하고 스스로는 단지 인간으로 남는 데 만족하는 것이다. 이것은 우리가 욥과 같이 하나님의 계시를 가지고 있을 때도 합당한 태도다. 비판자는 말한다. '하지만 우리는 그런 계시를 갖고 있지 않아.' 하지만 잠깐 기다려 보라. 우리는 그런 계시를 가지고 있다. 우리는 더 낫고 더 충분한 계시를 가졌다. 우리는 욥보다 훨씬 유리하다. 욥은 단지 자연의 하나님만을 알았지만, 우리는 은혜의 하나님을 안다. 욥은 땅과 하늘과 바다의 하나님만을 알았지만, 우리는 예수 그리스도의 하나님을 안다. 욥은 단지 큰 짐승의 하나님만을 알았지만, 우리는 십자가의 하나님을 안다. 예배를 드리는 것이 욥에게 옳고 합당한 일이었다면, 우리에게는 훨씬 더 합당한 일이다. 우리는 십자가를 보았다. 하늘은 잠잠하지도 시무룩하지도 않았다. 하늘이 열리고 그리스도께서 내려오셨고, 하나님은 십자가의 그리스도 안에서 자신을 계시하셨다. 십자가는 하나님 사랑의 보증이다. (1956b:10)

932. 필수불가결한 관점

우리는 갈보리라고 불리는 산을 올라가는 법과 그 유리한 위치에서 모든 인생의 비극을 조망하는 법을 배웠다. 십자가가 고난의 문제를 해결해 주지는 않는다. 하지만 그것은 고난을 바라보는 데 필수불가결한 관점을 제공해 준다. 하나님이 하나의 역사적 사건(십자가)에서 그의 거룩한 사랑과 자애로운 정의를 보여 주셨기 때문에, 다른 어떤 역사적 사건(개인적인 것이든 세계적인 것이든)도 그것을 압도하거나 논박할 수 없다. 바로 이 때문에 두루마리(역사와 운명이 적힌 책)가 이제 죽임 당한 어린 양의 손에 있고, 그분만이 그 인을 떼고 내용을 드러내며 미래의 흐름을 통제하실 수 있는 것이다. (1986a:329)

933. 거룩함과 고난

성경의 가르침과 개인의 경험이 결합될 때, 우리는 고난이 거룩함과 성숙에 이르는 길임을 배운다. 고난 받은 사람들에게는 언제나 설명하기 어려운 무엇인가가 있게 마련이다. 그들은 다른 사람들에게는 없는 향기를 갖고 있다. 그들은 그리스도의 온유함과 겸손함을 나타내 보인다. 베드로가 그의 첫 번째 편지에서 진술한 가장 주목할 만한 내용은 "육체에 고난을 받은 자가 죄를 그쳤다"(벧전 4:1)는 것이다. 그는 육체적 고난이 실제로 죄 짓는 일을 그만두도록 하는 효과를 갖는다고 말하는 듯하다. 그렇기 때문에 나는 때로 우리가 얼마나 거룩함을 열망하는지를 시험하는 참된 기준은, 하나님이 우리를 거룩하게 하시기만 한다면 어떤 고난이든 기꺼이 경험하려는 마음이 아닌가 하는 생각이 든다. (1986a:319)

934. 눈물을 흘리신 예수님

복음서를 보면, 예수님이 각각 다른 일곱 가지 상황에서 사람들을 "불쌍히 여기셨다." 이들은 지도자 없이 굶주리고 있는 무리, 나인 성의 과부, 나병 환자와 눈먼 거지 같은 사람들이다. 그리고 요한복음에는 "예수께서 눈물을 흘리시더라"(11:35)고 기록되어 있다. 이것은 사망에 직면하여 흘리는 분노의 눈물이 아니라 오빠와 사별한 자매에 대한 연민의 눈물이었다. 죽음과 사별에 직면했을 때 그처럼 마음이 움직이는 예수님의 모습은 너무도 아름답지 않은가? 그분은 사망에 대해서 분노를 느끼셨고, 그 사망의 희생자들에게 긍휼을 느끼셨다. (1992b:124)

935. 자기 백성과 함께하시는 그리스도

하나님이 그리스도 안에서 고난 받으셨을 뿐만 아니라, 그리스도 안에서 그의 백성들과 함께 고난 받으신다는 것을 보여 주는 좋은 성경적 증거가 있다. 이스라엘이 이집트에서 비참한 노예 생활을 하던 초기에 하나님은 그들의 곤경을 보고 "그들의 고통 소리를 들으셨을" 뿐만 아니라 "그들의 모든 환난에 동참"하셨다고 쓰여 있지 않은가? 예수님은 다소의 사울에게 "왜 나를 핍박하느냐"고 물어보심으로써 교회와의 하나됨을 밝히지 않으셨던가? 우리가 그리스도의 고난에 동참하는 것은 놀라운 일이다. 그러나 그리스도가 우리의 고난에 여전히 동참하고 계시다는 것은 더욱 놀라운 일이다. (1986a:335)

936. 인간이 처한 곤경

'죽음'은 죄의 결과로 인간이 처하게 된 곤경을 요약하는 단어다. 죽음은 죄의 '삯' 곧 죄의 냉혹한 처벌이다(롬 6:23). 그리고 이것은 죽음이 취하는 각각의 형태에도 적용된다. 성경에서는 세 가지 측면에서 죽음을 이야기한다. 육체적 죽음은 영혼이 육체로부터 분리되는 것이다. 영적 죽음은 영혼이 하나님과 분리되는 것이다. 영원한 죽음은 영혼과 몸이 모두 하나님과 영원히 분리되는 것이다. 이 모든 죽음은 죄로 인한 것이다. 그것들은 비록 정당하긴 하지만 끔찍한 죄의 대가다. (1973b:37)

937. 형벌 사건으로서의 죽음

성경은 어느 곳에서든지 인간의 죽음을 **자연적** 사건으로 보지 않고 **형벌**의 사건으로 본다. 죽음은 하나님의 선한 세계에 침입한 이질적인 요소이며, 인간을 위한 원래 의도가 아니다. 화석의 기록에 의하면, 인간이 창조되기 이전에 동물계에는 약육강식과 죽음이 있었다는 표시가 분명히 있다. 하지만 하나님은 그의 형상을 지닌 인간을 위해서 더 고귀한 종말을 의도하신 듯한데, 아마 에녹과 엘리야가 경험했던 '옮겨감' 혹은 예수님이 오실 때 살아 있는 자들에게 일어날 '변화'와 비슷한 종말이었을 것이다. 그러므로 성경 전체를 볼 때 육체적·영적 죽음은 인간의 불순종에 대한 하나님의 심판으로 이해된다. 따라서 죽음에 대한 공포와, 인간이 '멸망하는 짐승같이' 되어야 한다(짐승과 인간의 운명이 동일하다)는 이례적 상황에 대한 인식이 생겨났다. 그렇기 때문에 예수님은 나사로의 무덤가에서 죽음과 대면하면서 분노의 '거친 숨'을 내쉬었던 것이다. 죽음은 이질적인 것이고 예수님은 그것에 저항하셨다. 그분은 죽음과 타협할 수 없었다. [1986a:65]

938. 무와 죽음

무와 죽음보다 더 인간을 좌절시키는 것은 없다. 20세기 실존주의자들이 가장 격심하게 '고뇌'하는 것은 '무'라는 심연에 대한 두려움이다. 그리고 죽음은 결국 우리가 통제하지 못하고 벗어날 수 없는 사건이다. 하지만 하나님께 무와 죽음은 아무런 문제도 되지 않는다. 오히려 그분은 무로부터 우주를 만드셨으며, 죽음으로부터 예수를 살리셨다. 창조와 부활은 하나님의 능력을 보여 주는 주요한 두 사건이다. [1994:133]

939. 금지된 강신술

강신술에 대한 그리스도인의 태도는 그것의 유효함을 부인하는 것이 아니라 시행을 금하는 것이다. 분명 어떤 강신술적 현상은 사기성이 있지만, 어떤 현상들은 텔레파시 혹은 직각적 사고 전달, 악한 영들의 흉내 등으로 설명될 수 있다. 하지만 그리스도인들이 모든 강신술에 대한 주장을 말이 안 되는 것이라고 단언할 필요는 없다. 정말로 그렇다면 왜 성경에서 그것들을 금하겠는가? [1977c:24]

940. 마땅히 멸망해야 할

어떤 사람은 다른 사람들의 좋은 점을 칭찬하는 경향이 너무 강하고, 반대로 나는 악을 비난하는 경향이 너무 강한 것 같다. 하지만 그 이유는 내가 나 자신을 안다고 생각하기 때문이다. 분명 나는 내 안에 있는 하나님 형상의 일부인, 하나님이 주신 모든 고상한 선물들(이성과 호기심, 도덕적 갈망, 사랑을 우위에 놓는 것, 예술적 창의성, 예배드리고자 하는 열망)을 환영하고 긍정한다. 하지만 수치스러운 것(허영, 강퍅함, 이기심, 시기, 성급함, 악의, 무절제)을 두드러지게 하는 것이 바로 이런 자랑스러운 것들이다. 하나님과 나 자신에 대한 인식은, 비록 그조차 왜곡되었지만, 내가 본질적으로 영원히 하나님의 임재 안에 거하기에는 완전히 적합하지 않은 사람임을 깨닫게 한다. 나는 빛 가운데서 성도들의 유업을 나누기 위해 그 일에 '적합해질' 필요가 있다. 나는 어린 양의 피로 깨끗해진 흰 옷 없이는 결코 하나님의 보좌 앞에 설 수 없다. '지옥으로 떨어져야 마땅한 죄인'이라는 말은 터무니없이 시대에 뒤진 말처럼 들리지만 나는 그것이 있는 그대로의 진리라고 생각한다. 그리스도가 없다면 나는 '멸망하고' 있으며, 멸망하는 것이 마땅하다. (1988d:322)

941. 성경과 보편주의

성경적 그리스도인이 되면서 동시에 보편주의자가 되기는 불가능하다. (1975e:76)

942. 눈물 없이는…

성경은 죄사함에 대한 약속을 전할 뿐 아니라, 남아 있는 죄에 대해서도 경고한다. 사도 바울은 이렇게 경고했다. "그런즉 너희는 선지자들을 통하여 말씀하신 것이 너희에게 미칠까 삼가라. 일렀으되 '보라 멸시하는 사람들아 너희는 놀라고 멸망하라'"(행 13:40-41). '멸망하라'는 무시무시한 단어다. '지옥'이라는 단어도 마찬가지다. 우리는 하늘 나라의 정확한 본질에 대해서와 마찬가지로, 지옥의 정확한 본질에 대해서도 어느 정도 경건하고 겸손한 불가지론을 유지할 수 있으며, 유지해야 한다고 생각한다. 둘 다 우리가 이해할 수 없는 것들이기 때문이다. 하지만 우리는 지옥이 끔찍하고 영원한 실재라는 것에 대해서는 분명하고 확실한 태도를 취해야 한다. 지옥에 대해 말할 때 격에 맞지 않는 것은 독단적인 태도가 아니라 그럴싸한 말과 경솔함이다. 어떻게 우리가 눈물 없이 지옥에 대해 생각할 수 있단 말인가? (1975c:113)

943. 적그리스도

우리는 파라(F. W. Farrar)가 말한 "수많은 해석들이 논파된 불확실한 영역"[35]에 어떻게 반응해야 하는가? 이에 대한 반응으로 "지금은 기독교 공동체의 하류 집단, 소수 종파, 괴상한 사람들과 광신주의자에게서만 발견되는"[36] 적그리스도에 대한 '전설'과 예언을 경멸하고 물리쳐 버려서는 안 될 것이다. 만일 그렇다면 나 자신은 괴상하고 광신적인 '하류 집단'에 기꺼이 속하겠다! 그보다 우리는 성경 내에서 적그리스도에 대

---

35 F. W. Farrar, *The Life and Work of St Paul*(Cassell, popular edition, 1891), p. 350.

36 W. Bousset, article 'Antichrist', in *The Encyclopaedia of Religion and Ethics*, vol. I. ed. James Hastings(T. and T. Clark, 1908).

존 스토트의 기독교 강요
Authentic Christianity

한 예상이 어떻게 발전되어 왔는지, 곧 어떻게 다니엘이 안티오쿠스 에피파네스에게 그것을 적용했는지, 어떻게 예수님과 바울과 요한계시록의 저자 요한이 다니엘의 예언을 재적용했는지를 살펴보아야 한다. 그리고 그들이 어떻게 불경함과 불법이 연속해서 구현된다고 인식했는지, 요한이 서신서에서 어떻게 거짓 교사들을 주위에 이단을 퍼뜨리는 '많은 적그리스도'로 보았는지(예수님이 '거짓 그리스도'에 대해 말씀하신 것과 같이) 주의 깊게 살펴보아야 한다. 핸드릭슨(Hendriksen)이 말했듯이, "역사는⋯반복된다. 아니, 예언은 여러 번에 걸쳐 성취된다는 것이 더 나은 표현이다."[37] 그러나 이 모든 것은 수십 세기에 걸쳐 나타난 다른 악한 지도자들과 함께, 최종적으로 나타날 '불법의 사람', 곧 종말론적이지만 또한 역사적인 인물, 불법과 불경함의 결정적 표현, 궁극적 반역의 지도자, 재림의 신호의 선봉이 될 그 사람의 선구자 또는 전신이 되어 왔다. 나는 "우리는⋯적그리스도가 당연히 한 인간일 것이라고 여길 수 있다."[38]고 한 게할더스 보스(Geerhardus Vos)의 말에 동의한다. 그리고 우리가 아직도 적그리스도가 올 것을 믿을지 여부는, 아직도 그리스도께서 오실 것을 믿는지 여부에 달려 있다. [1991c:166, 167]

---

37 W. Hendriksen, *Exposition of I and II Thessalonians*(Baker, 1955), p. 177. G. C. Berkouwer는 *The Return of Christ*(ET Eerdmans, 1972)에서 "종말론적 약속이 전혀 손상되지 않는 지속적인 재해석"에 대해 말했는데, 그는 그로 인해 "종말론적 약속의 지속적인 현실성"이 보존된다고 했다(pp. 246-252).《핸드릭슨 성경 주석-데살로니가전후서》(아가페 출판사).

38 G. Vos, *The Pauline Eschatology*(1930; Baker, 1979), p. 113.《바울의 종말론》(엠마오).

944. 불법의 비밀

한편 억제의 시기에도 그리고 불법의 사람이 나타나기 전에도 "불법의 비밀이 이미 활동하였다"(살후 2:7상). '비밀'(secret power)이란 '토 미스테리온'(to mystērion)을 번역한 것이다. 이 말은 보통 바울의 저술에서 의미하는 '한때 감추어져 있었으나 이제는 나타난 진리'를 의미하는 것이 아니다. 그것은 여전히 비밀이며, 불법의 사람이 장차 '나타난다'는 표현과 대조를 이루기 때문이다. 그러나 그가 공개적으로 나타나기 전에 구현하는 불법은 은밀히 작용하고 있다. 그의 반사회적이고 반규범적이며 하나님을 대적하는 운동은 현재 주로 비밀리에 이루어지고 있다. 우리는 오늘날 주위에서 그것의 전복적인 영향력을 탐지할 수 있다. 세속적 인본주의의 무신론적 입장에서, 극단적 좌익과 우익 이데올로기의 전체주의적 경향에서, 물질을 하나님으로 삼는 소비 사회의 물질주의에서, 신은 죽었으며 도덕적 절대성이 종언을 고했다고 선언하는 소위 '신학들'에서, 인간의 생명과 성, 결혼과 가족 등 하나님이 창조하거나 제정하신 모든 것의 존엄성을 경시하는 사회적 분위기에서 그것을 볼 수 있다.

남아 있는 억제력(일정량의 정의, 자유, 질서, 예절을 보존하는)이 없다면 이러한 것들은 훨씬 더 급격하게 퍼져 나갈 것이다. 그리고 언젠가 실제로 그렇게 될 것이다. 막는 힘이 제거될 때 "불법한 자가 나타나서"(8절상) 그의 악랄한 지도하에 은밀한 전복이 공개적인 반역이 될 것이기 때문이다. 그렇게 될 때 우리는 정치적, 사회적, 도덕적 혼란의 기간(다행히도 짧을 것이다)이 오리라고 예상할 수 있으며, 갑자기 "주 예수께서 그 입의 기운으로 그를 죽이시고 강림하여 나타나심으로 폐하실"(8절) 때까

지 하나님과 그분의 법은 무례하게 조롱당할 것이다. (1991c:170)

945. 예수님의 명백한 가르침

오늘날 교회에서는 (심지어 교회 밖에 사탄주의가 번창하고 있는 동안에도) 인격적인 마귀나 마귀의 지배하에 있는 인격적 하수인을 믿지 않는 것이 유행이다. 예수님과 그의 사도들의 가르침(그 이후의 교회는 말할 것도 없고)은 분명히 악의적인 마귀들이 존재한다고 시인하는데, 교회의 유행이 신학을 지도해야 할 명백한 이유는 없다. (1979e:73)

946. 어둠의 나라

우리는 마음속에서 사탄에 대한 희화화된 그림을 제거할 필요가 있다. 뿔, 발굽, 꼬리 등을 없애 버리면, 고도로 지적이고 무한히 강력하며 철저하게 악랄한 영적 존재에 대한 성경적 묘사가 남게 된다. 예수님은 사탄의 존재를 믿으셨을 뿐만 아니라 우리에게 사탄의 권세에 대해 경고하셨다. 예수님은 사탄을 "이 세상의 임금"(요 12:31)이라고 부르셨다. 바울이 사탄을 '공중 권세를 잡은 자'라고 불렀던 것과 아주 비슷하다. 그러므로 사탄은 보좌와 나라를 가지고 있으며, 그의 휘하에는 성경에 "이 어둠의 세상 주관자들"과 "하늘에 있는 악의 영들"(엡 6:12)이라고 묘사된 악의적인 영들의 군대가 있다. (1990c:50)

947. 마귀의 책략

'마귀의 책략'은 여러 가지 형태를 취한다. 하지만 마귀가 가장 교활할 때는 사람들에게 마귀가 존재하지 않는다고 성공적으로 설득할 때다.

마귀의 실재를 부인하는 것은 마귀의 교활함에 더욱더 노출되는 것이다. (1979e:265)

948. 사탄의 반대

세상의 반대는 강하고 교묘하다. 그리고 이런 것들 배후에는 '사람들을 사로잡아' 그들을 포로로 만드는 일에 열중하는 마귀가 있다. 마귀는 복음을 싫어해서 복음의 진보를 방해하기 위해 모든 힘과 잔꾀를 사용한다. 때로는 복음을 전파하는 사람들의 입으로 복음을 왜곡하고, 그들이 핍박이나 조롱 앞에 당황하여 침묵하게 하기도 한다. 때로는 전파자들이 복음을 그 이상으로 밀고 나가 터무니없이 새로운 것으로 만들도록 설득하고, 때로는 복음을 변호하는 데 치중하느라 복음을 선포할 시간이 없도록 만든다. (1973b:126)

949. 현재의 심판

영생과 마찬가지로 심판도 지금 시작된다. 우리가 그리스도께 반응하는 것처럼 우리는 심판을 받고 있다. 최종적 심판은 이미 획득한 운명을 공개적으로 선포하는 것에 불과하다. (1951:8)

950. 영광 중에 다시 오시는 그리스도

우리가 예수 그리스도께서 다시 오실 것이라고 믿는 이유는 예수님이 그렇게 말씀하셨기 때문이다. 어떤 사람들은 예수님이 자신의 '파루시 아'(*parousia*, '오심')가 동시대인들이 살아 있을 동안에 이루어질 것이라 고 예상하였기 때문에 이 말씀은 잘못된 것이라고 주장한다. 하지만 예 수님은 자신이 다시 올 날을 자기도 모른다고 고백하셨기 때문에 재림 이 언제일지 가르치셨을 가능성은 극히 희박하다. 예수님의 긴급한 예 언에서 의도하신 것은 제자들에게 '주의하라'고 권하려는 것이었다. 그들은 그때가 언제인지 몰랐기 때문이다. 우리는 '파루시아'를 기다 릴 때, (그것이 역사적 사건이 되리라는 것을 부인하면서) 비신화화해서도 안 되 며, (자신의 사변적 공상들로 그것을 장식하면서) '윤색'해서도 안 된다. 우리가 지혜롭고 겸손하다면, 많은 것들이 여전히 신비로 남아 있음을 인정하 며 성경의 명백한 가르침 이상을 넘어가지 않도록 주의해야 한다. 우리 는 자세한 사항들을 교리화하는 것은 거부하지만 적어도 다음 사항들 은 확증할 수 있다. 주님의 재림은 인격적이며("이 예수", 행 1:11; "주께서… 친히", 살전 4:16), 가시적이고("각 사람의 눈이 그를 보겠고", 계 1:7), 우주적이 고 확실하며("번개가…비침같이", 눅 17:24), 영광에 찬 것("그의 힘의 영광", 살후

1:9)이다. "그분은 영광 중에 다시 오실 것이다"라고 니케아 신경은 말한다. 예수님의 재림은 그분의 초림이 비천하고 눈에 띄지 않았던 것만큼이나 장엄한 장관이 될 것이다. (1991d:73)

951. 패배한 원수

죽음에 대한 그리스도인의 태도는 어떠해야 하는가? 죽음은 여전히 적이요, 자연스럽지 못한 것이며, 불쾌하고, 품위 없는 것이다. 실로 그것은 "맨 나중에 멸망할 원수"다. 하지만 그것은 이미 패배한 원수다. 그리스도가 이미 우리의 죄를 없애셨으므로 죽음은 우리에게 해를 끼칠힘을 잃었으며, 따라서 우리를 두렵게 하지도 못한다. 예수님은 이것을 그분의 가장 위대한 단언 가운데 하나인 다음의 말씀 속에서 요약하셨다. "나는 부활이요 생명이니 나를 믿는 자는 죽어도 살겠고, 무릇 살아서 나를 믿는 자는 영원히 죽지 아니하리니"(요 11:25-26). 예수님은 죽은 신자의 부활이요 산 신자의 생명이라는 것이다. 전자에 대한 그분의 약속인 '네가 살리라'는 단순히 생존하리라는 의미가 아니라, 네가 부활하리라는 의미다. 후자에 대한 약속인 '네가 결코 죽지 아니하리라'는 죽음을 피하리라는 뜻이 아니라, 죽음이 그에게는 하나의 사소한 사건, 즉충만한 생명을 향해 가는 도중에 겪는 하나의 전환에 불과한 것으로 판명되리라는 의미다. (1986a:244)

952. 위로의 말씀

사별 당한 사람을 위로하는 데는 기독교의 진리만 한 것이 없다. 이렇게 말하면서 우리는 욥기의 교훈 중 하나를 결코 잊어서는 안된다. 욥이 처해 있던 끔찍한 상황은 분별없고 비정한 소위 '위로자'들에 의해 개선된 것이 아니라 더 악화되었다. 그들은 7일 동안 조용히 조의를 표하며 욥의 곁에 앉아 있었다는 점에서 좋은 시작을 했다. 일주일이 지난 후 그들이 입을 다물었다면 참 좋았을 것이다. 하지만 그들은 그가 자신의 죄로 인해 처벌받고 있다고 말하면서, 가련한 욥을 냉정하고 상투적이며 잘못된 말의 홍수에 빠뜨려 버렸다. 그래서 마침내 하나님이 화를 내시며 그들의 말을 반박하고 그들이 그에 대해 정당하지 못한 말을 한다고 비난하기에 이르렀다(욥 42:7-8). 그러나 그들의 실수는 그들이 말을 했다는 것이 아니라 '우매한' 말을 했다는 것이다. 일반적으로 진실되고 온유한 것이라면, 그리고 적절한 때 하는 말이라면 위로를 줄 수 있고 또 실제로 위로가 된다. (1991c:106)

953. 승리와 눈물

그리스도인의 장례식에서 그리스도께서 사망을 이기고 결정적으로 승리하셨음을 기쁨으로 축하하는 것은 적절한 일이다. 그러나 그것은 개인적으로 슬픔의 눈물을 흘림으로써만 가능한 일이다. 예수님이 그의 사랑하는 형제 나사로의 무덤 곁에서 우셨다면, 그의 제자들도 그렇게 할 수 있다. (1991c:94)

954. 중간 상태

성경적 사고에서 죽음은 영혼이 육체와 분리되는 것이다. 사망 시에 육체는 영혼의 집이 되기를 멈추고 부패하여, '흙으로 돌아가기' 시작한다. 하지만 영혼 또는 영은 이러한 위기를 넘기고 살아남아서 그리스도께서 다시 오실 부활의 날까지 육체에서 분리된 상태로 계속해서 살아 있다. 이러한 이유로 신학자들은 죽음과 부활 사이의 기간을 '중간 상태'라고 부른다. 그것이 천국과 지옥의 중간인 제3의 영역이기 때문이 아니라, 죽음과 부활의 중간인 일시적 상태이기 때문이다. [1977c:22]

955. 그리스도는 죽음을 폐하셨다

모든 종교에 적용해 볼 수 있는 가장 엄중한 시험 가운데 하나는 죽음에 대한 태도와 관련된 것이다. 그리고 이 시험 기준으로 측정할 때, 기독교의 검은 상복과 슬픔에 잠긴 성가와 위령 미사에는 무엇인가가 빠져 있음을 알게 된다. 물론 죽는 것은 매우 불쾌한 일이며, 사별은 사무치는 슬픔을 불러일으킨다. 하지만 죽음 자체는 전복되었으며, "주 안에서 죽는 자들은 복이 있다"(계 14:13). 기독교 신자들을 위해 써야 할 적절한 비문은 우울하고 불확실한 기원인 '평화 속에 안식하소서'(requiescat in pace)가 아니라, 즐겁고 확실한 단언인 '그리스도께서 죽음을 폐하셨다'(Christ abolished death)가 되어야 한다. [1973b:39]

956. 마지막 날에

창조 때 하나님이 '말씀하시니 그대로 된' 것처럼, 그리고 무덤에서 예수님이 큰 소리로 "나사로야 나오너라" 하고 부르시니 그가 나온 것처럼, 죽은 자들은 마지막 날 하나님의 창조적이고 위엄 있는 목소리를 들을 것이며 그 말씀에 순종할 것이다. [1991c:102]

957. '영광의 몸'

부활은 소생과 다르다. 예수님이 초기 사역 때 되살리셨던 사람들은 소생한 것이다. 그들은 죽었다가 다시 살아났으며, 이전에 영위했던 생활 양식으로 돌아갔고, 후에는 두 번째로 죽었다. 하지만 부활은 새롭고 다른 불멸하는 삶의 시작을 의미한다. 그러므로 부활체는 현재의 몸과 어느 정도의 연속성은 있겠지만, 또한 변화될 것이다. 바울은 식물이 그것이 나온 씨와 다른 것처럼 부활체 역시 다를 것이라고 말한다. 그것은 부패로부터, '육신' 곧 어떤 의미에서 그들이 가진 타락한 성품으로부터 자유로울 것이다. 부활체는 또한 새로운 권세를 지닐 것이다. 사실상 우리의 부활체는 그리스도의 부활체와 같이 '영광의 몸'이 될 것이다.

(1984d:134)

958. 온 것과 올 것

하나님 나라는 이미 시작되어 전진하고 있다. 하지만 아직 절정에 이르지 못했다. 이미 새 시대(다가올 시대)가 왔으므로, 우리는 '내세의 능력을 맛보았다.' 하지만 옛 시대가 아직 완전히 지나가지는 않았다. 우리는 이미 하나님의 아들딸이며 더 이상 노예가 아니다. 하지만 아직 '하나님의 자녀가 누리는 영광스러운 자유'에 들어가지는 못했다. '이미'에 대한 지나친 강조는 승리주의로 이끌게 된다. 그것은 '아직' 임하지 않은, 그 절정에 이른 나라에만 속한 완벽함—도덕적인 것(무죄함)이든 육체적인 것(완전한 건강)이든—이 현재 이루어져야 한다고 주장하는 것이다. 반면 '아직'에 대한 지나친 강조는 패배주의로 연결되어서, 그리스도의 승리인 '이미'와는 병존할 수 없는 계속적인 악을 묵인하는 것이

다. (1986a:240)

959. 미래에 대한 두려움

그리스도가 오신 이래 두 번째 천 년이 막바지에 다다르면서, 주변에
있는 대부분의 사람들은 두려움으로 낙심하고 있다. 하지만 그 두려움
의 주된 문제는 자연 자원의 결핍이 아니라 영적·도덕적 자원의 결핍
이다. 지각 있는 사람들은 우리가 직면하고 있는 문제들(그 문제들의 수치
와 중요도와 복잡성은 우리를 당혹럽게 한다)이 우리의 능력 밖임을 안다. 오직
우리를 창조하시고 유지하시며 그리스도를 통해 우리를 다시 만드실
수 있는 살아 계신 하나님께로 되돌아가는 것, 성경적으로 충만하고 현
대에 적실성을 가지는 진정한 기독교 신앙을 회복하는 것만이 우리로
하여금 확신을 가지고 두려움 없이 서기 2000년을 대망하게 해 준다.
(1983e:viii)

960. 몸의 부활

그리스도인의 소망은 영혼(어렴풋하고 육체에서 분리된 존재)의 불멸이 아니
라 몸(우리의 새로운 생명을 표현하기 위한 완전한 도구)의 부활에 있다. (1985:51)

961. 그리스도인의 확신

그리스도인들은 미래에 대한 확신을 가지고 있으며, 우리의 기독교적
'소망'(확실한 기대)은 개인적이며 또한 우주적이다. 개인적으로 보면 그
리스도를 떠난 상태에 있는 사람들은 보편적으로 개인적 죽음과 사멸
에 대한 두려움을 갖고 있다. 우디 앨런(Woody Allen)은 서구인들의 이러

한 두려움을 전형적으로 나타내는 인물이다. 그 두려움은 그에게 하나의 강박과 같다. 그래도 그는 여전히 죽음에 대해 농담을 던지며 이렇게 넉살을 떤다. "나는 죽음을 무서워하는게 아니다. 단지 그 일이 일어날 때 거기 있고 싶지 않을 뿐이다."[39] 하지만 그의 대부분의 시간은 공포로 가득 차 있다. 1977년 〈에스콰이어〉(Esquire)에 실린 글에서 그는 이렇게 말했다. "**모든** 동기, **모든** 행동 배후에 있는 근본적인 것은 소멸과 죽음에 대한 끊임없는 투쟁이다. 죽음이 주는 두려움은 절대적으로 사람의 감각을 마비시키며, 어떤 사람의 업적도 무의미한 것으로 만든다."

그러나 예수 그리스도는 그의 제자들을 이러한 공포로부터 구해 주신다. 우리는 죽음을 면할 뿐 아니라 죽음으로부터 다시 살아날 것이다. 우리는 그분의 부활체와 같은 몸을 가질 것이며, 꿈에도 생각지 못하던 새로운 능력을 부여받을 것이다. 왜냐하면 그분은 수확의 '첫 열매'이며, 또한 '죽은 자들 가운데 먼저 나신 자'가 되도록 부름받았기 때문이다. 이 두 비유는 똑같은 확신을 준다. 그분은 첫 번째로 부활하신 분이다. 그분의 모든 백성은 그 뒤를 따라 부활하여 그분과 같은 몸을 갖게 될 것이다. "우리가 흙에 속한 자[아담]의 형상을 입은 것같이 또한 하늘에 속한 자[그리스도]의 형상을 입으리라"(고전 15:49).

그러나 미래에 대한 우리의 소망은 또한 우주적인 것이다. 우리는 예수 그리스도가 역사를 영원히 완성시키기 위해 장엄하고 아름다운 모습으로 다시 오실 것을 믿는다. 그분은 죽은 자 가운데서 다시 살아나셨을 뿐 아니라 우주를 새롭게 하실 것이다. 그분은 만물을 새롭게 하실

---

39 Graham McCann, *Woody Allen, New Yorker*(Polity Press, 1990), pp. 43, 83.

것이다. 우리는 온 우주가 부패와 사망이라는 현재의 속박에서 벗어나 자유롭게 되리라는 것과, 자연의 탄식이 새로운 세계의 탄생을 약속하는 해산의 고통이라는 것을 믿는다. 또한 우리는 의가 거하는 새 하늘과 새 땅에 있게 되리라는 것을 믿는다. [1992b:83]

962. 자연의 속박과 미래의 소망

바울은 로마서 8장에서 "피조물도 썩어짐의 종 노릇[phthora] 한 데서 해방될"(21절) 것이라고 가르친다. '프토라'(phthora)는 (우리가 흔히 말하듯이) 우주가 수명이 다해 가고 있다는 점뿐 아니라, 자연은 끝없는 순환에 갇혀 수태와 탄생과 성장 뒤에는 가차없이 퇴보와 부패와 분해의 과정이 따른다는 사실을 의미하는 것 같다. 게다가 거기에는 약탈과 고통의 의미도 약간 담겨 있다. 특별히 후자는 그다음 절에서 언급되고 있다. 무익함, 속박, 부패, 고통은 피조물이 심판 아래 있기 때문에 혼란한 상태에 처해 있음을 나타내기 위해 사용하는 단어들이다. 자연은 여전히 작동한다. 자연의 구조는 미세하게 조정되어 있고 섬세하게 균형 잡혀 있기 때문이다. 그리고 그중 많은 부분은 창조주의 손길을 나타내는, 놀라울 만큼 아름다운 것이다. 하지만 그것은 또한 분해와 허무에 속박되어 있다. 그러나 결국에 가서는 "죽음의 쇠고랑에서 자유롭게 될"(REB) 것이며, "변화와 부패의 폭정에서 구조될"(JBP) 것이다.…허무에 굴복한 피조물에게는 **소망이 있다**(20절). 썩어짐의 종 노릇은 영광스러운 자유로 바뀔 것이다(21절). 진통 뒤에는 해산의 기쁨이 따를 것이다(22절). 그러므로 몸의 부활과 마찬가지로 세상이 새롭게 되는 데는 연속성과 불연속성이 모두 있을 것이다. 우주는 파괴되는 것이 아니라 해방

되고 변형되며 하나님의 영광으로 가득 찰 것이다. (1994:239, 241)

963. 내다보는 것과 돌아보는 것

우리가 확신을 갖고 만물의 완성을 내다보는 이유는 우리가 확신을 갖고 부활을 돌아보기 때문이다. 그리스도인의 소망은 이미 성취되기 시작했다. (1985:49)

964. 그리스도와 함께, 그리스도같이

마지막 날에 그리고 영원토록 우리가 그리스도와 함께 있을 것이며, 또한 그리스도같이 될 것임을 아는 것으로 충분하다. 우리가 무엇이 될지에 대한 더 충분한 계시에 대해서는 기다리는 것으로 만족한다. (1988g:124)

965. 무엇을 더 알 필요가 있는가?

우리는 천국의 정확한 본질에 대해 추측할 필요가 없다. 우리는 예수 그리스도의 말씀을 근거로 하여, 그것이 예수님의 아버지와 우리의 집이며 고향이라는 것(요한복음 14장에는 성부 하나님에 대한 언급이 스물두 번 나온다), 이 집은 많은 방 혹은 휴식처가 준비된 장소라는 것, 예수님이 거기에 계신다는 것을 확신한다. 무엇을 더 알 필요가 있는가? 예수님이 계신 곳에 우리 역시 있음을 확신하는 것은 우리의 호기심을 만족시키고 두려움을 가라앉히기에 충분하다. (1971b:34)

966. 소극적인 기쁨만이 아니라

대중적인 기독교 신앙은 천국의 소극적 기쁨, 즉 더 이상 굶주림이나 목마름이 없고, 맹렬한 열기나 일사병이 없으며, 더 이상 눈물이나 고통이 없고, 더 이상 밤이 없으며, 더 이상의 저주도 죽음도 없다는 요한계시록의 약속에 너무 집중해 온 것 같다. 이러한 것이 없다는 사실을 두고 하나님께 감사하자. 하지만 그런 것이 사라지는 원인인 하나님 보좌의 임재, 중심에 우뚝 솟은 임재에 대해 더욱더 감사하자! [1984d:135]

967. 책임과 규칙

성경에는 새 하늘과 새 땅이 신자들에게 특권의 장소일 뿐만 아니라 책임의 장소임을 나타내는 많은 표시가 있다. "적은 일에 충성한" "착하고 충성된 종"은 "많은 일을 맡을" 것이며 주인의 즐거움에 참여할 것이다 (마 25:21, 23). 마찬가지로 열 므나의 비유에서 귀인은 착한 종에게 이렇게 말한다. "네가 지극히 작은 것에 충성하였으니 열 고을 권세를 차지하라"(눅 19:17). 그리고 바울은 고린도인들에게 이렇게 덧붙인다. "성도가 세상을 판단할 것을 너희가 알지 못하느냐"(고전 6:2). 그렇게 되는 것이 마땅하다. 이생에서 그리스도의 일을 하는 법을 배운 사람은 내세에서도 계속 그 일을 할 것이다. 이 땅에서 자신의 정욕을 다스린 사람은 하늘 나라에서도 사람들을 다스리게 될 것이다. [1990c:72]

968. 하늘 나라에서의 사랑

새 시대는 새로운 조건에서 새로운 삶을 사는 새로운 존재들로 채워질 것이다. 인간들은 마치 천사와 같을 것이다. 죽을 수밖에 없는 인간이 불멸의 존재가 될 것이다. 사도 바울의 말을 빌리면, "썩지 아니할 것으로 다시 살아날" 것이다(고전 15:52-54). 따라서 인류를 번식시킬 필요는 더 이상 존재하지 않을 것이다. "생육하고 번성하여 땅에 충만하라"(창 1:28)는 창조 명령은 폐지될 것이다. 그리고 생식이 결혼의 주 목적 중 하나이므로 사람들은 더 이상 결혼하지 않을 것이다. 사랑이 그친다는 말은 아니다. "사랑은 언제까지나 떨어지지 아니하기"(고전 13:8) 때문이다. 하지만 인간은 성을 초월할 것이며, 인간관계는 배타적 특성을 지니지도 육체적으로 표현되지도 않을 것이다. [1970b:56]

969. 셀 수 없는 큰 무리

나는 하늘 나라에 있는 구속받은 무리가 "아무도 능히 셀 수 없는 큰 무리"라고 진술한 요한계시록 7:9의 말씀에서 늘 위안을 얻는다. 어떻게 이렇게 될 수 있는지 안다고 공언하지는 않겠다. 그리스도인들은 언제나 소수 집단처럼 보이기 때문이다. 하지만 성경은 우리를 위로하기 위해 그렇게 진술하고 있다. 물론 성경적 그리스도인이라면 누구도 모든 인류가 궁극적으로 구원을 받는다고 믿는 보편주의자가 될 수 없다(성경은 지옥의 두려운 실재와 영원성을 가르치기 때문에). 하지만 성경적 그리스도인은 구속받은 자들이 도저히 셀 수 없을 정도로 막대한 국제적 무리가 되리라고 주장할 수 있으며, 또한 주장해야 한다. 하나님의 약속은 실현될 것이며 아브라함의 씨는 땅의 먼지처럼, 하늘의 별과 바닷가의 모래처럼 셀 수 없이 많을 것이기 때문이다. [1979f:31]

970. 영원한 안전

우주 한가운데는 보좌가 있다. 회전하는 행성들은 그 보좌로부터 자기 순서를 부여받는다. 그 보좌에 엄청나게 큰 은하들이 충성을 바친다. 그 안에서는 아주 조그마한 생명체도 자신의 생명을 찾는다. 그 앞에서 천사들과 인간들과 하늘과 땅의 모든 피조물은 엎드려 절하며 겸손히 경배한다. 그 보좌를 둘러싸고 있는 것은 하나님의 언약의 무지개이며, 그 주위에는 스물네 명의 장로가 앉아 있는 스물네 개의 보좌가 있다. 그 장로들은 분명 구약의 열두 지파와 신약의 열두 사도이며 그래서 완성되고 온전한 교회를 나타낸다.

요한계시록의 이 장들(4-7장)은 하나님 백성의 안전에 대한 의심을 불식한다. 영원하신 하나님 아버지는 하늘의 수많은 예배하는 무리에 둘러싸여 보좌에 앉아 계신다. 운명의 책이 그리스도의 손 안에 있으며, 그리스도께서 그 책의 인을 뜯지 않으면 어떤 재난도 인류에게 닥칠 수 없다. 더구나 성령의 인 치심을 받은 사람들에게는 심판의 바람이 불 수 없다. 이것들은 하나님 주권의 상징들이다. 교회의 안전은 성삼위에 의해 보장된다. (1990c:126)

1951

'The Coming Judge'(요 12:48 설교), in *All Souls Church Magazine*(February 1951).

1952

Parochial Evangelism by the Laity(London: Church Information Board, 1952)(Central Board of Finance of the Church of England).

1954

a. 'The Exaltation of Jesus'(빌 2:9-11 설교), in *All Souls Church Magazine*(July 1954).

b. *John Sung*, by Leslie T. Lyall(London: China Inland Mission, 1954)의 서문.

c. *Men with a Message*(London: Longmans, 1954) = *Basic Introduction to the New Testament*(Grand Rapids: Eerdmans; Downers Grove: IVP, 1965). Stephen Motyer의 삽화가 추가된 개정판(Grand Rapids: Eerdmans, 1994). 발췌문은 초판에서 가져온 것.

1956

a. *Fundamentalism and Evangelism*(London: Crusade Booklets, 1956; Grand Rapids: Eerdmans, 1959).

b. *Why do the Innocent Suffer?*(London: Crusade Booklets, 1956). *Crusade*(January 1956)에도 게재.

1959

a. *The Doctor—a Person*(Cape Town: Medical Christian Fellowship, 1959).

b. 'Must Christ be Lord and Savior?', *Eternity*(September 1959)(Evangelical Ministries, Inc.).

1961

The Preacher's Portrait(London: Tyndale Press; Grand Rapids: Eerdmans, 1961). 《설교자란 무엇인가》(IVP).

1962

a. *Father and Creator.*

b. *He shall Come to Judge.*

c. *I Believe in God.*

d. *Suffered under Pontius Pilate.*
   이상 Episcopal Series(Atlanta: The Episcopal Radio-TV Foundation, 1962); 사도신경 해설 방송 녹취록.

e. 'The Calling of the Church': Studies in 1 Corinthians 1-6', in *The Keswick Week* 1962, ed. H. F. Stevenson(London: Marshall, Morgan and Scott, 1962).

f. 'The Meat of the Gospel', *Decision*(January 1962) (Billy Graham Evangelistic Association).

g. *Motives and Methods in Evangelism*(London: IVF, 1962) = *Evangelism: Why and How*(개정판. Downers Grove: IVP, 1967). 《복음 전도: 동기와 방법》(IVP).

1963

'The Evangelical Doctrine of Baptism', in *The Anglican Synthesis*, ed. W. R. F. Browning(Derby: Peter Smith, 1963).

1964

Confess your Sins(London: Hodder and Stoughton; Waco: Word, 1964).《너의 죄를 고백하라》(IVP).

1965

'Teacher and Lord', *Decision*(March 1965)(Billy Graham Evangelistic Association). *His*(January 1966)에도 게재.

1966

a. 'The New Testament Concept of Episkope: An Exposition of Acts 20:17-38', in *Bishops in the Church*, ed. R. P. Johnston(London: Church Book Room Press, 1966).

b. *The Canticles and Selected Psalms*(London: Hodder and Stoughton, 1966). 1988e도 보라.

c. *Men Made New*(London: IVF; Downers Grove: IVP, 1966. Grand Rapids: Baker, 1984에 재발행).《새 사람: 존 스토트의 로마서 5-8장 강해》(아바서원).

1967

a. That Word "Radical", *Church of England Newspaper*(24 February 1967).

b. 'Jesus Christ Our Teacher and Lord', in *Guidelines*, ed. J. I. Packer(London: Falcon, 1967).

c. 'Was it Necessary for Jesus to Die on the Cross?' in *Hard Questions*, ed. Frank Colquhoun(London: Falcon, 1967).

d. 'The Great Commission', in *One Race, One Gospel, One Task*, ed. C. F. Henry and W. S. Mooneyham(Minneapolis: World Wide Publications, 1967).

e. *Our Guilty Silence*(London: Hodder and Stoughton, 1967; Grand Rapids: Eerdmans, 1969).《존 스토트의 복음 전도》(IVP).

f. *You in Your Small Corner*, by Ralph Capenerhurst(London: IVF, 1967)의 서문.

1968

a. *The Call to Preach*(London: London Baptist Preachers' Association, 1968).

b. 'Racialism v. Our Common Humanity', in *Church of England Newspaper*(10 May 1968). InterVarsity(Autumn 1968)에도 게재.

c. *The Message of Galatians*(Ther Bible Speaks Today series: London and Downers Grove: IVP, 1968). 또 다른 제목은 *Only One Way*.《갈라디아서: 의와 자유에 이르는 오직 한 길》(IVP).

1969

a. 'God's Man: Studies in 2 Timothy', in *The Keswick Week* 1969, ed. H. F. Stevenson(London: Marshall, Morgan and Scott, 1969).

b. *One people*(London: Falcon 1969; Downers Grove: IVP, 1970; 개정판. Old Tappan: Revell, 1982).《존 스토트가 말하는 목회자와 평신도》(아바서원).

1970

a. 'Genuine Peace'(행 10:36 설교), in *All Souls Church Magazine*(May 1970).

b. *Christ the Controversialist*(London: Tyndale Press; Downers Grove: IVP, 1970)《변론자 그리스도》(성서유니온).

1971

a. *Basic Christianity*(개정판. London: IVP; Grand Rapids: Eerdmans, and Downers Grove: IVP, 1971). 1958년 초판 발행.《기독교의 기본 진리》(생명의말씀사).

b. 'The Upper Room Discourse', in *Christ the Liberator*, by John Stott and others(Downers Grove: IVP, 1971; London: Hodder and Stoughton, 1972).

c. 'Reverence for Human life', *Church of England Newspaper*(29 October and 5 November 1971), *Reverence for Human Life*(Fellowship Paper 278, London: Church Pastoral Aid Society, 1972)로 재출간.

d. *Following Christ in the Seventies*(Singapore: James Wong, 1971; Homebush West,

NSW: Anzea, 1972).

1972

a. *Becoming a Christian*(개정판. London and Downers Grove: IVP, 1972). 1950년 초판 발행. 《그리스도인이 되는 길》(IVP).

b. *The Bible and the Crisis of Authority*(London: Falcon, 1972).

c. 'Christ's Portrait of a Chrestian: Studies in Matthew 5, 6 and 7', in *The Keswick Week* 1972, ed. H. F. Stevenson(London: Marshall, Morgan and Scott, 1972).

d. *Your Mind Matters*(London: IVF, 1972; Downers Grove: IVP, 1973. Brisbane: Australian Fellowship of Evangelical Students, 1994에 재발행).

1973

a. *The Meaning of Evangelism*(개정판. London: Falcon, 1973). *Christian Graduate* (June 1956)에 처음 게재됨.

b. *The Message of 2 Timothy*(The Bible Speaks Today series: London and Downers Grove: IVP, 1973). 원제는 *Guard the Gospel.* 《디모데후서: 복음을 굳게 지키라》 (IVP).

1975

a. *Balanced Christianity*(London: Hodder and Stoughton; Downers Grove: IVP, 1975). 《존 스토트의 균형 잡힌 기독교》(새물결플러스).

b. *Baptism and Fullness*(London: IVP, 1975; Downers Grove: IVP, 1976). *The Baptism and Fullness of the Holy Spirit*(1964)의 확대개정판. 《성령세례와 충만》(IVP).

c. *Christian Mission in the Modern World*(London: Falcon; Downers Grove: IVP, 1975. Eastbourne: Kingsway, 1986에 재발행).

d. *The Lausanne Covenant: An Exposition and Commentary*(Minneapolis: World Wide Publications; Charlotte: Worldwide Publications, 1975). 발췌문은 같은 제

목으로 발행된 Lausanne Occasional Paper 3(Charlotte: Lausanne Committee for World Evangelization, 1975)에서 가져온 것. *Explaining the Lausanne Covenant* (London: Scripture Union, 1975)로도 출간되었다.

e. 'The Biblical Basis of Evangelism', in *Let the Earth Hear His Voice*, ed. J. D. Douglas(Minneapolis: World Wide Publications, 1975).

f. *Walk in His Shoes*(London: IVP, 1975) = *Who is My Neighbor?*(Downers Grove: IVP, 1976).《누가 나의 이웃인가》(IVP).

1976

a. 'Response to Bishop Mortimer Arias', *International Review of Mission* (January 1976).

b. 'The Authority and Power of the Bible', in *The New Face of Evangelicalism*, ed. R. Padilla(London: Hodder and Stoughton; Downers Grove: IVP, 1976).

1977

a. 'Unhooked Christians', *Christianty Today*(7 October 1977).

b. 'Is the Incarnation a Myth?', *Christianity Today*(4 November 1977).

c. 'Beyond the Divide', in *Death: Jesus Made it All Different*, ed. M. G. Meran(New Canaan: Keats Publishing, Inc., 1977). 올 소울즈 교회 설교(February 1964).

d. 'The Biblical Basis for Declaring God's Glory', in *Declare His Glory Among the Nations*, ed. D. M. Howard(Downers Grove: IVP, 1977).

e. 'The Living God is a Missionary God', in *Declare His Glory Among the Nations*(앞 항목을 보라).

f. 'Obeying Christ in a Changing World', in *Obeying Christ in a Changing World*, vol. 1: *The Lord Christ*, John Stott가 서론을 쓰고 편집(London: Collins, 1977). HarperCollins Publishers Limited의 허락을 받고 사용.

g. 'The Sovereign God and the church', in *Our Sovereign God*, ed. J. M.

Boice(Grand Rapids: Baker, 1977).

h. 'The Sovereignty of God the Son', in *Our Sovereign God*(앞 항목을 보라).

i. *What is an Evangelical?*(London: Falcon, 1977).

1978

a. 'Truth, Heresy and Discipline in the Church', *Christianity Today*(10 March 1978).

b. 'Must I Really Love Myself?', *Christianity Today*(5 May 1978).

c. 'Tasks Which Await Us', *Essays in Evangelical Social Ethics*, ed. D. F. Wright(Exeter: Paternoster, 1978)의 에필로그.

d. *Essentials for Tomorrow's Christians*(London: Scripture Union, 1978).

e. 'Biblical Preaching is Expository Preaching', in *Evangelical Roots*, ed. K. S. Kantzer(Nashville: Thomas Nelson, 1978).

f. *The Message of the Sermon on the Mount*(The Bible Speaks Today series: Leicester and Downers Grove: IVP, 1978). 원제는 *Christian Counter Culture*.

g. *The Uniqueness of Jesus Christ*(Chicago: Chicago Sunday Evening TV Club, 1978), 텔레비전 방송 녹취록.

1979

a. 'Reclaiming the Biblical Doctrine of Work', *Christianity Today*(4 May 1979).

b. 'The Kingdom and Community: Can the Kingdom of God Satisfy Man's Search for Love?', *Crux*(September 1979).

c. *Evangelism, Salvation and Social Justice*, R. J. Sider와의 대담(2nd edn. Nottingham: Grove Books, 1979). 1977년 초판 발행.

d. *The Gospel and Culture*(the papers of the Willowbank Consultation, 1978: Pasadena: William Carey Library, 1979)의 서문.

e. *The Message of Ephesians*(The Bible Speaks Today series: Leicester: IVP, 1979: Downers Grove: IVP, 1980). 원제는 *God's New Society*.《에베소서: 하나님의 새로

운 사회》(IVP).

f. 'The Living God is a Missionary God', in *You Can Tell the World*, ed. J. E. Berney(Downers Grove: IVP, 1979).

1980

a. 'The Messenger and God: Studies in Romans 1-5', in *Believing and Obeying Jesus Christ*, ed. J. W. Alexander(Downers Grove: IVP, 1980).

b. 'Economic Equality Among Nations: A Christian Concern?', *Christianity Today*(23 May 1980).

c. 'The Just Demands of Economic Inequality', *Christianity Today*(23 May 1980).

d. 'Does Life Begin Before Birth?', *Christianity Today*(5 September 1980).

e. 'Saving Souls and Serving Bread', *Christianity Today*(7 November 1980).

f. 'Reviving Evangelism in Britain', *Christianity Today*(12 December 1980).

g. 'The Whole Christian', *Proceedings of the International Conference of Christian Medical Students*, ed. Lee Moy Ng(London: ICCMS and Christian Medical Fellowship, 1980). 《온전한 그리스도인이 되려면》(IVP).

h. 'The Gospel', *Southern Cross*(May 1980).

i. 'Evangelism and Social Responsibility', *Southern Cross*(October 1980).

1981

a. *The Christian and the Poor*(All Souls Paper: London: All Souls Church, 16 February 1981).

b. 'Scripture: The Light and Heat for Evangelism', *Christianity Today*(6 February 1981).

c. 'Seminarians are not Tadpoles', *Christianity Today* (6 February 1981).

d. 'Paralyzed Speakers and Hearers', *Christianity Today*(13 March 1981).

e. 'Who, Then, Are the Poor?', *Christianity Today*(8 May 1981).

f. 'Jesus is Lord! Has Wide Ramifications', *Christianity Today*(12 June 1981).

g. *The Authority and Relevance of the Bible in the Modern World*(Canberra: The Bible Society in Australia, 1979) = *Culture and the Bible*(Downers Grove: IVP, 1981)에서 발췌문을 가져왔다. *The Bible in Perspective*(London: Bible Society, 1981)로도 출간.

h. 'The Bible in World Evangelization', in *Perspectives on the World Christian Movement*, ed. R. D. Winter and S. C. Hawthorne(Pasadena: William Carey Library, 1981). 'The Living God is a Missionary God', in *Declare His Glory Among the Nations*(1977d를 보라)를 압축, 개정한 글.

1982

a. *I Believe in Preaching*(London: Hodder and Stoughton, 1982) = *Between Two Worlds*(Grand Rapids: Eerdmans, 1981). 《존 스토트 설교의 능력》(CH북스).

b. *The Bible: Book for Today*(Leicester: IVP, 1982) = *God's Book for God's People*(Downers Grove: IVP, 1983), *You Can Trust the Bible*(Grand Rapids: Discovery House, 1991)로 재발행 .《성경이란 무엇인가》(IVP).

c. *True Wisdom*(Chicago: Chicago Sunday Evening TV Club, 1982). 텔레비전 방송 녹취록.

1983

a. *In Christ*(Washington: National Prayer Breakfast, 1983).

b. *Make the Truth Known*(Leicester: IVP, 1983).

c. *Masters of the English Reformation*, By M. L. Loane(2nd edn. London: Hodder and Stoughton, 1983)의 서문.

d. 'John R. W. Stott: An Anglican Clergyman', in *Peacemakers*, ed. J. Wallis(New York: Harper and Row; Toronto: Fitzhenry and Whiteside, 1983).

e. *The year 2000 AD*, John Stott가 서문을 쓰고 편집(Lodon: Marshalls, 1983) = *The Year 2000*(Downers Grove:IVP, 1983).

1984

a. 'Am I Supposed to Love Myself or Hate Myself?', *Christianity Today*(20 April 1984).

b. *Free to Be Different*, John Stott가 서문을 쓰고 편집(London: Marshalls, 1984).

c. 'Christian Responses to Good and Evil: A Study of Romans 12:9-13:10', in *Perspectives on Peacemaking*, ed. J. A. Bernbaum(Ventura: Regal Books, 1984).

d. *Understanding the Bible*(개정판. London: Scripture Union, 1976, 1984: Grand Rapids: Zondervan, 1980). 1972년 초판 발행.《성경 연구 입문》(성서유니온).

1985

The Authentic Jesus(London: Marshalls; Downers Grove: IVP, 1985). HarperCollins Publishers Limited의 허락을 받고 사용.

1986

a. *The Cross of Christ*(Leicester and Downers Grove: IVP, 1986).《그리스도의 십자가》(IVP).

b. *Decide for Peace*, ed. D. Mills-Powell(London: Marshall Pickering, 1986)의 서문.

c. *Evangelical Preaching*(Charles Simeon의 설교)(Portland: Multnomah, 1986)의 서론.

d. 'I Believe in the Church of England', in *Hope for the Chruch of England?*, ed. Gavin Reid(Eastbourne Kingsway, 1986).

1988

a. 'The World's Challenge to the Church', *Bibliotheca Sacra*(April/June 1988).

b. 'Biblical Meditation: God in Christ', in *Christian Faith and Practice in the Modern World*, ed. M. A. Noll and D. F. Wells(Grand Rapids: Eerdmans, 1988).

c. 'Biblical Meditation: True Wisdom', in *Christian Faith and Practice in the Modern World*(앞 항목을 보라).

d. *Essentials*, by David L. Edwards and John Stott(London: Hodder and Stoughton,

1988) = *Evangelical Essentials*(Downers Grove: IVP, 1989).《복음주의가 자유주의에 답하다》(포이에마).

e. *Favourite Psalms*(Milton Keynes: Word UK; Chicago: Moody; Willowdale, Ontario: R. G. Mitchell Family Books, 1988). *The Canticles and Selected Psalms*(1966b를 보라)의 삽화가 추가된 개정판.《내가 사랑한 시편》(포이에마).

f. 'Nuclear Weapons Change the Possibility of War', in *Handling Problems of Peace and War*, ed. A. Kirk(London: Marshall Pickering, 1988).

g. *The Letters of John*(Tyndale New Testament Commentaries: 개정판. Leicester: IVP; Grand Rapids: Eerdmans, 1988). 1964년에 *The Epistles of John*으로 첫 출간.

1989

a. 'Conflicting Gospels', *Church of England Newspaper*(8 December 1989). 발췌문은 재발행된 'New Age', *All Souls Yearbook*(= *All Souls Church Magazine*, August 1990)에서 가져온 것.

b. 'Ideals of Pastoral Ministry', *Bibliotheca Sacra*(January/March 1989).

c. *God's Word for Our Time*(London: Hodder and Stoughton, 1989).

d. *What is Man?*(London: National Prayer Breakfast Committee, 1989). 'The Glory and the Shame', *Third Way*(December 1990/January 1991)로도 발행.

1990

a. *Issues Facing Christians Today*(확대개정판. London: Collins/Marshall Pickering, 1990). HarperCollins Publishers Limited의 허락을 받고 사용. = *Decisive Issues Facing Christians Today*(Old Tappan: Revell, 1990). 1984(UK)/1985(USA)년에 첫 출간.《현대 사회 문제와 그리스도인의 책임》(IVP).

b. *The Message of Acts*(The Bible Speaks Today series: Leicester: IVP, 1990) = *The Spirit, The Church and The World*(Downers Grove: IVP, 1990).《사도행전: 땅끝까지 이르러》(IVP).

c. *What Christ Thinks of the Church*(삽화가 추가된 개정판. Milton Keynes: Word UK;

Wheaton: Harold Shaw, 1990). 1958(UK)/1959(USA)년 초판 발행.《예수님이 이끄시는 교회》(두란노).

1991

a. *For Christ and the University*, by K. and G. Hunt(Downers Grove IVP, 1991)의 서문.

b. *Life in Christ*(Eastbourne: Kingsway: Wheaton: Tyndale House, 1991). *Focus on Christ*(London and Cleveland, Ohio Collins, 1979) = *Understanding Christ*(Grand Rapids: Zondervan, 1981)에 삽화를 추가한 개정판.《내 삶의 주인이신 그리스도》(포이에마).

c. *The Message of Thessalonians*(The Bible Speaks Today series: Leicester: IVP, 1991) = *The Gospel and the End of Time*(Downers Grove: IVP, 1991).《데살로니가전후서: 복음·종말·교회》(IVP).

d. *Your Confirmation*(개정판. London: Hodder and Stoughton, 1991) = *Christian Basics*(초교파 독자를 위한 개정판: Grand Rapids: Baker, 1991). 1958년에 첫 출간.

1992

a. 'Pride, Humility and God', in *Alive to God*, ed. J. I. Packer and L. Wilkinson(Downers Grove: IVP, 1992).

b. *The Contemporary Christian*(Leicester and Downers Grove, 1992).《현대를 사는 그리스도인》(IVP).

c. 'Manufacturing Truth', *In Touch*(1992, no. 2).

d. 'Maintaining Spiritual Freshness', *InterVarsity's Student Leadership*(Winter 1992).

e. 'The Counsellor and Friend', in *A Study in Spiritual Power*, ed. J. Eddison (개정판. Guildford: Highland, 1992). 'Bash': *A Study in Spiritual Power*(London: Marshalls, 1983)로 첫 출간.

1993

a. 'Let's Talk About Sex', *In Touch* (1993, no. 2).

b. *Under the Bright Wings*, by Peter Harris (London: Hodder and Stoughton, 1993)의 서문.

1994

The Message of Romans (The Bible Speaks Today series: Leicester: IVP, 1994) = *Romans: God's Good News for the World* (Downers Grove: IVP, 1994). 《로마서: 온 세상을 향한 하나님의 복음》(IVP).

더 세부적인 전체 저작 목록은 Timothy Dudley-Smith, *John R. W. Stott: A Comprehensive Bibliography* (Leicester and Downers Grove: IVP, 1995)를 보라.

존 스토트의 기독교 강요

Authentic Christianity

517, 662, 736, 779, 832, 840, 931

56장. 복음 전도로 부르심 / 473

57장. 복음 선포 / 487

11부 사회 문제에 대한 기독교적 사고

58장. 복음 전도와 사회적 행동 / 498

존 스토트의 기독교 강요
Authentic Christianity

존 스토트 John Robert Wamsley Stott

성경을 사랑하고 신뢰하며 의지한 복음주의자로 20세기 기독교 복음주의 운동을 이끈 영국 성공회 사제이자 세계적인 설교자. 1974년 세계 복음주의 운동의 이정표가 되는 〈로잔언약〉의 주요 입안자요, 〈타임〉지가 '세계에서 가장 영향력 있는 인물 100인'에 선정(2005)한 기독교 지성으로, 고전이 된《그리스도의 십자가》《기독교의 기본 진리》를 비롯해 50권이 넘는 책을 쓴 저술가.

1921년 영국 런던에서 의사이며 불가지론자인 아버지와 루터교 배경의 어머니 사이에서 태어나 가족과 함께 올 소울즈 교회(All Souls Church)를 다녔다. 어린 시절부터 기숙학교 생활을 했는데, 럭비 스쿨(Rugby School) 재학 중이던 1938년에 영적 멘토인 에릭 내쉬를 만나 신앙 지도를 받았다. 럭비 스쿨 졸업 후 케임브리지 대학교 트리니티 칼리지에 입학해 프랑스어와 신학을 공부하면서 케임브리지 기독학생연합(CICCU, IVF의 전신)에서 활동했다. 대학 졸업 즈음 교회를 섬기라는 하나님의 부르심을 느꼈고, 케임브리지 리들리 홀(Ridley Hall)에 입학해 신학과 목회 교육을 받았다. 1945년 성공회 성직자로 서품을 받아 올 소울즈 교회에서 1950년까지 수련목회자, 1950년부터 1975년까지는 교구 목사로 목회하면서 강력하고 혁신적인 도시 목회를 이끌었으며, 1975년부터 작고한 2011년까지는 명예 교구 목사를 지냈다.

교구 목사로 목회하던 중 자신이 속한 지역 사회를 더 깊이 알고 이해하기 위해 노숙인 차림을 하고 거리에서 노숙을 하기도 했다. 아울러 영국 성공회 내에 성경적 가르침과 선교를 장려하고 촉진하는 한편, 영향력이 거의 없던 젊은 복음주의 목회자들의 인지도와 사기를 높이고 영국 교회에 활력을 불어넣었다. 알리스터 맥그래스가 평한 대로, 2차 대전 후 영국 복음주의의 성장은 존 스토트에게 힘입었다 해도 과언이 아니다. 1969년 자신의 저서와 강연에서 나오는 수익을 모두 기부하여 비영리 교육훈련기관 랭함 파트너십(Langham Partnership)을 세웠으며, 이를 통해 '다수 세계'(Majority World, 제3세계) 목회자와 학자, 작가와 출판인 등 기독교 리더들을 교육하고 훈련하여 글로벌 교회의 성장을 도모해 왔다. 랭함 파트너십은 현재 130여 국가에서 성경적 자료 제공과 교육 훈련 및 장학 사업을 펼치고 있다.

자연과 새 관찰을 즐겨《새, 우리들의 선생님》을 썼으며 평소 격식 없이 '존' '엉클 존'으로 불리기를 좋아하던 그는, 2011년 7월 27일 성경을 읽어 주는 가족과 벗들에 둘러싸여 헨델의 〈메시아〉를 들으며 평화롭게 눈을 감았다. 그의 부고 기사에서 미국 복음주의 잡지 〈크리스채너티 투데이〉는 "한 세대의 신앙을 형성한 20세기 복음주의의 건축가"라고 칭했고, 영국 BBC는 "복잡한 신학을 평신도들이 쉽게 이해할 수 있는 방식으로 설명한 사람"으로 소개했다. 영국 웨일즈의 바닷가 묘비에는 "구원의 근거와 사역의 주제로서 십자가에 달리신 예수 그리스도 외에는 아무것도 알지 않기로 작정했던 사람(고전 2:2)"이라고 새겨져 있다.

엮은이 티모시 더들리-스미스 Timothy Dudley-Smith

영국 성공회 사제이자 신학자, 저명한 찬송가 작사가. 케임브리지 대학교 펨브로크 칼리지를 나와 케임브리지 리들리 홀에서 신학과 목회를 수련했다. 1951년 영국 성공회 사제로 서품되어 노리치의 부주교(1971-1981)와 셋퍼드의 대주교(1981-1991)를 지냈으며, 영국 복음주의 연맹 회장으로 활동했다.《존 스토트의 기독교 강요》를 편집했고 존 스토트의 생애와 사역을 다룬 세 권의 전기를 썼으며, 여러 권의 찬송가 가사집을 펴냈다.

옮긴이 정옥배

한국외국어대학교 스페인어과를 졸업했으며 IVP 간사로 일했다. 합동신학대학원대학교와 미국 웨스트민스터 신학교, 풀러 신학교에서 공부했으며, 오랫동안 전문 번역가로 일해 왔다. 지금까지 옮긴 책으로는《그리스도의 십자가》(공역)《하나님을 아는 지식》《비교할 수 없는 그리스도》《사랑 연습》《손대접》《왕의 복음》을 비롯하여, BST 시리즈《신명기》《여호수아》《누가복음》《요한복음》《로마서》《데살로니가전후서》《에베소서》등 다수가 있다.

존 스토트의 기독교 강요

존 스토트 지음

초판 1쇄 펴낸날 2023년 8월 10일

옮긴이 정옥배
펴낸이 박종태

편집 정효진 옥명호
디자인 스튜디오 아홉
제작처 예림인쇄 예림바인딩

펴낸곳 비전북
출판등록 2011년 2월 22일 (제 2022-000002호)
주소 10849 경기도 파주시 월롱산로 64 1층(야동동)
전화 031-907-3927 | **팩스** 031-905-3927
이메일 visionbooks@hanmail.net
페이스북 @visionbooks **인스타그램** vision_books_

마케팅 강한덕 박상진 박다혜 전윤경
관리 정문구 정광석 박현석 김신근 정영도 조용희
경영지원 김태영 최영주

공급처 (주)비전북
　　　　T.031-907-3927 F.031-905-3927

ⓒ 비전북, 2023

ISBN 979-11-86387-53-5 03230